Tiranas ficciones:
poética y política de la escritura en la obra
de Horacio Castellanos Moya

MAGDALENA PERKOWSKA y OSWALDO ZAVALA
Editores

ISBN: 1-930744-86-2
© Serie *Nueva América*, 2018
INSTITUTO INTERNACIONAL DE
LITERATURA IBEROAMERICANA
Universidad de Pittsburgh
1312 Cathedral of Learning
Pittsburgh, PA 15260
(412) 624-5246 • (412) 624-0829 fax
iili@pitt.edu • www.iilionline.org

Colaboraron con la preparación de este libro:

Composición, diseño gráfico y tapa: Erika Arredondo
Correctores: Andrés Obando y Gustavo Quintero
Foto de portada: © Margarita Mejía. *La mirada de Horacio*, fue
tomada en agosto de 2016 en el campus de la Universidad Nacional
de Colombia, en Bogotá.

Índice

Agradecimientos

El presente volumen es el resultado de un esfuerzo colectivo en respuesta a nuestro entusiasmo inaplazable por la obra de Horacio Castellanos Moya. Agradecemos antes que a nadie a los doce académicos que respondieron con puntualidad y rigor a nuestra convocatoria, iluminando los principales aspectos de la narrativa moyana que a nuestro juicio exigían un alto nivel de atención crítica. Tuvimos la suerte de contar con el excelente ojo clínico de nuestro brillante estudiante doctoral Salvador Gómez Barranco, cuya disciplinada lectura facilitó enormemente la edición del manuscrito. Igualmente contamos con el apoyo del Programa en Spanish-English / English-Spanish Translation and Interpretation del Departamento de Lenguas Romances de Hunter College, y en particular de su directora, María Cornelio, para las traducciones de los textos de Nanci Buiza, Misha Kokotovic y Alberto Moreiras, quienes accedieron generosamente a corregir la versión final en español de sus textos. A su vez, la beca otorgada en 2015 por el Presidential Fund for Faculty Advancement de Hunter College garantizó fondos indispensables para realizar las traducciones. Finalmente, agradecemos la activa disponibilidad y el respaldo irrestricto de Horacio Castellanos Moya, quien nos acompañó, acaso insensatamente pero con gran humor y atención, desde la concepción inicial de este proyecto hasta su llegada a buen puerto. *Suerte (para todos nosotros) que viniste, Moya.*

El ensayo de Misha Kokotovic, "Testimonio Once Removed: Castellanos Moya's *Insensatez*", se publicó originalmente en *Revista de Estudios Hispánicos* 43/3 (oct. 2009): 545-62.

El ensayo de Nanci Buiza, "Trauma and the Poetics of Affect in Horacio Castellanos Moya's *Insensatez*", se publicó originalmente en *Revista de Estudios Hispánicos* 47/1 (marzo 2013): 151-72. El ensayo de Ignacio M. Sánchez Prado, "La ficción y el momento de peligro: *Insensatez* de Horacio Castellanos Moya", se publicó originalmente en *Cuaderno Internacional de Estudios Humanísticos y Literatura* (Fall 2010): 79-86, como parte del dossier *Nueva narrativa latinoamericana / New Latin American Narrative*, editado por Oswaldo Estrada.

Agradecemos a los editores de las dos revistas la autorización de reproducir estos textos en traducción al español.

El presente volumen se publica con el apoyo financiero del Professional Staff Congress de la City University of New York (PSC-CUNY).

Introducción:
la tiranía de la ficción, la libertad de la ficción

Magdalena Perkowska

Hunter College y The Graduate Center, CUNY

Oswaldo Zavala

College of Staten Island y The Graduate Center, CUNY

> *El escritor-poeta dice cosas a sabiendas que*
> *perjudica el ritmo cotidiano de la vida o no*
> *es poeta; te cagás en la tuya y en la del vecino,*
> *pero no por puro gusto sino para beneficio de*
> *los que ignorás ya sea porque no han nacido o*
> *porque viven en mundos desconocidos.*
>
> Manlio Argueta, *Siglo de o(g)ro*

La imaginación centroamericana antes y después de la guerra

Con doce novelas, cinco libros de cuento, dos colecciones de ensayos y un libro de apuntes autobiográficos en su haber, Horacio Castellanos Moya (Tegucigalpa, 1957) es no sólo el escritor más importante de El Salvador, sino también un referente clave para entender la literatura centroamericana de las últimas tres décadas.[1] Interrogado o interrogándose acerca de sus herencias centroamericanas, Castellanos Moya suele referirse a la lengua castellana, a la visión polarizada del mundo contra la que escribe, a la tradición literaria de la región y, desde luego, a la experiencia histórica de la violencia política y "la cultura de la violencia [que] encontró nuevos cauces" durante la transición democrática en El Salvador (29), debido a que este proceso concentró sus esfuerzos en la construcción de un nuevo sistema político, pero descuidó el aspecto económico, social, cultural y legal, originando así "el reclamiento de la violencia" (29).[2] Lo centroamericano es, entonces, una lengua en cuyo ritmo, sintaxis, semántica y variedad de registros lingüísticos suena y se articula el Istmo; una tradición que Castellanos Moya relee con el objetivo de reorientarla o, incluso, desestabilizarla; un paisaje histórico-político que el escritor recorre obsesivamente, hurgando en sus escenarios personales y colectivos, en sus territorios de esperanza, ilusión, desengaño, memoria y dolor, en sus convulsiones y contradicciones, en las experiencias cotidianas o extraordinarias de quienes están inmersos en él. Sobre todo, sin embargo, lo centroamericano es un lugar de enunciación, que no tiene que coincidir (y en el caso de Castellanos Moya no siempre coincide) con el emplazamiento geográfico, sino que corresponde a un lugar del pensamiento, un horizonte desde y hacia el cual se piensa (Leyva, "Los estudios"), se construye y se narra una realidad que no se deja aprehender, un pasado y un presente que resisten la domesticación simbólica, y por eso mismo exigen una "nueva forma de leer el mundo" (Castellanos Moya 52). Paradójicamente, la dislocación de la imaginación que surge del lugar de la herencia es siempre también una ruptura con ella y una apertura, porque esta "nueva forma de leer el mundo", abre los espacios literarios locales a lo universal.

Dados la explosión escritural en Centroamérica y un desarrollo sin precedentes del campo literario de la región desde los años 90, Castellanos Moya comparte este lugar-horizonte con los escritores que, como él, nacieron en la década del 50 o a principios de los 60 y comenzaron a publicar en los 80; aquellos que iniciaron su carrera literaria en las décadas revolucionarias de los 60 y 70 y siguen publicando; y la generación más reciente, nacida después de 1970.[3] Todos ellos, pero en especial los dos primeros grupos generacionales, se enfrentan con "la transición de políticas y estéticas insurgentes hacia las memorias y los desencantos", tornándose "testigos de los aconteceres y pactos sociales presentados como retorno a la 'democracia'" (Rodríguez 21). Por eso, la "sensibilidad del desencanto" (Cortez, *Estética* 23) es la tesitura dominante en la narrativa de los escritores cuya trayectoria literaria, como la de Castellanos Moya, comienza en la época de las esperanzas revolucionarias mientras que su desarrollo corresponde con el fin de las utopías. No obstante, las modulaciones estéticas y afectivas del desencanto, en otras palabras, el arte de ficcionarlo, varían considerablemente, del mismo modo que las escrituras particulares negocian de forma distinta el vínculo entre poética y política que tan evidente era para la estética utópica revolucionaria de los años 70, pero que ahora aparece cuestionado o, incluso, deslegitimado.

En las ficciones de Jacinta Escudos, fragmentarias y experimentales, predomina una poética de intimidad desde la que se cuestionan convenciones sociales y horizontes identitarios. La prosa breve, precisa, elegante y a la vez intensa de Rodrigo Rey Rosa sugiere una realidad de violencia y una sociedad en estado de excepción permanente mediante una hábil iluminación de los puntos nodales y un claroscuro proyectado sobre los contornos. En cambio, Horacio Castellanos Moya elabora en sus relatos una "cruda y a veces visceral interrogación de la sanguinaria historia política y militar de Centroamérica" (Ruisánchez y Zavala 17) y una perturbadora poética de la subjetividad que revela cómo se reproducen en lo subjetivo los procesos socio-histórico-políticos (Leyva, "Los estudios"). Sus ficciones son doblemente violentas dado que por un lado exponen tanto la violencia política como también la violencia "desnuda de ideologías" (Castellanos Moya 29), mientras por el otro, los procedimientos del lenguaje mismo –la irreverencia, el desacato, los contrastes hirientes de registros y voces– son un acto de violencia dirigido contra el lector que, como sugiere Manlio Argueta, "perjudica el ritmo cotidiano de la vida" (9-10). A "ese doble desafío, crítica de un mundo sin esperanza, crítica del lenguaje narrativo", se suma "una reflexión sobre la manera en que la violencia afecta también el acto mismo de lectura" (Lara Martínez), magistralmente articulada en *Insensatez* (2004). Por eso, las ficciones de Castellanos Moya son subversivas en cuanto incomodan al lector y desacomodan sus "fundamentos históricos, culturales, psicológicos [...], la congruencia de sus gustos, de sus valores y de sus recuerdos, [poniendo] en crisis su relación con el lenguaje" (Barthes 25). Esta provocación textual tiene, por consiguiente, un potencial político porque al sacudir el saber y el sentir del lector abre un espacio para el cuestionamiento de la realidad desde la que éste lee y piensa.

DUELO MELANCÓLICO

Si por un lado las ficciones moyanas se nutren de la cotidianeidad de la posguerra en Centroamérica, se apoyan también en dos operaciones fundamentales de (re)lectura: una mirada diferenciadora sobre la tradición de las narrativas revolucionarias de los años 70 y 80 y una mirada melancólica sobre el pasado y su relación con el presente. La crítica ha señalado al unísono el cuestionamiento de la poética testimonial que Castellanos Moya emprende en sus ficciones, exponiendo y parodiando las convenciones del género que en los años 80 y a principios de los 90 se homologaba a veces con la narrativa centroamericana. Plasmado de manera abierta y extraordinaria en *Insensatez*,[4] más solapado pero también eficaz simbólicamente en *El asco* (1997), *La diabla en el espejo* (2000), *El arma en el hombre* (2001) y *El sueño del retorno* (2013), este cuestionamiento examina y revela las falacias teóricas del testimonio como una textualidad en la que la experiencia vivida equivaldría a su articulación desde la memoria en el lenguaje y de esa equivalencia, respaldada por la supuesta autoridad del sujeto testimoniante, emergería una verdad factual e irrefutable, real y transparente. Narrando desde el paradigma del desencanto y descreimiento, Castellanos Moya tuerce esta tradición-convención del momento anterior de certidumbres ideológicas, "reemplaza[ndo] el relato llano del testimonio clásico por la búsqueda consciente e intensa de un arte en el narrar": el texto se convierte (o se restaura) así en "un acontecimiento del lenguaje" (Lara Martínez) que confronta al lector con la duda, la incertidumbre y la ambigüedad. Si esta relectura es, en principio, centroamericana, no es irrelevante que la torcedura moyana del discurso testimonial se produzca justamente en un momento en que, como indica Beatriz Sarlo, refiriéndose en particular a Argentina pero apuntando indirectamente a una tendencia regional, el testimonio y las narraciones memorialísticas se transforman en íconos de la Verdad y adquieren una nueva prominencia en el mercado de los bienes simbólicos.

La actitud demoledora ante lo nacional y los extremismos ideológicos, la postura ambivalente –de sospecha, contestataria, a veces censora, a veces nostálgica– ante la figura del revolucionario y el compromiso político, así como la reflexión crítica sobre la función del intelectual que encontramos en las ficciones de Castellanos Moya despegan de sus (re)lecturas de dos autores fundamentales de la literatura revolucionaria centroamericana: Marco Antonio Flores (Guatemala, 1937-2013) y Roque Dalton (El Salvador, 1935-1975). Castellanos Moya incluye *Los compañeros* (1976), del guatemalteco, entre las novelas centroamericanas que le "dieron un inicial sentido de pertenencia" (23) y fueron decisivas en su formación como novelista

(25-26). Clasificada por Héctor Leyva como "disidente" en el *corpus* de las narrativas de los procesos revolucionarios centroamericanos ("La novela" 387), *Los compañeros* es la primera novela centroamericana que ofrece una perspectiva negativa sobre el proceso revolucionario (en este caso, las primeras guerrillas guatemaltecas de la década de los 60), plasmando una crítica despiadada por medio de la visión subjetiva de los personajes fracasados y en un lenguaje excesivo, en el doble sentido de esta palabra: porque fluye en exceso y porque es irreverente, soez y sarcástico, atravesado de principio a fin por hebras de humor negro. En esta novela desenfadada, "chistosit[a]" (Castellanos Moya 21) y auditiva, está el germen de *La diáspora* (1989), otra novela "disidente" según Leyva, pero también está la matriz discursiva, narrativa y tonal para las ficciones moyanas en las que los personajes se apoderan furiosamente del discurso por medio del monólogo, el diálogo o el diálogo imaginario, y construyen sus versiones/visiones delirantes o espantosamente racionales ante los ojos y, sobre todo, los oídos del lector.

A su vez, la poética del amor-odio hacia la patria es una afinidad o un afecto intelectual que Castellanos Moya comparte con Roque Dalton –cuyo fantasma se asoma en las páginas moyanas desde *La diáspora*, muchos de sus cuentos, hasta llegar a *Moronga*– y un oxímoron fundador de la escritura de ambos. *Pobrecito poeta que era yo* (1976), la gran novela póstuma de Dalton, se abre con el siguiente epígrafe tomado de Lawrence Durrell: "Es una obligación de todo patriota odiar a su país de una manera creadora" (11).[5] Es así como comienza una revisión radical y despiadada, un saqueo del archivo nacional –de la historia, la literatura, el lenguaje– y una reflexión no menos implacable sobre la función del "pobrecito poeta" ante la realidad nacional. "Lo que necesitamos –dice uno de los poetas– es capacidad de emputarnos de verdad con el pequeño mundo circundante" (164). La escritura de Castellanos Moya explora y pone a prueba esta capacidad. Con una diferencia crucial: Roque Dalton escribió *Las historias prohibidas del Pulgarcito* (1974) y *Pobrecito poeta que era yo* en una época de sueños e ilusiones, cuando todo parecía posible y la disconformidad con el presente inaceptable era apenas el primer paso para articular una utopía colectiva futura. Incluso la novela disidente de Flores critica una práctica y una experiencia revolucionaria histórica, pero no debate el ideal o la posibilidad de la revolución y la utopía en sí. A diferencia de ellos,

Horacio Castellanos Moya escribe en un momento *pos*, cuando el sueño de un mundo mejor se perdió primero en una violencia sin límites y se diluyó después en soluciones negociadas, 'reformas' neoliberales y consenso 'democrático'; y también, cuando nadie espera que la literatura señale caminos de acción u ofrezca respuestas acerca de la identidad colectiva, sino que se incorpore ágilmente al mercado y sus estrategias de fácil y exitosa mercantilización. No debe soslayarse el hecho de que ya la primera novela de Castellanos Moya se sitúa claramente en el filo de esa "transición de políticas y estéticas insurgentes hacia las memorias y los desencantos" que puntea Ileana Rodríguez (21). Por consiguiente, el horizonte del escritor, el lugar desde donde piensa y narra lo centroamericano, está signado por la conciencia de la derrota no sólo de la ilusión de la modernidad capitalista sino también, y quizá sobre todo, del proyecto revolucionario que se anunciaba como una alternativa a esa modernidad y como un nuevo comienzo. Es por ello que su escritura de *pos*-guerra no puede ser sino una (re)lectura diferenciada de estas narrativas revolucionarias que exhibe un ánimo melancólico, una pronunciada tendencia a la subjetivación, y que ya no formula proyectos, sino preguntas.

Fue Roberto Bolaño quien en una columna publicada en el diario chileno *Las Últimas Noticias* afirmó que Castellanos Moya "es un melancólico" (173).[6] Afirmación ambivalente, ya que desde que Freud publicó su ahora clásico ensayo "Duelo y melancolía" (1917), esta última suele leerse negativamente como un duelo patológico, fracasado o postergado que conlleva una actitud pasiva e incluso evasiva ante la realidad, un encerrarse del sujeto en la prisión de la pérdida o la negación defensiva de ésta. Las huellas de esta lectura de Freud se manifiestan en la crítica centroamericana, en referencia a la producción del periodo de la posguerra (Arias; Cortez, "Mapas" y "Memorias"), pero también en referencia a la poética de Castellanos Moya (Cortez, "Mapas" 141, 146; "Memorias" 277-79). Ahora bien, es evidente que la escritura de Castellanos Moya se constituye en torno a la pérdida o, más bien, varias pérdidas. La(s) pérdida(s) se reconoce(n) y se nombra(n), como sucede en el duelo, pero a diferencia de lo que ocurre en este proceso tal como lo describe Freud, no se produce el desprendimiento del objeto perdido mediante un trabajo intenso y meticuloso con la memoria; no se llega a aceptar la realidad haciendo la(s) pérdida(s) a un lado, borrando o desactivando las huellas del pasado, tornando la pérdida en ausencia. Al contrario, se realiza con ella(s) un trabajo intenso, recurrente y doloroso que rechaza el cierre y una separación definitiva entre el pasado y el presente, pero tampoco se produce en esta escritura una identificación arrolladora con el objeto perdido, propia de la melancolía, y para la cual la economía del sujeto es marginal. Más que de la melancolía *o* el duelo se trata de un duelo melancólico o una melancolía *enduelada*, es decir, reflexiva y crítica, con lo que se puede afirmar que la poética moyana, como gesto ético-teórico, revela los límites de la conceptualización freudiana.

Es Walter Benjamin quien en su libro sobre el *Trauerspiel* anula la dualidad instaurada por Freud, intercambiando los términos de melancolía y duelo (*Trauer*). De hecho, Benjamin transforma el acercamiento psicoanalítico de Freud en una actitud o un estado de ánimo filosófico y echa mano de la melancolía para entender el duelo. La pérdida y el compromiso melancólico con ella son para Benjamin la condición de posibilidad de la escritura, pero el duelo no consiste en superar y borrar la pérdida, es decir, en una liberación del sujeto para la vida, sino en articular las huellas del objeto perdido y, a través de ellas, hacerlo presente, no ausente (Ferber 19-21). El propósito de la perlaboración benjaminiana no es el desprendimiento, sino la expresión, en otras palabras, la búsqueda y la articulación de un sentido de la pérdida, aunque sea solo fragmentario, parcial y provisional. Esto implica, como señalan Eng y Kazanijan, un proceso creativo que establece una relación abierta y activa con el pasado (1).

Partiendo de la relectura benjaminiana de Freud y de la interpretación de las "Tesis de la filosofía de la historia" como un tratado sobre la apuesta política y ética del luto por los restos (*remains*) –lo que queda de historias perdidas así como de historias de las pérdidas (1)–, Eng y Kazanijan buscan redimensionar la discusión sobre el duelo y la melancolía para incluir en ella no sólo la pérdida, sino también los restos, es decir, lo que del pasado queda en el presente. De este modo, de un principio negativo la pérdida se transforma en uno creativo. Las preguntas "¿Qué está perdido?" y "¿Qué queda?" están unidas, observan Eng y Kazanijan; una se desliza hacia la otra, porque lo que está perdido (la ausencia) sólo puede conocerse por lo que queda y por la manera en que estos residuos son leídos, producidos y alimentados en el presente (2). Este gesto permite *des-patologizar* la melancolía para reformularla como un afecto con potencial creativo y político, capaz de abrir el pasado a significaciones futuras y empatías alternativas. Si el duelo, tal como lo concibe Freud, declara resuelto (muerto) el pasado, la melancolía entabla con él una relación continua y abierta, por lo que permanece vivo en el presente. La melancolía, sostienen Eng y Kazanijan, no pretende captar y resguardar una noción fija del pasado, sino que propone un compromiso continuo con las pérdidas y sus restos, uno que permite reescribir el pasado y reimaginar tanto el presente como el futuro (3-4). Desde esta perspectiva, "the past is brought to bear witness to the present –as a flash of emergence, an instant of emergency, and a moment of production. In this regard, the past remains steadfastly alive for the political work of the present" (5).

Es en estos términos que habría que entender la afirmación de Bolaño, porque en todas sus ficciones Castellanos Moya entabla una relación crítica entre la pérdida (el pasado) y los restos que en el presente exigen una reflexión, tanto artística (un acto de lenguaje que representa) como política. El 'después' y el 'antes' se leen e interpretan mutuamente desde *La diáspora* y los cuentos publicados entre 1981-1995 hasta *El sueño del retorno* y *Moronga*; en las novelas de la saga de los Aragón que proyectan una mirada dolida pero escrutadora y despiadada al pasado, al igual que en las "novelas furiosas" (Pau) que se obsesionan con el presente desilusionado y desilusionador. La suya es una melancolía irreverente que no respeta ni lo perdido ni lo que queda, contorsionada por el sarcasmo, la burla, el disgusto, la sátira, y un humor negro "chistosito" que no se preocupa por respetar las sensibilidades del lector, pero que pone todas sus esperanzas en la escritura como acto de libertad.

La doble tiranía de la ficción y lo político

Vinculamos la escritura con la libertad, en buena medida, honrando la larga tradición humanística occidental. El peso de esa tradición, sin embargo, adquiere una violenta radicalidad en el contexto sociopolítico latinoamericano del siglo XX. Allí, la ficción literaria se inscribe en un horizonte trágico donde el trabajo literario aparece irremediablemente entrelazado con procesos políticos. Castellanos Moya admite que pese a la incomodidad que supone describir su narrativa como "política", esta última ha sido "una presencia dominante" en su itinerario intelectual hasta el grado de imponerse como "una especie de maldición" (34). Es ése uno de los sentidos en que consideramos su obra como la expresión de *tiranas ficciones*: la ineludible, problemática y disruptiva intersección entre lo político y lo literario. En esa confrontación, nos parece, la tiranía avanza en doble sentido desde la imposición de lo político sobre lo literario, pero también en los pliegues de resistencia desde lo literario sobre lo político. Tensión irresoluble, la narrativa se somete a la violencia política del presente pero esa violencia se transforma a la vez en formas simbólicas de resistencia y libertad en la positividad del tejido literario.

Entendida como una *tiranía* de doble dirección, entonces, es crucial señalar con el propio Castellanos Moya que su obra es consecuente con una corriente central de las producciones literarias de la región. De hecho, explica, "buena parte de la más importante novelística latinoamericana producida en el siglo XX está permeada en mayor o menor grado por lo político" (36). Castellanos Moya desarrolla esta intuición como una suerte de teoría literaria personal:

> [...] el "ser político" de América Latina es un "ser político" frustrado, en el sentido de que la gestión de la cosa pública a lo largo del siglo ha sido tan catastrófica que mantuvo a más de la mitad de la población del subcontinente viviendo en condiciones de pobreza, bajo sistemas de justicia en que reinaba la impunidad y el crimen, con instituciones políticas débiles y vulnerables, y en marcos constitucionales en que se cambiaban las reglas del juego con la frecuencia de un calzón de meretriz. (36)

La irrupción de ese ser político frustrado condiciona no sólo la escritura literaria de su generación, sino que constituye una experiencia generalizada en los múltiples campos literarios latinoamericanos. Está en la aguda pertinencia de la pregunta que Mario Vargas Llosa articula en *Conversación en La Catedral* (1969) –"¿En qué momento se había jodido el Perú?"– que en más de un modo circula en los proyectos literarios de los demás escritores del *Boom*, así como en la traición a la Revolución Mexicana que narra Carlos Fuentes en *La muerte de Artemio Cruz* (1962); está por igual en la aparente distancia apolítica de los exiliados de *Rayuela* (1963) de Julio Cortázar como en las guerras sin fin de los Buendía en *Cien años de soledad* (1967) de Gabriel García Márquez. Todos estos autores se inscriben en una misma genealogía literaria que directa o indirectamente comparten con Castellanos Moya. En sus ensayos críticos, el centroamericano incluye entre sus influencias a escritores como Elías Canetti, Cyril Connolly, Thomas Bernhard, Imre Kertész y André Malraux. Como sin duda podemos describir su propia obra, Castellanos Moya anota que Malraux "destaca como un ejemplo por excelencia del autor que juega un papel de primer orden en las luchas políticas de su tiempo, a tal grado que su vida adquirió ciertas características de mito" (92).

Entre los escritores que como Castellanos Moya nacieron en la década de 1950 y que experimentaron la caída de todos los proyectos revolucionarios, lo político se transforma en la mirada irónica sobre toda pretensión de resistencia y, según señala Ana María Amar Sánchez, la cohabitación permanente con la derrota. Pensemos, por ejemplo, en dos novelas que aparecieron significativamente en 2004, el mismo año en que Castellanos Moya publicó *Insensatez*: *El testigo* de Juan Villoro y *2666* de Roberto Bolaño. La primera narra el giro ultraderechista de la supuesta transición a la democracia en México después de siete décadas de la "dictadura perfecta" del PRI, mientras que la segunda explora medio siglo de violencia sistémica generada por el fracaso de la modernidad occidental saturada de guerra, racismo, misoginia, imperialismo y precariedad. Lo político –pensando aquí en el concepto analizado por Carl Schmitt– no es sólo la espina dorsal de ambas novelas, sino el significante central que ordena epistemológicamente las estrategias de representación y el sentido general de la imaginación crítica latinoamericana. La cuestión central, entonces, no es la supuesta condición posestatal y poshegemónica de la región, sino cómo la desarticulación de lo político se inscribe en un nuevo horizonte de violencia, explotación y miseria en la era neoliberal que reconfigura y acaso radicaliza las nociones mismas de Estado, hegemonía y violencia. Las ficciones de las últimas cinco décadas aparecen laceradas por los procesos políticos, en efecto *tiranizadas* por la violencia de Estado, la corrupción, la desigualdad social y los más perniciosos juegos geopolíticos del hemisferio.

Ahora bien, la *tiranía* de lo político se inscribe sobre un reverso discursivo que paradójicamente muestra los límites de la ideología. La narrativa novelesca, como en su momento advirtió Louis Althusser, "nos hace 'ver', 'percibir' o 'sentir' la realidad de la ideología de ese mundo" (223). De este modo, el arte no produce un conocimiento específico sobre la realidad, sino que alude a las formaciones ideológicas que la sustentan. Menos que un *saber* del mundo, la literatura articula así una *experiencia* que pone de manifiesto las formaciones ideológicas de una época. Esta distinción es de importancia capital, pues Althusser localiza la diferencia de lo literario como un discurso *otro* de toda producción de conocimiento, no sólo a una distancia de las mediaciones ideológicas propiamente sino, citando a Spinoza, como una práctica textual que expone "conclusiones sin premisas" (224). Esto no implica que el escritor en cuestión abandone sus propias demarcaciones ideológicas. Por el contrario, explica Althusser, incluso cuando un autor incorpora en su obra sus más profundas convicciones políticas, es posible advertir sus operaciones ideológicas en la estructura de la obra literaria.[7]

Dos célebres estudiantes de Althusser retoman sus ideas en direcciones distintas pero hasta cierto grado complementarias. Alain Badiou corrige a su maestro y afirma la capacidad del arte para generar significados singulares y directamente pertinentes para el contexto sociopolítico por medio de lo que denomina como la "autonomía del proceso estético". Subrayamos el efecto esencial de dicha autonomía: "Si la ideología produce un reflejo imaginario de la realidad, entonces el efecto estético produce a cambio la ideología como una realidad imaginaria" (117, la traducción es nuestra). Ello conduce, según Badiou, a entender lo literario como el espacio textual que *neutraliza* los efectos de la ideología *mostrando* sus límites constitutivos: la ideología denunciada por lo literario, reducida a un proceso de representación política desactivado. Por su parte, Jacques Rancière reconsidera la definición misma de la práctica política como un acto comunitario, con objetos compartidos y con sujetos discutiendo en torno a esos objetos desde un régimen de representación que produce por sí mismo una "distribución de lo sensible", o dicho de otro modo, lo audible, lo visible y lo decible en una determinada sociedad. La actividad política comienza, según Rancière, cuando hablan los que no están autorizados a hablar, cuando irrumpe la parte de los que no tienen parte en lo político. La función de la literatura es producir nuevas distribuciones de lo sensible, es decir, hacer aparecer nuevos sujetos y objetos y nuevas formas de representarlos: "La expresión 'la política de la literatura' implica entonces que la literatura interviene en tanto literatura en este moldear del espacio y del tiempo, de lo visible y lo invisible, del habla y del ruido" (Rancière 4, la traducción es nuestra). Siguiendo el análisis teórico de Althusser, Badiou y Rancière, observamos que la literatura revela su capacidad de resistencia crítica ante las embestidas ideológicas de lo político. La literatura es, entonces, la zona donde ya no es posible la articulación positiva de determinadas formas políticas y donde se muestra lo *real* del campo de lo político como la multiplicidad contradictoria de antagonismos, el choque desigual de intereses colectivos e individuales, públicos y privados. Y así, aunque en primera instancia la ficción aparezca tiranizada por los procesos políticos de los que emerge como voluntad de representación, la ficción somete a las formaciones hegemónicas del poder, tiranizando simbólicamente a su tirano. Entre la ficción y lo político se establece finalmente la misma dialéctica relacional que Hegel señala entre el amo y el esclavo.

La obra de Castellanos Moya, al igual que la de sus interlocutores más directos como Villoro y Bolaño, se estructura como una estrategia de representación del espacio latinoamericano como un sujeto político derrotado, pero también como una crítica que aspira trascender las limitaciones de esa estrategia de representación. De norte a sur, la misma tensión puede localizarse en las más prominentes narrativas del continente. Castellanos Moya divide esa experiencia literaria entre novelas decididamente "políticas" de autores como Miguel Ángel Asturias, Héctor Aguilar Camín o Sergio Ramírez, y las de autores que supeditan lo político a una estructura literaria más compleja, como Ricardo Piglia y el propio Bolaño. Cabría preguntarse si las corrientes de esa literatura política que propone Castellanos Moya no son sino formas de *nombrar* una misma relación conflictiva entre la ficción y lo político, donde el dominio de un campo sobre el otro –la *tiranía* entre ambas formas de conocimiento– condiciona la hechura de la obra y la relación directa o indirecta con sus referentes.

En esa productiva tensión ha destacado la obra de Castellanos Moya por fuera del contexto sociocultural centroamericano. Junto a la de sus pares como Villoro y Bolaño, la narrativa moyana aparece en el horizonte de expectativas de la literatura latinoamericana con la diferencia radical de su crítica al nacionalismo histórico posterior al caso Padilla, pero también desencantada con la democracia liberal que tanto entusiasmó a escritores de generaciones anteriores como Vargas Llosa y Fuentes. En este punto se observa acaso la principal congruencia generacional entre escritores como Castellanos Moya, Villoro y Bolaño: ante la imposibilidad de un relato positivo para la nación, ante el agotamiento de la modernidad latinoamericana, queda la pulsión incesante por lo político. La consigna entonces no es considerar la modernidad como un proyecto inacabado, como quería Habermas. Por el contrario, la modernidad aparece en su absoluto fracaso como la perenne emergencia de antagonismos políticos. La Centroamérica de posguerra que narra Castellanos Moya remite al pensamiento de Michel Foucault cuando revierte la célebre consigna de Clausewitz y declara "que la política es la continuación de la guerra por otros medios" (29). Explica Foucault: "el papel del poder político sería reinscribir perpetuamente esa relación de fuerza, por medio de una especie de guerra silenciosa, y reinscribirla en las instituciones, en las desigualdades económicas, en el lenguaje, hasta en los cuerpos de unos y otros" (29). ¿No es la narrativa de Castellanos Moya, de un modo general, la reinscripción literaria de la guerra silenciosa en el presente de la sociedad centroamericana de posguerra? ¿No ha sido su obra una forma de visualizar la vigencia del poder político en la (aparente) sociedad poshegemónica? Es la intuición colectiva del presente volumen que la narrativa de Castellanos Moya captura con inteligencia crítica las operaciones políticas de la historia reciente para examinar, ante el horror del crimen y los excesos de la corrupción oficial, la compleja continuación de la guerra en lo político como el nuevo paradigma de la democracia contemporánea en la región. Giorgio Agamben señala que el concepto de *stasis* o guerra civil se origina entre el espacio político de la ciudad y la privacidad despolitizada de la familia. Así, la guerra civil debe entenderse como "un umbral de politización y despolitización, a través del cual la casa es excedida en la ciudad y la ciudad es despolitizada en la familia" (16). Con la terrible fascinación que esta idea supone para la escritura literaria, la obra de Castellanos Moya se nos ofrece entonces como una de las más importantes formas de conocimiento de nuestro sórdido presente en ese delicado balance entre lo público y lo privado, la familia y la ciudad, lo político y lo despolitizado.

LA TIRANÍA DEL PRESENTE VOLUMEN

Tiranas ficciones: poéticas y políticas de la escritura en la obra de Horacio Castellanos Moya el primer libro colectivo académico dedicado a la obra de Castellanos Moya, se adentra en la inquietante tensión entre la ficción y lo político antes descrita. Reunimos aquí el trabajo de catorce especialistas de Latinoamérica, Estados Unidos y Europa con aproximaciones interdisciplinarias y comparativas que permiten reflexionar la profunda influencia que la escritura de Castellanos Moya está ejerciendo en las letras centroamericanas e hispanoamericanas de las últimas dos décadas. El volumen se divide en cinco secciones que agrupan temáticamente distintos aspectos de su obra que emergen en contextos puntuales de su trayecto intelectual y que intentan dar cuenta no sólo de la evolución del proyecto literario de Castellanos Moya, sino también de los momentos de crítica política que conlleva.

El primer apartado está dedicado a la saga de la familia Aragón –que en más de un modo dramatiza la propia vida familiar de Castellanos Moya– con la pentalogía que inicia con *Donde no estén ustedes* (2003) y que avanza en décadas de historia salvadoreña con *Desmoronamiento* (2006), *Tirana memoria* (2008), *La sirvienta y el luchador* (2011) y *El sueño del retorno* (2013). En el primer artículo de nuestra colección, Ricardo Roque Baldovinos explora la experiencia de guerra en varias generaciones de una misma familia que sin embargo puede y debe extrapolarse al destino trágico del país y el modo en que ese mismo conflicto "se prolonga transformado en el interminable ciclo de violencia social del presente". Por su parte, Tania Pleitez Vela ofrece un ejercicio comparativo al acercar la saga de los Aragón a la familia Glass de Salinger, un autor, como Castellanos Moya, afectado por la guerra. Juntos, los Aragón y los Glass revelan "la herida síquica que provoca la violencia". Finalmente, Magdalena Perkowska analiza con detención *Desmoronamiento*, la segunda novela de la pentalogía de los Aragón. Después de situar el texto en la "constelación Castellanos Moya", Perkowska examina en él "una doble articulación estética de lo afectivo y lo histórico que se iluminan mutuamente" para mostrar que en *Desmoronamiento* el escritor "configura una imagen dialéctica que permite teorizar desde la ficción no sólo los procesos históricos [...], sino también los subjetivos y, sobre todo, su intersección, afinidades y potencial crítico".

Dos estudios integran el segundo apartado, dedicado a la representación de la guerrilla en la obra moyana. En el primero y a través de una lectura de la temprana novela *La diáspora*, Alberto Moreiras resignifica la noción de cinismo propuesta por Beatriz Cortez para entender al cínico como "un historicista absoluto que siempre ya sabe muy bien lo que está haciendo" y que mejor que nadie es el nuevo sujeto de una crisis de lo político permanente. A su vez, Celina Manzoni retoma también *La diáspora* para concluir, no sin cierto pesimismo, que en el centro de la novela "está la traición, la miasma de la que no es posible escapar, la inmersión en lo inexplicable, la paradoja de un proceso político al que se incorporó toda una generación de jóvenes para muchos de los cuales, como para Roque Dalton, no hay una tumba todavía".

En el tercer apartado del volumen la Centroamérica de posguerra es el eje que une los siguientes cuatro textos. Adriana Sara Jastrzębska estudia a Edgardo Vega, el narrador de una de las más celebradas novelas de Castellanos Moya: *El asco*, esa alargada diatriba contra El Salvador. El objetivo del texto es analizar la articulación del personaje de Vega para "indicar los mecanismos y estrategias cruciales que contribuyen al proceso de constituirse y construirse la identidad y la subjetividad del protagonista de la obra". César A. Paredes lleva la crisis del sujeto hacia el paradigma de lo posnacional con su lectura de *La diabla en el espejo*. Según Paredes, esta novela visualiza el fracaso de la odernidad nacionalista para reubicar a El Salvador "en el terreno heterogéneo, en tensión, antagónico y des-localizado". En su intervención, Sophie Esch ofrece una aguda lectura de *El arma en el hombre* como ejemplo de lo que ella denomina como "la novela del desmovilizado", un nuevo subgénero en el cual "los desmovilizados, personajes por lo general violentos, militarizados, traumatizados y desarraigados, junto con sus arsenales, son el punto de partida para una exploración crítica del período de posguerra". Tatiana Argüello cierra este apartado con una segunda lectura de *El arma en el hombre*, esta vez para examinar la presencia del paramilitarismo y la guerra como las condiciones constitutivas del nuevo orden social. De ese modo, Robocop, ese arquetípico desmovilizado devenido a mercenario, aparece como un tipo de *cyborg* íntimamente conectado a su arma. Argüello explica entonces "cómo la relación del protagonista con las armas construye un tipo de subjetividad que es producto de la simbiosis del instrumento técnico de guerra (el arma y la red de actores en la que funciona) y el sujeto".

El cuarto apartado de nuestro volumen está dedicado a reflexionar sobre la obra más reconocida de Castellanos Moya a nivel internacional: *Insensatez*. Para este propósito, decidimos reproducir tres artículos previamente publicados que a nuestro juicio han marcado las principales coordenadas críticas sobre esa novela. Ignacio M. Sánchez Prado subraya en la novela la apropiación simbólica del vaciamiento ideológico en la sociedad de posguerra que produjo el agotamiento tanto de las pulsiones revolucionarias de los sesenta como de la escritura testimonial de los ochenta. Así, anota, "*Insensatez* es parte de una tendencia en la cual los escritores centroamericanos reclaman para sí el derecho a la escritura literaria como una forma de superar tanto el imperativo revolucionario como el imperativo testimonial". Misha Kokotovic, no obstante, da un paso en la dirección opuesta para señalar el potencial testimonial que según este crítico sí permanece en la estructura narrativa de la novela. Al mismo tiempo, Kokotovic resitúa el debate en torno a la llamada "estética del cinismo" como uno de los aspectos positivos de la trama. Existe entonces una tensión productiva entre la recuperación del testimonial y la actitud cínica del narrador protagonista. Explica Kokotovic: "Al poner estos *testimonios* reales en un contexto ficticio de cinismo de posguerra, la novela paradójicamente amplifica su fuerza e impacto en una época en la que el *testimonio*, para algunos, ha perdido su poder de conmover a sus lectores". A contracorriente de las dos interpretaciones anteriores, Nanci Buiza analiza las acciones del protagonista de *Insensatez* como producto de una compleja reconfiguración de sus emociones y afectos por medio de la cual consigue superar los arrebatos cínicos, clasistas e incluso racistas de su personalidad. Como se sabe, mientras revisa un informe sobre los crímenes de lesa humanidad cometidos durante la guerra civil de un país centroamericano –directa alusión al informe REMHI en Guatemala–, el narrador se entretiene copiando frases testimoniales por su inesperado valor literario. Según Buiza, la profunda transformación que experimenta el narrador le devuelve un sentido ético que le permite transitar hacia una lectura distinta de los testimonios. Y así, "el narrador pasa de una valoración estética, en la cual la poesía es un objeto de o producto para la recreación literaria, a una poética de afecto que le permite entender el trauma del otro hasta tal punto que él mismo empieza a compartirlo y asimilarlo".

El último apartado de nuestro volumen se propone una doble lectura de *El sueño del retorno*, como el replanteamiento del eje central que marca toda su obra de Castellano Moya: lo político. Christina Soto van der Plas nota cómo esta novela se distancia de sus propios referentes políticamente comprometidos, sobre todo en el caso de la obra de Roque Dalton. *El sueño del retorno* funciona desde esta perspectiva como una novela que articula un comentario político como un efecto ulterior de su estructura y no como un compromiso predeterminado por el autor al momento de acometer la escritura. Menos que una literatura política "como presupuesto o como un *dictum a priori*, es su efecto narrativo el que es político, vale decir, sólo se puede pensar su dimensión política como consecuencia". El último ensayo de la presente colección traza igualmente la presencia de lo político en la más reciente novela de Castellanos Moya, pero desde una reflexión sobre el exilio. En diálogo con la obra de Roberto Bolaño, Oswaldo Zavala analiza *El sueño del retorno* como el establecimiento de un viaje intelectual por medio del cual el exiliado avanza hacia un improbable regreso pero también hacia un renovado intento de agencia política, un inaplazable deseo de reinsertarse en el cauce del presente histórico. Concluye Zavala: "La reaparición inesperada de lo político funciona aquí como el reverso simbólico del exilio, su trazo oculto pero visible en la escritura literaria".

Nos complace cerrar este recorrido con el texto inédito "Breve historia con mi abuelo o de cuando me infectó la política" preparado por el propio Horacio Castellanos Moya especialmente para el presente volumen. En él, Castellanos Moya intenta localizar biográficamente el momento preciso en el que adquirió una conciencia política. Rememora y escribe:

> Mi relación con la política ha sido dual, contradictoria, marcada por el interés obsesivo y también por la repugnancia. Jamás me propuse ni pasó por mi mente dedicarme a la política, pero ésta se ha filtrado en mis ficciones con completa naturalidad. Cuando he reflexionado sobre ello he confirmado que el hombre es hijo de sus circunstancias; no hay escapatoria.

El recorrido sigue la tensión política que dividió a la familia del autor entre sus abuelos maternos conservadores y reaccionarios en Honduras, y sus tíos y primos paternos, comunistas y revolucionarios en El Salvador. Conforme va comprendiendo los sangrientos procesos históricos de ambos países a través de sus líneas familiares enfrentadas, Castellanos Moya vuelve insistentemente a los numerosos episodios que definieron su formación, en particular al lado de su abuelo materno, una influyente figura de la escena política hondureña. El momento de la "infección" política, sin embargo, parece radicar, acaso, en los silencios extendidos junto a su abuelo, lo que *no* se dijo, lo que acaso no podría decirse jamás:

> nunca trató directamente de hacerme cambiar de ideas, de rebatirme. Era un hombre de pocas palabras [...] pero no queda en mi memoria ningún recuerdo de confrontación, de debate. Supo inculcarme un respeto mutuo. Si algo metió en mi cabeza fue de una forma tan sutil que no lo percibí.

Aventuramos una última conjetura a modo de conclusión: proponemos pensar la obra de Castellanos Moya como la elaborada respuesta a esa tensión política irreconciliable entre los dos polos de su genealogía. En ese momento de irreducible indecisión, junto al peso del mayor conservadurismo y del mayor radicalismo defendido paradójicamente por una misma familia, la escritura literaria de Castellanos Moya responde con la fuerza de su imaginación crítica, con la tenacidad de la confrontación antagónica, la pulsión tiránica de lo político, el deseo final, inalcanzable, de (re)construir una casa propia como el mayor acto de libertad.

Notas

[1]   Véase la bibliografía literaria del autor al final de este volumen.

[2]   Para las herencias centroamericanas del escritor, consúltense los ensayos recogidos en *La metamorfosis del sabueso* (2011), en particular "Breves palabras impúdicas", "Política, humor y ruptura" y "El cadáver es el mensaje: apuntes sobre literatura y violencia", además de las entrevistas con Escobedo, Rabalais y Wieser.

[3]   Entre los primeros figuran los salvadoreños Jacinta Escudos (1961), Rafael Menjívar Ochoa (1959-2011), Róger Lindo (1955) y Miguel Huezo Mixco (1954); los guatemaltecos Franz Galich (1951-2007), Adolfo Méndez Vides (1956) y Rodrigo Rey Rosa (1958); los nicaragüenses Erick Blandón (1951) y Erick Aguirre (1961); los costarricenses Anacristina Rossi (1952), Carlos Cortés (1962), Rodrigo Soto (1962) y Fernando Contreras Castro (1963); y el hondureño Roberto Castillo (1950-2008). En el segundo grupo se distinguen Sergio Ramírez (1942) y Gioconda Belli (1948) de Nicaragua; Arturo Arias (1950), Marco

Antonio Flores (1937-2013), Dante Liano (1948) y Mario Roberto Morales (1947) de Guatemala; Manlio Argueta (1935) de El Salvador; Julio Escoto (1944) y Marcos Carías (1938) de Honduras; Quince Duncan (1940) y Alfonso Chase (1944) de Costa Rica; María Rosa Britton (1935) y Gloria Guardia (1940) de Panamá. A la generación más reciente pertenecen, por ejemplo, las salvadoreñas Claudia Hernández (1975) y Vanessa Núñez Handal (1973); los guatemaltecos Eduardo Halfon (1971) y Arnoldo Gálvez Suárez (1982); los costarricenses Daniel Quirós (1979) y Cirus Sh. Piedra (1985); el nicaragüense Ulises Juárez Polanco (1984). Algunos escritores, como Juan Sobalvarro (Nicaragua, 1966), Sergio Muñoz Chacón (Costa Rica, 1963) o Tatiana Lobo (Chile, 1939; nacionalizada costarricense) rompen este esquema generacional porque comienzan a publicar a principios de los 90 (Lobo) o en la década del 2000. Desde luego, esta lista no pretende ser sino una muestra, necesariamente incompleta.

4   Véase la sección dedicada a *Insensatez* en este volumen, en la que se recogen tres ensayos que, dialogando entre sí, examinan la reescritura crítica del discurso testimonial en dicha novela.

5   Sobre este vínculo literario, consúltese el ensayo de Yansi Pérez, 66.

6   El texto fue incluido después en el pequeño parnaso personal reunido en *Entre paréntesis* (2004) y posteriormente como uno de los apéndices en la edición de Tusquets de *El asco*.

7   Es importante notar en este punto que Althusser no se refiere a todo arte en general, sino al "arte auténtico, no obras de un nivel promedio o mediocre" (222). Entre otros ejemplos, dicho "arte auténtico" se ilustra con la narrativa de Balzac y Tolstoy.

Bibliografía

Agamben, Giorgio. *Stasis: Civil War as a Political Paradigm*. Nicholas Heron, trad. Stanford: Stanford UP, 2015.

Althusser, Louis. *Lenin and Philosophy and Other Essays*. Ben Brewster, trad. Nueva York: Monthly Review Press, 1971.

Amar Sánchez, Ana María. *Instrucciones para la derrota. Narrativas éticas y políticas de perdedores*. Barcelona: Anthropos, 2010.

Argueta, Manlio. *El siglo de o(g)ro. Bio-no-vela circular*. San Salvador: Dirección de Publicaciones e Impresos, 2014.

Arias, Arturo. "Post-identidades post-nacionales: duelo, trauma y melancolía en la constitución de las subjetividades centroamericanas de posguerra". *(Per)Versiones de la modernidad. Literaturas, identidades y desplazamientos*. Beatriz Cortez, Alexandra Ortiz Wallner y Verónica Ríos Quesada, eds. Guatemala: F&G Editores, 2012. 121-39.

Badiou Alain. "The Autonomy of the Aesthetic Process". *The Age of the Poets*. Bruno Bosteels, trad. Nueva York: Verso, 2012. 111-31.

Barthes, Roland. *El placer del texto*. Nicolás Rosa, trad. Buenos Aires: Siglo XXI, 1974.

Benjamin, Walter. *The Origin of German Tragic Drama*. John Osborne, trad. Londres: NLB, 1977.

Bolaño, Roberto. *Entre paréntesis. Ensayos, artículos y discursos (1998-2003)*. Barcelona: Anagrama, 2005.

Castellanos Moya, Horacio. *La metamorfosis del sabueso. Ensayos personales y otros textos.* Santiago de Chile: Ediciones Universidad Diego Portales, 2011.

Cortez, Beatriz. *Estética del cinismo. Pasión y desencanto en la literatura centroamericana*. Guatemala: F&G Editores, 2010.

_____ "Mapas de melancolía: la literatura como medio para la homogeneización del sujeto nacional". *Intersecciones y transgresiones. Propuestas para una historiografía literaria en Centroamérica.* Werner Mackenbach, ed. Guatemala: F&G Editores, 2008. 135-49.

_____ "Memorias del desencanto: el duelo postergado y la pérdida de la subjetividad heroica". *(Per)Versiones de la modernidad. Literaturas, identidades y desplazamientos.* Beatriz Cortez, Alexandra Ortiz Wallner y Verónica Ríos Quesada, eds. Guatemala: F&G Editores, 2012. 259-80.

Dalton, Roque. *Pobrecito poeta que era yo...* San Salvador: UCA Editores, 2009.

Eng, David L. y David Kazanijan. "Introduction. Mourning Remains". *Loss. The Politics of Mourning.* David L. Eng y David Kazanijan, eds. Berkeley: U of California P, 2003. 1-25.

Escobedo, María. "Horacio Castellanos Moya: 'Los mitos de la libertad son un privilegio de las élites'". Entrevista. *Cuadernos Hispanoamericanos* 730 (2011): 131-38.

Ferber, Ilit. *Philosophy and Melancholy: Benjamin's Early Reflections on Theater and Language.* Stanford: Stanford UP, 2013.

Foucault, Michel. *Defender la sociedad. Curso en el Collège de France (1975-1976).* México, D.F.: FCE, 2000.

Freud, Sigmund. "Duelo y melancolía". Escuela de Filosofía Universidad ARCIS. <http://cineypsicopatologia.weebly.com/uploads/2/5/4/6/2546789/1917duelo_y_melancola.pdf>. 15 feb. 2015.

Lara Martínez, Rafael. "Cultura de paz, herencia de guerra. Poética y reflejos de la violencia en Horacio Castellanos Moya". *Istmo. Revista Virtual de Estudios Literarios y Culturales Centroamericanos* 3 (enero-junio 2002). <http://istmo.denison.edu/n03/articulos/moya.html>.

Leyva Carías, Héctor. "Los estudios literarios y los estudios culturales en Centroamérica". Lección inaugural. V Congreso Centroamericano de Estudios Centroamericanos. San Salvador. 21 jul. 2105.

_____ "La novela de la revolución centroamericana (1960-1990). (Narrativa de los procesos revolucionarios centroamericanos 1960-1990)." Tesis doctoral. Universidad Complutense de Madrid, 1995. 20 sept. 2013.

Pau, Andrés. "La mirada furiosa de Horacio Castellanos Moya". *Clarín. Revista de Nueva Literatura* (Oviedo, España). 2 marzo 2009. <http://www.revistaclarin.com/1007/la-mirada-furiosa-de-horacio-castellanos-moya/>. 6 mayo 2015.

Pérez, Yansi. "El poder de la abyección y la ficción de posguerra". *(Per) Versiones de la modernidad. Literaturas, identidades y desplazamientos.* Beatriz Cortez, Alexandra Ortiz Wallner y Verónica Ríos Quesada, eds. Guatemala: F&G Editores, 2012. 49-72.

Rabalais, Kevin. "An Interview with Horacio Castellanos Moya". *Brick: A Journal of Reviews* 94 (2015): 90-96.

Rancière, Jacques. "The Politics of Literature". *The Politics of Literature.* Cambridge: Polity, 2011. 3-28.

Rodríguez, Ileana. "Estéticas de esperanza, memoria y desencanto: constitución letrada de los archivos históricos". *(Per)Versiones de la modernidad. Literaturas, identidades y desplazamientos.* Beatriz Cortez, Alexandra Ortiz Wallner y Verónica Ríos Quesada, eds. Guatemala: F&G Editores, 2012. 21-47.

Ruisánchez, José Ramón y Oswaldo Zavala. "Introducción. El malabrista: las genealogías de Juan Villoro". *Materias dispuestas. Juan Villoro ante la crítica.* José Ramón Ruisánchez y Oswaldo Zavala, eds. Barcelona: Candaya, 2011. 9-27.

Sarlo, Beatriz. *Tiempo pasado. Cultura de la memoria y giro subjetivo. Una discusión.* Buenos Aires: Siglo XXI Editores, 2012.

Wieser, Doris. "Nos hubiéramos matado, si nos hubiéramos encontrado". Entrevista. Berlín, 17 junio 2010. *HeLix* 3 (2010): 90-111.

La saga de los Aragón:
historia, literatura, afectos

Un duelo por la historia:
la saga de la familia Aragón

RICARDO ROQUE BALDOVINOS
Universidad Centroamericana, San Salvador

> *[L]a patria que me muerde es la memoria, no he encontrado otra forma de ajustar cuentas con ella más que a través de la invención. La realidad es tan grosera, imbécil y cruel que la voy a tratar sin ninguna consideración; la llamada 'verdad histórica' es una chica demasiado promiscua como para creer en su canto de sirena.*
>
> Castellanos Moya, *Breves palabras impúdicas*

MEMORIA Y POLÍTICA DE LA LITERATURA

A lo largo de diez años, Horacio Castellanos Moya ha publicado un ciclo histórico que comprende cinco títulos: *Donde no estén ustedes* (2003), *Desmoronamiento* (2006), *Tirana memoria* (2008), *La sirvienta y el luchador* (2011) y *El sueño del retorno* (2013). Estas novelas tienen por protagonistas a miembros de la familia Aragón y se ubican en un lapso de tiempo que abarca desde la "Huelga de brazos caídos" en 1944, que puso fin a la dictadura del general Maximiliano Hernández Martínez, hasta poco tiempo después de la firma de los Acuerdos de Paz en 1992. El conjunto es el esfuerzo por asumir literariamente la historia reciente de El Salvador, país donde la amnesia ha sido una constante de las políticas de la memoria. La saga de los Aragón –así habré de referirme al conjunto en lo sucesivo– es la culminación de una búsqueda que articula el ya extenso universo narrativo de Horacio Castellanos Moya. Es un esfuerzo por dar sentido a la experiencia de una generación que fue partícipe de un conflicto armado cruel, el cual se prolonga transformado en el interminable ciclo de violencia social del presente.

Castellanos Moya nos entrega en esta fase de su obra una comprensión escéptica de la historia, pero de una manera compleja y ambivalente. Pretendo a partir del presente ensayo esbozar algunas claves para comprender la política de la literatura que se involucra en este ejercicio de memoria. Al hablar de reconstruir una política de la literatura, me suscribo al planteamiento de Jacques Rancière para quien:

> La política de la literatura no es la política de los escritores. No involucra sus compromisos personales en las luchas políticas o sociales de su tiempo. Tampoco tiene que ver con la manera en que representan en sus libros las estructuras sociales, los movimientos políticos o las identidades diversas. La expresión 'política de la literatura' implica que la literatura hace política en tanto que literatura. (*Politique* 11, traducción mía)

Y esta manera de hacer política en tanto que literatura consiste en:

> [...] una cierta manera de intervenir en el reparto de lo sensible del mundo que habitamos: la manera en que se nos hace visible, y la manera en que lo visible se deja decir, así como las capacidades o incapacidades que se manifiestan en ello. Es a partir de aquí que es posible pensar la política de la literatura 'como tal', su modo de intervención en el recorte de objetos que forman un mundo común, en los sujetos que lo pueblan y los poderes que estos tienen de verlo, nombrarlo y actuar sobre él. (*Politique* 15, traducción mía)

El modo de hacer política de la literatura es, pues, intervenir en el reparto de lo sensible, en la forma conflictiva de definir el mundo común a partir de la codificación de datos sensibles, es decir, en la postulación de espacios, tiempos, identidades, formas de acción y de pensar (*El reparto* 9-19). Desde esta perspectiva, es posible entender que lo que está en juego en la ficción, según Rancière, es algo más que recrear universos de imaginación:

> [...] la ficción no es la invención de mundos imaginarios. Es sobre todo una estructura de racionalidad: una especie de vínculo que construye formas de coexistencia, de sucesión y de encadenamiento causal entre acontecimientos, y que da a estas formas el carácter de lo posible, de lo real o lo necesario. (*Le Fil perdu* 11, traducción mía)

Hacer ficciones es poner en operación una forma de racionalidad, una manera de comprender el funcionamiento del mundo. Por eso, más que detenerme a evaluar las opiniones políticas que expresa el autor dentro o fuera de la obra, o a determinar si hay una representación adecuada de ciertos tipos o estructuras sociales, intentaré establecer la configuración narrativa del ciclo y dilucidar cómo ésta ofrece respuestas a ciertas interrogantes sobre el sentido del proceso histórico en cuestión. Ello implicará un abordaje de textos literarios y críticos de Castellanos Moya, pero también una breve reflexión sobre la forma de la novela histórica. A partir de esta reflexión estimo que podremos entender mejor el marco de inteligibilidad de su universo literario.

Del progreso a la catástrofe, de la catástrofe al desastre

Importante para comprender la política de la saga de la familia Aragón es esbozar los tropos de la historia que se hallan implícitos en distintos modelos de novela histórica. Considero importante aclarar, antes que nada, que me distancio del consenso en la crítica literaria centroamericana sobre la novela histórica, donde predominan orientaciones formalistas o deconstruccionistas. En el primer caso, se propone una definición meramente descriptiva, sin tener en cuenta el tipo de inteligibilidad histórica que postula (véase Menton). En el segundo, se postula de manera reductiva una identidad de historia y narración (Mackenbach y Grinberg Pla). Si bien es cierto que toda historia se expresa narrativamente, debe señalarse que lo histórico posee una dimensión ontológica que trasciende esta presentación y está ligada al ser social de la humanidad y a la posibilidad de emancipación que éste implica (Ricœur 290-364).

Esta dimensión constitutiva de la realidad humana se puede aprehender a través de una serie de tropos que explican el funcionamiento de distintas propuestas de novela histórica como progreso, catástrofe o desastre.[1] Georg Lukács retoma la visión hegeliana de la historia como progreso. Esta reflexión se entronca a un *telos*, donde la teoría marxista se propone como la máxima encarnación del proceso de ascenso de la razón. La novela histórica y la novela realista serían así estadios en la génesis de una conciencia histórica, resultantes de los efectos traumáticos de la expansión del capitalismo y las grandes revoluciones democráticas de finales del siglo XVIII y de comienzos del XIX en Europa. El ser humano se hacía cargo de la sociedad como su propia creación. La novela ofrecía, pues, una forma de conciencia emancipadora en embrión que se contraponía a la impotencia de la conciencia reificada del capitalismo. La novela histórica lukacsiana planteaba así las paradojas de la historia y abría la posibilidad de su superación dialéctica. Era una visión optimista que terminó vencida ante las sucesivas catástrofes del nazismo, la Segunda Guerra Mundial y la Guerra Fría.

En un breve pero lúcido ensayo sobre la novela histórica, Perry Anderson propone una relectura de la dinámica global de esta forma y de su renacimiento posmoderno. Hace notar que tanto en el centro como en la periferia la novela histórica ya no viene marcada por una afirmación del progreso sino por la ansiedad ante la catástrofe. El tropo de la catástrofe funciona así como una manera de enfrentar la promesa fallida de la Modernidad. Pero Anderson advierte que lo catastrófico no es siempre pesimista. En el caso de la nueva novela histórica latinoamericana, nota que esta catástrofe puede leerse en clave utópica. Estaría en línea, pues, con la redención mesiánica a la manera de Walter Benjamin, es decir, como la activación de una contrahistoria que surge de una memoria reprimida de emancipación (Löwy 169-85).

En un trabajo anterior, intenté dar unas claves para explicar una forma de novela épica que vendría a ser la forma más entusiasta de este tropo de la historia. En la narrativa de lo real-maravilloso se anticipa la superación de la catástrofe en un futuro utópico. Así se explicaría el misterioso narrador impersonal de *Cien años de soledad* (1967) que la crítica ha confundido con el personaje Melquíades, pero que es en realidad el colectivo utópico transformado en la voz de la memoria que habla desde una posesión de la verdad histórica en el futuro (Roque Baldovinos 77-79). Esto es lo que Idelber Avelar llamó el momento "eufórico" de la literatura latinoamericana, que vendría a ser una manera de actualizar lo que Peter Bürger identificaría con la política de la vanguardia, es decir, el llamado a fusionar vida y arte. Para el caso latinoamericano, el fenómeno testimonial constituyó una forma de rutinización de la política del arte vanguardista. Al negar su carácter ficticio el testimonio se sitúa claramente en línea con la euforia de la política del arte vanguardista. Pero, en la medida en que el testimonio se institucionaliza y se transforma en un instrumento en las pugnas por definir la relación del arte y la organización revolucionaria, se rutiniza en una suerte de administración ideológica de la utopía. El testimonio, el cine guerrillero y otras formas de arte militante vienen a ser parte de una política donde la promesa utópica de fusión de arte y vida pasa a ser dirigida desde el aparato revolucionario.

Conviene entonces recordar con Rancière que la política vanguardista es solo una de las dos políticas contradictorias del arte moderno. La llamada autonomía del arte –su constitución en esfera separada de la moral y el saber– se formula paradójicamente sobre la premisa de una heteronomía: la del arte como promesa de un mundo reconciliado donde dicha separación se volvería irrelevante. De allí se derivan dos políticas del arte que se contraponen a lo largo de la Modernidad. Está, en primer lugar, una política entusiasta, de la cual la vanguardia es solo una manifestación, que reclama la fusión de arte y vida. Pero no debemos olvidar que ha coexistido con una segunda política, más escéptica, que podríamos llamar de resistencia, la cual buscaría preservar el potencial utópico del arte separándolo de su cooptación política y comercial (Rancière, *El reparto* 29-36).

En base a esta distinción, adquiere pleno sentido la política de la literatura de Horacio Castellanos Moya y su generación. Es una reacción a la quiebra moral de la política vanguardista. La posguerra ocurre en un contexto global de evanescencia de las utopías o, peor aún, en su degradación en fórmulas domesticadas como el lenguaje del consenso y desarrollo sostenible. Es por ello que Castellanos Moya propone un reflujo autonomista de la literatura. En una de sus intervenciones críticas titulada ilustrativamente "La guerra: un largo paréntesis", plantea ver el conflicto armado como un desvío de su vocación literaria y la posguerra como un reencuentro con sus amigos poetas, ahora exguerrilleros, con los que finalmente puede retomar las conversaciones donde "la pasión por la literatura lo era todo" (*Breves palabras* 27). Aquí puede blandirse con facilidad la acusación de escapismo, pero esta postura obedece más bien a la necesidad de reclamar un territorio de autonomía para la creación literaria que había sido sacrificado en aras de la revolución.[2]

Sin embargo, Rancière nos hace notar que el sentido de la resistencia estética resulta afectado en un entorno social marcado por el eclipse de las utopías revolucionarias y el auge del consenso neoliberal (*Malestar*

157-59). Aquí entra en juego lo que llamaremos el tropo del desastre, siguiendo la crítica que hace Rancière del planteamiento estético de Jean-François Lyotard (110-32). En este nuevo planteamiento de la autonomía, al evaporarse totalmente el futuro, el énfasis se desplaza hacia la amenaza de un pasado catastrófico. El arte deja de ser entonces el anuncio de una promesa diferida y se convierte en el recuerdo y la advertencia de una catástrofe pasada, de los proyectos desastrosos de intentar someter el mundo a nuestros deseos e ideas, es decir, la promesa utópica se transforma en *hybris*. Esta catástrofe no es ya un tránsito doloroso y necesario hacia la redención, sino un destino derivado de la condición humana misma, en su fragilidad y falibilidad inescapables, en lo que Lyotard denomina "lo inhumano":

> Este "inhumano" es la parte de nosotros que no controlamos, esa parte que toma la forma de varias figuras y varios nombres: dependencia del niño, ley del inconsciente, relación de obediencia hacia un Otro absoluto. Lo "inhumano" es esta radical dependencia del humano respecto a otro absoluto al que no puede controlar. (Rancière, *Malestar* 145)

El nuevo arte está pues para "dar testimonio de una alienación que no se deja reducir, una alienación en relación con la cual toda voluntad de emancipación se convierte en el señuelo de la voluntad de dominio que nos arranca del sueño de la vida de consumidor para lanzarnos a las utopías fatales del totalitarismo" (*Malestar* 130). Estos cambios afectan profundamente el sentido que puede plantear al arte en la contemporaneidad y a la posibilidad de construir memoria. Bajo esta visión, la memoria se invoca para dar cuenta de la imposibilidad de la historia, de la futilidad de todo deseo de emancipación. El tropo del desastre, debemos advertir, no debe verse como una condición inescapable que invalide la intervención artística, sino como una coordenada de inteligibilidad estética que no debemos pasar por alto. Esto es lo que trataremos de examinar a continuación. Veremos, en primer lugar, cómo el tropo del desastre está presente en el sentido que Horacio Castellanos Moya atribuye a la búsqueda literaria en sus intervenciones críticas más explícitas y articuladas. Pero, en un segundo momento, examinaremos la compleja arquitectura ficcional de la saga de los Aragón para ver si nos permite complejizar y abrir el espectro de posibilidades en el ejercicio de memoria.

UNA ENAJENACIÓN COLECTIVA

La afinidad de Horacio Castellanos Moya con el tropo del desastre parece corroborarse al leer *Breves palabras impúdicas,* una serie de intervenciones críticas realizadas por el autor entre 2004 y 2008. Son contemporáneas a la escritura de la saga de los Aragón y, por ello, pueden ser reveladoras del tipo de preocupaciones que asedian su esfuerzo creativo. Lo primero que podemos destacar de esas intervenciones es la afirmación de la memoria como su preocupación fundamental: "¿Adónde pertenezco, entonces? ¿Cuál es el cimiento de mi identidad como hombre y como escritor? La única respuesta que se me ocurre es esta: la memoria" (32). Y en su exploración de la memoria señala una preocupación principal: "El territorio de la memoria cruzado por varias rutas, unas visibles y otras solapadas, como pistas de aterrizaje para actos ilícitos. Distingo una ruta, la del origen, cuyo surco marca las primeras décadas de mi vida: es la violencia" (32). La violencia es la ruta principal que articula y que permite reconstruir la clave de su memoria e identidad. La violencia es la que permite dar coherencia a su propia memoria familiar. Y, al narrarla apretadamente, podemos reconocer la materia prima que prefigura la saga:

> Quizá ahí me inocularon el miedo, el rencor, el sentido de venganza. O quizás no, quizá venga de más atrás. Imagino la mueca de mi bisabuelo paterno, el general José María Rivas, fusilado por la dictadura de los Ezeta en 1890 y cuya cabeza fue empalada a la entrada de Cojutepeque como escarnio a la rebeldía; o la contorsionada emoción de mi tío Jacinto cuando se despidió del 'Negro' Farabundo Martí frente al pelotón de fusilamiento aquella madrugada del 1 de febrero de 1932; o el temblor de mi padre cuando supo que había sido condenado a muerte luego de participar en el fracasado golpe de Estado contra la dictadura del general Martínez aquel 2 de abril de 1944; o el gesto de espanto de mi sobrino Robertico cuando comenzó a ser destazado a punta de machete por un escuadrón de la muerte un día de marzo de 1980. Esto también forma parte del territorio de la memoria, la memoria de un sobreviviente. (33)

Una violencia que, en la historia centroamericana, aparece ineludiblemente ligada a la política, es la forma en que la política entra en la vida de los ciudadanos, en los procesos de constitución de las subjetividades:

> [L]a política ha sido una presencia dominante en mi vida, no porque yo haya ejercido el oficio de político, que nunca lo he hecho, sino porque esta ha sido como una maldición que me marcó desde siempre. En alguna ocasión he contado que mi primer recuerdo, lo que aparece más atrás en mi memoria, es un bombazo que destruyó el frontispicio de la casa de mis abuelos maternos [...]. Viví mi adolescencia en los prolegómenos de una guerra civil, y después me hice periodista en la cobertura de esa larga guerra. (70)

Y la guerra aparece entonces como algo que rebasa cualquier explicación racional:

> Cuando me han preguntado por qué mi generación se fue a la guerra, la tentación ha sido siempre recurrir a los argumentos políticos, sociales y económicos: la represión, la exclusión, la explotación. Sí, pero todas estas palabras agudas no alcanzan a explicar ese fenómeno de enajenación colectiva, ese entusiasmo por la acción, esa disposición para morir y matar que de pronto prende en un individuo hasta entonces ajeno a la política, esa pasión por entregar la vida a una causa revolucionaria que de súbito posee a un joven poeta cuya sola ambición ha sido la literatura. (21)

Una "enajenación colectiva", pues detrás de las declaraciones grandilocuentes de las utopías revolucionarias se encuentra una *hybris*, la arrogancia que emerge de una confusa amalgama de deseos de aventura y reconocimiento, de voluntad de dominio, oculta a medias en discursos altisonantes que llevaron al experimento catastrófico de la revolución y la guerra civil. Es un desastre que parece remontarse a una condición ancestral inescapable cuando afirma que todos "somos el producto de una gran carnicería" (34). La violencia se proyecta así desde el pasado al presente, como una auténtica maldición:

> [...] el crimen y la tortura impune se repiten como una constante del poder político despótico; se trata de una violencia predecible, explicable desde la impunidad de las dictaduras, del poder castrense. Lo nuevo, con la implantación generalizada de la democracia en la última década del siglo XX, quizá sea la 'democratización' del crimen, el absurdo de la matanza, la pérdida de referentes. (61)

La política íntimamente ligada a una lógica irracional de poder que se traduce en violencia es lo que destruye aquello a lo que Castellanos Moya se aferra en la construcción de una nueva identidad, su vocación literaria. Es así como saca lección de los errores de algunos de sus referentes literarios, como Miguel Ángel Espino, quien luego de publicar su novela *Hombres contra la muerte* (1947) "sucumbió a la tentación de la política, se convirtió en ministro de un general" (41) para preguntarse si "el destino de Espino no simboliza la historia de la mayoría de escritores en El Salvador, quienes luego de un amorío intenso con la literatura, la abandonan para quedarse con la vieja gorda política" (41).

Su aventura literaria se convierte así en una revancha por las carreras artísticas truncadas por la política: "la purgación de la memoria puede que sea nada más la excusa para ficcionar, para crear mundos paralelos en los cuales ejercemos una libertad que en la realidad apenas tenemos. Y es ese ejercicio de libertad el que alivia" (35). Para concluir con lo que puede leerse como la consigna de la nueva generación de escritores después del compromiso: "la obra es nuestra razón de ser" (36).

Por ello, su obra surge para dar testimonio de este desastre: "mi *timing* era la explosión de un conflicto político y social que se convertía en atroz guerra civil; mi realidad era aquella donde la violencia y el terror lo permeaban todo" (46). En sus declaraciones más explícitas, Castellanos Moya inserta su obra en el tropo de la historia como desastre. Es un gesto polémico que quiere afirmar el poder de la literatura para desentrañar los sentidos históricos, es decir, para construir memoria, más allá de los lugares comunes al uso del discurso hegemónico. Es, finalmente, su manera de demarcar ese territorio de la literatura a través del cual puede construirse una memoria y una identidad.

La saga de los Aragón

Procede ahora examinar el ciclo histórico y la lógica de inteligibilidad de lo histórico que puede extraerse de su compleja arquitectura narrativa. Para ello, realizaré un rápido recorrido por cada una de las novelas. En ellas, como manifesté al principio, no me detendré a inventariar los enunciados ideológicos de los narradores o los personajes ni a sopesar la adecuación del mundo representado con un referente real. Como propone Rancière, trataré en cambio de entender el dispositivo ficcional como una racionalidad que nos permite desentrañar el sentido de la historia, a través de inventariar las formas de visibilidad y de causalidad que propone la saga.

Donde no estén ustedes (2003) es la novela que inicia el ciclo. Parte de un desajuste entre tiempo narrado y tiempo de la relación, pues relata el último trayecto de la saga familiar en el tiempo narrado: el regreso de Alberto Aragón a México poco tiempo después de los Acuerdos de Paz de 1992. Es un retorno que viene marcado por la derrota, por el colapso de su fantasía de protagonismo político. Es un retorno al lugar de exilio durante la guerra, sólo que ahora el exilio político se convierte en un exilio moral, la búsqueda de un escenario adecuado para un buen morir, un suicidio autoinducido por una ya incontrolada adicción al alcohol. El relato referido por un narrador impersonal con una focalización muy cercana a la perspectiva de Alberto teje la desintegración a varios niveles: la derrota política, la implosión moral y física del personaje, pero también el deterioro del entorno, pues nos ubica en una Ciudad de México distinta a la de sus entusiasmos del exilio. Regresa a una ciudad enferma, a vecindarios populares ruinosos, inundados por el comercio informal y asediados por el crimen. Alberto se derrumba al enfrentar su propio infierno, el recuerdo de la escena traumática que lo asedia, una escena que visitaremos en las siguientes novelas del ciclo: el hallazgo de los cuerpos mutilados de su hijo y su nuera, asesinados por los escuadrones de la muerte en los primeros años del conflicto. El sentimiento de culpa por este suceso es la razón de su alcoholismo y su sufrimiento. La primera parte de la novela termina abruptamente, anunciando sin mostrar la muerte del protagonista.

En la segunda parte hay un cambio de género y de narrador. Se parodia la novela negra y la narración en primera persona la asume Pepe Pindonga, un "Christopher Marlowe de aldea tropical" (*Donde* 140), quien nos refiere sus indagaciones sobre la muerte de Alberto, comisionadas por un amigo de éste, el acaudalado empresario Henry Highmont. Tenemos aquí un relato de tono fuertemente satírico, donde se revela la sordidez de las motivaciones secretas de Alberto, de Henry Highmont y del propio Pindonga, un arribista acomplejado, fascinado por el status social de Highmont. Sabemos también que el interés de Highmont no es el destino de su amigo, sino asegurarse de que no se conozca un pasado idilio entre Alberto y la difunta esposa del primero. Se descarta así la remota posibilidad de crimen político y emerge, en cambio, un cuadro de pasiones sórdidas, donde la envidia y la venganza se postulan como los verdaderos motores de la historia, una trama de secretos guardados y de incomunicabilidad que volveremos a encontrar a lo largo del ciclo.

Desmoronamiento (2006) involucra al núcleo familiar de Clemente Aragón, el hermano mayor de Alberto. Tiene de trasfondo el conflicto entre Honduras y El Salvador que desembocó en la Guerra del Fútbol en 1969. Este conflicto se reproduce en las tensiones entre la acaudalada familia de Esther Mira, la esposa de Clemente, ligada al conservador Partido Nacional de Honduras, y la familia Aragón, marcada por su oposición a los regímenes militares salvadoreños. El hijo mayor de Esther y Clemente es Erasmo Aragón, quien será protagonista de *El sueño del retorno*, la última novela del ciclo. La novela rompe la continuidad temporal y se reconstruye el drama familiar desde las perspectivas de distintos personajes y mediante la estilización de diversos géneros discursivos.

La primera parte, "La boda", consiste en seis escenas en un formato que parodia el histrionismo telenovelesco. Semeja un guión cinematográfico donde predominan los diálogos y la función narrativa está reducida al mínimo. Asistimos aquí al despliegue del carácter terrorífico de la matriarca de los Mira, doña Lena, quien intenta por todos los medios sabotear la boda de su hija Esther con Clemente Aragón, a quien repudia por su nacionalidad salvadoreña y por considerarlo un "comunista". La acción se ubica en Tegucigalpa a comienzos de la década de 1960 y tiene como referencias históricas la conspiración que derrocó al gobierno liberal, en cuya fragua participó activamente don Erasmo Mira Brossa, el padre de Esther.

La segunda, "(Del archivo de Erasmo Mira Brossa)", es el intercambio epistolar entre don Erasmo y Esther, en el lapso entre la guerra de El Salvador y Honduras, conocida como la Guerra del Fútbol y el misterioso asesinato de Clemente Aragón, un crimen aparentemente político aunque se alza la sospecha de que haya sido ordenado por doña Lena, para obligar a su hija a regresar al hogar materno. El asesinato tiene lugar en medio de la crisis provocada por el fraude electoral contra la oposición y el fallido golpe de estado de 1972. Al final, Esther decide permanecer en El Salvador, su país de adopción, pese a la insistencia de su padre, pues concluye que debe poner distancia a la autoridad despótica de doña Lena y así poder construir su propia vida.

La tercera parte, "El Peñón de las Águilas", se sitúa en Honduras entre 1991 y 1992. Relata la muerte de doña Lena y las gestiones de sus herederos, Esther y sus hijos Erasmo y Alfredo, por liquidar su patrimonio, donde destaca la finca familiar "El Peñón de las Águilas", transformada en una parcelación suburbana. La historia es contada en primera persona por Mateo, un humilde y fiel sirviente de doña Lena. Desde su perspectiva obtenemos un retrato mucho más benévolo de la matriarca y una visión bastante hostil hacia sus herederos. Cuando Mateo reúne los papeles secretos de doña Lena sale a flote una misteriosa documentación que se insinúa encierra la clave del asesinato de Clemente Aragón. Pero Mateo la destruye y el misterio queda sin aclarar. La novela cierra cuando Mateo y su familia celebran la propiedad que recibieron en herencia de su patrona. Le hacen un homenaje bautizando la parcela como "Granja Doña Lena".

Tirana memoria (2008) se remonta al punto más lejano del tiempo narrado. Se sitúa en 1944, en los últimos momentos de la dictadura del General Hernández Martínez, "El Brujo". En este volumen tiene un protagonismo el círculo familiar de los padres de Clemente y Alberto, doña Haydée y Pericles, antiguo militar que participó en el golpe de 1931 que llevó al poder al tirano, pero que con el tiempo se fue convirtiendo en un opositor tenaz de la dictadura. La novela vuelve a la estructura fragmentaria de asincronías, multiperspectivismo y heterogeneidad discursiva. Consta de dos partes separadas por una larga elipsis.

La primera parte se titula "Haydée y los prófugos" y se ubica en los sucesos de 1944. Contiene dos relatos en contrapunto referidos por diferentes narradores. El primero le corresponde a Haydée, quien a través de los apuntes de su diario personal alude al drama familiar que provocan la prisión de Pericles y la fuga de Clemente. A su regreso al espacio privado, luego de realizar gestiones interminables para proteger a su marido e hijo, Haydée registra sus vivencias. Pero la escritura progresivamente se transforma en crónica histórica, donde se consignan las acciones de los marginados de la escena política que, ante la huida o derrota de los conspiradores, pasan a ocupar un lugar en el movimiento de resistencia que termina por derrocar a "El Brujo".

El diario evoluciona de ser la expresión del fuero íntimo de Haydée a constituirse en un registro histórico de una serie de acontecimientos que sólo son visibles desde su perspectiva de involucramiento accidental en la historia.

El relato que corre paralelo en la primera parte es el de Clemente, el hijo bohemio e intelectual, quien ha participado en la conjura de civiles y militares que fracasó en su intento por deponer la dictadura. Como resultado de ello, Clemente emprende una fuga cargada de peripecias para librarse de la mano vengativa del tirano. En la huida, lo acompaña su primo Jimmy, un militar de carrera. El género discursivo de este episodio es el de una narración bastante sobria, a la manera de guión cinematográfico, donde se contraponen los diálogos abundantes y animados de los dos personajes principales con descripciones escuetas e impersonales del ambiente. A medida que progresa la narración, se va acentuando la animosidad mutua de los conspiradores que trasluce la suspicacia entre los conspiradores civiles y los militares. Se nos dibuja un conflicto mezquino, de envidias derivadas de sus inseguridades masculinas y ambiciones de poder. Este relato queda inconcluso. Sabemos que los prófugos se han salvado porque Haydée lo consigna en su diario. Es de notar que la novela niega a Pericles y a Clemente, los conspiradores, no sólo el protagonismo en la derrota del tirano, sino la posibilidad de adquirir una perspectiva de los acontecimientos.

"El almuerzo", la segunda parte de la novela, es una coda a la que nos lleva una prolepsis de veintinueve años. Estamos en 1973 y ya se atisba el inicio de la guerra civil. Pero lo que podría anunciarse como el momento de esperanza, de reivindicación histórica de una emancipación postergada, aparece como la premonición de la catástrofe. De los protagonistas principales de la primera parte, sólo Pericles sobrevive. Haydée ha sucumbido a un cáncer. Clemente, como nos lo relata *Desmoronamiento*, ha sido asesinado en circunstancias oscuras. Alberto, el hijo menor, que tiene una participación secundaria en la primera parte, radica en el exilio. "El almuerzo" es narrado por el Chelón, un artista amigo de la familia, quien recuerda el último encuentro que tiene con Pericles. Allí éste le comunica que padece de un cáncer terminal y que ha decidido no someterse a tratamientos. Pocos días después Pericles se suicida. El Chelón lo rememora incluyendo su retrato en una serie de cuadros dedicados a los ángeles caídos. La narración termina con ese tono elegíaco donde se narra la ruina y el final de ese personaje que ya anticipa el desastre de la guerra y que por ello se borra voluntariamente de la historia.

La cuarta novela de la serie, *La sirvienta y el luchador* (2011) se sitúa alrededor del secuestro y asesinato de Albertico Aragón, joven militante comunista que regresa acompañado de su esposa danesa, Anita, a un El Salvador convulsionado. Esta muerte es la escena traumática de la saga de la familia Aragón; sin embargo, el autor decide bajarle el perfil. La acción se centra entonces en personajes de origen popular que se relacionan de una forma más o menos directa con la familia. Los más destacados son María Elena, la fiel sirvienta del hogar de don Pericles, y el Vikingo, un siniestro agente de la policía política a quien le encomendaron en repetidas ocasiones vigilar a los Aragón y quien se enamoró en secreto de María Elena.

El tiempo diegético que abarca esta novela es bastante compacto, de una acción vertiginosa, pero con una compleja estructuración de tiempo y de perspectivas narrativas. Predomina una narración que combina descripciones objetivas del entorno, con focalizaciones muy cercanas a los personajes, al punto que con frecuencia la narración asume el discurso indirecto libre. La novela está dividida en cuatro partes y un epílogo. Las dos primeras partes están dedicadas al Vikingo y a María Elena respectivamente. El Vikingo está gravemente enfermo y lucha por mantenerse a flote y mostrar a sus compañeros que todavía es útil. Es así como participa en el secuestro de Albertico. María Elena, por su parte, hace todos los esfuerzos por conocer el paradero de los secuestrados e incluso por lograr su liberación, gracias a su amistad con el Vikingo.

La tercera parte está construida a partir de un complejo contrapunto en el que se alternan las perspectivas de María Elena, su hija Belka, el hijo de ésta, Joselito, y la gorda Rita, la dueña del comedor situado en las cercanías del Palacio Negro donde se congregan habitualmente los agentes de la policía política. Belka es una enfermera que ha logrado en base a sacrificios que su hijo ingrese a la universidad. Pero las posturas de madre e hijo no pueden ser más divergentes. Mientras Belka está dispuesta a congraciarse con el poder para asegurar su situación, Joselito se inicia en la militancia guerrillera. Una serie de casualidades los pone en lados opuestos en un operativo guerrillero en que Belka resultará lesionada de gravedad. El tercer elemento del contrapunto es la historia de la gorda Rita, quien, sin ser plenamente consciente, se ha convertido en informante de la guerrilla por intermedio de su hijo Leandro, líder importante dentro del movimiento y quien, en secreto, le ha entregado el dinero para instalar el negocio en ese lugar estratégico.

En la cuarta parte, volvemos a la perspectiva de María Elena, quien se carea con el Vikingo, cuando ambos están ingresados en el hospital. Allí sabemos el secreto cuidadosamente guardado de María Elena: el verdadero padre de Belka es Clemente Aragón. Este hecho que podría tener dimensiones trágicas y convertirse en la alegoría de la explotación, es minimizado por María Elena, quien confiesa que no le guarda rencor a Clemente y que jamás lo desenmascaró por lealtad a Pericles y Haydée. El otro secreto que se revela pero sólo parcialmente es la muerte de Clemente. Sabemos que murió a manos de la policía política pero el Vikingo desconoce la identidad de quien dio la orden.

La novela concluye con un epílogo que se focaliza en la perspectiva del gordo Silva y del Chicharrón, dos secuaces del Vikingo en la policía política. Estos realizan un macabro viaje por la carretera del litoral descargando los cuerpos de los torturados y asesinados en los calabozos. Entre ellos reconocemos a Albertico y a su compañera. La novela cierra con el gesto macabro del dilema que enfrentan los asesinos de enterrar a estas dos últimas víctimas, pues han olvidado las palas.

El sueño del retorno (2013) ofrece una peculiar simetría para una clausura de la saga. Su protagonista es Erasmo Aragón, quien está a punto de hacer el movimiento inverso al de su tío Alberto en *Donde no estén ustedes*. Esta vez el viaje en perspectiva es de México a San Salvador y contiene un sentido de esperanza bastante ambiguo, de reencuentro con la "patria", que está a punto de salir del proceso de guerra. El viaje le ofrece la oportunidad al protagonista de escapar de una vida caótica de fracaso conyugal e hipocondría. La novela está narrada enteramente en primera persona y abarca los caóticos días de los preparativos de su viaje. En este lapso, el personaje se somete al tratamiento de un médico salvadoreño, Chente Alvarado, viejo amigo del tío Alberto. Alvarado se habría exilado en México luego de su captura por el ejército mientras atendía a un guerrillero herido. Este episodio se narra en *La sirvienta y el luchador*. El tratamiento del doctor, a base de hipnosis y medicina alternativa, le permite a Erasmo hacer un breve buceo en su atormentado mundo interior. De allí le surge la premonición de lo descabellado del regreso. Regresar se le presenta como una manera de lidiar con el trauma de la muerte de su primo Albertico. Recuerda que había tenido oportunidad de conversar con él en Costa Rica, donde ambos residían, poco antes de su malograda aventura de incorporarse a la revolución. Al insistirle que le diera razones del regreso, Albertico se había limitado a enunciar la frase "por pendejo". El recuerdo de ese intercambio le deja entrever que el regreso es una retorcida estrategia de autoexpiación que le impone su psiquismo. Pero Erasmo ya no puede hacer nada para detener el curso de acontecimientos que él mismo ha desencadenado. La novela concluye con Erasmo abordando el avión con su entendimiento aturdido por el consumo de alcohol y la súbita fantasía de enamorar a una joven y atractiva madre de familia que conoce en la sala de espera.

LAS PISTAS DE LA MEMORIA

Trataremos entonces de reconstruir la lógica del ciclo a partir de examinar algunas de sus estrategias recurrentes. En primer lugar, cabría destacar lo que se refiere a la estructura temporal y narrativa. En segundo lugar, trataremos de dilucidar los patrones de causalidad que subyacen a las acciones de los protagonistas. En tercer lugar, prestaremos atención a la peculiar textura estilística de la narración.

Si lo comparamos con la vocación de totalidad de las formas tradicionales de novela histórica, el ciclo se distingue por la aproximación fragmentaria donde, a nivel temporal, predominan los anacronismos y las elipsis; mientras a nivel de narración, predomina el multiperspectivismo. El ciclo es un caleidoscopio laberíntico marcado por la dificultad de establecer una síntesis, un sentido que exponga la coherencia de las acciones narradas. El sentido mismo de los personajes aparece considerablemente relativizado según sea la perspectiva que lo enmarque. La perspectiva construye distintos personajes e, incluso, se niega la posibilidad de reconstituirlos en una identidad coherente, como es el caso extremo de doña Lena, un monstruo para su familia y un ángel para su criado. El recurso al pastiche de géneros discursivos viene pues a reforzar esta complejidad irreductible.

Sin embargo, hay una posibilidad de establecer coordenadas de inteligibilidad del conjunto cuando tratamos de determinar el tipo de causalidad que se despliega en la narración. En primer lugar, notamos un profundo escepticismo ante la posibilidad de calcular los resultados de las acciones. Esto lo notamos en el sentido de derrota que agobia las historias de los distintos personajes: la fallida conspiración contra el tirano organizada por Pericles y Clemente o la derrota de Alberto con que se abre el ciclo. Pero hay un mecanismo que desencadena la derrota. Pareciera que los personajes al embarcarse en la política abren una caja de Pandora que trae por resultado la catástrofe. Es el caso patente de Alberto, cuyos delirios de protagonismo político le traen la muerte a su hijo. Pero es también el caso de Joselito, el nieto de la sirvienta devenido conspirador, cuya militancia guerrillera lo lleva a una serie de encuentros cada vez más peligrosos con su abuela y su madre, hasta el operativo en que prácticamente se convierte en el verdugo de su madre. Las acciones de los personajes siempre están comprometidas por el puro azar, la existencia de imponderables en la textura misma de lo real, pero también por una serie de motivaciones oscuras y a menudo inconfesadas que lleva a los personajes a traicionarse ellos mismos: la vanidad de Alberto, el aventurismo irresponsable de Joselito, la neurosis de Erasmo, el sórdido maquiavelismo de una galería menor de conspiradores que pueblan distintas partes de la novela, o los macabros verdugos de la policía política que se nos presentan como la desnuda encarnación del instinto de muerte.

Hay un manejo muy especial del estilo narrativo que el autor ha ido perfeccionando a lo largo del ciclo. En este se contrapone la intensidad subjetiva de los personajes con una frialdad lacónica en la descripción del entorno, en una narración fuertemente orientada hacia la acción, hacia la abundancia de peripecias. Este dispositivo refuerza la lógica de encadenamiento causal antes expuesto. El accionar humano aparece atravesado por fuerzas oscuras. Tenemos así la perplejidad de una subjetividad frente a un mundo impredecible. Es la fuerza contundente de un mundo inescrutable que castiga inmisericordemente los deseos de los personajes.

Ahora bien, una vez examinada la arquitectura del dispositivo, la cual pareciera confirmar la puesta en funcionamiento del tropo del desastre, podemos introducir un matiz que lo relativiza. Sabemos que la invención de la familia Aragón sirve al autor como vehículo de ficcionalización de su memoria personal, familiar y generacional. Dicho esto, la familia dista de ser una familia promedio. Contradice con ello la fórmula clásica lukacsiana del "héroe mediocre" que padece los efectos de la historia (Lukács 32-35). La familia Aragón por el contrario es de "hombres de acción" como Pericles, Clemente, Alberto e, incluso, Erasmo. Todos ellos se sienten llamados en algún punto de su vida a involucrarse directamente en la política.

Con este dato podemos introducir un matiz en la visión histórica de la saga, que nos permite darle una dimensión histórica a la sátira de la *hybris* política. Puesta en esta perspectiva, la *hybris* que lleva la a catástrofe no se identifica necesariamente con todo tipo de acción emancipadora, sino con cierta estructuración de la política como acción instrumental que se escuda en un discurso altruista para vehicular los sueños e intereses de los poderosos, es decir, desde el estado como punto de concentración del poder y la verdad. En sus intervenciones críticas, Castellanos Moya reniega de un cierto modo de hacer política en particular, el de las personalidades que en los vaivenes históricos, por razones de privilegio o de oportunidad, terminan convertidas en figuras preeminentes que manejan los hilos ocultos del poder. De esta forma de política no escapan sus opositores más ostensibles: los "quijotes" de la resistencia antidictatorial como Pericles y Alberto, o bien los iluminados mesiánicos de la lucha armada como Joselito y sus compañeros de la guerrilla.

La política en el universo ficcional de Horacio Castellanos Moya es la política del Estado, de los que detentan el poder o la del club de conspiradores de turno que intenta desbancarlos, incluyendo a los autoproclamados revolucionarios. Lo que a nivel de filosofía política o teoría social podría ser una limitación, desde el punto de vista literario abre la posibilidad de leer el sentido histórico del ciclo de la guerra civil salvadoreña bajo una nueva luz que resquebraja las lecturas autocomplacientes de los vencedores de uno y otro bando en su afán por legitimar sus privilegios. La saga narra de manera inmisericorde la ruina de conspiradores, nos los presenta animados por sórdidas fantasías y una descarada voluntad de poder. Se puede afirmar entonces que la saga de los Aragón nos expone una racionalidad narrativa que violenta precisamente las reglas de inteligibilidad del mundo conspirativo de la política o, mejor dicho, de lo que Rancière llama *policía*, es decir, la voluntad de abarcar la totalidad social desde un centro de poder (*El desacuerdo* 35-60).

El precio que paga esta racionalidad ficcional es la casi total invisibilización de una política emancipatoria o de la política, siguiendo a Rancière, cuando ésta designa la articulación de un reclamo de igualdad de los sin parte en el orden policial instituido (*El desacuerdo* 29-32). En la historia reciente de El Salvador, visibilizar la política no pasa por la historia oficial de la élite dominante o de las burocracias de izquierda. Requiere más bien de un examen de contramemorias que atraviesa el camino de una politización popular accidentada, de una fe religiosa que deviene conciencia política o de una rebelión juvenil sublimada. Es un camino que se deja fuera de las hojas de ruta de la saga de los Aragón o del universo de memoria de Horacio Castellanos Moya. Quizá el momento en que esta otra historia se deja entrever de manera más promisoria es en los pasajes del diario íntimo de Haydée, en *Tirana memoria*. Allí se intuye de manera frágil una política emancipadora, la que se genera en medio de la impotencia o la desbandada de los conspiradores. Esta posibilidad, sin embargo, queda mortalmente herida en la trama de equívocos de la familia de María Elena en *La sirvienta y el luchador* o en el letrero de la parcela de Mateo de *Desmoronamiento*, que inmortaliza el oprobio de la dominación. En ambos casos, los excluidos del poder se muestran impotentes de articular una voz propia, de recorrer otro sendero que el que les abren los poderosos, pues incluso Joselito y su club de guerrilleros se rigen por la descarada voluntad de poder de sus enemigos.

La lectura de la historia reciente de El Salvador bajo el tropo del desastre que nos ofrece Horacio Castellanos Moya llama entonces a nuevos ejercicios ficcionales de memoria que permitan intuir la esperanza de las ruinas del pasado, sin por ello revivir artificialmente la agotada teología del tiempo de los imaginarios marxista-hegelianos. Algunos atisbos podemos entrever en otras manifestaciones artísticas como *El lugar más pequeño* (2011), el documental intensamente lírico de Tatiana Huezo (López). Queda pendiente realizar tal ejercicio de memoria con la ambición de complejidad de la saga de los Aragón.

NOTAS

[1] La idea de los tropos la he tomado de Hayden White. Los tropos del progreso y catástrofe, de Perry Anderson; el del desastre, de Rancière (*Malestar* 120-21).

[2] Beatriz Cortez, en su libro *Estética del cinismo* (2010), amplía desde otra perspectiva este giro a lo ficcional y subjetivo en la llamada literatura de posguerra.

BIBLIOGRAFÍA

Anderson, Perry. "From Progress to Catastrophe". *London Review of Books* 3/15 (2011): 24-28.

Avelar, Idelber. *The Untimely Present. Postdictatorial Latin American Fiction and the Task of Mourning*. Durham: Duke UP, 1999.

Bürger, Peter. *Teoría de la vanguardia*. Barcelona: Península, 1997.

Castellanos Moya, Horacio. *Breves palabras impúdicas*. San Salvador: Colección Revuelta, 2010.

_____ *Desmoronamiento*. Barcelona: Tusquets, 2006.

_____ *Donde no estén ustedes*. Barcelona: Tusquets, 2003.

_____ *La sirvienta y el luchador*. Barcelona: Tusquets, 2011.

_____ *El sueño del regreso*. Barcelona: Tusquets, 2013.

_____ *Tirana memoria*. Barcelona: Tusquets, 2008.

Cortez, Beatriz. *Estética del cinismo*. Guatemala: F&G Editores, 2010.

Grinberg-Pla, Valeria. "La novela histórica de finales del siglo XX y las nuevas corrientes historiográficas". *Istmo, revista virtual de estudios literarios y culturales centroamericanos* 2 (2001). <http://istmo. denison.edu/n02/articulos/novhis.html>.

López, Silvia L. "Reseña de *El lugar más pequeño* de Tatiana Huezo". *Identidades* 3/5 (2012): 203-04.

Löwy, Michael. *Walter Benjamin. Aviso de incendio*. México, D.F.: FCE, 2002.

Lukács, Georg. *La novela histórica*. México, D.F.: Era, 1977.

Lyotard, Jean-François. *Lo inhumano: charlas sobre el tiempo*. Buenos Aires: Manantial, 1998.

Mackenbach, Werner. "La nueva novela histórica en Nicaragua y Centroamérica". *Istmo, revista virtual de estudios literarios y culturales centroamericanos* 1 (2001). <http://istmo.denison.edu/ n01/articulos/novela.html>.

Menton, Seymour. *La nueva novela histórica de la América Latina 1979-1992*. México, D.F.: FCE, 1993.

Pérez, Yansi. "El poder de la abyección y la ficción de posguerra". *(Per) Versiones de la modernidad.* Beatriz Cortez, Alejandra Ortiz Wallner y Verónica Ríos Quesada, eds. Guatemala: F&G Editores, 2012. 49-72.

Rancière, Jacques. *El desacuerdo.* Buenos Aires: Nueva Visión, 2007.

_____ *Le Fil perdu, essais sur la fiction moderne.* París: La Fabrique Editions, 2014.

_____ *Malestar en la estética.* Buenos Aires: Capital Intelectual, 2011.

_____ *Politique de la littérature.* París: Galilée, 2007.

_____ *El reparto de lo sensible, estética y política.* Santiago de Chile: LOM Ediciones, 2009.

Ricoeur, Paul. *Tiempo y narración. (Volumen 1: La configuración del tiempo en el relato histórico).* México: Siglo XXI, 1998.

Roque Baldovinos, Ricardo. "The Epic Novel: Charismatic Nationalism and the Avant-Garde in Latin America". *Cultural Critique* 49 (2001): 58-83.

White, Hayden. *Tropics of Discourse. Essays of Cultural Criticism.* Baltimore: The Johns Hopkins UP, 1978.

J. D. Salinger y Horacio Castellanos Moya: los Aragón a contraluz de los Glass

Tania Pleitez Vela
Universidad Autónoma de Barcelona

En una entrevista a Horacio Castellanos Moya, publicada en *Bookslut* en 2009 y realizada por Stephen Henighan, éste le pregunta al escritor si existe en su trabajo un impulso balzaquiano por medio del cual intenta retratar una sociedad; aunque en su caso esta última se enmarca en el minimalismo de sus obras, lo cierto es que varios personajes reaparecen en sus novelas, y no pocas veces.[1]

El novelista respondió así:

> To speak of a Balzacian impulse is excessive. Certainly, some characters and families appear in several of my novels, but more strongly than the ambition to portray an entire society, what I'm expressing are a writer's fixations, compulsions, obsessions. In that sense, my impulse would be more "Salingeresque" (I'm thinking of the Glass family), to give it a name, and distant from the omnipotent ambition of a Balzac. (Henighan)

En efecto, de entrada, podemos identificar algunas similitudes entre la familia Glass de Salinger y la familia Aragón de Castellanos Moya. Para empezar, tanto en uno como en otro, los lectores conocen detalles de las familias y de cada uno de sus miembros por fragmentos, por pedazos desperdigados en cada libro; es decir, sólo se adquiere una visión mayor de las familias, de su pasado y de la realidad que les rodea, si se lee toda la serie. Asimismo, en ambos casos, hay hechos determinantes que disparan fracturas emocionales en la familia, por ejemplo, sobresalen los estados obsesivos de sus personajes, sus depresiones y las muertes violentas, entre las que destaca el suicidio: Seymour, en el caso de los Glass, y Pericles, en el de los Aragón. Si bien en los escritos de Salinger el tema obsesivo es la filosofía religiosa, la espiritualidad amenazada frente a una sociedad materialista y superficial, y en los libros de Castellanos Moya es la realidad política de El Salvador (de hecho, los Aragón son ateos), en ambas series aparecen personajes enfrascados en un continuo examen de su realidad circundante, al lado de un insistente autoexamen. Al ser autores de periodos de posguerra, ambos entran de lleno en las contradicciones propias de ese tiempo incierto. En pocas palabras, tanto Salinger como Castellanos Moya reflejan, sobre todo, la herida síquica que provoca la violencia. Y quizás por eso se vuelcan y ponen bajo el microscopio los átomos de la memoria, en ocasiones respaldándose en recursos narrativos como el diario o la epístola.

HISTÓRIA, POLÍTICA Y MASCULINIDAD

Podríamos leer y releer los pocos libros de Salinger y pasar por alto uno de los datos autobiográficos más importantes de la vida del autor: su participación, como soldado de combate, en la Segunda Guerra Mundial. De hecho, Salinger participó en la invasión de Normandía el 6 de junio de 1944. Según la biografía *J. D. Salinger: A Life* (2010), de Kenneth Slawenski, un mes después de la invasión, sólo habían sobrevivido 1.130 de los 3.080 soldados que conformaban su regimiento. Asimismo, el autor estuvo en la Batalla del Bosque de Hürtgen, uno de los episodios más terribles de la guerra;[2] participó en la liberación de los prisioneros del campo de concentración de Dachau; y en los últimos meses de la guerra, trabajó en un equipo de contrainteligencia arrestando e interrogando a ciudadanos en pueblos previamente ocupados por el ejército alemán. Inevitablemente surge la pregunta: ¿por qué nunca habló o escribió directamente sobre estas experiencias? Quizá la respuesta se encuentra en lo que señala D. B. Caulfield, el hermano mayor de Holden en *El guardián entre el centeno* (1951):

> My brother D.B. was in the Army for four goddam years. He was in the war, too–he landed on D-Day and all–but I really think he hated the Army worse than the war. I was practically a child at the time, but I remember when he used to come home on furlough and all, all he did was lie on his bed, practically. He hardly ever even came in the living room. [...] He once told Allie and I that if he'd had to shoot anybody, he wouldn't've known

which direction to shoot in. He said the Army was practically as full of bastards as the Nazis were. I remember Allie once asked him wasn't it sort of good that he was in the war because he was a writer and it gave him a lot to write about and all. He made Allie go get his baseball mitt and then he asked him who was the best war poet, Rupert Brooke or Emily Dickinson. Allie said Emily Dickinson. (181-82)

Por lo tanto, aunque el autor no se detiene en esa experiencia, sí quedan claras las heridas de la guerra, su dimensión emocional; de hecho, esa dimensión aparece tangencialmente en otros escritos; por ejemplo, en "Seymour: una introducción" (1959), se señala que después de la guerra el hermano mayor de los Glass estuvo internado en un hospital psiquiátrico militar. Tanto Seymour como el Sargento X (de "Para Esmé con amor y sordidez") representan retratos de veteranos de guerra traumatizados. Pero a diferencia de Hemingway (*Adiós a las armas* [1929], *Por quién doblan las campanas* [1940]) o Norman Mailer (*Los desnudos y los muertos* [1981]), quienes convirtieron sus experiencias de guerra en novelas clásicas, Salinger no utilizó las suyas directamente para hacer ficción. En lugar de ello, el autor de *El guardián entre el centeno* puso en evidencia la ansiedad que provoca la herida de la violencia cuando, encima, se tiene que asimilar en aquella sociedad americana de posguerra, la del inicio de la Guerra Fría, la que convive con el "sueño americano", el de los años cincuenta y sus suburbios, todo esto convirtiéndose en un pésimo chiste de "cretinos" –adjetivo utilizado continuamente a lo largo de dicho libro–. Y lo es porque esa es la misma sociedad perversa, hambrienta de poder, hegemónica, que el cineasta Adam Curtis retrata en su magnífico documental *It Felt Like A Kiss* (2009). En éste se muestra cómo, al lado del temor férreo a la protesta social y a "lo otro" (por ejemplo, las mujeres, la homosexualidad, el comunismo o cualquier otra ideología diferente al capitalismo), se impuso un "mundo encantado". Así, el individualismo y la "felicidad" se construyeron como *idea política* (Pleitez, "Cuando la historia" 26). Una sociedad voraz que Salinger retrata utilizando su famosa metáfora de los peces banana, la cual Seymour enuncia en el mar, mientras pasea a la pequeña Sybil en un flotador:

"I don't see any," Sybil said.
"That's understandable. Their habits are *very* peculiar." He kept pushing the float. The water was not quite up to his chest. "They lead a very tragic life,"

he said. "You know what they do, Sybil?"

She shook her head.

"Well, they swim into a hole where there's a lot of bananas. They're very ordinary-looking fish when they swim *in*. But once they get in, they behave like pigs. Why, I've known some bananafish to swim into a banana hole and eat as many as seventy-eight bananas." He edged the float and its passenger a foot closer to the horizon. "Naturally, after that they're so fat they can't get out of the hole again. Can't fit through the door."

"Not too far out," Sybil said. "What happens to them?"

"What happens to who?"

"The bananafish."

"Oh, you mean after they eat so many bananas they can't get out of the banana hole?"

"Yes," said Sybil.

"Well, I hate to tell you, Sybil. They die."

(*Nine Stories* 15-16)

Cuando Estados Unidos sale triunfante de la Segunda Guerra Mundial, el mito del *héroe americano* se afianza al mismo tiempo que el imperialismo se fortalece. Pero en la obra de Salinger se intuye un rechazo a ese mito, así como a las instituciones que refuerzan esos modelos:

I do know it'd drive me crazy if I had to be in the Army [...]. I was in the Boy Scouts once, for about a week, and I couldn't even stand looking at the back of the guy's neck in front of me. They kept telling you to look at the back of the guy's neck in front of you. I swear if there's ever another war, they better just take me out and stick me in front of a firing squad. I wouldn't object. (*The Catcher* 182)

En contraste, sus personajes sobresalen por su inconformismo y reflejan la inadaptación del irónico y lúcido, pero también del vulnerable y sensible, de aquel que no soporta la felicidad y el patriotismo artificialmente construidos a golpe de materialismo, poder y superioridad. Se trata de identidades (sobre todo masculinas) que buscan romper con estereotipos patriarcales que encarcelan al espíritu: el individualismo como valor de éxito, el afianzamiento de un sistema del poder en que se entrelazan las armas, el imperialismo, el dinero y la guerra, la idea de fortaleza moral, confianza en sí mismo y agresividad que debe tener un "hombre de verdad", en fin, el peso de un mito que continúa vigente y materializado, por ejemplo, en la mayoría de héroes cinematográficos.[3] Si bien la búsqueda espiritual en los Glass se relaciona con lo *infinito*, con lo trascendental, una relación que ha sido básica y representativa del hombre, como ente masculino, a lo largo de la historia, este escritor va un paso más allá: la búsqueda espiritual de sus personajes es más bien dificultosa, en ocasiones incluso agónica, fracturada, sin una redención clara. Más aun, cuando Franny, la hermana, pone en cuestión los motivos por los que se ha de perseguir aquello considerado "normal" (el materialismo, los valores patriarcales del éxito) e insiste en interpelar a su novio mientras sujeta un libro como ancla, se convierte en sujeto de discurso al lado de sus hermanos, planteando así una desjerarquización, una deconstrucción de los roles tradicionales masculinos y femeninos.

El discurso existencial de Franny (que a veces llega al balbuceo) viene a ser casi como el de aquella Antígona –arquetipo de la voz trasgresora frente al poder del Estado representado por Creonte– recreada por la filósofa María Zambrano, una versión que va más allá de la propuesta de Hegel y que transparenta la lucha que su propia psique inviste contra la norma social fosilizada. Zambrano rechaza el destino de muerte que Sófocles le otorga a Antígona y más bien la retrata como un ser inconforme que continuará delirando mientras las cosas sigan inamovibles: "No podemos dejar de oírla, porque [...] Antígona está enterrada viva en nosotros, en cada uno de nosotros" ("Delirio de Antígona" 18). Así, los hermanos Glass (no sólo Franny) tienen mucho de esta Antígona, son *logos* y *pathos*, sin importar su sexo.[4] Precisamente, por no caber en las dicotomías tradicionales, insisten obsesivamente en hacer inteligible su condición "diferente".

En el caso de Castellanos Moya, su pasado político se encuentra documentado en varios de sus ensayos contenidos en la sección "Breves palabras impúdicas" de *La metamorfosis del sabueso: ensayos personales y otros textos* (2011). Como afirma Moreiras:

> Horacio Castellanos Moya is a man of the left. His literature cannot be confused with any attempt to guarantee or strengthen a *statu quo* favoring the corruption, incompetence, gangsterism, violence, and deep social injustice in his country, which indeed his literature has never stopped exposing. [...] he has said enough in his published writings for us to understand sufficiently that he was himself committed to revolutionary goals as a young man, at the time of the insurgency and the guerrilla war. Something happened to

him in the 1980s, and that is only for him to know, as he chooses not to make himself perfectly clear. Whatever the case, he decided not to go under, as so many members of his generation did, and to embark on a different path that has produced one of the most interesting and remarkable oeuvres in contemporary Latin American writing, still in full development. ("The Question of Cynicism")

Es decir, este autor también ha conocido y ha sido observador de la violencia, así como de la concepción del poder. Mientras tanto, la familia Aragón de sus novelas se enfrenta continuamente a una realidad voraz, también hambrienta de poder, razón por la cual el afán de cambio social y político de los hombres de esa familia no encuentra interlocutor, no se concreta, ni parece que lo podrá hacer. Como veremos más adelante, en la obra del novelista salvadoreño, la política y la violencia representan un escenario sobre el cual se desplazan personajes con fracturas emocionales, identidades masculinas en plena crisis existencial que, al mismo tiempo, se enfrentan a tópicos y arquetipos de la masculinidad. En El Salvador, después de la caída del dictador Hernández Martínez, se suceden varios gobiernos militares hasta los años ochenta y, aunque en breves momentos dan señales de cierta apertura, estos vuelven a las mismas prácticas, a los mismos mecanismos represores y dictatoriales. Los movimientos sociales y revolucionarios durante esa época, pues, se mantienen oprimidos bajo el signo de la violencia. Se alzan así dos figuras masculinas arquetípicas, el *héroe patriota*, alabado por los militares, y la figura del *héroe revolucionario*, el líder valiente de izquierdas, el modelo del "hombre nuevo", e incluso,

> la imagen del soldado del pueblo –invencible en la batalla, audaz, que no mide riesgos en el enfrentamiento con el enemigo– sería el prototipo a alcanzar para quienes se involucraban en la guerrilla. El entusiasmo por poseer un arma y aprender a usarla es narrado en múltiples testimonios. El arma era un instrumento de defensa y además un símbolo de poder. (Vázquez, Ibáñez y Murguialday 65)[5]

Los personajes masculinos de Castellanos Moya deben lidiar con esta última noción, sobre todo porque los hombres de la familia Aragón se obsesionan por ser partícipes de la Historia, sin embargo, al igual que los Glass, estos personajes no son hombres alfa sino más bien tienen contradicciones y fisuras, dudas, miedos, en definitiva, son igualmente vulnerables. Por otra parte, como Franny, hay un personaje femenino destacable en la familia Aragón, Haydée, cuyo despertar de la conciencia, comprometida con la causa de su marido Pericles, la lleva a participar en el proceso histórico: por medio de la escritura de su diario ella ejerce el rol de documentalista de la memoria tanto familiar (los ritos de una familia acomodada y activa en el terreno político) como histórica (los movimientos sociales); es decir, el laboratorio doméstico (lo privado) adquiere el mismo valor que la acción histórica (lo público). Así, Haydée interroga el *statu quo* (la dictadura de "El Brujo") y se convierte momentáneamente en sujeto activo junto a un grupo de mujeres activistas y solidarias, desjerarquizando el discurso histórico androcéntrico. Pero hacia el final de *Tirana memoria* (2008), la voz de Haydée se disuelve y se regresa a la contundente presencia de Pericles quien, a la vez, se encuentra marginado, albergando desconfianza y sarcasmo hacia las dictaduras pero también hacia los dogmas marxistas, es decir, se encuentra fuera de todo círculo de poder. En pocas palabras, Castellanos Moya pone en cuestión un problema no sólo político sino también cultural: sus personajes se encuentran dentro de un mundo sofocante construido precisamente por un imaginario hegemónicamente androcéntrico, patriarcal, insaciable de poder.[6]

En El Salvador, ya las mujeres revolucionarias se han referido a las prácticas sexistas y jerárquicas dentro del movimiento así como a los costos emocionales de la guerra: dolores en el cuerpo (taquicardias, úlceras, desvanecimientos), angustias y depresiones. Además, "las mujeres obtuvieron un extra de frustración porque los Acuerdos [de Paz] fueron escritos totalmente en masculino (literal y simbólicamente hablando), a pesar de la presencia de más de una mujer en las comisiones negociadoras y firmantes de los mismos" (Vázquez, Ibáñez y Murguialday 51).[7] Pero, ¿qué pasa si se trata de un hombre que, además de no alcanzar la victoria, queda fuera del poder y germina en su interior una profunda fisura emocional? En este sentido, resulta importante anotar algunos aspectos que contemplan la relación entre la violencia (simbólica y literal) y la construcción de las identidades masculinas. Estudios como los de Michael Kimmel (*Manhood in America: A Cultural History* [1996]) y David Gilmore (*Manhood in the Making: Cultural Concepts of Maculinity* [1990]), entre otros, desde hace algunas décadas están intentando demostrar

que la masculinidad es un constructo social y cultural, al igual que
las imágenes artificiales de la feminidad. Estamos hablando de aquel
modelo masculino convencional: poderoso, fuerte, autosuficiente,
un ser "integrado", gloriosamente independiente, que aleja de sí toda
ambigüedad, contradicción y conflicto. Una noción rígida y, por lo
tanto, mutiladora. En pocas palabras, estos estudiosos han llamado la
atención sobre aspectos que tradicionalmente se consideran viriles pero
que en realidad han causado daños psicológicos y emocionales a los
hombres. Cada vez más se publican estudios que se muestran críticos
con los conceptos tradicionales de la masculinidad y se esfuerzan por
redefinir esta conceptualización hacia una más compleja. Cabe citar un
poema de Rosario Castellanos titulado "Una palabra para el heredero"
(*Al pie de la letra* [1959]) en el que un hombre se enfrenta a su pérdida
dentro de los márgenes del discurso histórico, es decir, se convierte en
la víctima de sus propias ansias de supremacía y dominación:

> Pues ¿quién soy yo, paseante de una ciudad que duerme?
> [...]
> A veces rememoro y se encabrita en mí
> el potro del heroísmo y la rapacidad,
> el ulular del rapto.
> [...]
> No, no escuchéis mi pulso. Su latido es tan débil
> como el del grillo oculto en la hojarasca.
> [...]
> Ved mi botín después de la pelea:
> no es más que una perdiz de torpe vuelo.
>
> ¿Quién me castró de mi posteridad?
> ¿Quién me puso esta giba monstruosa del pasado? (129-30)[8]

En el siglo XX, ese hombre ha debido enfrentarse al mundo que
él mismo ha confeccionado, es decir, a sus propias construcciones
históricas y simbólicas, algo que a la larga ha terminado por cuestionar
esa identidad convencional, inamovible, androcéntrica. Norman Mailer,
por cierto, dijo que ser hombre es la batalla sin fin de toda una vida
(Alsina y Borràs Castanyer 83). En los estudios sobre la masculinidad
se enfatiza precisamente que el hombre no tiene otro enemigo que sí
mismo o, más bien, la construcción de sí mismo que ha heredado: "as
Virginia Woolf in *Three Guineas* (1938) when she ironically commented

on the mistakes in History and the irrationality of war and destruction, [Rosario] Castellanos also writes about the self-defeating man who still embodies the centre of reference" (Pleitez, "From Antigone to Creon" 136-37).

Aquellos hombres que han vivido una guerra regresan con cuerpos y/o mentes fragmentados, algo que, al mismo tiempo, los convierte en paradoja: de acuerdo al imaginario imperante, al haber vivido la experiencia de la guerra, han reafirmado su masculinidad; sin embargo, en realidad regresan rotos. Sus cuerpos se convierten en la representación de unas estructuras políticas devastadoras, bélicas, deshumanizantes (Alsina y Borràs Castanyer 96-97). También se puede decir que los hombres revolucionarios que se enfrentan a un Estado represor, la cárcel, el exilio, la tortura y la sed de poder (en ambos bandos) regresan rotos al terreno afectivo, más aún si no logran afianzar una victoria, pues la noción de una masculinidad tradicional, la de la heroicidad, también opera sobre su identidad. Precisamente, el sabor de la victoria no toca a los hombres de la familia Aragón pues han llegado a comprender que en ese estado de cosas, mezquino, no se puede ser héroe. Como veremos, tanto en Salinger como en Castellanos Moya, la violencia derivada de un enfrentamiento bélico o social (violencia literal) y de los tópicos de la masculinidad (violencia simbólica) se expresa por medio de una herida psíquica, la cual a su vez se materializa, por ejemplo, en el suicidio, la autodestrucción, la desolación, el dolor físico o el aislamiento.

Obsesiones autoriales y familiares

Después de la publicación de *El guardián entre el centeno,* en 1951, Salinger se dedicó a escribir sobre filosofía religiosa con el fin de exponer el vacío espiritual inherente a la sociedad americana. Al principio, el autor se esforzó por encontrar los personajes adecuados para conducir su objetivo. Después de dos intentos que él consideró poco exitosos –los cuentos "El periodo azul de Daumier-Smith" (1952) y "Teddy" (1953)[9]–, Salinger finalmente conformó a los Glass, una familia judeo-irlandesa con superdotados, brillantes y excéntricos hijos, que habita en un apartamento del Upper East Side, rodeada de libros, y donde se habla de budismo y de teología en la sobremesa. Estos personajes, de mediados del siglo XX, están encarnados en los siete hijos de Bessie y Les Glass, una pareja retirada que trabajó en el famoso circuito de teatros vodeviles de Alexander Pantages. Sus hijos, sobre todo Buddy, Zooey y Franny, retratan la agonía que conlleva la búsqueda de la nobleza y de las verdades eternas, al mismo tiempo que se sobrevive en una sociedad moderna donde la felicidad está a la venta. De esta forma, Salinger desgrana a tres personajes que, cada uno a su manera, rompen con la realidad que les circunda para enfatizar la violencia simbólica a la que constantemente se enfrentan.

Salinger pasó algunos años dibujando los personajes de esta familia y no fue hasta noviembre de 1955, con la publicación de "Levantad, carpinteros, la viga del tejado" en *The New Yorker*, que los miembros de la misma se convirtieron en una unidad. Para armarla, tomó prestados personajes y acontecimientos de cuentos anteriores. De "El tío Wiggily en Connecticut" (1948), extrajo el personaje de Walt Glass.[10] También echó mano de "En el bote" (1949),[11] el cual le da vida a Boo Boo (Beatrice) Tannenbaum (o Glass, de soltera) y le asignó a Buddy (Webb) Glass el papel de narrador de la serie. El personaje principal de "Franny" (1955) también fue añadido y, para coronar al grupo, echó mano de Seymour, el personaje principal del cuento "Un día perfecto para el pez banana" (1948), cuyo suicidio, a la edad de 31 años, se incorpora como el acontecimiento central de la familia Glass.[12] Después de agregar al menor de los chicos, Zooey (1957),[13] y a Waker, el hermano gemelo de Walt, la familia creada por Salinger quedó finalmente conformada para emprender sus búsquedas. Más tarde publica "Seymour: una introducción" (*The New Yorker*, 6 de junio de 1959) y, por último, "Hapworth 16, 1924" (*The New Yorker*, 19 de junio de 1965), el cual se centra en una carta escrita por Seymour.[14]

Por su parte, Castellanos Moya publicó en 2003 el primer libro de la saga Aragón, *Donde no estén ustedes*. Fue a partir de este libro y de los dos siguientes que nacen los personajes que más adelante reaparecerán para conformar dicho universo familiar, un universo mucho más elaborado que el de Salinger, pues abarca varios núcleos familiares y no sólo uno. La historia de *Donde no estén ustedes* se ubica en 1994, aunque por medio de *flashbacks* nos remonta a acontecimientos que tuvieron lugar entre los años cincuenta y ochenta del siglo XX. La novela relata la decadencia y muerte de Alberto Aragón, conocido como el Muñecón, o Betito durante su adolescencia. También se detiene en la muerte de su hijo, Albertico, desparecido, torturado y asesinado por el ejército en 1980. La segunda novela, *Desmoronamiento* (2006), se traslada a 1969 y, además de referirse a la guerra entre El Salvador y Honduras, narra la historia de doña Lena y Erasmo Mira Brossa, padres de Teti (Esther), la segunda esposa de Clemente Aragón, el hermano mayor de Alberto. Asimismo, se relata el nacimiento de Erasmo (Eri) y el asesinato de Clemente. En *Tirana memoria* (2008) se cuenta la historia de Haydée y Pericles Aragón, los padres de Clemente y Alberto, además de la iniciación política del hijo mayor. La trama de la novela tiene lugar en 1944, año de la caída del dictador Maximiliano Hernández Martínez; en el epílogo, se narra el suicidio de Pericles Aragón en 1973. La cuarta novela, *La sirvienta y el luchador* (2011), se recrea en los años ochenta y alude al secuestro y asesinato de Albertico Aragón y su esposa. La última novela de la saga (hasta ahora),[15] *El sueño del retorno* (2013), se centra en la historia de Erasmo Aragón (Eri), el hijo de Clemente. Reaparece Alberto, es decir, El Muñecón (su tío) y, en sus recuerdos, Erasmo se detiene en doña Lena (su abuela), Clemente y Teti (sus padres) y en su primo asesinado, Albertico.

De esta forma, Salinger y Castellanos Moya parten hacia la búsqueda de un surco que contenga el flujo de sus obsesiones: la angustia frente a una cultura que quebranta y la lucidez escéptica frente al momento histórico que atestiguan. Ese surco es recorrido, como hemos visto, por las vidas de dos familias con dinámicas relacionales muy particulares y, además, donde claramente sobresale la crisis provocada por la violencia simbólica o literal que opera perversamente sobre ellos, ya sea para referirse a espíritus desencantados o corazones vencidos. Por ejemplo, leamos estos fragmentos de *Raise High the Roof Beam, Carpenters*:

> All she said, really, was that this Seymour, in her opinion, was a latent homosexual and that he was basically afraid of marriage. [...] About the only other thing she said was that this Seymour was a really schizoid personality and that, if you really looked at it the right way, it was really better for Muriel that things turned out the way they did. (42-43)
> [...]
> Her mother thinks I'm a schizoid personality. Apparently she's spoken to her psychoanalyst about me, and he agrees with her. Mrs. Fedder has asked Muriel to find out discreetly if there's any insanity in the family. I

gather that Muriel was naïve enough to tell her where I got the scars on my wrists, poor sweet baby. From what M. says, however, this doesn't bother her mother nearly so much as a couple of other things. Three other things. One, I withdraw from and fail to relate to people. Two, apparently there is something 'wrong' with me because I haven't seduced Muriel. Three, evidently Mrs. Fedder has been haunted for days by my remark at dinner one night that I'd like to be a dead cat. She asked me at dinner last week what I intended to do after I got out of the Army. […] I answered that it seemed to me that the war might go on forever, and that I was only certain that if peace ever came again I would like to be a dead cat. (81-82)
[…]
Oh, God, if I'm anything by a clinical name, I'm a kind of paranoiac in reverse. I suspect people of plotting to make me happy. (88)

Ahora leamos estos pasajes de *Donde no estén ustedes,* donde también se respira la derrota del personaje:

> ¿Y si se repite el círculo vicioso de San Salvador, donde no sólo lo abandonaron los políticos de quienes ingenuamente esperaba un hueso, sino también sus amigos de siempre, aquellos con quienes compartió correrías e infortunios? Sacude su cabeza; apura el trago. Nada queda de lo vivido sino en la memoria, nada persiste una vez que ésta se apaga; nadie queda ahora en la vida de Alberto como no sea la Infanta. ¿Y si ésta también lo abandona? ¿Y si desde hoy le toca quedarse íngrimo en esa habitación de azotea, sin otro contacto con el mundo que las esporádicas visitas de Blanca? ¿Tendrá el valor de aceptar que todo ha terminado, tendrá el valor de seguir los pasos de su padre, de tomar la implacable decisión ante la cual al viejo Pericles seguramente no le tembló la mano?
> […]
> Alberto siente el nudo en la garganta, los ojos acuosos, la inminente lágrima. Bebe otro trago de vodka y enseguida se pone sus gafas oscuras: detestaría que lo vieran como un viejo llorón en esa cantina que con tanta amabilidad apareció en su día. (71-73)

Ambos autores vuelven sobre los mismos temas y, al mismo tiempo, parten de un comprometido ejercicio: el de la invención, la creación de vidas ficcionales que dan fe de una infraestructura narrativa personal. Además de que los personajes de Salinger fuman cigarrillos, a veces compulsivamente, y los de Castellanos Moya beben alcohol obstinadamente, hay otros aspectos que denotan sus fijaciones emocionales e intelectuales. Como ya he dicho, las obsesiones que aparecen en Salinger son los temas religiosos y filosóficos, la espiritualidad amenazada, individuos intensos que poseen un intelecto privilegiado y un frágil equilibrio emocional. La memoria familiar y la reminiscencia están siempre presentes, así como el autoexamen y el examen del mundo, a menudo catalizados por actos violentos: la herida psicológica provocada por ambientes de guerra y el ya mencionado suicidio de Seymour. Tanto es así que estos se convierten en una especie de espejo metaliterario:

> But what I can and should state is that I've written and published two short stories that were supposed to be directly about Seymour. The more recent two, published in 1955, was a highly inclusive recount of his wedding day in 1942. The details were served up with a fullness possibly just short of presenting the reader with a sherbet mold of each and every wedding guest's footprint to take home as a souvenir, but Seymour himself –the main course– didn't actually put in a physical appearance anywhere. On the other hand, in the earlier, much shorter story I did, back in the late forties, he not only appeared in the flesh but walked, talked, went for a dip in the ocean, and fired a bullet through his brain in the last paragraph. However, several members of my immediate, if somewhat far-flung, family, who regularly pick over my published prose for small technical errors, have gently pointed out to me (much too damned gently, since they usually come down on me like grammarians) that the young man, the "Seymour," who did the walking and talking in that early story, not to mention the shooting, was not Seymour at all but, oddly, someone with a striking resemblance to –alley oop, I'm afraid– myself. Which is true, I think, or true enough to make me feel a craftsman's ping of reproof. And while there's no *good* excuse for that kind of *faux pas*, I can't forbear to mention that that particular story was written just a couple of months after Seymour's death, and not too very long after I myself, like both the "Seymour" in the story and the Seymour in Real Life, had returned from the European Theater of Operations [United States Army]. I was using a very poorly rehabilitated, not to say unbalanced, German typewriter at the time. (*Seymour: An Introduction* 131-32)

En contraste, las obsesiones que aparecen en Castellanos Moya son los vaivenes políticos e ideológicos, el desequilibrio emocional ante la realidad política, la memoria (para evocar traumas familiares, resentimientos, sucesos violentos, la memoria, a veces, como una tirana) y, también, el autoexamen[16] y examen del mundo catalizados siempre por actos violentos: golpes de estado, encarcelamientos, asesinatos, torturas, desapariciones, etc. Consideremos los siguientes fragmentos de *El sueño del retorno*:

¿De dónde me había salido ese entusiasmo, ingenuo y hasta suicida, que me hizo abrigar el sueño del retorno no sólo como una aventura estimulante sino como un paso que me permitiría cambiar de vida? ¿Qué me hacía creer que los militares salvadoreños comprenderían que yo no era un militante guerrillero sino un periodista independiente, que olvidarían fácilmente el primero de artículos contra el ejército que había escrito en mi exilio mexicano? Remordido por esas recriminaciones, el recuerdo de Albertico vino entonces a patearme con saña, porque era evidente que once años después yo estaba repitiendo los mismos pasos de mi primo, retornando al país a buscarme una muerte segura, y aún más estúpida, pues Albertico estaba consciente del riesgo que corría a causa de su militancia comunista, por eso a mi pregunta de por qué regresaba en medio de la carnicería me respondió "por pendejo", en tanto que yo me estaba comportando como un imbécil, con una mayor inconsciencia e ingenuidad, sólo así se explicaba el entusiasmo del que hasta ese instante había hecho gala.

[…]

Y aún tirado cual feto en la cama, revolcándome en la porqueriza de mis recriminaciones, recordé que mi vida estaba tan atada al crimen de mi primo que había sido precisamente a causa de este hecho por lo que yo había tenido que salir al exilio: unos días después de que Albertico fuera secuestrado por un comando de policía, Fidelita, la empleada doméstica de la casa de mi madre, regresó alarmada de la tienda, debido a la presencia en la calle de un jeep con unos gordos siniestros en su interior, quienes con el mayor descaro vigilaban nuestra casa, una vigilancia que mi madre atribuyó al hecho de que mi tío Alberto estuviese usando el auto de ella para recorrer el país en busca de los cadáveres de Albertico y su mujer […].

[…]

¿Cómo era posible que once años más tarde ya hubiera olvidado esa experiencia traumática y me dispusiera a retornar al sitio del que con tanto miedo me había largado? Y lo que me pareció aún peor: ¿cómo era posible que me estuviera haciendo ilusiones sobre el retorno, cual si ésta fuese la primera ocasión en que regresaba al país con el sueño de "participar en la Historia", por Dios, cuando ya lo había hecho una vez precisamente unos días después de Albertico, para terminar largándome a toda prisa un par de meses más tarde, tal como acabo de referir? (128-31)

Aunque es cierto que se trata de novelas que reflejan las corrientes que agitan a sociedades en conflicto, como escenario, también es cierto que sobresalen las contradicciones del yo: el individuo y sus cavilaciones frente a la familia, primero, y la colectividad o sociedad, después. Existe una relación traumática con el lugar donde suceden las historias, ya sea un lugar físico (una Centroamérica violenta en el caso de Castellanos Moya, y un Estados Unidos discriminatorio y mojigato, en el caso de

Salinger); o un lugar emocional (la familia, los miedos generacionales, los patrones heredados).

Asimismo, ya he dicho que ambas familias han sido colocadas en escenarios que aluden a la guerra. En el caso de la familia Glass, Buddy ha estado en la infantería, Walt en una unidad de artillería en el Pacífico (precisamente, muere en Japón debido a la explosión de una estufa), Boo Boo en una base naval y Seymour en la fuerza aérea. Únicamente Waker se niega a hacer el servicio militar y es enviado a un campamento para objetores de conciencia en Maryland. Seymour, el más inteligente de esta familia de excéntricos genios, es el más afectado cuando, después de la guerra, entra en contacto con un mundo absorbido por el materialismo, la superficialidad, el "sueño americano" y, además, se topa con una esposa poco empática con su situación. Pone fin a su vida en 1948 con una Ortgies calibre 7.65 y se convierte así en el símbolo recurrente y definitorio de la familia: su ausencia no es nunca superada y sus parábolas y espiritualidad se convierten en el referente moral de sus hermanos. Sobre ese eje –Seymour– se precipitan las aventuras espirituales y emocionales (e incluso literarias en el caso de Buddy) de los Glass:

> Surely he was all *real* things to us: our blue-striped unicorn, our double-lensed burning glass, our consultant genius, our portable conscience, our supercargo, and our one full poet, and, inevitable, I think, […] he was also our rather notorious 'mystic' and 'unbalanced type'. […] with or without a suicide plot in his head, he was […] a *mukta*, a ringding enlightened man, a God-knower. (*Seymour: An Introduction* 123-24)

En el caso de la familia Aragón, todos sus miembros han sido tocados por los conflictos políticos de la región, desde la dictadura de "El Brujo" en El Salvador, es decir, de Maximiliano Hernández Martínez (que ejerció el poder de 1931 a 1944), hasta la guerra civil salvadoreña (1980 a 1992). Sobresalen en este caso dos ejes (y no uno, como en los Glass, ya que la saga Aragón está conformada por varios núcleos familiares): Pericles, el intelectual de izquierda encarcelado varias veces, destinado a diversos exilios a lo largo de su vida; y Albertico, el joven idealista y de buen corazón, secuestrado, torturado y asesinado, quien se suma al dolor que consume a la familia desde el suicidio de Pericles. De esos ejes se desprenden otras tragedias; la de Clemente, asesinado a balazos, la de Alberto, quien termina desterrado y destruido como consecuencia de sus vaivenes políticos, y la de Erasmo, sobre el que pesa la historia familiar. Por lo tanto, Castellanos Moya muestra las aventuras ideológicas (y no espirituales, como Salinger) y emocionales de una familia. En pocas palabras, en la familia Aragón, la posibilidad del cambio político se convierte en su religión, pero esa devoción les lleva a vivir vidas trágicas y desafortunadas. Si los Glass insisten en alcanzar la nobleza y las verdades eternas ante el vacío existencial que les provoca una sociedad de vanas ambiciones, los Aragón lo que desean, desde su utopía, es la justicia social, búsqueda que se ve opacada a menudo debido a pasiones terrenales que les embriagan o debido a la violencia misma que termina arrasándoles.

Estas figuras trágicas –Seymour, Pericles y Albertico–, los focos obsesivos de ambas familias, simbolizan la partición, la fractura, aunque, como hemos visto, cada escritor lo aborda desde distintos escenarios y realidades. Al desmarañar el dolor de una familia tocada por la violencia, se refleja, en su microcosmos, la herida síquica que las guerras han dejado en toda una sociedad. Pareciera no existir la redención: todos, tanto los Glass como los Aragón, se encuentran haciendo malabarismos para mantener el equilibrio. El momento de lo soñado no llega nunca del todo y en ambos casos los personajes depositan su equilibrio mental y emocional en los dos factores a los que ya me he referido: los Glass, en la filosofía espiritual (Franny se aferra a su libro *The Way of a Pilgrim*, el cual trata sobre un ermitaño ortodoxo ruso, y Seymour, Buddy y Zooey se refugian en filosofías orientales[17]); y los Aragón, en la posibilidad de un cambio político (Pericles, Clemente, Alberto, Albertico y Erasmo se vuelcan con pasión en el activismo político de izquierda, planean golpes de estado, forman parte de conspiraciones, se involucran con la guerrilla, escriben columnas en los periódicos).

Hay más ejemplos de esos malabarismos que denotan la herida síquica familiar. El argumento intelectual con el cual Franny Glass desmenuza su búsqueda espiritual termina llevándola a su colapso nervioso; mientras que Zooey ha sido atrofiado desde niño con una educación filosófica tan avanzada que lo ha hecho intolerante a los demás. Erasmo Aragón está al borde de una crisis nerviosa, sufre de un dolor físico y, aunque sueña con el retorno a su país –se encuentra exiliado en Ciudad de México–, su tranquilidad radica en la posibilidad de encontrar a su médico, encuentro que no se concretiza; mientras tanto, se distrae argumentando y levantando polémicas políticas. En pocas palabras, la redención y la epifanía terminan siendo más un espejismo que una realidad. Estamos hablando de personajes que sufren de depresiones, hipocondría y neurosis.

No obstante, en Franny se intuye una suave revelación espiritual, la cual contiene la parábola de Seymour: Jesús es "The Fat Lady", la dama gorda: la de las varices que está sentada entre el público.[18] Sin embargo, en Castellanos Moya no se encuentra esto: a sus personajes no les queda más que aprender a sobrevivir con la herida de la violencia. Aunque no por eso quiere decir que los Glass no son sobrevivientes, al contrario: tienen que sobrellevar sus vidas en una sociedad moderna americana que rechazan, que les provoca ansiedad o desdén, al tiempo que buscan la nobleza. Por lo tanto, se trata de una búsqueda agónica. Además, está claro que ninguno de los hermanos Glass llegará a ser como Seymour, ninguno alcanzará su sabiduría, cualidad que paradójicamente también lo lleva al suicidio.[19] ¿Qué consecuencias trae la lucidez, ver la realidad de frente? En ese sentido, la ansiada espiritualidad y autenticidad se terminan convirtiendo en una exigencia más que opera constantemente sobre los hermanos Glass, al punto de aislarlos. En ese sentido, Buddy se nos aparece como un hombre triste, auto-exiliado dentro de su propio país, obsesionado por rescatar la memoria de la familia para hacer inteligible su dolor, su separación del mundo.

En contraste, la agonía en los Aragón radica en la búsqueda de un cambio político y social que nunca llega, pues se trata de un país polarizado que anuncia sus vestigios. ¿Qué pasa con un hombre roto, gastado y alcohólico como Alberto Aragón, que vivió a tope su pasión política pero que cae en desgracia y, encima, debe acarrear con la culpa de su hijo desaparecido? ¿Por qué se agarra a su pasado de hombre seductor, de diplomático y negociador político? ¿En su crisis existencial sólo puede sentirse "héroe" recordando sus conspiraciones y sus andanzas de dandi? En definitiva, se trata del "guerrero fatigado" (*Donde no estén ustedes* 11), un hombre mordido no sólo por la ingratitud y la violencia de un país sino también por la violencia emocional que desencadenan los tópicos de la masculinidad. Por otro lado, Pericles Aragón, enfermo de cáncer y desencantado por un sistema político corrupto, sólo encuentra sentido en el suicidio. Frente a los escombros de un país al que no le ve salida, su vacío es insondable. Su dolor, irremediable. Su tristeza, inabarcable. Destaca también Erasmo Aragón y su necesidad de sanación por medio de la acupuntura y la hipnosis para combatir su dolor físico y emocional. Así, se nos presenta nítidamente una identidad masculina marcada por la contradicción pero que, no obstante, también busca un camino hacia la autoafirmación. Sin embargo, el protagonista no puede divisar con claridad ese camino. Hacia el final, Eva, la madre de su hija, le dice que es un miserable porque huye de la paternidad (Erasmo antepone la realización de una conquista pública –fundar una revista cultural– a la realización familiar, es decir, un acto "heroico" e histórico se impone sobre lo afectivo), pero también le espeta con despecho que es un cobarde porque a la hora de la verdad no se marchó a combatir a los frentes guerrilleros, como sí lo habían hecho sus amigos. En este reproche quedan expuestas las contradicciones y el conflicto que se desencadenan con respecto a la exigencia heroica e histórica que constantemente opera sobre los hombres de la familia Aragón.

En definitiva, Erasmo Aragón es el hombre que busca en la memoria un ápice de paz para comprender un pasado familiar marcado por la violencia, al mismo tiempo que sueña con el cambio en su país. La desesperación de ese hombre sólo alcanza, por un breve instante, a distraerse cuando observa un maravilloso cuerpo femenino, cuando el deseo se convierte en un espejo donde observarse con todos sus errores, quiebres y fracturas, y percatarse, angustiosamente, de la imposibilidad de su autorrealización. Erasmo no es héroe; tampoco es el idealista clandestino que murió desaparecido (como su primo Albertico) ni el político valiente que fue encarcelado y exiliado por sus ideales (como su abuelo Pericles). Es, sencillamente, un hombre quebrantado con un sueño que se le deshace entre los dedos porque el imaginario de donde proviene le provoca tremendos dilemas y contradicciones.

La herida en la psiquis que he venido mencionando hace que los Glass y los Aragón se pregunten por el sentido de sus vidas. Eso pone en relieve su fragilidad, con la que tienen que lidiar constantemente: han entrado al mundo y ese mundo es también una pesadilla donde la lucidez puede volverse una maldición. Estamos hablando de un mundo donde las desgracias y miserias humanas han empequeñecido comparadas con el horror que hemos sido capaces de engendrar: la Primera y la Segunda

Guerra Mundial, la Guerra Fría y las guerras centroamericanas que, con sus matanzas y genocidios, son una continuación de un mismo proceso. En definitiva, en lo que coinciden Salinger y Castellanos Moya no es en contar unos hechos cabales y construidos sin fisuras, sino en ofrecer momentos distintos de unas vidas, incrustadas en una serie de acontecimientos y escenarios, sean estos individuales, familiares, sociales o históricos; y en hacerlo, por otra parte, renunciando a la pura omnisciencia narrativa, es decir, mediante la utilización de perspectivas diferentes –en ambos casos, incluso aparecen las perspectivas de otros personajes ajenos a la familia–. Sin embargo, en realidad, ninguna perspectiva es completa, abarcadora, como lo demuestran las diversas sucesiones de voces narrativas, cuyas diferencias idiomáticas y de estilo acreditan, además, que estamos frente a escritores cuidadosos y con un oído excepcional para las manifestaciones idiomáticas.[20] Al contar las historias de estas familias, sus autores nos muestran las vulnerabilidades, ansias y frustraciones del ser humano, sobre el cual se interponen unas normas simbólicas, androcéntricas, hegemónicas, mutiladoras. Como dijo Castellanos Moya:

> "No hay héroes posibles cuando la tempestad ocurre en un oscuro mar de mierda", escribió Roque Dalton. [...] Pero en mi mente siguen habiendo recuerdos que nutren mi literatura; son las obsesiones que nada tienen que ver con el lugar en que el escritor se encuentra, sino con las heridas que lleva en la memoria. (Careaga)

NOTAS

[1] Este ensayo es una versión ampliada de una ponencia presentada el 28 de marzo de 2014 en el coloquio *D'una Amèrica a l'altra: lectures angloamericanes d'escriptors hispanoamericans, cap a una literatura transnacional*, organizada por el Departamento de Filología Hispánica y el Departamento de Filología Inglesa y Alemana de la Universidad de Barcelona, en el marco del proyecto homónimo.

[2] La Batalla del Bosque de Hürtgen es el nombre dado a una serie de batallas que se disputaron entre las fuerzas alemanas y las estadounidenses, al este de la frontera belga-alemana, entre el 14 de septiembre de 1944 y el 10 de febrero de 1945.

[3] Más adelante, el modelo del soldado americano heroico fue cuestionado por Francis Ford Coppola en su película *Apocalypse Now* (1979) y por Stanley Kubrick en *Full Metal Jacket* (1987), pues la guerra de Vietnam había mostrado otra perspectiva de las consecuencias de la política americana; además, se trata de una guerra de la cual el país no salió victorioso. En ese sentido, en la literatura sobresale el trabajo de Tim O'Brien. Pero antes de esto, es decir, después de la Segunda Guerra Mundial, el mito se había fortalecido debido precisamente a la victoria aliada.

[4] Zambrano defendió lo que ella llamó la *razón poética*, un método que intenta dar voz a

aquellos niveles de la realidad ocultos para "ir llevando el sentir a la inteligencia"; asumir el delirio, la soledad, el llanto, como elementos catalizadores para lograr un conocimiento de lo íntimo, de lo secreto; un saber que nace de la pasión en su sentido etimológico, es decir, de *pathos*: "capacidad de sufrir". Este nuevo saber (que ella llama revelación), debe sumarse al puramente racional para revigorizar y ampliar la función de la filosofía, y también para llevarlo a la luz por medio de la palabra poética. Su Antígona se perfila a partir de esta propuesta filosófica (*Delirio y destino* 93).

5 No obstante, Miguel Huezo Mixco en *Camino de hormigas* (2014) reflexiona sobre las contradicciones del guerrillero salvadoreño, brindándole a dicho modelo una dimensión humana más compleja.

6 En *Desmoronamiento* (2006) hay otro personaje femenino, Teti (Esther), que también documenta lo privado y lo público por medio de la epístola. Aunque su participación social no llega a las dimensiones de Haydée, sí ofrece perspectivas alternativas desde el "lado oscuro de la casa".

7 Otro ejemplo: cuenta Gioconda Belli que cuando la guerra revolucionaria triunfó en Nicaragua, en julio de 1979, y los sandinistas llegaron al poder, a pesar de que ella misma realizó una gran cantidad de trabajo operativo, a la hora de elegir a una persona encargada de liderar, se elegía casi siempre a un hombre. Aunque la escritora alegaba que ella era lo suficientemente capaz para liderar, la respuesta que recibía era que "esta es una sociedad sexista". De hecho, según Belli, las cosas comenzaron a cambiar en cuanto la victoria sandinista comenzó a convertirse en una seria posibilidad. Los hombres empezaron a organizar los grupos de forma diferente: los líderes eran hombres a pesar de que las mujeres habían participado en el proceso a un nivel extraordinario, en posiciones con verdadera responsabilidad. Belli enfatiza que, a excepción de algunas mujeres, la mayoría fue marginada y expulsada de las esferas de poder: "Looking back, I don't think we women fought for power the way men did. It wasn't something I was aware of then, not in those terms. Maybe I was too romantic. 'Let the men have the glory,' I said. And we paid for that romanticism, because where were the women all of the sudden? […] We didn't analyze the discrimination at the time. We felt we had gotten what we wanted, by being allowed to fight. […] But in retrospect it's quite clear [the discrimination]" (Randall 177).

8 En otro poema titulado "Dos meditaciones", la poeta mexicana vuelve a referirse a lo mismo: "Hombrecito, ¿qué quieres hacer con tu cabeza? / ¿Atar al mundo, al loco, loco y furioso mundo? / ¿Castrar al potro Dios?" (122). Al utilizar el diminutivo, se cuestiona la posición de poder de ese "hombrecito" y se ironiza sobre las absurdas pretensiones de poder indiscutido de lo masculino, cuya subjetividad se propone atrapar al mundo, creyéndose más que Dios (Pleitez, "From Antigone to Creon" 135).

9 En "Teddy" ya aparecen algunas de las obsesiones de Salinger: el niño genio, iluminado pero separado del mundo, y los temas filosóficos y espirituales.

10 "Uncle Wiggily in Connecticut", apareció en *The New Yorker* el 20 de marzo de 1948. En ese cuento se menciona la muerte de Walt Glass en Japón, donde se desempeña como soldado; muere al explotar una estufa.

11 "Down at the Dinghy" se publicó en *Harper's*, en abril de 1949.

12 "A Perfect Day for Bananafish", fue publicado por primera vez en *The New Yorker* (enero de 1948). Este cuento se detiene en la depresión de Seymour y culmina con su suicidio en un hotel de Florida. Merece la pena añadir que en *El guardián entre el centeno* también se relata la relación de Holden con su hermano muerto, Allie, lo cual conecta con la relación de los hermanos Glass con Seymour.

13 "Franny" y "Zooey" (publicados después en un solo volumen en 1961) aparecieron primero en *The New Yorker* el 29 de enero de 1955 y el 1 de mayo de 1957, respectivamente. Están centrados en los hermanos menores de la familia Glass, aunque también aparece la madre, Bessie Glass, se menciona a Seymour y se citan las cartas escritas por Buddy.

¹⁴ En resumen, los libros publicados por Little, Brown and Company que conforman la serie de los Glass son: *Nueve cuentos* (1953), específicamente "Un día perfecto para el pez banana", "El tío Wiggily en Connecticut" y "En el bote"; *Franny y Zooey* (1961), *Levantad, carpinteros, la viga del tejado* y *Seymour: una introducción* (1963). Por último, "Hapworth 16, 1924", publicado únicamente en *The New Yorker* en 1965, generó un gélido recibimiento por parte de los críticos: Salinger había pasado de un estilo directo a uno más denso y complejo, al punto que algunos llegaron a considerar a dicho escrito como uno inescrutable. Trágicamente, se convirtió en su último trabajo de ficción publicado. Algunos de los comentarios críticos más duros sobre la serie Glass fueron enunciados por Alfred Kazin, John Updike, Joan Didion y Mary McCarthy.

¹⁵ En el momento de la entrega final de este ensayo, aún no se había publicado *Moronga* (2018), la última novela de Castellanos Moya, en la cual Erasmo Aragón regresa a su escenario de ficción.

¹⁶ Dicho sea de paso, Holden Caulfield es uno de los personajes preferidos de Castellanos Moya, según dijo en la primavera de 2005 cuando impartió una charla en la Universidad de Barcelona, invitado por la Dra. Dunia Gras, en el marco del posgrado "Geografías Literarias de América Latina". Holden Caufield, como sabemos, es el joven que representa por antonomasia la *intimate self-examination*.

¹⁷ Los críticos han buscado influencias y analogías con el hinduismo (Alsen), el taoísmo (Antonio), la filosofía zen (Goldstein and Goldstein) y el cristianismo (Panichas, Slabey).

¹⁸ Esta revelación casi que rivaliza con la epifanía que se transparenta en la conclusión de *El guardián:* hablando con su hermana Phoebe, y partiendo de un poema de Robert Burns, Holden expresa su deseo de convertirse en alguien que, en un campo de centeno al borde de un precipicio, vigila a los niños que imagina jugando allí, para que no se caigan, atrapándolos –*catching them*– al vuelo si fuera necesario.

¹⁹ Todos los hermanos Glass participaron en un programa de radio llamado "It's a Wise Child". Seymour y Buddy fueron los primeros en aparecer, en 1927, a la edad de 10 y 8 años, respectivamente. El dinero que ganaron en ese programa fue el que les permitió a los siete hermanos ir a la universidad. Seymour es considerado por sus hermanos el más brillante de todos. Durante seis años, bajo el seudónimo de Billy Black, Seymour fue toda una celebridad de la radio nacional. Entró a estudiar en la Universidad de Columbia a los 15 años y, antes de su reclutamiento por el ejército, fue profesor universitario de literatura inglesa, además de poeta y conocedor de las filosofías orientales.

²⁰ Salinger comienza con una economía de medios, con un lenguaje preciso, de formas breves, como en "Un día perfecto para el pez banana", pero a medida que avanza se vuelve más denso, como en "Seymour: una introducción" y "Hapworth 16, 1924". Además destacan diversos registros narrativos: los monólogos interiores, la epístola, el diario, los diálogos dramáticos (en un sentido teatral, por ejemplo, los diálogos de *Franny y Zooey*). En Castellanos Moya, que se inclina por un estilo realista, también encontramos diversos registros narrativos: el diario, la epístola, monólogos interiores, diálogos dramáticos (también en un sentido teatral, como en *Desmoronamiento*).

Bibliografía

Alsina, Cristina y Laura Borrás Castanyer. "Masculinidad y violencia". *Nuevas masculinidades*. Marta Sagarra y Àngels Carabí, eds. Barcelona: Icaria, 2000. 83-102.

Careaga, Roberto. "Horacio Castellanos Moya: 'La literatura ya no amedrenta a los poderosos'". *La Tercera*. 30 oct. 2011. <http://diario.latercera.com/2011/10/30/01/contenido/cultura-entretencion/30-88790-9-horacio-castellanos-moya-la-literatura-a-no-amedranta-a-los-poderosos.html>. 21 dic. 2014.

Castellanos, Rosario. *Poesía no eres tú*. México, D.F.: FCE, 2001.

Castellanos Moya, Horacio. *Desmoronamiento*. Barcelona: Tusquets, 2006.

_____ *Donde no estén ustedes*. Barcelona: Tusquets, 2003.

_____ *La metamorfosis del sabueso*: *Ensayos personales y otros textos*. Santiago de Chile: Ediciones Universidad Diego Portales, 2011.

_____ *La sirvienta y el luchador*. Barcelona: Tusquets, 2011.

_____ *El sueño del retorno*. Barcelona: Tusquets, 2013.

_____ *Tirana memoria*. Barcelona: Tusquets, 2008.

Gilmore, David. *Manhood in the Making: Cultural Concepts of Masculinity*. New Haven: Yale UP, 1990.

Henighan, Stephen. "An Interview with Horacio Castellanos Moya." *Bookslut*. oct. 2009. <http://www.bookslut.com/features/2009_10_015183.php>. 25 ene. 2014.

Kimmel, Michael. *Manhood in America: A Cultural History*. Nueva York: Free Press, 1996.

Moreiras, Alberto. "The Question of Cynicism. A Reading of Horacio Castellanos Moya's *La diáspora* (1989)". *Nonsite.org* 13 (oct. 2014). <http://nonsite.org/article/the-question-of-cynicism>. 30 oct. 2014.

Pleitez Vela, Tania. "Cuando la historia no duerme y habla en sueños". *La poesía del siglo XX en El Salvador*. Fernando Valverde, ed. Madrid: Visor, 2012. 9-80.

_____ "From Antigone to Creon: Traditional Masculine Models in the Poetry of Alfonsina Storni and Rosario Castellanos." *Identity, Nation and Discourse: Latin American Women Writers and Artists*.

Claire Taylor, ed. Newcastle: Cambridge Scholars Publishing, 2009. 122-43.

Randall, Margaret. "Gioconda Belli". *Sandino's Daughters Revisited. Feminism in Nicaragua.* New Brunswick: Rutgers UP, 1994. 168-90.

Salinger, J. D. *The Catcher in the Rye.* Nueva York: Little, Brown and Company, 2010.

_____ *Franny and Zooey.* Nueva York: Little, Brown and Company, 1991.

_____ *Nine Stories.* Nueva York: Little, Brown and Company, 1991.

_____ *Raise High the Roof Beam, Carpenters* and *Seymour: An Introduction.* Nueva York: Little, Brown and Company, 2001.

Slawenski, Kenneth. *J.D. Salinger: A Life.* Nueva York: Random House, 2010.

Vázquez, Norma, Cristina Ibáñez y Clara Murguialday. *Mujeres montaña. Vivencias de guerrilleras y colaboradoras del FMLN.* Madrid: horas y HORAS, 1996.

Zambrano, María. "Delirio de Antígona". *Orígenes* 5/18 (1948): 14-21.

_____ *Delirio y destino.* Madrid: Mondadori, 1989.

Una lectura de(sde) los escombros: emociones negativas e historia en Desmoronamiento

MAGDALENA PERKOWSKA

Hunter College y The Graduate Center, CUNY

> *La littérature est le discours théorique des procès historiques.*
>
> Michel de Certeau, *Histoire et psychoanalyse*

> *Episodes of passion within the individual resemble the state of war or a natural disaster in public life.*
>
> Philip Fisher, *The Vehement Passions*

> *La tristeza es el paso del hombre de una mayor perfección a otra menor.*
>
> Baruch Spinoza, *Ética*

En *El sueño del retorno* (2013), el protagonista Erasmo Aragón se somete a hipnosis para aliviarse de una colitis nerviosa antes de su próximo regreso a El Salvador, donde la guerra está por terminar. Después de una de las sesiones, reflexiona acerca de la conversación que tuvo con su médico:

> [...] recordé algunas frases que don Chente había pronunciado sobre mi relación con la figura paterna [...] y entonces la placidez se fue convirtiendo en una profunda tristeza porque poco a poco comprendí que en mi corazón anidaba el mayor de los desprecios no sólo hacia mi padre y mi familia paterna, sino también hacia mi madre, y que ese veneno había sido inoculado en mi víscera por mi abuela materna, Lena. (97)

Dos cuestiones se manifiestan en esta cita. En primer lugar, las emociones negativas (pasivas) de tristeza y desprecio que, según explica Baruch Spinoza en su *Ética*, producen la afección de tristeza (melancolía, dolor). Ésta disminuye "la potencia de obrar del hombre" porque reduce la vitalidad del alma y del cuerpo que pasan "de una mayor perfección a otra menor" (105). Efectivamente, Erasmo Aragón encarna la "subjetividad como ruina" (Avelar 184) y una agencia suspendida. En segundo lugar, la cita remite auto-intertextualmente a la novela *Desmoronamiento* (2006), en la que Erasmo es Eri, un niño de apenas tres años, y donde se narran los hechos históricos, las circunstancias y experiencias familiares que dan como resultado este estado de ánimo y esta actitud vital de Erasmo Aragón, condicionando su subjetividad desde el "agujero negro" (*El sueño* 97) del inconsciente al que habían sido relegados.

Ignorada por la crítica a pesar de buenas reseñas,[1] *Desmoronamiento* es un eslabón importante en el proyecto narrativo de Horacio Castellanos Moya. Este segundo libro de la pentalogía que conforma la saga de los Aragón trata los temas y problemas que obsesionan al escritor y a los que vuelve con variantes en cada una de sus ficciones: la historia salvadoreña y centroamericana, el autoritarismo, la violencia y su reciclamiento; la experiencia humana en situaciones cruciales de la historia; los efectos de los procesos políticos o sociales en la subjetividad y conducta; las pasiones, obsesiones, contradicciones y estados límite de la naturaleza humana. La contribución de *Desmoronamiento* a este proyecto consiste en exponer una doble articulación estética de lo afectivo y lo histórico que se iluminan mutuamente, de manera que las emociones negativas de los personajes y el proceso histórico en el que éstos se ven involucrados parecen ser cara y cruz del mismo acto simbólico. Si bien es posible leer la historia familiar (el desmoronamiento) en el seno de la cual se manifiestan y transmiten los afectos negativos como una alegoría de la historia política, me propongo mostrar en este ensayo cómo en *Desmoronamiento* Castellanos Moya configura una imagen dialéctica que permite teorizar desde la ficción no sólo los procesos históricos (según reza el epígrafe de Michel de Certeau), sino también los subjetivos y, sobre todo, su intersección, afinidades y potencial crítico. Sianne Ngai argumenta en su estudio *Ugly Feelings* (2005) que las emociones negativas poseen una naturaleza diagnóstica gracias a la cual pueden llamar la atención a una "real social experience and a certain kind of historical truth" (5). Estas emociones son para Ngai "unusually knotted or condensed 'interpretations of predicaments' –

that is, signs that not only render visible different registers of problem (formal, ideological, sociohistorical) but conjoin these problems in a distinctive manner" (3). Es así como propongo leer la articulación de lo afectivo y lo histórico-político en *Desmoronamiento*. Desarrollo la exposición en tres momentos críticos: el primero sitúa *Desmoronamiento* en la constelación narrativa que ha construido Castellanos Moya, con un énfasis especial en la saga de los Aragón; sobre la base de teorías de afectos y emociones (Aristóteles, Brennan, Fisher, Ngai, Spinoza), el segundo explora las emociones que se plasman en las tres partes de la novela; el tercero examina los procesos históricos según se representan en cada una de éstas para llegar así a la doble articulación estética de lo afectivo y lo histórico-político. Al final, recurro al concepto de tono para discutir el gesto ético de la novela.

Desmoronamiento en la constelación

Desmoronamiento es la octava novela en una obra que hasta la fecha suma ya doce novelas, cinco colecciones de cuentos, además de numerosos ensayos y notas sobre literatura y cultura, publicados en revistas y, algunos de ellos, reunidos también en libros. Aunque forma parte del ciclo de la familia Aragón, a través del personaje de Doña Lena, con su carácter extremo, su alteración nerviosa y su discurso agresivo que se plasma sobre todo en la primera parte pero permea indirectamente toda la trama y narración, *Desmoronamiento* entronca también con las "novelas furiosas", definidas por Andrés Pau como "narraciones habladas por tipos a quienes ha trastornado, perturbado la realidad que pretenden recrear, contarnos". Al igual que casi todos los textos ficcionales de Castellanos Moya, es una novela inclasificable desde el punto de vista de género literario, creación de quien defiende la escritura como "ejercicio de libertad" y rechaza "las recetas, los encasillamientos, las clasificaciones fáciles" para declararse "escritor de ficciones", de "literatura, a secas" ("Breves palabras" 21), como si hiciera eco a la indignación que Michel Foucault expresó en *L'Archéologie du savoir* (1969) en contra de la necesidad de definir su identidad intelectual.[2] *Desmoronamiento* ostenta elementos autobiográficos en los personajes de Eri y sus abuelos, pero no es una autoficción; construye un fondo histórico basado en la investigación, pero no es una novela histórica; exhibe elementos de la novela policial sin ser una. Incorpora, además, el género epistolar, el diálogo puro con una presencia mínima del narrador que "podría ser una magnífica pieza teatral" (Senabre) y una suerte de diario o memoria en primera persona, reafirmando la importancia de la voz y el ritmo, componentes clave de la oralidad que es "uno de los recursos narrativos más frecuentes en la obra de Horacio Castellanos Moya" (Pau).

La novela es también un constituyente significativo de lo que llamo la *constelación histórica* de Horacio Castellanos Moya, que puede considerarse como una intersección de historias locales y regionales. Toda la obra de este autor con una vasta experiencia transístmica (Rodríguez 10) gira en torno a la historia salvadoreña y centroamericana, aunque la segunda ocupa un lugar menos prominente. En este sentido, *Desmoronamiento*, cuya trama se sitúa entre Honduras y El Salvador, es una de las novelas más 'regionales' de Castellanos Moya, seguida por *El arma en el hombre* (2001) e *Insensatez* (2004), en cuyo espacio ficcional se exponen el crimen organizado que en la posguerra florece en El Salvador y Guatemala, y el genocidio de la población maya investigado por el arzobispado de Guatemala, respectivamente.

El recorrido obsesivo por la historia salvadoreña, así como por los abismos y límites de la condición humana que esta historia genera y expone, abarca casi un medio siglo: desde el fallido golpe en contra de Hernández Martínez y la huelga de la clase media que lo derrocó entre abril y mayo de 1944 en *Tirana memoria* (2008), hasta la muerte del ex embajador (ficcional) Alberto Aragón en México, a mediados de 1994, en *Donde no estén ustedes* (2003); pasando por la mal llamada 'guerra del fútbol' entre El Salvador y Honduras en julio de 1969, el fraude electoral y el subsiguiente intento de un golpe en 1972, en *Desmoronamiento*; hasta la transición política después de los acuerdos de paz de 1992 narrada en *El asco* (1997), *La diabla en el espejo* (2000) y *El arma en el hombre*. Llama la atención que la guerra civil, el evento más traumático y determinante de la historia reciente de El Salvador sea, en esta obra, una ausencia, un silencio elocuente (Macherey 154), al que la escritura de Castellanos Moya se acerca de manera asintótica. La asíntota puede ser temporal, cuando las cronologías representadas forman una suerte de marco: *Desmoronamiento* traza la década anterior a la guerra; en *La sirvienta y el luchador* (2011) la ficción configura el

momento de la implosión a principios de 1980, justo antes del asesinato
de monseñor Romero, cuando "el futuro sólo anunciaba crueldad,
terror, oscuridad" (Escobedo 132). Por otra parte, en los cuentos largos
"Variaciones sobre el asesinato de Francisco Olmedo" y "Con la congoja
de la pasada tormenta", situados a comienzos de 1990, surge la imagen
de una sociedad deformada por años de violencia sistemática y la cultura
de la guerra, mientras que el periodo de transición social y económica
se retrata en *Baile con serpientes* (1996), *El asco, La diabla en el espejo* y
El arma en el hombre. La asíntota también puede ser espacial, como en
La diáspora (1989), donde un grupo de revolucionarios jóvenes exiliados
en México reflexiona a distancia sobre los llamados 'sucesos de abril'
de 1983 y el asesinato de Roque Dalton. El horror de la guerra parece
ser lo no representable, una experiencia que "bloquea la significación"
(Barthes 125) y no permite insertarse en un relato que la explique; una
pérdida (del sentido, del ser, del rumbo) y un fantasma que genera la
búsqueda y la articulación de un sentido, aunque sea sólo fragmentario,
parcial y provisional. *Desmoronamiento*, cuya trama se ubica en la década
de los 60, en 1972 y a principios de los 90, es un ejemplo cabal de esta
escritura asintótica que se constituye en torno a lo indecible.

Hablo de *constelación* porque las novelas son elementos particulares
y relacionales de un universo-montaje literario que configura una idea
crítica de la historia, pero no aspira a una explicación cerrada, total.
Como sucede en *Desmoronamiento*, cada una de las novelas pone en
escena historias mínimas, partículas apenas de una historia nacional
o regional (en la medida que se relacionan) inscritas en destinos
personales. Historias mínimas, a menudo fragmentadas ellas mismas
y también incompletas porque con frecuencia hay que buscar el detalle
que complemente la trama en otra novela. De novela en novela, la
mirada lúcida de Castellanos Moya se posa sobre el paisaje desolado de
la historia desmontando las estructuras ideológico-sociales del pasado
y del presente, y detallando lo que él mismo llama "esa irracionalidad
que nos condujo a la conflagración" ("Literatura y transición" 75). Así
se construye la *constelación*, cuyo centro oscuro, la causa ausente, es
justamente esa conflagración, su doloroso sinsentido.

Sobre el ciclo de los Aragón, el poeta y narrador salvadoreño Miguel
Huezo Mixco ha dicho que "tiene como eje la historia de una familia
arrastrada al remolino de la violencia política" y que las novelas que

lo componen "debieran leerse como capítulos de una gran novela de época". Es en las novelas de este ciclo y en su mutua relación que mejor resaltan los procedimientos, referencias y presencias auto-intertextuales (Mackenbach 101) a los que recurre Castellanos Moya para construir su *constelación* histórica y narrativa. *Desmoronamiento* es la segunda novela publicada (después de *Donde no estén ustedes* en 2003) y hasta la fecha actual ocupa la segunda posición en la cronología de la saga, precedida por *Tirana memoria*. Como he anticipado al comienzo, su trama complementa y explica la historia de Erasmo Aragón narrada en *El sueño del retorno*. A su vez, la historia de Clemente Aragón (el padre de Erasmo), quien en la primera parte de *Desmoronamiento* se casa con la hondureña Esther (Teti) Mira Brossa y muere asesinado en la segunda, se amplía *a posteriori* en *Tirana memoria*, donde se relatan su juventud, su primer matrimonio y su frustrada participación en el golpe de Estado de 1944 que lo alejará para siempre de la política; y en *La sirvienta y el luchador*, donde se explica su asesinato.

Dentro de la saga, *Tirana memoria* y *Desmoronamiento* forman un subconjunto que ostenta muchos rasgos comunes y desarrolla una suerte de *continuum* histórico. Ambas novelas tienen una estructura única dentro de la *constelación* Castellanos Moya. Combinan un discurso intimista (el diario en *Tirana memoria* y el epistolario en *Desmoronamiento*) y un diálogo casi teatral para, al mismo tiempo, situar a los personajes en la historia, representar el devenir político-histórico desde su perspectiva inmediata e inmersa en los hechos, y avanzar la acción. También en las dos, la narración se cierra con un relato en primera persona (un diario o una memoria), enunciado por un personaje cercano a los sucesos y personajes del drama principal, pero distanciado en el tiempo (casi treinta años en *Tirana memoria* y casi veinte en *Desmoronamiento*), por lo que este narrador "puede dar una visión con lejanía y reflexionar" (Wieser 102) sobre los eventos y relaciones humanas que configuran la trama. Esta estructura resalta la importancia del paso del tiempo tanto en la historia sociopolítica representada en el espacio ficcional de las novelas como en la vida y la afectividad de los personajes.

De hecho, el tiempo es fundamental, porque ambas ficciones narran el proceso de descomposición de una familia. En "Literatura y transición", Castellanos Moya declara que en la posguerra la literatura debería inventar un rostro que no sea el de un guerrillero o soldado (75), figuras predominantes en la narrativa centroamericana de los 70 y 80. Si bien estos sujetos aparecen en dos de sus novelas (*La diáspora* y *El arma en el hombre*), las demás ficciones ponen en escena a intelectuales despotenciados, personas desempleadas, oportunistas de cualquier signo político y miembros de las élites económicas y políticas. Éste es el caso de la familia Aragón. Si el punto de referencia es Erasmo Aragón de *El sueño del retorno*, entonces *Tirana memoria* y *Desmoronamiento* narran la historia de sus abuelos paternos y maternos, respectivamente, que pertenecen a las élites salvadoreñas y hondureñas y están profundamente involucrados en los sucesos histórico-políticos de sus países, aunque con metas ideológicas opuestas. En ambos casos, la familia se disgrega con el paso del tiempo. Al final de *Tirana memoria*, en 1973, Haydée había fallecido por un cáncer de mama, Clemente había sido asesinado, Pericles se suicida después de una vida de exilios y decepciones políticas, mientras que sus otros dos hijos viven en Costa Rica. Al final de *Desmoronamiento*, en 1992, están fallecidos Erasmo y Lena Mira Brossa (los abuelos de Erasmo/Eri), Teti retorna sola y desolada a El Salvador, su hijo mayor Eri regresa enseguida a México para nunca más volver a Honduras, mientras el menor cae por una pendiente de drogas y delitos menores, despreciado por los demás. Lo significativo es que estas familias se descompongan independientemente de su afiliación ideológica (los Aragón están divididos pero más bien simpatizan con la izquierda; los Mira Brossa representan el Partido Nacional de Honduras, de derecha y nacionalista) y de la interacción afectiva entre sus miembros: el amor o, por lo menos, el respeto en *Tirana memoria* y el odio o el desprecio en *Desmoronamiento*.

Una diferencia afectiva esencial se articula, sin embargo, en la percepción del proceso histórico-político salvadoreño que plasman estas ficciones. *Tirana memoria* comienza en 1944, cuando después de un fracasado golpe de estado contra Maximiliano Hernández Martínez (del 2 al 4 de abril), la sociedad civil se organiza y logra interrumpir pacíficamente la tradición dictatorial, obligando por medio de una huelga ("la huelga de brazos caídos", del 7 al 11 de mayo) la renuncia del dictador. El "Diario de Haydée" narra la "historia de un entusiasmo",[3] que sólo después, en las memorias de Chelón situadas en 1973, comienza a deslizarse hacia la violencia de la guerra y el derrumbe de la esperanza. La trama de *Desmoronamiento* se centra en el período en el que termina el argumento de *Tirana memoria*, para avanzar hacia un agotamiento que suspende toda acción y sólo produce tristeza, como la que siente el protagonista de *El sueño del retorno*, que es el mismo personaje que aparece en las últimas páginas de la novela de 2006. El proceso político-histórico y el proceso afectivo se iluminan mutuamente.

DEL ESTALLIDO VIOLENTO A LA INDIFERENCIA: LA TRAYECTORIA EMOCIONAL DE LOS PERSONAJES

Las tres partes de *Desmoronamiento* forman un tríptico emocional, cuyo eje es "el drama familiar a partir de la relación de odio de Lena con su esposo, don Erasmo, y, sobre todo, con su hija Teti" (Jímenez). La primera parte ("La boda") se sitúa en 1963 en Honduras y al nivel familiar representa una confrontación violenta entre Lena Mira Brossa y su marido, provocada por sus "insalvables desavenencias" (Senabre) y el matrimonio de Teti con Clemente Aragón, a quien Lena acusa de aprovechado y comunista (por ser salvadoreño). La segunda parte ("Del archivo de Erasmo Mira Brossa") está ubicada en El Salvador en 1969 y 1972 y despliega la inestable cotidianeidad de Teti, interrumpida por la violencia política, el asesinato de Clemente y el constante conflicto a distancia con la madre. La acción de la tercera parte ("El Peñón de las Águilas") tiene lugar en Honduras entre 1991 y 1992 y se concentra en la muerte de doña Lena, que acaba con lo poco que queda de los ya muy afectados lazos familiares. Como ya se ha señalado arriba, cada una de estas partes ostenta otra modalidad narrativa: la primera es un diálogo dramático entre Lena, Erasmo y Teti, con una intervención mínima del narrador extradiegético; la segunda es un relato epistolar; y la tercera es una memoria escrita en primera persona por Mateo, el mozo "hacelotodo" de los Mira Brossa quien asiste a la familia reunida en Tegucigalpa durante la enfermedad y posterior fallecimiento de su patrona, observando su desunión y desapego emocional, mientras espera heredar una cabaña como recompensa por largos años de servicio y fidelidad o, más bien, sumisión.[4] Estos cuadros de la vida familiar y emocional se construyen sobre un fondo histórico que los complementa, amplía y resignifica. Las dimensiones emocional e histórica están tan densamente entretejidas en el relato de *Desmoronamiento* que separarlas en el análisis es un acto de violencia crítica, justificable apenas por razones de claridad interpretativa.

Mi lectura de las trayectorias emocionales en *Desmoronamiento* se apoya en dos estudios sobre emociones: *The Vehement Passions* (2002) y *Ugly Feelings* (2005). El primero es una investigación de las grandes pasiones clásicas que explora su estética en las obras y géneros canónicos de la literatura occidental: Homero, Aristóteles, Hume, Spinoza, Shakespeare, Melville. Fisher establece una clara distinción entre esas pasiones (emociones) que en la conceptualización de Hume se definen como estados apasionados, pasiones violentas o momentos de pasión (18-19, 21), y las pasiones serenas, que son más bien disposiciones o inclinaciones (en el sentido kantiano), dedicando su estudio exclusivamente a las primeras ("the occasioned, dramatic, experiential moments of the passions" [21]). Arguye, entre otras proposiciones, que "the passions are an energy system in which specific factors enable and shape [the] dynamic activity" (34), lo que implica que la trayectoria pasional o emocional dentro de una obra corresponde a la transformación de energía (36) y es, por lo tanto, temporal (37). Ngai, en cambio, dirige la atención a lo que denomina "emociones feas": "minor and generally unprestigious feelings" (6), propias más de la disposición afectiva que de un estallido momentáneo, "noticeably weaker in intensity than what Philip Fisher calls the 'vehement passions'" (10). Estas emociones negativas son "explicitly *a*moral and *non*cathartic, offering no satisfactions of virtue, however oblique, nor any therapeutic or purifying release" (6; énfasis en el original). Son negativas (feas) en el sentido experiencial, porque producen disgusto y/o dolor; en el semántico, porque están saturadas con sentidos y valores que estigmatizan socialmente; y en el sintáctico, porque sus trayectorias se organizan más como repulsión que como atracción (11). Según he señalado arriba, Ngai sostiene que estos sentimientos, aunque menos poderosos que las pasiones políticas clásicas (como la ira o el miedo/terror en los que se basan los modelos de la acción y transformación social de Aristóteles, Hobbes y otros), poseen una naturaleza diagnóstica, llamando la atención a una experiencia social real y una suerte de verdad histórica (5), rasgo que se explorará a lo largo de este ensayo.

Cabe observar que en *Desmoronamiento* la distinción entre las emociones violentas y serenas no es clara, porque las intensidades varían mucho y además, en numerosas instancias (como se verá adelante), las emociones que según su 'categoría' deberían ser momentáneas manifiestan una impresionante capacidad de duración y otras, que también según su 'categoría' deberían responder a un objeto definido, o no tienen objeto o responden a tantos que su direccionalidad se disuelve. Lo que tienen en común es la negatividad, en el sentido triple que le otorga Ngai, pero también en la inflexión ética de Spinoza (relacionada con la negatividad experiencial): son negativas porque producen dolor y tristeza y disminuyen la potencia de obrar y actuar.[5]

Doña Lena es la protagonista indiscutible del tríptico emocional, aunque sólo aparece y actúa en persona en la primera parte. En la segunda y tercera, Lena está presente más bien como una voz y presencia a distancia, no por eso menos determinante y nociva, y como un efecto afectivo en su hija Teti y el nieto Eri. Eso es así porque las emociones y actitudes de éstos son el resultado de la interacción emocional con Lena que puede tomar una forma directa o puede realizarse como una transmisión afectiva (Brennan 3), es decir, en términos de "*how* one feels the others' affects, or the 'athmosphere'" (Brennan 1), idea que cuestiona la noción de un sujeto emocionalmente contenido (Brennan 2). Para seguir no sólo las emociones que experimentan y expresan (o no) estos personajes, sino también la interacción y transmisión afectiva en que participan, organizo esta sección en tres apartados dedicados a cada uno de ellos, en orden de cronología familiar: Lena (madre y abuela), Teti (hija y madre) y Eri (hijo y nieto).

Lena que, junto con su marido, representa la élite conservadora hondureña, es una mujer autoritaria, intolerante, impaciente y violenta, de un lenguaje hiriente cuyo objetivo es humillar, insultar y excluir o, incluso, borrar. Este lenguaje 'bélico' y aniquilador se adueña de la primera parte protagonizada por Lena, pero resuena también en las cartas de Teti a su padre, cuando la hija se queja de las llamadas furiosas de su "mamita". La caracterizan dos emociones, ambas violentas, aunque de intensidad diferente y, desde luego, fuertemente relacionadas: el odio y la ira. Su odio es, en primer lugar, político y expresa una actitud extrema de intolerancia, una reacción ideológica que aborrece cualquier insinuación de cambio o una manera de pensar que no corresponda a sus "principios y [sus] valores" (27), expresión que Lena repite como una muletilla. Lena odia a quienes considera comunistas, sin diferenciar entre los cubanos, los liberales hondureños y cualquier tipo de oposición; y a los salvadoreños, gentilicio que para ella es sinónimo de comunista, además de "farsantes, estafadores" (18), "rufianes" (63), "criminales y ladrones" (48). Apoya el golpe militar en Honduras y el grupo paramilitar Mancha Brava, organizado por el Partido Nacional, que antes de la guerra hondureño-salvadoreña hostigaba y agredía con extrema violencia a los salvadoreños radicados en Honduras (94). Su odio es también personal y se dirige en contra de su marido, su hija, su hermana y cuñado, en constantes estallidos de ira. Toda actitud, conducta o decisión que no corresponda con el modo de ser, los "principios y valores" o los planes de Lena es calificada de traición (es una de las palabras más frecuentes en el lenguaje del personaje) y deviene objeto de amenazas e insultos que desautorizan y aniquilan. La víctima principal es Teti, a la que la madre se refiere con descalificativos como "esa cualquiera" (16), "putía" (17), "malnacida" (20), "degenerada" (22), "traidora" (43) y mucho más, usándolos para hablar de ella y con ella.

Caracterizada de esta manera, Lena pareciera ser un personaje unidimensional, no obstante es una figura muy compleja. Si bien el odio es más bien una disposición que una emoción momentánea, la ira suele dirigirse contra un objeto determinado y ser un estallido que se convierte en acción. Así, para Aristóteles, la ira puede ser una virtud si "tiene lugar cuando debe, y por aquellas cosas y respecto a aquellas personas, y en vista de aquello y de la manera que se debe" (56), por ejemplo, cuando responde a una injusticia o al desprecio. Fisher afirma que "in anger the self itself and its world are at stake" (177). La emoción que gobierna a Lena no es direccional ni ocasional; si bien parece ser ira, es más bien lo que Aristóteles define como su extremo pasional por exceso, iracundia (59), un estado emocional más cercano a las emociones feas o negativas que describe Ngai. Estos afectos, sostiene la autora, a menudo producen una confusión "about feeling's objective or subjective status" (Ngai 19), su origen externo o interno. Tanto el odio como la ira deberían responder a un estímulo objetivo y externo, pero, con la posible excepción de las pasiones políticas, en el caso de Lena la multiplicidad de supuestos objetos es tal que impide identificar una plausible causa externa de la emoción. Esta opacidad afectiva llama la atención a la historia subjetiva de Lena.

En un punto muy virulento de la discusión en la primera parte, Erasmo Mira Brossa se refiere a la muerte de la hermana gemela de Teti cuando ambas bebés tenían un mes y declara que la culpa fue de Lena. La reacción es inmediata y sumamente violenta: "[…] no fue mi culpa […] –Claro que fue tu culpa. –¡¿Qué has dicho, majadero?! Lena se incorpora, con el rostro descompuesto. […] ¡Maldito! […] –¡Qué infamia estás diciendo, desgraciado! […] Es inconcebible […]" (31). Propongo interpretar el odio y la ira(cundia) de Lena como manifestaciones objetivas de una emoción subjetiva: una culpa nunca superada o, incluso, negada y, en consecuencia, un duelo fracasado. Fisher ayuda a captar la relación entre el duelo y la ira que opera en la subjetividad de Lena:

> Grief and anger are alternative, active responses to death or to any loss. The most important split between the strategy of anger and that of grief occurs around the component of guilt and self-reproach within mourning. A feeling of responsibility for the death, or at least a guilt of not having prevented it, hovers over every loss almost as a misunderstanding of death itself […]. With anger and revenge the guilt is discovered to lie, not in the self, but concretely in the outer world where it can be attacked and punished. (209)

El odio y la ira de Lena parecen dirigirse hacia el exterior, pero en realidad su objeto es ella misma; Lena odia y estalla para volcar al exterior la culpa que la corroe. Muchos elementos de su historia –tal como se configura en las tres partes– confirman esta interpretación de sus emociones: una memoria somática que la lleva hacia el mismo peldaño entre la cocina y el comedor (allí se rompe una pierna, allí pierde la conciencia);[6] el rechazo de Teti –la encarnación de la culpa– y la fantasía de sustitución de Pilar por Eri (en ambos Lena recuerda o imagina su misma mirada, expresión y sensibilidad); la protección enfática de Eri durante el bombazo que destruyó la fachada de la casa; la obsesión con la limpieza de los pisos, como si trapeándolos, Lena pudiera limpiar de su culpa la superficie contra la cual se estrelló Pilar. Esta dimensión subjetiva de las emociones de Lena no las vuelve menos crueles y dañinas, sino que configura una subjetividad más compleja y afectivamente opaca. Su familia paga el precio de esta complejidad, porque la guerra psicológica que Lena desarrolla y la conducta bélica que despliega repercuten en las vidas afectivas de su entorno, a través de la interacción directa, como sucede en el caso de Teti, o a través de la transmisión afectiva, en el de Eri.

Constantemente agredida e insultada por la madre, Teti se defiende interponiendo distancia al mudarse a El Salvador con Clemente y permanecer allí después de su asesinato, pero emocionalmente es un ser incapaz de experimentar emociones fuertes, ni siquiera para confrontar a la madre y defenderse de sus agresiones, pero tampoco frente a los eventos tan dramáticos como una guerra y el asesinato del marido. Las emociones de Teti son de baja intensidad y energía, como lo evidencia el lenguaje emocional de sus cartas que es plano y convencional, con diminutivos para nombrar tanto al padre, quien es su apoyo emocional y económico a lo largo de la trama, como a la madre que la atormenta, o el dinero que necesita ("papito", "mamita", "dinerito", "ayudita", "centavitos", "muchachito"). La primera noche de la guerra "fue la peor noche de [su] vida" (97), al igual que el momento de identificación del esposo muerto fue "el peor momento de [su] vida" (111). Las cartas de Teti cuentan más lo que sucede que lo que ella siente, como si sentir fuera inapropiado; en el mejor caso expresan la indignación o una queja. Su vida en El Salvador es una batalla para organizar una vida burguesa sin ingresos adecuados, pero Teti no batalla nunca por su dignidad interior, oponiendo su ira justa a la violencia lingüística y emocional de la madre. A lo largo de la segunda parte la presencia de Lena está mediada y se da sólo a través de las referencias de Teti a las llamadas telefónicas durante las cuales es insultada, amenazada, acusada de traidora o vendepatria mientras dura el conflicto entre Honduras y El Salvador, o calificada de puta, degenerada e inútil después de la muerte de Clemente. Teti alude en sus cartas a doce llamadas, todas iniciadas por Lena, cuya violencia va intensificándose a tal punto que al final hasta ella tiene que admitir que su madre la odia, porque "nadie le dice a su hija las cosas que ella me dijo sin sentir un enorme odio" (150). Llama la atención que Teti nunca interrumpa una de estas llamadas, nunca le cuelgue a la madre, aunque ésta más de una vez le tira el teléfono, y que sólo pueda romper en llanto cuando la madre la humilla frente al hijo (191).

Si, según Aristóteles, la iracundia es un extremo de la ira por exceso, la incapacidad de encolerizarse es su extremo por defecto (59):

> Los que no se irritan por lo que deben [...] [parecen] carecer de sensibilidad y no afligirse por nada, y como no [son] capaces de irritarse, no [parecen] tampoco ser capa[ces] de defenderse. Y todo el mundo piensa que soportar un ultraje sin responder o contemplar el ultraje de los suyos sin reaccionar es una actitud servil. (105)

Elaborando sobre esta idea del griego, Ngai observa que hoy en día se emplea el término represión para describir esta falta de ira en situaciones en las que ésta debería ocurrir (183). Atrapada durante años en una intensa relación de amor-odio con la madre y en una interacción afectiva dominada por violencia, humillación y exclusión, Teti evidencia una subjetividad reprimida, conformada por emociones negativas de apocamiento, ansiedad, inseguridad, aflicción y abatimiento, notables sobre todo en la tercera parte de la novela, cuando es Mateo quien observa desde fuera su actitud y conducta. La defensa de su "libertad como ser humano" (139) contra la afectividad belicosa y violenta de su madre, sobre la que se concentra la segunda parte de *Desmoronamiento*, agota las energías de Teti. De alguna manera sale vencedora de la guerra afectiva porque logra hacer su vida, pero es una victoria pírrica, porque al final su subjetividad está en ruinas. Condenada al exilio que es a la vez geográfico y emocional, también queda alejada del hijo que, influenciado directa e indirectamente por Lena y su manera de sentir, manifiesta desdén e indiferencia hacia la familia y lo que le rodea.

Eri es un personaje que nunca aparece directamente en la trama de *Desmoronamiento*, sino que es una presencia mediada por la percepción y palabra de otros personajes. En la primera parte es un niño de apenas tres años, objeto mudo de la guerra afectiva entre su madre y su abuela que lo trata como un sustituto de la hija muerta, vertiendo en él todas sus fantasías maternas frustradas (46-47). Si Teti es para Lena la hija equivocada, la que sólo heredó los rasgos de su padre (27), mientras que Pilar representa al ideal que no se puede confrontar con la realidad, Eri es el nuevo 'hijo' ideal que en la fantasía de la abuela va a realizar todos sus sueños. Por eso se refiere a él como "príncipe" y "heredero", y le legará no sólo sus bienes, sino también le trasmitirá sus afectos. Apenas mencionado en las cartas de Teti, Eri es un muchacho bien educado, estudioso y responsable, que no presenta problemas de crianza, a diferencia de su hermano menor Albertito (102). Es sólo en las memorias de Mateo que Eri cobra más presencia, sobre todo porque es obvio que para Mateo él es el nieto predilecto de Lena y, por lo tanto, el centro de su atención servil. La entrada de Eri en la escena familiar revela la interiorización completa, a pesar de la distancia, de los afectos (emociones y evaluaciones) transmitidos por su abuela: llega en el último momento convocado por la gravedad de Lena y los asuntos de herencia que no se pueden resolver sin su firma; trata a la madre "con cierta distancia, casi con desprecio" (189), observa Mateo, mientras que para hablar despectivamente de su hermano "usa la misma entonación con que hablaba doña Lena" (189). Su saludo a las personas reunidas en el hospital es general y frío, no se separa de una petaca con whisky y, según constata Mateo, a pesar de que "habían pasado tres años desde la última vez que Eri vino a Tegucigalpa, [...] no se le notaba mayor emoción por reencontrarse con su madre y con su hermano" (190). Formado en medio de la violencia histórica que va desde el golpe de estado en Honduras hasta la guerra civil en El Salvador y heredero de las emociones de Lena, Eri carga con el legado de violencia, odio, crueldad, desprecio y ninguneo, aunque su modo de expresar estas emociones negativas es más medido e indirecto, y pasa tanto por la ironía como por los afectos (también negativos) de indiferencia e aburrimiento. Su regreso inmediato a México significa no sólo, como apunta Mateo, que nunca va a volver a Honduras, sino también la disolución definitiva de la familia, su desmoronamiento material y afectivo. Es ese estado de cosas que produce la tristeza en Erasmo Aragón de *El sueño del retorno*.

La muerte de Lena es un momento anticlimático en la trama de la novela: los personajes que se reúnen alrededor de ella en el relato de Mateo no manifiestan emociones fuertes (ni dolor ni alivio), sino más bien cansancio e indiferencia, como si su larga interacción con la intolerancia y violencia, o con sus efectos indirectos, los hubiera agotado, mermando sus energías afectivas. De hecho, el estado emocional que registra la narración en la tercera parte es el de apatía, que Fisher define como un conjunto de cuatro atributos: "lack of passion, or even freedom from passions; lack of energy and excitement; lack of interest in things, lack of activity or action" (228). Si, como propone Fisher, la trayectoria pasional o emocional dentro de una obra corresponde a la transformación de energía (36), las tres partes de *Desmoronamiento* trazan una evolución afectiva en el tiempo que comienza con el estallido violento de emociones negativas (el odio y la iracundia de Lena), pasa por la defensa afectiva de Teti y termina con la indiferencia de Eri y el agotamiento de todos. Curiosamente, ésta es la lógica interna y temporal de las grandes pasiones y las obras clásicas estudiadas por Fisher (36), lo que implica que la trayectoria afectiva en *Desmoronamiento* es dramática, aunque, desde luego, no es catártica. A la vez, esta transformación de energía afectiva que se observa en los personajes con respecto a la interacción emocional dentro de la familia, también se despliega en su experiencia con la historia y en el sentido que la ficción otorga a los procesos históricos que configura en su espacio.

DEL GOLPE AL SILENCIO: LA ASÍNTOTA DE LA GUERRA

Como ya se ha indicado, la trayectoria emocional de la familia Aragón-Mira Brossa está densamente entretejida con la dimensión histórica de la trama que se apoya en tres momentos distintos, asociados con cada una de las partes de la novela, precisamente fechadas (día, mes o meses, año). Esta cuidadosa disposición de hechos históricos y referencias temporales apunta a la mimesis en el sentido que le otorga Antoine Compagnon, no como imitación, copia o réplica pasiva de una realidad preexistente, sino como una actividad cognitiva y una configuración de sentido que produce lo que representa (153).[7] La pregunta es, entonces, qué sentido del proceso histórico se configura mediante esta organización de la información referencial en el espacio ficcional de la novela y cómo esta disposición histórica dialoga con la conformación afectiva de la trama.

La acción de la primera parte, que dura sólo un día, está fechada el 22 de noviembre de 1963, el día del asesinato de John F. Kennedy en Dallas. El acontecimiento se menciona y comenta en el diálogo de los personajes, cuando Lena, muy agitada, comparte la noticia con su hija. La alusión a este hecho violento desempeña varias funciones: expone el impetuoso sentimiento anticomunista de Lena que enseguida acusa a Cuba y a todos "esos comunistas malditos" (61); revela su visión intolerante y dicotómica del mundo a la vez que introduce el tema del odio político. Sin embargo, desde el punto de vista de la configuración del sentido en la novela, el asesinato de Kennedy no es el hecho histórico central. Lo es el golpe de estado del 3 de octubre de 1963, perpetrado con el apoyo del Partido Nacional (representado en la novela por Erasmo Mira Brossa quien funge como su Presidente) por oficiales de las Fuerzas Armadas de Honduras bajo el mando del Coronel Oswaldo López Arellano.[8] El golpe tuvo como consecuencia la consolidación del poder en las manos del ejército y la constitución de un régimen conservador que favorecía los intereses de los propietarios terratenientes, comerciantes, empresarios y de las bananeras estadounidenses, mientras reprimía las organizaciones de trabajadores y campesinos. En *Desmoronamiento*, la alusión a este suceso aparece ya en la primera página, cuando Lena exhibe su mentalidad extremista criticando la supuesta indulgencia de los golpistas:

> [...] ustedes, pusilánimes, trataron a los liberales con guante de seda. Les debería dar vergüenza: en vez de meter presos a esos facinerosos que secuestraron el gobierno durante seis años, en vez de hacerlos pagar sus crímenes y sus fechorías, los mandan a Costa Rica, donde vivirán como reyes con lo que han robado [...]. Encadenados deberían estar esos comunistas y no en el exilio [...]. (15-16)

El significado de este suceso de la política interna hondureña, mencionado varias veces a lo largo del diálogo entre Lena y Erasmo, pero opacado por la resonancia y trascendencia política del asesinato de Kennedy, se hace claro en la segunda parte, cuando se evidencia la relación entre las políticas económicas y sociales del régimen golpista, en particular su política agraria, y la guerra que en 1969 estalla entre Honduras y El Salvador a causa de la expulsión de los campesinos salvadoreños establecidos en el país vecino.[9]

El centro del tríptico histórico configurado en *Desmoronamiento* son las cartas guardadas en dos carpetas del archivo de Erasmo Mira Brossa, "La carpeta de la guerra", que abarca desde el 28 de mayo hasta el 9 de diciembre de 1969, y "La carpeta del crimen", fechada entre el 6 de marzo y el 6 de junio de 1972. En ambos epistolarios dominan las cartas y, por consiguiente, la perspectiva de Teti, radicada en San Salvador, pero también se incluyen copias de algunas cartas de su padre, así como un intercambio entre Mira Brossa y su amigo

Michael Fernández, ex embajador de Estados Unidos en Honduras y El Salvador. El primer conjunto de fechas corresponde a la creciente tensión entre El Salvador y Honduras, el estallido y el final negociado del conflicto conocido como "la guerra del fútbol"; el segundo concierne a las elecciones presidenciales del 20 de febrero de 1972 y al golpe de estado que les siguió en marzo, además de relatar el asesinato de Clemente y las investigaciones policiales obstruidas por la inestable situación política. En ambos casos Teti se encuentra inmersa en los acontecimientos históricos y narra sin tomar ninguna distancia, más preocupada por su cotidianeidad y por las posibles consecuencias de la violencia política en su vida personal ("¿Hasta cuándo podré volver a verlos?" [89]) que interesada en analizar los sucesos e interpretar su significado. Sus cartas ofrecen, por lo tanto, una crónica personal de la guerra y del golpe de estado, en la que las experiencias vividas u observadas directamente se entrelazan con la (des)información y propaganda que circulan en la prensa, la televisión, y de boca en boca entre sus amistades y familiares.[10]

Las huellas en el relato de Teti del discurso nacionalista y propagandístico con el que los gobiernos y la prensa oficial de El Salvador y Honduras legitimaban su violencia contra el país vecino y, sobre todo, sus ciudadanos más vulnerables (los campesinos y también los soldados, quienes, de acuerdo con Ryszard Kapuściński, en su mayoría eran campesinos [182 y 186]), crean un lazo intertextual entre la novela de Castellanos Moya y la sección sobre la guerra del poema-*collage Historias prohibidas del Pulgarcito* de Roque Dalton (escrito entre 1969 y 1971, publicado en 1974), para la que el poeta ha utilizado "materiales de la prensa diaria y revistas de El Salvador y cables de agencias noticiosas internacionales" (379). De hecho, algunas de las observaciones u opiniones de Teti parecen 'citar' a Dalton,[11] con lo que este relato supuestamente personal sobre la guerra adquiere una densidad intertextual que suspende las diferencias ideológicas de los hablantes para concentrarse en la crítica de una política intolerante y violenta que sólo puede producir más violencia en el futuro. Sin embargo, estos juicios no podrían equipararse, porque uno (el de Teti) surge de una sensibilidad que, formada por su experiencia afectiva personal, aborrece la violencia subjetiva, mientras que el otro (el de Dalton) es el producto de una conciencia política detractora de la violencia sistémica. Teti, quien no parece darse cuenta del rol que su propio padre desempeña en la política hondureña de la guerra, condena los discursos nacionalistas del odio, los abusos cometidos por ambos lados del conflicto y el apoyo chauvinista de su madre al grupo paramilitar hondureño Mancha Brava, pero sería incapaz de hacerse la pregunta que el poeta formula en *Historias prohibidas*: "¿Quiénes, qué fuerzas resultaron con ganancias concretas a partir del conflicto hondureño-salvadoreño?" (373). Son los ecos intertextuales de Dalton en las cartas ficcionales de Teti los que, al igual que las fechas históricas, apuntan a la configuración del sentido histórico en la novela. Éste une el golpe de estado en Honduras con la guerra de 1969 y esta última, con el golpe de estado en 1972 en El Salvador e, implícitamente, con la guerra civil, porque si el retorno a El Salvador de miles de campesinos pobres y sin tierra era una de las consecuencias del conflicto hondureño-salvadoreño, el prestigio y apoyo popular adquiridos por los militares era la otra. La primera de estas consecuencias tenía que conducir hacia la intensificación de reclamos sociales; la segunda, a la consolidación del régimen militar que defendía los intereses de la élite establecida contra la que se dirigirían dichos reclamos.

Las cartas de la "Carpeta del crimen" refieren en realidad dos crímenes, uno privado y el otro, político. El crimen privado es el asesinato de Clemente, que Teti narra en forma de analepsis en la primera carta de la carpeta, escrita una semana más tarde, y a la que siguen otras donde se relatan los esfuerzos infructuosos por obtener alguna respuesta acerca de la autoría y responsabilidad, que sólo revelan la arbitrariedad y la violencia de la policía. El crimen político es el fraude electoral, aludido también mediante referencias analépticas, al que sigue un frustrado golpe de estado organizado por un grupo de oficiales jóvenes con el apoyo del candidato de la alianza opositora (Napoleón Duarte). Agobiada por el duelo, la necesidad de reorganizar su vida, la investigación ineficaz y fraudulenta del crimen y las agresiones verbales de la madre, en sus cartas al padre, Teti no dedica mucho tiempo ni espacio a los sucesos políticos, aunque éstos en alguna medida reflejan su propia existencia (la oposición al autoritarismo). Los acontecimientos se discuten en los envíos del ex embajador Fernández, quien desde su posición conservadora y anticomunista traza una interpretación sesgada de las tensiones del momento, celebrando por un lado la restauración del orden (que para él significa la consolidación del mando en las manos de los militares) y por otro, señalando la creación de un grupo guerrillero (que no puede ser sino el ERP, formado en 1972) y el peligro del "comunismo [que] apela a las armas" (115). El fraude demostró que la institución militar rechazaba la participación política de las agrupaciones opositoras mediante la práctica del ejercicio electoral (Gordon 136-137); el surgimiento del grupo guerrillero implicaba el nacimiento de la opción revolucionaria. De esta manera, en la "Carpeta del crimen", Horacio Castellanos Moya encapsula el proceso que llevará a la guerra, la gran causa ausente tanto en *Desmoronamiento* como en la *constelación* histórica construida en su escritura, pero formadora indiscutible de las subjetividades de sus personajes.

La elipsis de veinte años entre la segunda y la tercera parte de la novela cubre justamente el periodo más traumático de la preguerra y la guerra, y coloca al lector en Tegucigalpa, entre diciembre de 1991 y febrero de 1992. La memoria de Mateo se concentra en la situación familiar; la política e historia parecen expulsadas de ese relato, excepto por una breve alusión a la década de los 80, cuando Eri "se había incorporado a la guerrilla en El Salvador" (192). Este silencio que envuelve los procesos histórico-políticos no sorprendería si no fuera por las fechas que 'gritan' la historia, porque Castellanos Moya hace coincidir la enfermedad y muerte de Lena con el final de la guerra en El Salvador y la firma, el 16 de enero de 1992, de los Acuerdos de Paz. El hecho de que Mateo, hondureño y partidario del Partido Nacional, no mencione nada, concentrado en la muerte de su patrona y la herencia prometida de una cabaña, no llama la atención. Pero, que ni Teti, quien vive en El Salvador y en sus cartas al padre relataba sucesos históricos incluso en situaciones de crisis personal, ni Eri, involucrado con la guerrilla salvadoreña en el pasado y periodista en México en el presente de la trama, mencionen una sola vez este acontecimiento trascendental de la historia más reciente de El Salvador, afecta la recepción de una ficción cuya trama si no es histórica, se construye a partir de una imbricación densa entre el espacio privado de los personajes y el espacio público de la política e historia.

Propongo leer esta mudez histórica de los personajes como una forma del "silencio que habla" (Macherey 106), lo no-dicho o la ausencia constitutiva que le otorga a la obra su existencia, y junto a lo dicho (las fechas atribuidas, los hechos relatados) es un elemento fundamental de la configuración del sentido histórico que Castellanos Moya produce en su ficcionar. Si la primera y la segunda parte de la novela construyen la pre-historia de la guerra, las causas históricas de una violencia indecible, la tercera hace ver las consecuencias de ese proceso histórico en las subjetividades: el cansancio, la negación, el abatimiento, el agotamiento, la indiferencia. Afirma Castellanos Moya en "Literatura y transición": "la guerra fue un esfuerzo inmenso, agotador; la sociedad quedó exhausta, harta" (74). El encuentro con la historia, sobre todo con la violencia de la historia, no produce catarsis, no purifica ni libera las energías; al contrario, desgasta y entristece a punto de enmudecer, lo que en términos de Spinoza significa "disminuir la potencia de obrar" del ser humano y pasar a una "perfección menor" (105). Este final de la configuración del sentido histórico es paralelo a la trayectoria emocional de los personajes en sus relaciones intrafamiliares y es en este sentido que se produce la doble articulación estética de lo afectivo y lo político-histórico. La convivencia con el autoritarismo, la intolerancia, la violencia emocional y el duelo fracasado de Lena produce un efecto afectivo similar al que ocasionan la inmersión en una sucesión de violencias políticas y el trauma motivado por ellas, a menudo encriptado en la psique colectiva. Es por ello que se puede decir que las emociones negativas diagnostican en *Desmoronamiento* una suerte de verdad sobre la historia. El proceso histórico también lleva al sujeto que se encuentra insertado en su avance temporal por las etapas de excitación y transformación, hasta el agotamiento, como las que Fisher identifica en la trayectoria de las pasiones humanas. Al final, tanto la experiencia personal como la histórica desembocan en un desenlace no catártico, en la apatía y *tristitia* –el desmoronamiento– del sujeto que suspende toda acción y se encierra en una silenciosa pasividad.

El tono y la ilegibilidad afectiva

Esta lectura de la imbricación de la dimensión afectiva e histórico-política en *Desmoronamiento* coincidiría con la interpretación de la obra de Horacio Castellanos Moya como articulación del desencanto propio de la época de la posguerra. Sin embargo, la estética no catártica (Ngai 9) de esta novela puede leerse también como un gesto ético del escritor quien distancia al lector de la situación que configura en ella. Para explicar cómo se produce este gesto, recurro a la categoría afectivo-estética de tono, según la define y elabora Ngai en *Ugly Feelings*. El tono no debe reducirse ni a las emociones representadas en el mundo narrado, ni a la respuesta emocional que el texto solicita del lector (29, 41). Se trata más bien de la estructura afectiva del texto, "its global or organizing affect", su "unfelt but perceived feeling" (28). Esta emoción objetivada permite captar el afecto que la obra encapsula o, como apunta Susan Langer, "the feeling of the whole work" (cit. en Ngai 44).

El tono general de *Desmoronamiento* es el de disforia a la que contribuyen tanto las emociones negativas representadas, aunque no se reduce a ninguna de ellas, como las trayectorias vitales de los personajes, los procesos histórico-políticos simbolizados y las características formales de la narración. El lector percibe esta disforia, pero no se puede ni identificar con ella (dicho en otras palabras, sentirla empáticamente), ni desidentificar por completo (porque la entiende), ni tampoco encuentra cómo reaccionar o responder a este extraño afecto organizador que funciona entonces como una suerte de molestia o inquietud. La ilegibilidad afectiva que produce el tono de la novela interrumpe la conexión emocional entre la novela y el lector, produciendo un distanciamiento crítico, similar al que, según Walter Benjamin, era propio del teatro brechtiano (94). Este texto, que desborda de emociones, no busca producir una emoción sino un pensamiento, una reflexión crítica acerca de la situación que representa, pero también acerca de la literatura misma, de su impotencia actual para convencer, crear conciencia, definir actitudes o, según diría Spinoza, acrecentar la potencia de obrar, como sucedía en los años 70 y 80, cuando la literatura centroamericana se concebía como una plataforma para la expresión de posiciones ideológicas y como un dispositivo cultural de captación ideológica. *Desmoronamiento* reconoce implícitamente la impotencia de la literatura en la era del capitalismo tardío y el neoliberalismo global. Hace de emociones su materia, pero no su arma. No busca captar o convencer, sino al contrario, por medio del tono disfórico y la ilegibilidad afectiva, distancia al lector para que desde esta posición incómoda considere críticamente tanto la historia representada como las condiciones en las que existe y realiza su lectura.

Éste es el gesto ético de la novela, su teorización de los procesos afectivos e históricos en el pasado y en el presente.

Notas

1 Véase Jiménez, "*Desmoronamiento*", Senabre, "Reseña".

2 "Ne me demandez pas qui je suis et ne me dites pas de rester le même: c'est une morale d'état civil; elle régit nos papiers. Qu'elle nous laisse libre quand il s'agit d'écrire" (28). Comentando estas palabras de Foucault, Michel de Certeau observó que para el autor de *L'Archéologie* "Être classé, prisonnier d'un lieu et d'une compétence, galonné de l'autorité que procure aux fidèles leur agrégation à une discipline, casé dans une hiérarchie des savoirs et des places [...], c'était [...] la figure même de la mort" (138). El género literario, con sus jerarquías, clasificaciones y normas, es para Castellanos Moya una suerte de prisión que limita las posibilidades de la escritura. Por eso, explica, su relación con los géneros es "una relación de ósmosis" (Wieser 92) y no una de acatamiento.

3 La expresión proviene del título del libro *Historia de un entusiasmo* (1998), en el que la escritora colombiana Laura Restrepo narra el proceso de negociación de paz entre el gobierno de Belisario Betancur y el grupo guerrillero M-19 entre 1984 y 1985.

4 A diferencia de las memorias de Chelón en *Tirana memoria*, las de Mateo no resultan muy verosímiles, porque ni la voz ni el lenguaje parecen corresponder a alguien que venía "del Reparto abajo, una colonia pobre encaramada en la falda de la montaña" (165) y quien fue sacado de la escuela para trabajar en la finca de los Mira Brossa siendo todavía muchacho, aunque el tono sumiso y respetuoso refleja años de subordinación.

5 Los términos como afecto, emoción, pasión, sentimiento, deseo, (estado de) ánimo, se usan frecuentemente como sinónimos. Brennan afirma, por ejemplo, que "there is no reason to challenge the idea that emotions are basically synonymous with affects [...], or that moods and sentiments are referring to longer-lasting affective constellations" (6). Ngai explica la diferencia entre "afecto" y "emoción" como originada en el psicoanálisis, "for the practical purpose of distinguishing third-person from first-person representations of feeling, with 'affect' designating feeling described from an observer's (analyst's) perspective, and 'emotion' designating feeling that 'belongs' to the speaker or analysand's I" (25), aunque ella misma usa estos términos de manera intercambiable. La diferencia entre "emoción" y "pasión" puede ser filosófica (Spinoza) o histórica (Fisher 5-6; Rorty). Fisher insiste en que "Passions, moods, emotions, and feelings are profoundly different configurations of the underlying notion of a temporary state of a person" (7). Yo misma tiendo a usar "emoción" y "afecto" como sinónimos, aunque mi "afecto" incluye el aspecto crítico o evaluativo que le atribuye Brennan en su definición (5). El término "emoción" cubre tanto las emociones violentas como las serenas y los estados de ánimo.

6 Mateo observa en su relato: "Era la tercera vez que yo encontraba a doña Lena tirada en el mismo sitio, luego de bajar los dos escalones que conducían al corredor de la cocina y el comedor, una coincidencia que yo no alcanzaba a explicarme, por qué precisamente en ese lugar le sucedían los percances" (160). En ningún momento de la novela el lugar es asociado explícitamente con la muerte de Pilar, pero el comentario de Mateo es muy sugestivo y abre puertas a la especulación.

7 "La *mimèsis* n'est plus présentée comme copie statique ou comme tableau, mais comme activité cognitive, mise en forme de l'expérience du temps, configuration, synthèse, *praxis* dynamique qui, au lieu d'imiter, produit ce qu'elle représente" (Compagnon 153).

8 El Presidente histórico del Comité Central del Partido Nacional en aquel momento fue Ricardo Zúñiga Agustinus, quien en la novela figura como el concuño de Erasmo Mira Brossa, marido de Berta, hermana de Lena. El abuelo del escritor, Horacio Moya Posas era el

Segundo Designado a la Presidencia (vicepresidente) durante el mandato de López Arrellano (1965-1971) y nombrado director del Instituto Nacional Agrario por el presidente Ramón Ernesto Cruz Uclés (1971-1972). El golpe depuso al presidente liberal Ramón Villeda Morales, cuyo mandato debía durar hasta el 21 de diciembre del mismo año, e impidió la elección de su sucesor por el Partido Liberal, Modesto Rodas Alvarado, quien fue enviado a Costa Rica en un exilio forzado.

[9] Sobre la guerra entre El Salvador y Honduras, consúltense Gordon (115-22, en particular 118-19) y Anderson. Dos textos literarios imprescindibles son los de Dalton y Kapuścinski.

[10] Por esta razón, las acciones militares en el frente no se representan, decisión argumental que corresponde con el acercamiento asintótico a la violencia bélica en toda la obra de Castellanos Moya.

[11] Compárense estos fragmentos de Dalton y Castellanos Moya:
Dalton: Fragmento XXXIII de la sección sobre el conflicto bélico hondureño-salvadoreño: "San Salvador, 13 de julio de 1972. AP. Los norteamericanos llegaron a la Luna; tal fue la noticia desplazada de las primeras planas de los diarios de San Salvador por el conflicto con Honduras. Comenta el Presidente salvadoreño en un discurso ante la nación: 'Es más seguro ya caminar por la Luna que por las veredas de Honduras'" (369).
Castellanos Moya: la carta de Teti del 28 de julio, "A mí me cae mal el tal Tapón [el presidente Sánchez Hernández] desde que salió con su frase que dice: 'Es más seguro que el hombre camine por la Luna que los salvadoreños por las veredas de Honduras'. [...] prefiero ver las noticias relacionadas con el alunizaje que las que lo envenenan a uno con esta guerra maldita, pero los periódicos parecen ser perros con rabia y sólo hablan de combates, incursiones, tomas de ciudades [...]" (99). Otros ejemplos incluyen la alusión a la calcomanía '¡Hondureño, toma un leño, mata un salvadoreño!' (*Historias* 368; *Desmoronamiento* 90) o la comparación entre Sánchez Hernández y el israelí Moshe Dayan (*Historias* 368; *Desmoronamiento* 99).

Obras citadas

Anderson, Thomas P. *The War of the Dispossessed. Honduras and El Salvador 1969*. Lincoln: U of Nebraska P, 1981.

Aristóteles. *Ética a Nicómaco*. Vicente Gómez, trad. Madrid: Jorge A. Mestas, Ediciones Escolares, S. L., 2010.

"Autor salvadoreño Castellanos Moya narra desmoronamiento de familia hondureña". Reseña. *La Prensa* (Honduras). 5 julio 2007. <http://www.laprensa.hn/vivir/648788-97/autor-salvadore%C3%B1o-castellanos-moya-narra-desmoronamiento-de-familia-hondure%C#%B1a>. 6 mayo 2015.

Avelar, Idelber. "History, Neurosis, and Subjectivity: Gustavo Ferreyra's Rewriting of Neoliberal Ruins." *Telling Ruins in Latin America*. Michael J. Lazzara y Vicky Unruh, eds. Nueva York: Palgrave MacMillan, 2009. 183-93.

Barthes, Roland. "El mensaje fotográfico". *La semiología*. Roland Barthes y *al.* Silvia Delpy, trad. Buenos Aires: Tiempo Contemporáneo, 1972. 115-26.

Benjamin, Walter. "The Author as Producer." *New Left Review* I/62 (julio-agosto 1970): 83-96.

Brennan, Teresa. *The Transmission of Affect*. Ithaca: Cornell UP, 2004.

Castellanos Moya, Horacio. *El arma en el hombre*. Barcelona: Tusquets, 2001.

_____ *El asco. Thomas Bernhard en San Salvador*. Barcelona: Tusquets, 2007.

_____ *Baile con serpientes*. Barcelona: Tusquets, 2012.

_____ "Breves palabras impúdicas". *La metamorfosis del sabueso. Ensayos personales y otros textos*. Santiago de Chile: Ediciones Universidad Diego Portales, 2011. 20-22.

_____ *Con la congoja de la pasada tormenta*. Barcelona: Tusquets, 2009.

_____ *Desmoronamiento*. Barcelona: Tusquets, 2006.

_____ *La diabla en el espejo*. Madrid: Celesa, 2011.

_____ *La diáspora*. 2ª edición. San Salvador: Dirección de Publicaciones e Impresos, 2002.

_____ *Donde no estén ustedes*. Barcelona: Tusquets, 2003.

_____ *Insensatez*. Barcelona: Tusquets, 2004.

_____ "Literatura y transición". *Recuento de incertidumbres. Cultura y transición en El Salvador*. San Salvador: Ediciones Tendencias, 1993. 71-75.

_____ *La sirvienta y el luchador*. Barcelona: Tusquets, 2011.

_____ *El sueño del retorno*. Barcelona: Tusquets, 2013.

_____ *Tirana memoria*. Barcelona: Tusquets, 2008.

Certeau, Michel de. *Histoire et psychoanalyse entre science et fiction*. París: Gallimard, 1987.

Compagnon, Antoine. *Le Démon de la théorie. Littérature et sens commun*. París: Seuil, 1998.

Dalton, Roque. *Historias prohibidas del Pulgarcito*. Volumen 3 de *No pronuncies mi nombre. Poesía completa*. 3 vols. San Salvador: Dirección de Publicaciones e Impresos, 2008. 183-379.

Escobedo, María. "Horacio Castellanos Moya: 'Los mitos de la libertad son un privilegio de las élites'". Entrevista. *Cuadernos hispanoamericanos* 730 (2011): 131-138.

Fisher, Philip. *The Vehement Passions*. Princeton: Princeton UP, 2002.

Foucault, Michel. *L'Archéologie du savoir*. París: Gallimard, 1969.

Gordon, Sara. *Crisis política y guerra en El Salvador*. México, D.F.: Siglo Veintiuno Editores, 1989.

Huezo Mixco, Miguel. "Castellanos Moya: El Salvador, esa sociedad horrible, genera novelas". *El puercoespín. Política, periodismo, literatura, zoología*. 25 junio 2011. 14 oct. 2013.

Jímenez, Arturo. "*Desmoronamiento*, novela a tres voces sobre el odio intrafamiliar". Reseña. *La Jornada*. 5 feb. 2007. <http://www.jornada.unam.mx/2007/02/05/index.php?section=cultura&article=a13n1cul>. 6 mayo 2015.

Kapuścinski, Ryszard. *Wojna futbolowa*. Varsovia: Czytelnik, 2001.

Lazzara, Michael y Vicky Unruh, eds. *Telling Ruins in Latin America*. Nueva York: Palgrave MacMillan, 2009.

Macherey, Pierre. *Pour une théorie de la production littéraire*. París: François Maspero, 1966.

Mackenbach, Werner. "Historia, memoria y ficción. *Tirana memoria* de Horacio Castellanos Moya". *Ayer. Revista de Historia Contemporánea* 97/1 (2015): 83-111.

Ngai, Sianne. *Ugly Feelings*. Cambridge: Harvard UP, 2005.

Pau, Andrés. "La mirada furiosa de Horacio Castellanos Moya". *Clarín. Revista de Nueva Literatura* (Oviedo, España). 2 marzo 2009. <http://www.revistaclarin.com/1007/la-mirada-furiosa-de-horacio-castellanos-moya/>. 6 mayo 2015.

Rodríguez, Ana Patricia. *Dividing the Isthmus. Central American Transnational Histories, Literatures, and Cultures*. Austin: U of Texas P, 2009.

Rorty, Amélie Oksenberg. "Explaining Emotions". *Explaining Emotions*. Amélie Oksenberg Rorty, ed. Berkeley: U of California P, 1980. 104-26.

Senabre, Ricardo. Reseña de "*Desmoronamiento*", de Horacio Castellanos Moya. *El Cultural*, suplemento de *El Mundo* (España). 21 dic. 2006. <http://www.elcultural.com/revista/letras/Desmoronamiento/19370>. 6 mayo 2015.

Spinoza, [Baruch]. *Ética. Tratado teológico-político*. México, D.F.: Porrúa, 1982.

Wieser, Doris. "Nos hubiéramos matado, si nos hubiéramos encontrado". Entrevista. Berlín, 17 junio 2010. *HeLix* 3 (2010): 90-111.

Traición, desilusión y diáspora

La cuestión del cinismo. *Lectura de* La diáspora

Alberto Moreiras[1]
Texas A&M University

> *Y esta imagen anarquista de la gente que deja*
> *sus tareas obligadas y se dispersa en la libertad*
> *de lo inexplorado y lo inmapeado incluso hoy*
> *parece ofrecer alivio de la opresión de un*
> *capitalismo omnipresente.*
>
> Fredric Jameson, *Representing Capital* 91[1]
>
> *didonai gar auta diken kai tisin allelois*
> *tes adikias kata then tou khronou taxin.*
> Anaximandro, citado por Kirk & Raven 107

I.

En una de las pocas obras de referencia que tenemos sobre la literatura centroamericana contemporánea, Beatriz Cortez argumenta que una cultura de *cinismo fallido*, impulsada por lo que Baruch Spinoza hubiese llamado "pasiones tristes", domina el espacio literario centroamericano después de las guerras civiles que devastaron tierras y sociedades en El Salvador, Guatemala y Nicaragua entre los años setenta y principios de los noventa.[2] El argumento es fuerte y merece ser repetido especialmente porque se pensaría que no habría necesidad de limitarlo a América Central y se podría usar para otros lugares. En su interpretación, el *cinismo fallido* es una especie de dispositivo que puede haber llegado a tomar el lugar antes ocupado por un compromiso político verdadero, por la fe y la esperanza en un cambio político radical de tipo emancipador.

Uno de los autores a los que Cortez se refiere con frecuencia es el escritor nacido en Honduras, Horacio Castellanos Moya, que generalmente es considerado escritor salvadoreño. *Estética del cinismo. Pasión y desencanto en la literatura centroamericana de posguerra* de Cortez fue publicado en 2010, pero es el resultado de trabajo llevado a cabo a mediados de la década del 2000, con la consecuencia de que su *corpus* sólo considera tres novelas, que son *Baile con serpientes* (1996), *El asco. Thomas Bernhard en San Salvador* (1997) y *El arma en el hombre* (2001); una colección de cuentos, *Indolencia* (2004); y la colección de ensayos titulada *Recuento de incertidumbres* (1993). Deja fuera no solamente la tetralogía compuesta por *Donde no estén ustedes* (2003), *Desmoronamiento* (2006), *Tirana memoria* (2008) y *La sirvienta y el luchador* (2011), sino también libros como la novela de mayor éxito crítico, *Insensatez* (2004),[3] el más reciente *El sueño del retorno* (2013), y también, entre otros cuentos y colecciones de ensayos, las novelas tempranas *La diabla en el espejo* (2000) y *La diáspora* (1989), que fue la primera de Castellanos Moya, nunca reimpresa, y sobre la cual quiero concentrar mi lectura.[4]

No sería justo confrontar la crítica de Cortez haciendo referencia a obras que ella no estudia porque fueron publicadas después de que hubiera más o menos concluido su libro, pero debemos preguntarnos por qué *La diáspora* en particular no fue considerada, ya que parece particularmente pertinente a su tema. Supongo que puede haber varias razones, y prefiero no hacer conjeturas –simplemente quiero señalar el hecho de que rebatiré la idea de Cortez sobre el *cinismo fallido* desde mi análisis de una obra que ella pudo haber explorado pero que optó por no considerar–. Mi lectura, sin embargo, no refiere a la totalidad de su posición. Me gusta su libro, he aprendido mucho de él, y doy por supuesto que existe literatura reciente en América Central, como en otras partes, escrita desde pasiones tristes como fondo suficiente para llenar varios estantes de cualquier biblioteca. Mi conjetura no es solamente que *La diáspora* no tiene nada que ver con el *cinismo fallido*, ni siquiera con el cinismo como tal, sino que nos da, aunque sea de una manera imperfecta e inconclusa, como pasa a menudo con primeras novelas, las primicias de una labor literaria que yo consideraría el polo opuesto de una empresa cínica para la época contemporánea. Y, más aún, también nos da una nueva figura del escritor centroamericano que, al atacar de frente todo tipo de prejuicio de parte de los llamados intelectuales del primer mundo en particular, y de sus clientes, puede tener algo importante que enseñarnos acerca de la función de la narrativa literaria hoy en día; al menos, por lo pronto, acerca de la narrativa de Castellanos Moya.

En sus primeras páginas Cortez se refiere a una "sensibilidad del desencanto" que conforma una "estética del cinismo" entendida como contestación directa a la "estética utópica de la esperanza" vinculada a los procesos revolucionarios centroamericanos (23-24). Esta última, por supuesto, tuvo gran influencia por toda la región desde antes de la revolución sandinista en Nicaragua, a raíz de un descontento político endémico y de un fuerte anti-imperialismo que datan, en su configuración moderna, de las décadas del 1920 y 1930, y que fueron exacerbados por el golpe puesto en marcha por la CIA contra el gobierno de Jacobo Arbenz en Guatemala en 1954. El surgimiento de movimientos guerrilleros en Guatemala, El Salvador, Nicaragua y otros lugares, apoyados por el estado posrevolucionario cubano, formó generaciones enteras de artistas e intelectuales cuyo horizonte descansaba en los valores de la militancia política asociada con la liberación comunista de una manera u otra (nunca hubo ningún acuerdo ideológico en particular, y por supuesto hubo muchas tendencias políticas e intelectuales). La postura de Cortez es por lo tanto que la nueva sensibilidad de desencanto ideológico, consecuencia de los distintos fiascos políticos en América Central que no obstante consiguieron poner fin aparente a las guerras, es una relativa novedad histórica para la región y, desde la perspectiva de una evaluación de la producción cultural, marca un verdadero cambio a nivel de tonalidad y de lo que podríamos llamar espíritu social. Pero Cortez no está satisfecha. No es necesariamente que eche de menos el viejo sentimiento de conformidad revolucionaria y comunión liberacionista. Se trata más bien de que encuentra el nuevo espíritu catastróficamente vacío y eminentemente destructivo:

> esta estética del cinismo dio lugar a la formación de una subjetividad precaria […] una subjetividad constituida como subalterna *a priori*, una subjetividad que depende del reconocimiento de otros, una subjetividad que solamente se posibilita por medio de la esclavitud de ese sujeto que *a priori* se ha constituido como subalterno, de su destrucción, de su desmembramiento, de su suicidio, literalmente hablando. (25)

Por esta razón falla el cinismo: porque, según Cortez, lleva a la destrucción del sujeto cínico. Dejando a un lado la posibilidad perpetua de que la definición del cinismo nunca pueda fijarse por completo y por lo tanto pueda producir discrepancias en la interpretación, la postura de Cortez parece a primera vista contraintuitiva. ¿No es el cinismo, de entrada, ya un mecanismo de defensa inflexible en cuanto a su propio privilegio epistémico y que se establece de antemano contra cualquier deseo de reconocimiento recíproco? De ser así, sus estrategias defensivas parecerían fallar en Centroamérica. ¿Por qué ha de exponerse el sujeto cínico centroamericano a ser reconocido como sujeto subalterno? ¿No es el sujeto cínico ya siempre un sujeto superior, un sujeto que sabe más, un sujeto cuyo entendimiento privilegiado de lo real tiene como objetivo esencial protegerse contra cualquier subalternización posible? Pero Cortez dice que el cinismo falla porque, en el caso particular del cinismo centroamericano, éste se vuelve una trampa que destruye la subjetividad al mismo tiempo que la constituye.

La argumentación se vuelve un poco más compleja cuando le añadimos un suplemento. Dentro del contexto histórico centroamericano, desde los círculos insurgentes culturalmente hegemónicos, la producción artística en general y la escritura de ficción en particular estaban estigmatizadas tradicionalmente como "traición" (26). Si todo tenía que estar orientado hacia ayudar a "la lucha del pueblo", o más tarde hacia la construcción del nuevo Estado revolucionario, entonces la ficción era percibida en la mayoría de los casos como mero escapismo, evasión y alienación de lo que verdaderamente contaba. El surgimiento del testimonio, en sus distintas variantes, y de la poesía "política", fue consecuencia directa de haber relegado a segundo plano una producción cultural cuya reinvención después de las guerras hubiera sido todo menos inocente desde el punto de vista político. La escritura de ficción después de las guerras ya constituía un abandono de las viejas ortodoxias e implícitamente un rechazo de todo lo que alguna vez fue considerado no solamente válido, sino la definición misma de lo válido. Uno se pregunta si la alegación de Cortez en cuanto al cinismo no empieza aquí mismo, en la denuncia estructural o formal de las ortodoxias, en el rechazo de una cultura partidista centroamericana que, como todos saben, no logró mucho, a pesar de los esfuerzos, de los sufrimientos y de las muertes. Después de tanta y tan terrible agitación, las sociedades centroamericanas hoy siguen fisuradas y desgarradas por la injusticia social, pero ahora también, además, oprimidas bajo el peso que la ineficaz vuelta de tuerca dialéctica de los movimientos revolucionarios, guerras y acuerdos de paz ha traído consigo. Tal vez admitirlo ya sea cínico de por sí, en la interpretación de Cortez.

Así es que, si me muevo de manera que mis movimientos revelen mi profundo descontento, mi abandono de los valores y formas de comportamiento de mis amigos, o mis tíos, de mis hermanas mayores o de mis primos lejanos, de mis maestros y mis vecinos, entonces me vuelvo un cínico. ¿Me vuelvo un cínico, o me pongo en una situación en la que me arriesgo a que me llamen cínico, porque creo que su manera de ver la vida ha demostrado ser nada menos que un desastre, o casi nada menos que un desastre, y, pase lo que pase, no quiero el retorno de su mundo? Es posible –así es como pasan las cosas, particularmente dado el dogmatismo atroz de ciertas pasiones políticas desenfrenadas–. Sin embargo, traición es una palabra fuerte, una palabra importante, y no deberíamos permitir que sea definida exclusivamente por los guardianes de un proyecto histórico fallido. Volveré a Cortez, pero primero debo añadir distintos trozos a mi propio paño argumental.

II.

Horacio Castellanos Moya es un hombre de izquierdas. Su literatura no se puede confundir con ningún intento de garantizar ni fortalecer, ni por acción ni por omisión, un *statu quo* que favorezca la corrupción, la incompetencia, el gangsterismo, la violencia y la profunda injusticia social en su país, que de hecho su literatura nunca ha dejado de sacar a la luz. No es mi interés aquí proceder a un análisis biográfico de su itinerario, pero Castellanos Moya ha dicho lo bastante en sus obras publicadas para que entendamos que de joven se sentía comprometido con los objetivos revolucionarios, durante la época de la insurgencia y la guerrilla. Algo le pasó en los 80, y tiene pleno derecho a optar por no hacerlo claramente manifiesto.[5] En todo caso, decidió no hundirse, como les pasó a tantos de su generación, y emprender un camino diferente que ha producido una de las obras más interesantes y extraordinarias de la literatura latinoamericana contemporánea, todavía en pleno desarrollo. *La diáspora* es la historia o el comienzo de la historia de tal negativa a hundirse, pero es un relato ficticio y no hay razón particular en principio para pensar que tiene una intención autobiográfica.

Es un libro sin terminar, en un sentido: demasiados hilos de la historia simplemente quedan sin recoger. Como en la mayoría de sus otras novelas, Castellanos Moya inicia con *La diáspora* una secuencia narrativa que puede optar por completar o no en algún momento posterior. Que yo sepa, nunca ha vuelto a los personajes que empezó a dibujar en *La diáspora*, y su novela nunca se ha vuelto a imprimir. Pero es una novela importante precisamente porque indica un proceso de rompimiento, se le podría llamar desencanto o también se le podría llamar liberación, aunque no en el sentido poscolonial tradicional. En este texto hay que entender liberación como una liberación específica de las obsesiones de una forma de vida que, para 1984, o tal vez para el 1989, había llegado a parecer imposible de vivir, pero no debido a los riesgos y peligros de la vida clandestina e insurgente. Estaba otra cosa en juego.

A principios de 1984, Juan Carlos un joven que por varios años ha sido militante en la más fuerte de las cinco organizaciones del Frente Farabundo Martí para la Liberación Nacional (había estado trabajando en la División Financiera de las Fuerzas Populares de Liberación 'Farabundo Martí' desde Managua), rompe con "el Partido", e inicia su exilio en México. Su meta adicional es llegar hasta Canadá o Australia, terminar sus estudios, ganar un poco de dinero, tal vez hacerse escritor. En México visita a antiguos compañeros como Carmen, ella también ex-miembro del Partido; Antonio, esposo de Carmen, un simpatizante mexicano del Comité de Solidaridad; Gabriel, también un antiguo compañero, profesor en la universidad jesuita en San Salvador que ahora está trabajando en una tesis sobre el escritor salvadoreño Roque Dalton ("te van a colgar de los huevos" [20], le advierte Juan Carlos), y su esposa Teresa. También intenta ponerse en contacto con el Turco, otro antiguo compañero, un músico, y con el Negro, un antiguo jesuita que todavía es un *apparatchik* y dirige la Oficina Mexicana de Información para la guerrilla salvadoreña.

Por medio de Gabriel es recibido por una refugiada argentina, la bella Rita, una montonera cuyo marido desapareció durante la Guerra

Sucia en Argentina y que ahora trabaja para ACNUR, la agencia para refugiados cuya cooperación Juan Carlos necesita para llegar a Canadá (o Australia), y para sobrevivir en México hasta que le den el visado. Juan Carlos pasa el tiempo charlando con sus amigos, esperando, deseando a Rita, soñando con escribir, leyendo un poco (empieza a leer una novela de Milan Kundera, "al principio leyó con prejuicio, pues temía encontrarse con una chabacanería anticomunista" [35]) y luchando con sus propios demonios. Unos cuantos personajes más se asoman a las páginas, como el Chele Carlos, a quien Juan Carlos ve de lejos varias veces, y le dicen que era "un cuadrazo militar [...] de los comandos encargados de secuestros, asaltos a bancos, ajusticiamientos, actividades de inteligencia y contrainteligencia; de esas implacables máquinas de guerra que no se tocaron los hígados para meterle ochenta y dos picahielazos a la comandante Ana María" (49). Juan Carlos ha estado ayudando al Negro a preparar una fiesta y está de regreso en casa de Carmen y Antonio cuando es secuestrado por la inteligencia mexicana, golpeado, interrogado y amenazado. Aquí termina la primera parte.

No pasó gran cosa. Han sido presentados varios personajes que forman parte de lo que el título de la novela llama "la diáspora" –personas con varios grados de desilusión política y crisis personal–. ¿Basándose en qué? La revolución ha seguido con toda su furia en El Salvador por muchos años, y las organizaciones revolucionarias están bien arraigadas. Pero en 1983, el año anterior, ocurrió un acontecimiento mortal que parece centrar el importe alegórico de la novela: el asesinato de la comandante Ana María (ochenta y dos puñaladas con un picahielos), antigua maestra de 56 años, y en el momento de su muerte la segunda al mando de las Fuerzas Populares de Liberación 'Farabundo Martí' (FPL), cuyo jefe era el comandante Marcial, esto es, Salvador Cayetano Carpio. Carpio, de 64 años, conocido como el Ho-Chi-Min latinoamericano, fue un antiguo dirigente sindicalista y secretario general del Partido Comunista de El Salvador en la década de los años 60 que se convirtió en el líder indiscutible del FPL desde sus comienzos en 1970. Resulta que la policía sandinista, mediante sus propias investigaciones, había determinado que los culpables del asesinato de Ana María fueron personas aparentemente bajo órdenes directas del comandante Marcial, quien luego optó por suicidarse. Estos son todos hechos históricos, pero con un problema: todo lo que sabemos es la historia oficial, en la mayoría de los casos una franca aunque quizás compleja mentira. La novela da indicios de esto último –el hecho de que la historia oficial podría no ser verdad– en varios sentidos.

El asesinato de Ana María y el suicidio de Marcial cambian las cosas, o tal vez esos acontecimientos son nada más que una confirmación de que las cosas habían cambiado, o de que las cosas no eran lo que debían ser. La muerte de ambos líderes, en una situación estructuralmente cargada de significado por el reinante culto a la personalidad, fue un serio golpe psicológico y moral para la base popular de la militancia. Según lo cuenta la novela:

> [...] ambos eran, pues, un mito, los próceres revolucionarios, el vínculo con toda una tradición de lucha y conspiración, los ancianos sabios, el símbolo de la esencia proletaria y popular de la revolución salvadoreña. Juntos habían forjado [...] una organización que hasta abril de 1983 se consideraba la expresión genuina de la moral revolucionaria, la heredera de los principios del marxismo-leninismo, la destinada a liberar al pueblo salvadoreño, la verdadera manifestación de la alianza de clases obrero-campesina, la única que contaba con un obrero y una maestra (nada de estudiantes pequeño-burgueses) como sus máximos líderes. (113)

Para Juan Carlos, la fuerte impresión causada por los acontecimientos fue ya bastante mala, pero optó por continuar en el Partido, a diferencia de otros miembros que prefirieron separarse. Las cosas se deterioraron, sin embargo, a medida que la creciente atmósfera de sospecha perpetua y la vigilancia y la imposición implacable de la línea del partido se volvían irrespirables: "Pero las cosas ya no eran iguales: algo se había roto dentro de Juan Carlos. Y no se trataba únicamente –como él sostendría más tarde– de que en el Partido se había generado una situación de desconfianza intolerable" (114). Todo cuanto sabe Juan Carlos ahora es que "no hay regreso" (12) del paso que ha dado, eso es, abandonar el Partido, abandonar la lucha, y que ocho años de su vida acaban de esfumarse en el aire.

Carmen es otra antigua militante para quien los acontecimientos de abril de 1983 habían sido nefastos. Antonio comenta que el hecho de que el Partido se negara a discutir abiertamente las cosas y que se cerraran filas en una militarización intensificada de la vida de todos es "alarmante [...] cuando la actual crisis interna exigía una respuesta" (15). El fantasma de Roque Dalton, el más ilustre escritor salvadoreño, asesinado por compañeros de su propio partido en 1975 en circunstancias muy oscuras, regresa constantemente.[6] Para Gabriel es una obsesión. Pero el Partido requiere solamente sumisión incondicional. Juan Carlos se siente presa de "ansiedad inexplicable", paranoico y atemorizado (22). Mientras tanto, el Turco se ha vuelto el más radical del grupo en su denuncia vocal de la traición de la revolución y del carácter siniestro del liderazgo revolucionario. Anima a Juan Carlos: "Salú [...] porque al fin te saliste de esa mierda. Yo sabía que ibas a tener huevos" (32). Y, según Juan Carlos va avanzando en la novela que está leyendo, piensa

> en la posibilidad de que su historia personal pudiese servir para escribir una novela de esa envergadura. Le pareció, sin embargo, que lo suyo era demasiado insípido, tranquilo, sin tragedia. Lo que sí valía la pena contar era la forma en que se habían aniquilado entre sí los dos máximos comandantes revolucionarios; aunque para eso se necesitaba una pluma genial. (35)

No da la sensación de que el trauma de la muerte de los comandantes lo diga todo –esta última es metonimia, eso parece quedar claro dada la narrativa apagada y poco agresiva cuyas voces son tan dolidas como perplejas, cruzadas por dudas y recelos, por preguntas sin resolución–. En cambio, la proyección de un estado de cosas general poco satisfactorio está suspendida sobre los personajes como una nube de moscas. La historia del poder bruto, las conspiraciones en los altos niveles, el uso y abuso de la vida y energía de los combatientes, la ineficiencia y la incompetencia encubiertas por tácticas policiales dentro del partido y la intimidación y el silenciamiento de toda disensión: todo eso lo conocemos bastante bien. El autor-narrador no se identifica sólo con Juan Carlos sino que se dispersa entre todos los antiguos compañeros. Si la ofensiva guerrillera en El Paraíso que acaba de tener lugar se hubiese podido llevar a cabo con éxito hasta la toma final de poder, es el momento de evaluar si el mundo que estas fuerzas podrían ofrecer o haber ofrecido es un mundo que merece el inmenso sacrificio del pueblo. No es una pregunta fácil: Juan Carlos lleva ocho años de su joven vida invertidos en ella. Y no es particularmente fácil porque la mera alternativa, el *statu quo* anterior, es por lo menos igualmente desagradable. Uno no es anticomunista, no querría serlo, parece decirnos Castellanos Moya, o el autor implícito, pero se pregunta si quiere ser comunista mirando el panorama, eso es todo, y es lo suficientemente sencillo. Mientras tanto, ¿se vuelve uno cínico? ¿Es cínica la consideración?

Hay tal vez un personaje cínico en la novela, que aparece en la segunda parte dedicada casi en su totalidad a la historia de Quique, militante de origen campesino, no un intelectual, sino un soldado cuyo interés es la lucha como tal. El otro hombre que se nos presenta allí al principio es llamado "el argentino": la oficina de prensa, dirigida por el Negro, le encarga a Quique "una copia del comunicado del Partido del 9 de diciembre, en el que se acusa al comandante Marcial de haber mandado a asesinar a la comandante Ana María. También quiere copias de todos los cables que haya al respecto. Son para el Argentino" (74). Pero no es hasta la tercera parte que el Argentino es identificado como Jorge Kraus, un conocido periodista basado en México. Se trata de un militante de una de las organizaciones de izquierda en su patria a principios de los años 70 que tuvo que huir del país, para pronto convertirse en el reportero estrella de una prestigiosa publicación. Kraus es descrito como un hombre cuya "pluma siempre estuvo dispuesta a colaborar en lo que el proceso revolucionario le exigía" (107), en un sentido, por lo tanto, un publicista revolucionario, un mercenario de la revolución cuyo oportunismo esencial no es más que el de la búsqueda perpetua de la oportunidad.

La encuentra primero en Angola "luego del triunfo del Movimiento de Liberación Nacional" (107). Escribe un primer libro sobre la revolución en Angola que lo transforma en "un periodista de primer nivel en los círculos de poder tercermundista" (108). Su segundo triunfo fue un libro sobre el proceso etíope, el que le trae "nuevas peticiones de artículos, viáticos, derechos de autor y hasta conferencias universitarias" (108). Nicaragua viene más tarde, mediante otro gran libro sobre la entrada sandinista a Managua. Y luego, claro, las fuerzas revolucionarias salvadoreñas se hacen famosas en el escenario internacional, y nuestro amigo Kraus no duda en establecer como su objetivo a "ese pequeño país" (109).

Pero las cosas se vuelven un poco más difíciles de lo esperado. Primero, a Kraus lo echan de su trabajo en el periódico mexicano, donde ha conseguido hacer algunos enemigos, y pierde estatus y tapadera. Segundo, la revolución salvadoreña aún no ha triunfado, lo que quiere decir que no puede trabajar bajo las mismas condiciones de seguridad con las que ha llegado a contar en otros lugares, por lo que intenta hacer otra cosa durante un tiempo, pero nada tiene éxito. Tiene la suerte de hacerse novio de una guapísima fotógrafa francesa con credenciales y recursos, y estalla la noticia: la comandante Ana María ha sido asesinada, y Marcial parece estar involucrado de alguna forma. "Como buen periodista, supo de inmediato que ahí había gato encerrado, pero si los compas habían optado por guardar silencio, más valía desentenderse del asunto" (117). Mientras tanto –estamos en octubre, 1983– Juan Carlos se entera mediante su enlace de que los sesenta líderes supremos de las FPL se han estado reuniendo en secreto durante un mes y han llegado a la conclusión de la necesidad de culpar al comandante Marcial del asesinato de abril: "Juan Carlos escuchó sin preguntar, sin buscar coartadas con las cuales defender algo de lo que le estaban destruyendo, como si toda esa versión fuera cierta, la verdad a secas, y él no tuviera dudas" (121-22). El comunicado de diciembre no le llega de sorpresa, pero le da a Kraus una idea. Sí, él sabe que la historia no es tal como la cuentan, pero es el hecho de contarla lo que le ofrece una oportunidad, por supuesto siempre y cuando pueda conseguir la luz verde y el apoyo de las FPL y de los sandinistas. Así que propone un libro con el fin de apaciguar a la militancia: "los hechos habían sido demasiado crueles y complejos como para que algunos compas se contentaran con una explicación general, por lo que una historia novelada sería una manera formidable para difundir y hacer comprensible la versión oficial" (127). En cuanto reportero mediocre Kraus "no tenía la intención expresa de buscar nuevas revelaciones que dieran otro cariz a los acontecimientos: él partiría de lo que consideraba 'la verdad' y su trabajo consistiría precisamente en demostrar que esta verdad era absoluta, hasta en los mínimos detalles" (129). Y decide escribir su relato.

La diáspora es una novela política, y estamos intentando evaluar su cinismo. De que Kraus es un cínico queda poca duda; es un intruso, una especie de representante del intelectual primermundista comprometido, aunque sea de Argentina, cuya misión en la vida es la promoción de causas revolucionarias por todas partes. La novela no lo condena demasiado. Los párrafos citados son lo más lejos que va la denuncia del personaje. Pero en las novelas políticas a veces la política se vuelve lo más importante, y la calidad literaria debe dar un paso atrás (lo que, hay que añadir, no habla en nombre de ningún cinismo en particular, sino más bien de lo contrario). Eso es precisamente lo que pasa en este punto en particular de la novela de Castellanos Moya. En la sección 7 de la tercera parte se incluye una adición completamente editorial que no tiene función alguna en mostrar (literariamente) sino sólo en contar lo que pasó. No se trata, ya no se trata, de Kraus. En este punto Kraus queda a un lado y es simplemente quien confirma, no por estupidez sino por cinismo, la falsedad general de la historia según la cuentan los dueños de la palabra. Se trata del proceso revolucionario. Esta sección "editorial" cuenta la historia de Roque Dalton, al que podría llamarse el escritor salvadoreño más importante del siglo, ejecutado por los jefes de su grupo, el Ejército Revolucionario del Pueblo (ERP), en mayo de 1975, después de haber sido acusado inicialmente de ser un traidor al servicio de la CIA, y después de ser un traidor y un "payaso" infiltrado en el ERP por los cubanos. La ejecución de Dalton nunca fue llevada a juicio legal y los responsables todavía son desconocidos (en general) por el público, mientras que el sitio donde está enterrado Dalton se mantiene en secreto. El texto no lo dice, pero está claro que el FPL no podía darse el lujo de otro escándalo como el de Dalton –había que encontrar un claro culpable: Marcial–. Pero, si Marcial verdaderamente hubiera matado a Ana María, entonces Marcial estaría en una posición paralela a aquélla de los asesinos de Dalton. Por lo tanto, hubiera sido una sorpresa insólita que la viuda de Dalton se apareciera en el entierro de Marcial, como lo hizo, y como fue documentado en una fotografía publicada en el periódico sandinista *Barricada* el 21 de abril de 1983. La novela presenta así una afirmación contundente de que Marcial no mató, y no fue responsable del asesinato de Ana María: fue sólo impulsado al suicidio por la falsa acusación.

¿No podríamos objetar al argumento de Beatriz Cortez sobre el *cinismo fallido* a partir de que existe una diferencia entre describir el cinismo y adoptarlo? A un nivel, *La diáspora* puede parecer cínica, en la medida que expresa un fuerte disgusto por las tácticas de las FPL (y, antes que ellas, las del ERP), aunque creo que los acontecimientos particulares expuestos en la novela son en sí mismos metonímicos de una mayor variedad de asuntos. Por lo cual hay que hacer la pregunta de manera directa: ¿son la crítica y la denuncia de organizaciones guerrilleras en una situación revolucionaria o posrevolucionaria siempre necesariamente cínicas? Si la respuesta es afirmativa, en la medida que no querríamos concluir que todas las críticas y denuncias son cínicas, tendríamos que aceptar que la acusación misma de cinismo no es más que una acusación inspirada por la guerrilla a los que la guerrilla considera traidores a sus metas. Pero, por supuesto, el así llamado cínico puede entonces replicar que los objetivos ostensibles de la guerrilla son precisamente los que se ven traicionados por sus propias acciones, o por las acciones de sus dirigentes. La traición, en otras palabras, no está definida por gente como Kraus, ni siquiera por los sesenta personajes que se reúnen en las montañas de Chalatenango para conspirar sobre la mejor manera de librarse de las consecuencias del asesinato de Ana María culpando a Marcial. Tampoco por los críticos con simpatías políticas partisanas. Tal vez la cuestión del cinismo, en la configuración particular centroamericana, presupone y hasta niega, de manera demasiado cínica, la cuestión de la incesante traición histórica del pueblo por parte de los autoproclamados dueños de la verdad revolucionaria.

Está claro, me imagino, que existe un nivel primario en *La diáspora* que no debe ser silenciado, y que no tiene nada que ver con resignación cínica alguna a como son las cosas. Menos aún está comprometida la novela con representación alguna de

> una subjetividad precaria […] una subjetividad constituida como subalterna *a priori,* una subjetividad que depende del reconocimiento de otros, una subjetividad que solamente se posibilita por medio de la esclavitud de ese sujeto que *a priori* se ha constituido como subalterno, de su destrucción, de su desmembramiento, de su suicidio, literalmente hablando. (Cortez 25)

Sí, existe una subjetividad precaria en la novela, pero es la subjetividad precaria del conjunto de personajes que lucha con la traición continua de las metas de justicia y verdad, de libertad y respeto, que ha dejado su vida vacía de significado y orientación. Sin embargo, la novela en sí sólo se puede entender como un intento de hacer posible que surja dicha precariedad de su mismo interior, para escapar de la destrucción, del desmembramiento y del suicidio: libre de ir en pos de las pasiones alegres de las que habla Spinoza. No veo nada cínico en ello.

III.

Pero, ¿por qué es esto importante? ¿Qué es lo que está en juego aquí, más allá de la preocupación por varias historias de vidas quebrantadas que no pueden ni siquiera acercarse ni en la cantidad ni en la violencia sufrida a las miles de vidas inocentes perdidas durante la guerra civil, la represión por el Estado salvadoreño y por sus escuadrones de la muerte? Ciertamente quejarse de lo difícil que son las cosas en una situación de guerra civil no es suficiente para establecer un argumento político. *La diáspora* fue publicada en 1989, y representa hechos de 1983-1984. Justo entre esas dos fechas Fredric Jameson, un hombre que en esa época le prestaba atención al proceso político en Latinoamérica, publicó su siempre polémico pero en ese momento merecidamente alabado ensayo sobre "Third-World Literature in the Era of Multinational Capitalism". Hoy, casi treinta años más tarde, es fácil aseverar que el ensayo de Jameson resulta anticuado y obsoleto, pero no es tan fácil entender, o decir, por qué razón lo es. Intentaré hacerlo.

En ese ensayo, la afirmación más irritante y que durante varios años persistió en su fuerza de manera tan obstinada era, por supuesto, que

> todos los textos tercermundistas son necesariamente […] alegóricos, y en un sentido muy específico: deben ser leídos como lo que llamaré *alegorías nacionales*, incluso cuando, o quizá debería decir, particularmente cuando sus formas se desarrollan desde maquinarias de representación predominantemente occidentales, tales como la novela. (69; énfasis en el original)

La afirmación lo abarca todo en su generalidad y proclamación enérgica de ser verdadera: *todos* los textos tercermundistas son *necesariamente* alegorías nacionales. Se hace tal osadía un poco más fácil de entender con las siguientes palabras: "Los textos tercermundistas, incluso aquellos que son en apariencia privados y catexizados por una dinámica propiamente libidinal, necesariamente proyectan una dimensión política en forma de alegoría nacional: la historia del destino privado individual es siempre una alegoría de la situación asediada de la sociedad y de la cultura tercermundistas públicas" (69). El ensayo de Jameson llevó a un buen número de especialistas literarios en estudios de área a un frenesí desesperado en la busca infructuosa de excepciones a la afirmación. Después de todo, la afirmación no podía encontrar excepciones porque el alcance universal forma parte de la naturaleza de la máquina alegórica. El mismo Jameson lo reconoció al decir que

> no es que las estructuras alegóricas no estén ausentes de los textos culturales del primer mundo sino que están *inconscientes* en ellos, y deben por lo tanto ser descifradas mediante mecanismos interpretativos que acarrean necesariamente la crítica social e histórica total de nuestra situación primermundista contemporánea. (79; énfasis en el original)

Pero si la diferencia entre la producción primermundista y la tercermundista tiene que ver con el hecho de que esta última pone de manifiesto lo que permanece latente en la primera, ¿en qué consiste esa diferencia tan radical? Sólo en cierto modo al forzar el argumento se puede presentar la diferencia entre lo latente y lo manifiesto a los críticos literarios, cuya tarea es, después de todo, convertir lo latente en lo manifiesto, como "extraño para nosotros en un primer acercamiento, y luego resistente a nuestros hábitos occidentales convencionales de lectura" (69). "A diferencia de las alegorías inconscientes de nuestros propios textos culturales, las alegorías nacionales tercermundistas son conscientes y ostensibles: implican una relación objetiva radicalmente diferente de la política y la dinámica libidinal" (79-80): Jameson establece una correlación directa entre la objetividad y la manifestación (equivalente a la política) y la subjetividad y lo inconsciente (equivalente a la vida libidinal), lo que es dudoso de entrada o al menos deja mucho que desear en cuanto estrategia crítica, y probablemente sea insostenible en el fondo (pero tardaría demasiado tiempo en demostrarlo). Y, sin embargo, ésa es la base de su afirmación de una diferencia radical, y la base de su demanda para el desarrollo de los estudios de literatura mundial.

No se solía reconocer que la afirmación principal de Jameson dependía en realidad de una afirmación más profunda que había sido relegada a las páginas finales de su ensayo. Puede haber llegado el momento de examinar y rechazar explícitamente esa afirmación más profunda como procedente de una actitud de superioridad –un elemento que se ve claramente en casi cada página del ensayo, y cuya visibilidad patente tal vez no debería sorprendernos en retrospectiva–. El intelectual primermundista adopta cierta superioridad de principio que en realidad se ve negada por el argumento aparente de la afirmación más profunda, es decir, la afirmación que trata de abogar por el privilegio epistemológico del intelectual tercermundista. A manera de prólogo, Jameson dice: "Quiero concluir con algunos pensamientos sobre por qué todo esto debería ser entendido así y sobre los orígenes y el estatus de lo que he identificado como la primacía de la alegoría nacional en la cultura tercermundista" (84). Pero tales pensamientos terminan siendo una repetición de la vieja obsesión de Kojève y Lukács con la dialéctica hegeliana del amo y el esclavo. Dentro de los términos de la dialéctica, como es bien sabido, o según se entiende convencionalmente,

> sólo el esclavo sabe qué son la realidad y la resistencia de la materia; sólo el esclavo puede acceder a algo de una verdadera conciencia materialista de su situación, dado que es precisamente a ello que está condenado. El Amo, sin embargo, está condenado al idealismo –al lujo de una libertad sin lugar en la que cualquier conciencia de su propia situación concreta huye como un sueño, como un mundo no recordado en la punta de la lengua, una duda persistente que la mente confusa es incapaz de formular–. (Jameson 85)

Es un relato conmovedor, siempre lo ha sido, pero también es un relato descuidado e impreciso: no existe ni jamás ha existido privilegio epistémico alguno del esclavo, porque la conciencia situacional de opresión no llega a ser y nunca puede llegar a ser privilegio epistémico: es sólo conciencia de opresión. De hecho es el amo quien, al proyectar una idea de privilegio sobre el esclavo, toma en consideración su propia miseria y busca asegurar la posibilidad de que el reconocimiento por parte del esclavo, ahora dotado con cierta aura prestada, pueda por fin llegar a otorgar algo, a la posibilidad de una nueva catexis libidinal (dado que, en la situación anterior, como bien reconoce Jameson, "el 'reconocimiento' por parte de esta hasta ahora forma de vida subhumana que es el esclavo se evapora en cuanto se recibe y no ofrece satisfacción genuina" [85]).

Así es que el esclavo tercermundista se ve obligado a confrontar, no solamente su esclavitud, sino la de su propio pueblo, mientras que, y ésta es la disimetría que no es reconocida como tal en el argumento de Jameson, el intelectual primermundista, particularmente aquél que tiene que ver con la "literatura mundial" o el cosmopolitismo, sólo necesita confrontar la esclavitud del otro: la colectividad activa, por así decirlo, para el intelectual primermundista, es la colectividad del esclavo tercermundista. Es, por supuesto, indicativo de la inteligencia de Jameson que al final de su ensayo diga que las condiciones de la inversión libidinal del amo en el destino de los esclavos dependan de un horizonte que se mantiene más allá de la dialéctica, y por lo tanto lo suficientemente remoto. Tal como son, esos esclavos no son interesantes: "nada había de atractivo en ello, de hecho" (86). Pero se puede añadir un suplemento que arregle las cosas, a saber, si un amo pudiera llegar a creer que la verdadera proyección del esclavo no es realmente convertirse en amo sino volver al momento pre-dialéctico originario. Jameson lo plantea mediante su interpretación de *Xala* (1975), de Ousmane Sembene, en una cita que de repente aparece como un mantra, dotado de un aura mágica: "Su vida [debería estar] basada en los principios de la interdependencia comunal" (86). ¿Ah, sí? ¿Pero por qué ha de buscar o promover un amo la interdependencia comunitaria? ¿O es que tal cosa sólo se quiere en la medida en que se quiera para el otro, y el demandarlo es simplemente un acto más de dominio? Después de todo, se trata de una vieja tradición de cierto segmento de la intelectualidad occidental, y también, por cierto, de la intelectualidad criolla. ¿Y si la noción activa de los intelectuales occidentales que tratan de pontificar sobre acontecimientos en otros lugares fuera alejarse de la identificación fantasmática de amos y esclavos hacia el establecimiento de una denuncia de todas sus apariciones miméticas a cualquier nivel de lo social, lo político o lo intelectual?

El muy joven Castellanos Moya decidió entonces que no quería tener nada que ver con la idea de asumir la esclavitud para sí mismo ni, de hecho, y por lo tanto, para su pueblo, ni siquiera en términos comparativos; que preferiría un camino donde se evitara la estructuración misma del mundo en términos de esclavitud y dominio. Ha de tenerse en cuenta que la definición de *cinismo fallido* en Cortez implica una aceptación básica de la división amo/esclavo mediante la idea misma de que el cínico fallido ha sucumbido a problemas de reconocimiento. De hecho, Cortez apela a una "subjetividad subalterna" que ansía reconocimiento y que el amo puede entonces destruir fácilmente denegándolo. Además, Jameson constituye la subalternidad como dependiente de una esclavitud psicológica subyacente:

"la revolución cultural" [...] gira sobre el fenómeno de lo que Gramsci llamaba "subalternidad", es decir, los sentimientos de inferioridad mental y hábitos de obediencia y sometimiento que necesaria y estructuralmente se desarrollan en situaciones de dominación –de la forma más dramática en la experiencia de pueblos colonizados–. (76)

En la obra de Castellanos Moya no existe ni un supuesto de inferioridad subalterna estructural ni una aceptación del reconocimiento como medio para el logro de 'revolución cultural' alguna. Lo que se alegoriza en su obra no es por lo tanto ni remotamente la situación nacional como diferencia presumida entre una situación actual y algún final de la historia basado en el logro posdialéctico de la interdependencia comunal. La verdad es que, sin partir críticamente de un horizonte utópico sostenido en la abolición de la diferencia entre esclavos y amos y en la restitución de la interdependencia comunal, ninguna literatura tercermundista, ni ninguna literatura primermundista, se podría jamás describir como exhaustivamente comprensible en términos alegórico-nacionales.

Esto no hace por supuesto de *La diáspora* ni una novela cínica ni derechista ni liberal. Su cuarta parte está dedicada a la narración de la fiesta en casa del Negro, donde se reúnen todos los personajes de la novela, vistos a través de los ojos del Turco. Pero el Turco era quien de manera más radical había renunciado a sus ortodoxias anteriores. ¿Es él, entonces, quien se ha vuelto cínico, porque ha optado por una subjetividad subalternizada sobre un espejo negro de falta de reconocimiento? No lo creo. Su historia es lo suficientemente familiar, ya que algo similar nos habrá pasado a todos en algún momento de nuestras vidas. No es una historia de subjetividad catastrófica ante un fallo de reconocimiento, sino la historia de un individuo terminalmente molesto y furioso ante un drama biográfico que está tratando de dejar atrás: exactamente el tipo de historia para el que Spinoza ofrecía ayuda con su teoría de las pasiones.[7]

El Turco renuncia a su trabajo tocando el piano en el bar porque su jefe ha decidido que no recibiría más crédito por las bebidas. Está en una situación bastante desesperada –sus perspectivas económicas nunca fueron buenas y acaban de empeorar aún más–. Se acuerda de que el Negro lo había invitado a su fiesta, y allí se presenta. Todos los personajes que tenemos en la novela están en la reunión. El Turco los revisa a todos con una mirada fría. En este momento sólo le interesa encontrar una pareja sexual para la noche. Mientras tanto, por supuesto aterroriza a todos los demás con la crudeza de sus opiniones sinceras, convencionalmente cínicas ("se asustan por las divisiones y los crímenes en las filas revolucionarias, cuando todas las revoluciones han estado infestadas de mierda" [152]), convencionalmente autodestructivas ("Con esos comentarios, Turquito, vas a perder a esta vieja" [149]). Pero ni pide ni obtiene reconocimiento alguno de parte de los demás. No le puede importar menos. Está bebiendo demasiado para que le importe. Y, al final, se levanta a Carmen.

El monólogo de estilo libre indirecto al final de la novela es el del Turco al despertar a media noche en una casa desierta con una fuerte resaca, enfermo, con frío y solo, sin nada más que su vida quebrada para examinar. La situación lo lleva a rememorar su vida en la lucha política, su miedo y trauma, sus pequeñas aventuras como músico itinerante al servicio de la revolución una vez que fue enviado al extranjero por el liderazgo del partido, su separación final debido a desacuerdos sobre la censura y la disidencia. Todo es un anticlímax. No llega ninguna revelación a darle claridad al lector, que solamente debe ser testigo de la culpa, el fracaso y la soledad de una vida. ¿Es éste el mensaje cínico final de *La diáspora*? ¿Es el cinismo meramente pesar por razones de fracaso existencial? ¿Es éste el mensaje de la novela, y con él, si Cortez tiene razón, el que toda, o casi toda, la escritura centroamericana de posguerra finalmente quiere comunicar? ¿Para qué sirve la literatura?

IV.

Cortez dice:

> El proyecto del cinismo llena al individuo de pasiones que no lo llevan a experimentar alegría, sino [...] que lo llenan de dolor [...]. La estética del cinismo muestra los síntomas de lo que está ausente [...]: la experiencia de la alegría, la lucha por defender el derecho que tiene el cuerpo de actuar, el predominio de la vida por sobre la muerte, la inmanencia del poder. (38)

Uno podría decir con razón que la fuerte resaca del Turco no es más que la consecuencia de su mismo intento de mantener alejado el dolor y la muerte –de su voluntad de alegría–. Pero, en todo caso, ¿no está Cortez confundiendo el plano de la escritura con el plano de lo escrito? No son lo mismo, y no son inmanentes el uno para el otro: mostrar no es lo mostrado, y decir no es lo dicho. Escribir acerca de la esclavitud no es prueba alguna de ser esclavo, de la misma manera que imitar al amo no nos convierte en él. ¿Y qué hay del cinismo?

En un libro reciente, *Representing Capital. A Reading of Volume One* (2011), Jameson observa, glosando a Marx, que en épocas históricas y modos de producción anteriores, la dominante ideológica se mantenía diferenciada del determinante productivo: la religión era la dominante ideológica en el feudalismo, por ejemplo, pero no estaba identificada con el modo de producción como tal.

> Sólo el capitalismo constituye una formación social —esto es, una multiplicidad organizada de gente— unida por la ausencia de comunidad, por la separación y la individualidad [...] la identidad de dominante y determinante en el capitalismo en principio lo constituye como la primera sociedad transparente, es decir, la primera formación social en el que 'el secreto de la producción' es revelado. (16)

En un artículo reciente Jorge Álvarez Yágüez estudia lo que implica la perspicacia marxiana en cuanto a la irresistible presencia del cinismo como dominante ideológica en nuestra sociedad. Es una dominante ideológica con una peculiaridad: resulta difícil de definir como ideología, ya que es de hecho el reconocimiento absoluto de que la ideología de nada servirá, de que existen situaciones que no pueden ser contenidas por ideología alguna. El cinismo es, según lo determina Álvarez Yágüez, precisamente el resultado de reconocer el hecho de que debemos asumir, bajo condiciones de un capitalismo plenamente desarrollado, "una brutal simplificación, [...] una reducción de la densidad de motivaciones que podían regir la psique y conducta a la única que puede imperar, 'el frío interés', el 'simple valor de cambio'" (3). Álvarez Yágüez supone que sólo el cinismo puede captar lo real de una situación en un contexto sin alternativas. Es, de hecho, una forma de realismo radical. Dice: "El cínico es el 'gran realista', el que está siempre a favor de la realidad" (4). De ser así, ¿qué convierte la posición cínica en una falsa posición? Álvarez Yágüez solamente da pistas de la respuesta al sugerir que el cínico vive en una conciencia falsa mediante un olvido voluntario que se mantiene "desatento a las potencias que niegan la realidad existente" (4).

La falta de atención del cínico a esas potencias, si el cinismo es verdaderamente la ideología del final de las ideologías, no es desatención inadvertida, y no se puede compensar con la antigua receta: la crítica de la ideología. Al cínico le importa poco que su ideología pueda estar sujeta a crítica, hasta el punto de haber asumido por adelantado todas las formas de crítica para descartarlas como inanes. El cínico, un historicista absoluto que siempre ya sabe muy bien lo que está haciendo, siempre en cada caso opta por continuar haciéndolo: sabe que la ventaja personal es la única posición tolerada por la preponderancia absoluta de la ley del valor en una sociedad capitalista, y no encuentra ni límites ni determinaciones que puedan restringir su empeño por obtener ventaja personal. El cínico no es ningún amo –su vida no es más que un constante deseo de ser amo, lo que quiere decir que no lo es– pero tampoco es ningún esclavo: no puede haber esclavos, porque ya no hay amos: el cínico no los reconoce como tales. Sólo hay portadores de una posición subjetiva, dentro de un sistema caracterizado por una objetividad sin fisuras, que pueden simular la esclavitud o la condición de amo sin por esa razón jamás alcanzar la estructura sistémica, que en cada caso los determina desde fuera. La posición cínica imita el dominio sin jamás adquirirlo, justo porque la imitación le basta. ¿No es el cínico por lo tanto el representante contemporáneo perfecto del portador de la alegre pasión espinosista? ¿O podemos sugerir el difícil pensamiento de que el cinismo como tal siempre necesariamente falla mediante su propia falta de atención a lo que no es más que imitación en la imitación? Creo que esto último es lo que Álvarez Yáguez, o el mismo Marx, quisieron decir mediante la idea de que el cínico, a pesar de su sintonía anímica con la realidad presente, y a través de ella, pierde la posibilidad de una temporalidad alternativa, una calidad futura que lo elude, aunque sólo sea porque también elude a todos los demás. La desatención del cínico es por lo tanto esencial a la posición cínica.

Si se entiende que Horacio Castellanos Moya puede ofrecer lo que antes llamé una nueva figura del escritor en América Central –sólo he emprendido el análisis de *La diáspora* en este ensayo, pero quiero postular como válida mi tesis para toda su obra–, es porque esta deja atrás los parámetros presentados por Beatriz Cortez en su libro, que de hecho centran la discusión secular de la función de la intelectualidad en América Latina. Castellanos Moya no es ni un escritor de la insurgencia, comprometido con la liberación poscolonial en nombre de una identidad servil que busca redención, ni un escritor conservador que favorece la dominación de un grupo social particular mediante la proyección artística de una ideología de clase. Lo que quiera que sea insurgencia, y tal vez también conservadurismo, en su escritura es más profundo. Castellanos Moya es un escritor claramente político cuyo enfoque está en la poco visible falta de atención a las cosas y afectos que pudieran abrigar la semilla de potenciales históricos que se mantienen fuera del campo de visión e inimaginables. Sigue un sendero de pensamiento, un sendero de escritura, que debe rechazar por adelantado todo tipo de ortodoxia histórica. Esto no era el caso, por ejemplo, de su admirado Roque Dalton, quien sabía, como intelectual militante, exactamente lo que quería. Pero hoy la cuestión de un posible futuro redimido permanece oscura. Según ha dicho hace poco Moishe Postone, "el viejo entendimiento del socialismo (y del capitalismo) ha quedado cuestionado de varias maneras, incluyendo el carácter y fracaso del 'socialismo realmente existente' […]. Sin embargo […] una visión más adecuada del socialismo como negación del capitalismo no ha emergido" (233; traducción del autor). La obra de Castellanos Moya, como la obra de sus amigos Roberto Bolaño o Rodrigo Rey Rosa, para dar dos ejemplos, vive en la crisis de un pasado que ya no ofrece un futuro, y que debe ser constantemente interrogado en cuanto a su mismo silencio y opacidad.

La diáspora proyecta la presencia de un escritor, Juan Carlos, cuya obra será producida en las ruinas de una juventud y sobre las cenizas de un país devastado por una guerra civil inconclusa. Juan Carlos es por lo menos parte de la persona literaria de Castellanos Moya. Como él, Castellanos Moya salió de El Salvador hacia una vida incierta en otro lugar, a terminar sus estudios, a ganar un poco de dinero, a convertirse en escritor, no para escribir "chabacanerías anticomunistas", sino para proyectar una obra novelística que pudiera alimentarse de los restos del pasado en nombre de un futuro improbable. Es obvio para cualquier lector que la literatura de Castellanos Moya registra una crisis monumental en lo político, de la cual *La diáspora* es sólo un prefacio en cierto sentido. Pero, ¿qué clase de interpretación de lo político se presenta al final, o se puede ofrecer desde el punto hipotético de una consideración general de una obra que continúa y que en estos momentos está definitivamente sin terminar? Algún día volveré sobre el tema. Por ahora, para concluir, trataré de explicar mi epígrafe de Anaximandro.

Convencionalmente, el epígrafe se traduce como "pues se pagan pena y retribución mutuas por su injusticia según su ordenamiento del tiempo" (Kirk & Raven 108; traducción del autor). Martin Heidegger ofrece una conocida traducción revisionista del fragmento en su ensayo "El fragmento de Anaximandro", que dice: "según el uso; pues dejan que el orden y por lo tanto también el dar-cuenta se pertenezcan mutuamente en el (vencimiento) del desorden" (57; traducción del autor). El ensayo de Heidegger está en el centro de una disputa entre Jameson y Jacques Derrida de mediados de los años noventa sobre el tema de una reinterpretación del marxismo. Jameson afirma que para Derrida "el pasado y la historia, junto con la historiografía y la narrativa misma (grande o no), han sido eclipsadas por cualesquiera razones" ("Marx's" 43). Dicha situación

> pide una revisión del pasado [...] pero lo hace por medio de una reinvención profunda de nuestro mismo sentido del pasado, en una situación en la que sólo el duelo, y sus peculiares fracasos e insatisfacciones [...] [abren] un espacio vulnerable y punto de entrada a través del cual los fantasmas puedan hacer su aparición. (43)

Ésta es la forma más o menos sutil en que uno de los grandes representantes del marxismo intenta hacer que desaparezca la bienvenida derridiana a los espíritus marxianos en *Los espectros de Marx* (1993), pero, apartándonos de su lado irónico o crítico, podría servir igualmente bien para caracterizar la aparente relación con el pasado salvadoreño que ofrece la obra de Castellanos Moya.

Sin embargo, si "El fragmento de Anaximandro" es importante para Derrida, es porque se presenta mediante un lenguaje peculiarmente político, ya que habla de justicia y restitución, de orden y desorden, de usanza, de la dislocación del tiempo dispensado y del tiempo retenido, y de la superación. Si "estar en la disyunción fuera la esencia de todo lo que es presente" (Heidegger 42; traducción del autor), entonces la acción de la política quizás pueda introducir un elemento corrector, bajo la forma de "dar-cuenta", que es la expresión que usé para traducir el griego *tisin*, y viene a figurar como el sentido esencial de lo que Derrida llamaría una democracia por venir, en el sentido de dejar pertenecer y dejar ser. Heidegger dice: "La experiencia de los seres en su ser que aquí accede al lenguaje no es ni pesimista ni nihilista; ni optimista. Es trágica" (44; traducción del autor). Tal vez la obra de Castellanos Moya es también una obra de *tisin*. Me aventuraría a afirmar que la experiencia de lo político que nos ofrece la literatura de Castellanos Moya es trágica también, lo que la hace única en el contexto centroamericano, comparable solamente a la representación de algunos de los más augustos escritores latinoamericanos: José María Arguedas, por ejemplo, o el mismo Roberto Bolaño. El cinismo no está del todo a esa altura.

NOTAS

[1] Traducción de María Cornelio (Hunter College, CUNY). La versión en inglés de este ensayo, con el título de "The Question of Cynicism. A Reading of Horacio Castellanos Moya's *La diáspora* (1989)", se publicó en *Nonsite.org.* 13 (2014).

[2] Todas las traducciones de Jameson son de Alberto Moreiras.

[3] Véanse los ensayos de Sánchez Prado y Steinberg sobre esta novela. Para Sánchez Prado, la esencia de la novela indica o se refiere al colapso del sujeto intelectual moderno, cuya personificación en América Central fue el intelectual comprometido. Esta novela no busca el rescate del intelectual comprometido ni busca su nueva configuración: no busca ninguna reconstrucción de un sujeto de lo político. Es interesante que Steinberg vincule la producción de Castellanos Moya con la noción de infrapolítica. La diferencia que tengo con Steinberg radica en su interpretación de una infrapolítica militante a nivel metacrítico, pues pienso que la dimensión infrapolítica en Castellanos Moya excluye toda posibilidad de militancia. Prefiero usar el término "beligerancia". Castellanos Moya es un escritor beligerante de acción restringida contra toda escritura de militancia infinita.

[4] Pude haber escogido *Baile con serpientes* si fuese simplemente cuestión de descartar el cinismo de Castellanos Moya. Las serpientes que causan estragos y producen confusión general entre la población en ese libro –serpientes buenas, aunque asesinas y venenosas, con una capacidad indeterminada para el ataque– son un buen síntoma de la agresividad que subyace a la narrativa de Castellanos Moya, gran parte del tiempo expresada en forma tenue, pero que aquí, como en *El asco*, recibe rienda suelta. Esta no es ni una narrativa de redención ni tampoco una narrativa cínica. La agresión cínica tiene una tonalidad totalmente distinta. Pero en esta novela encontramos la agresividad de un hombre desesperado, un escritor cuyas tensiones internas vacilan entre un nihilismo oscuro y la furia contra un mundo que permite que la estupidez, la miseria y la corrupción dominen siempre. Castellanos Moya ve falta de verdad y mendacidad por todas partes y considera lo simbólico como artificio que encubre luchas mezquinas por el poder y fantasías manipuladoras de varios tipos. No hay necesidad de controlarlo afirmando que simplemente está dándole expresión al ambiente de las sociedades centroamericanas posteriores a las guerras civiles, y aun menos necesidad de adoptar una actitud desdeñosa hacia él afirmando que sus sombrías representaciones de cierta realidad imaginaria esconden un verdadero compromiso con el cambio social. Si el escritor

se siente a veces más cerca de sus propios personajes –Edgardo Vega en *El asco*, Robocop en *La diabla en el espejo* y *El arma en el hombre* o el desventurado camarero en "Con la congoja de la pasada tormenta"–, es probablemente porque así son las cosas y está anímicamente más cerca de ellos que de los otros. Pero las serpientes no son simplemente agresivas. También son criaturas amorosas, como vemos en la última sección de la novela, que contiene una de las escenas eróticas más salvajes de la literatura latinoamericana.

5   Véanse los ensayos recogidos bajo el título "Breves palabra impúdicas" en *La metamorfosis del sabueso* (2011), 11-54.

6   Roque Dalton, mencionado ya en *El asco* (86), es una obsesión recurrente en Castellanos Moya. Véanse, por ejemplo, su cuento "Variaciones sobre el asesinato de Francisco Olmedo" y el ensayo "La tragedia del hereje".

7   Éste es un tema que sólo puedo señalar. La teoría de Spinoza sobre los afectos, que incluye sus tratados sobre pasiones alegres y tristes, ocupa gran parte de su trabajo, en particular las Secciones 3 a 5 de *Ética*, con secciones importantes en *Tratado sobre la enmienda del intelecto* y *Breve tratado sobre Dios, el hombre y su bienestar*. Era importante para Spinoza teorizar sobre la libertad contra toda posibilidad de esclavitud por profundas razones personales y biográficas. Diré que el intento de separar la obra de Castellanos Moya de la idea de las pasiones tristes en Spinoza fue mi motivo para escribir este ensayo.

OBRAS CITADAS

Álvarez Yágüez, Jorge. "Cinismo, nihilismo, capitalismo". *fronterad*. 5 dic. 2013. <http://www.fronterad.com/?q=cinismo-nihilismo-capitalismo>.

Castellanos Moya, Horacio. *El arma en el hombre*. Barcelona: Tusquets, 2001.

_____ *El asco. Thomas Bernhard en San Salvador*. Barcelona: Tusquets, 2007.

_____ *Baile con serpientes*. Segunda edición. Barcelona: Tusquets, 2012.

_____ "Breves palabras impúdicas". *La metamorfosis del sabueso. Ensayos personales y otros textos*. Santiago de Chile: Ediciones Universidad Diego Portles, 2011. 11-54.

_____ "Con la congoja de la pasada tormenta". *Con la congoja de la pasada tormenta. (Casi todos los cuentos)*. Barcelona: Tusquets, 2009. 139-74.

_____ *La diabla en el espejo*. Madrid: Linteo, 2000.

_____ *La diáspora*. San Salvador: UCA editores, 1989.

_____ *Insensatez*. Barcelona: Tusquets, 2004.

_____ "La tragedia del hereje". *La metamorfosis del sabueso. Ensayos personales y otros textos*. Santiago de Chile: Ediciones Universidad Diego Portales, 2011. 100-15.

_____ "Variaciones sobre el asesinato de Francisco Olmedo". *Con la congoja de la pasada tormenta. (Casi todos los cuentos)*. Barcelona: Tusquets, 2009. 73-111.

Cortez, Beatriz. *Estética del cinismo. Pasión y desencanto en la literatura centroamericana de posguerra*. Guatemala: F&G editores, 2010.

Heidegger, Martin. "The Anaximander Fragment." *Early Greek Thinking. The Dawn of Western Philosophy*. David Farrell Krell y Frank A. Capuzzi, trads. San Francisco: Harper & Row, 1984. 13-58.

Jameson, Fredric. "Marx's Purloined Letter". *Ghostly Demarcations. A Symposium on Jacques Derrida's Specters of Marx*. Introd. Michael Sprinker. Nueva York: Verso, 1995. 26-67.

_____ *Representing Capital. A Reading of Volume One*. Londres: Verso, 2011.

_____ "Third-World Literature in the Era of Multinational Capitalism". *Social Text* 15 (1986): 65-88.

Kirk, G. S., J. E. Raven y M. Schofield. *The Presocratic Philosophers*. Cambridge: Cambridge UP, 1983.

Postone, Moishe. "Thinking the Global Crisis". *South Atlantic Quarterly* 111/2 (2012): 227-49.

Sánchez Prado, Ignacio M. "La ficción y el momento de peligro: *Insensatez* de Horacio Castellanos Moya". *Cuaderno Internacional de Estudios Humanísticos y Literatura (CIEHL)* 14 (2010): 79-86.

Spinoza, Baruch. *Ethics. Complete Works,* de Baruch Spinoza. Samuel Shirley, trad. Michael L. Morgan, ed. Indianapolis: Hackett, 2002. 213-382.

_____ *Short Treatise on God, Man, and His Well-Being. Complete Works*. Samuel Shirley, trad. Michael L. Morgan, ed. Indianapolis: Hackett, 2002. 31-107.

_____ *Treatise on the Emendation of the Intellect. Complete Works*. Samuel Shirley, trad. Michael L. Morgan, ed. Indianapolis: Hackett, 2002. 1-30.

Steinberg, Sam. "Cowardice-An Alibi: On Prudence and *Senselessness*." *New Centennial Review* 14 (2014): 175-94.

Žižek, Slavoj. *The Sublime Object of Ideology*. Londres: Verso, 1989.

Escribir el complot: *crimen y traición en* La diáspora

CELINA MANZONI
Instituto de Literatura Hispanoamericana
Universidad de Buenos Aires

> *Nada teme más el hombre que ser tocado por lo desconocido.*
>
> Elías Canetti

> *A menudo uno siente que mirar puede ser peligroso y suele apartar la mirada o incluso cerrar los ojos; por eso es fácil sentirse desconcertado o no estar demasiado seguro de ver realmente lo que uno cree ver.*
>
> Paul Auster

La obra publicada de Horacio Castellanos Moya se inicia en 1981 con el volumen de cuentos *¿Qué signo es usted, niña Berta?* En una nota dedicada al escritor hondureño Roberto Castillo, que se incluye en *La metamorfosis del sabueso* (2011), recordará el autor las circunstancias de esa publicación en Honduras, donde sólo permaneció tres meses cuando llegaba huyendo desde San Salvador "pues el dios de la guerra, me puso de nuevo en la ruta" (90). Un recorrido que, inserto en el conflicto político y militar que atravesó El Salvador entre 1979 y 1992, lo llevó al exilio en la ciudad de México en septiembre de 1981. Allí, entre otros trabajos, se desempeñó como redactor en la Agencia Salvadoreña de Prensa (SALPRESS) y en 1987 publicó un segundo volumen de cuentos, *Perfil de prófugo*. Ese mismo año, tal como consta en la datación incorporada por el autor al final de *La diáspora* (2002, 171) concluirá en el pueblo de Tlayacapan (Morelos) la escritura iniciada en septiembre de 1986.

Este recorrido autorizaría a buscar el origen de *La diáspora* en la voluntad de Horacio Castellanos Moya –ampliamente probada en la obra posterior– por anclar sus historias en el cruce siempre conflictivo entre política y literatura. Recuperar para la ficción un crimen político que, cometido en Managua, involucró a los máximos jefes de la organización salvadoreña Fuerzas Populares de Liberación (FPL), propone una intensificación del riesgo estético que Castellanos Moya ya había afrontado en los cuentos de *Perfil de prófugo*, implica instalar de nuevo la narración en el vórtice de lo sombrío, de lo perturbador, de lo escandaloso que la prudencia y las buenas costumbres aconsejan asordinar cuando ya no es posible mantenerlo en silencio.

Entre narración, diálogos y un contrapunto de voces la novela va diseñando los efectos de una crisis política en la izquierda salvadoreña. Visible en toda su virulencia a partir del crimen, las sucesivas versiones retornan obsesivamente sin que logren iluminar lo que finalmente podría ser definido, en los términos que propone Ricardo Piglia, como un complot:

> De hecho, podemos ver el complot como una ficción potencial, una intriga que se trama y circula y cuya realidad está siempre en duda. El exceso de información produce un efecto paradojal, *lo que no se sabe* pasa a ser la clave de la noticia. Lo que no se sabe en un mundo donde todo se sabe obliga a buscar *la causa escondida que permita descifrar la realidad*. (Piglia 10)

Además de su potencialidad como ficción, esos efectos paradójicos que Piglia atribuye al par "saber/no saber" parecerán intensificarse cuando Norberto Bobbio haga coincidir el no saber (*lo que no se sabe*) con lo que se oculta y se convierte así en secreto (*la causa escondida que permita descifrar la realidad*). A partir de esas coincidencias, en un movimiento aparentemente sencillo, Bobbio eleva el secreto, o lo que se constituye como secreto, a la categoría de misterio y expande los vínculos entre los conceptos que "secreto" y "misterio" encierran para las sociedades modernas:

> La imposición del secreto es una elección [que depende de la institución o de las instituciones que tienen poder para ello], esto es un acto que depende de la voluntad, ya sea buena o mala. El misterio se constituye en cambio en un límite de nuestra razón y de nuestra voluntad: es una señal de nuestra impotencia. En el caso del secreto, quisiéramos saber pero no debemos,

mientras que en el caso del misterio, quisiéramos saber pero no podemos. (Bobbio 72)

Los secretos ocultos se potenciarán entonces como misterio, aquello que más allá de la razón y de la voluntad, no sólo se revela como un límite a las posibilidades de entender sino como miedo de entender, miedo de saber lo que quisiéramos saber pero no nos animamos. Las referencias elípticas al crimen ("los sucesos de abril") en el inicio de *La diáspora* parecen, más que manifestación de un saber escaso, síntoma del carácter irrazonable, del misterio que subyace y que impide llegar a saber lo que se quisiera saber, también seña de una economía verbal interesada en excluir o conjurar la realidad. La narración parte de una referencia escueta casi inmediata al inicio del texto: "la muerte de los dos máximos comandantes revolucionarios" (12-13), repetida como "la muerte de los comandantes" (20) y que ampliada unas veinte páginas después pasa a ser "el asesinato de la comandante Ana María y el suicidio del comandante Marcial" (44) que se expande en la brutalidad de la glosa de algunos pocos elementos del comunicado oficial emitido el 9 de diciembre de 1983:

> [...] que en abril de ese mismo año, mientras estaban de paso por Managua, el máximo jefe partidario, Marcial, había mandado a asesinar a su segunda al mando, Ana María, y que, al ser descubierto en su fechoría por las autoridades policíacas nicaragüenses, en un gesto de cobardía, optó por suicidarse. (44-45)

Un saber mínimo y que por eso mismo, como en la metáfora del *iceberg*, esconde la enorme magnitud de lo que no se sabe: el secreto acerca de la identidad del autor o de los autores materiales del crimen y el secreto de un suicidio en principio inexplicable. Aceptada la dificultad para establecer la verdad ("Difícil saber la verdad. Circulaban muchos chismes, versiones estrafalarias" [45]), incluso para ofrecer una explicación política suficiente acerca de diferencias tácticas o de desinteligencias entre los líderes, el relato, que va dosificando la información, deslizará un detalle estremecedor pocas páginas después.

En el marco de un diálogo más o menos tenso y cruzado por la suspicacia, el personaje que trata de unir un rostro inquietante con un nombre pregunta:

A propósito, ¿conocía el Negro al tipo del aparato de seguridad del Partido con el que Juan Carlos se había encontrado en ACNUR? Lo describió. Se trataba del Chele Carlos, un cuadrazo militar, aseguró el Negro. *De los comandos encargados de secuestros, asaltos a bancos, ajusticiamientos, actividades de inteligencia y contrainteligencia; de esas implacables máquinas de guerra que no se tocaron los hígados para meterle ochenta y dos picahielazos a la comandante Ana María.* (49, énfasis mío)

¿A quién atribuir una información que excede el alcance de la pregunta? El discurso indirecto ¿compromete a alguno de los dos personajes o es recurso de un narrador si no invisibilizado (treta en la que fue maestro el Flaubert de *Madame Bovary*), por lo menos adelgazado o desplazado, casi como escondido? La atribución del crimen a elementos de la propia organización sorprende al lector, confirma una sospecha todavía no verbalizada en la novela y se conecta con la discrecionalidad, el abuso de los débiles y los ingenuos en el interior de la organización que, sin la brutalidad manifiesta en este episodio, será tematizada en muchas de las narraciones y reflexiones de Castellanos Moya y que quizás tengan uno de sus primeros antecedentes en el comandante Gestas de "El poeta y el comandante" incluido en *Perfil de prófugo* (67-79), también citado, casi como en un guiño, en *La diáspora* en relación con ese mismo Chele Carlos (23-24).

La imposibilidad de someter crimen y suicidio a la comprensión racional –el misterio de lo ininteligible– desata como en cascada todos los fenómenos implícitos en la sospecha que nutre la percepción, si no la convicción de estar ante un complot. La alteración de la normalidad o de cierta idea de la normalidad, el miedo, la amenaza y, sobre todo, la imagen ominosa de la traición desatan en el inicio del texto dos efectos inmediatos, el exilio –"'De aquí no hay regreso'" (12)– y el abandono de la lucha: "Los sucesos que, a principios de abril, habían culminado con la muerte de los dos máximos comandantes revolucionarios, le habían trucidado su fe militante" (13).

La decisión de tematizar un crimen político cometido en el marco de una comunidad que se identifica como revolucionaria y se reconoce como tal en el combate contra enemigos poderosos; la cercanía temporal (algo más de tres años) entre el momento del crimen y el de la escritura de la novela; la tensión implícita entre el orden de los hechos más o menos documentado oficialmente y el orden de la invención, que se supone implícito en el género novela, constituye el encuadre propicio para que los efectos del complot intensifiquen su carácter disolvente. La mera sospecha de su existencia corroe casi explosivamente los lazos de camaradería y de solidaridad, instala la desconfianza y con ella el fantasma de la traición; la racionalidad sucumbe rápidamente fragmentada en versiones, rumores y trascendidos que sucesivos intentos de explicación no lograrán reconstituir. Ni siquiera la respuesta oficial inmediata, pública y casi modélica, a la primera muerte –desplazada casi al final del texto– logrará despejar tanto recelo: "El Ministerio del Interior de Nicaragua y las FPL (organización a la que pertenecía Anaya Montes), en sendos comunicados, culpan de inmediato a la CIA del crimen" (105).

Ante un mundo que se vuelve así incomprensible o apenas comprensible, el narrador de *La diáspora* articula el relato desde las perspectivas diversas de los personajes que, como voces más o menos nítidas, se van definiendo en relación con la conjura. A través de ellos y de sus recorridos, privilegiadamente por la c iudad de México, se constituye un entramado que va esbozando un mapa del exilio salvadoreño en un momento de severa crisis caracterizado por la militarización de la política y el consecuente deterioro de la democracia interna (15). Si bien el texto evade en el inicio la referencia explícita a la "miasma" (etimológicamente, una "mancha") de la que se viene huyendo (11), las alusiones al crimen, la verbalización incompleta y obsesiva de aquello que se elude hacen que la miasma (la fetidez) se instale en el centro de la narración para impregnar todo y generar la extrema aflicción, el miedo que dispersa a los personajes. Los efectos disolventes de una conspiración criminal, urdida además en el espacio íntimo de la organización, se constituyen en el motor de la narración y simultáneamente la organizan: las diversas focalizaciones de los personajes, casi encerrados en sus respectivas individualidades, desfilan ante el lector en las unidades narrativas que pueden armar secuencias en contrapunto con las que organizan otras unidades narrativas.

En la primera de las cuatro partes de desigual extensión que organizan el relato, un narrador en tercera persona va hilando ocho unidades desde una focalización interna que privilegia la mirada del militante desilusionado: motivos, pensamientos, sentimientos en relación con los de otros personajes ligados más o menos periféricamente al conflicto. Lo que desde otra decisión estética hubiera limitado la configuración del relato a la competencia de un narrador único constituye aquí una estrategia que, mientras despliega el abanico de las reacciones que el crimen suscita en los personajes, también muestra a cada uno de ellos en su fundamental aislamiento. Con la ampliación y profundización de este procedimiento narrativo a las siguientes tres partes de la novela, nuevos actores y puntos de vista organizarán una tipología que va del asco paralizante a formas del silencio o de la aceptación por oportunismo, sea temor, comodidad, necesidad o esperanza de pertenencia; sea por la exigencia íntima de mantener una disciplina frente al enemigo o por la imposición, con el mismo argumento, de una incondicionalidad frente a la cual toda crítica resulta sospechosa.

En las siete unidades que constituyen la segunda parte, la focalización en un militante de origen popular con experiencia de combatiente y que además sigue confiando en el triunfo, presenta la opción de quien se prepara para retornar a la selva después de un duro exilio. Aunque inmerso en el clima de debate que le impone su trabajo como linotipista en la Oficina de Prensa en México, trata de mantenerse al margen de las polémicas, de no problematizar los hechos y de seguir adelante. En contrapunto con el personaje sobre el que se organiza la primera parte de la novela, su desinterés por las discusiones teóricas, políticas o estratégicas y su pragmatismo lo llevan a decir:

> Qué jodedera se traen con eso [...]. La cagaron los dos y ya estuvo. Al viejito porque se le pelaron los cables; pero sobre todo Ana María, que debilidad, no percatarse que estaban tramando su asesinato en sus narices. Pero a él no le gustaba pensar sobre eso porque uno puede terminar aculerándose. (74)

Más allá de las diferencias entre una y otra tipología, en los segmentos finales de ambas secuencias irrumpirá la violencia: de la policía mexicana que secuestra al personaje sobre el que se organiza la primera parte y de los militares salvadoreños que asaltan la oficina de prensa en la segunda. Aunque la primera pertenecería al orden de los hechos y la segunda al de los sueños o de las pesadillas, ambas refuerzan y al mismo tiempo complejizan los estereotipos de políticos y combatientes.

La tercera parte se inicia con un texto escueto y en apariencia objetivo que funciona como un informe entre forense y policíaco organizado en cuatro párrafos que se atienen a una sucesión cronológica (105-06). El primero consigna las circunstancias del crimen de Mélida Anaya Montes, "segunda en el mando de una de las más poderosas organizaciones guerrilleras", el 6 de abril de 1983; no ahorra énfasis ("salvajemente asesinada" 105), ni el detalle de "los ochenta y dos picahielazos", ni la atribución del crimen a la CIA según la evaluación del Estado nicaragüense y las FPL. El segundo párrafo narra el regreso inmediato desde Libia de "hasta entonces el más respetado dirigente de la revolución salvadoreña" (105) y su participación el 9 de abril "en el multitudinario entierro de su compañera de lucha" (105). El tercer párrafo sorprende con la información, dada el 20 de abril, del suicidio de Salvador Cayetano Carpio de "un tiro en el corazón, el 12 de abril, consternado por la noticia de que su lugarteniente y jefe de seguridad de las FPL [...] es el responsable intelectual del asesinato de Amaya Montes" (105). Nombra al responsable, no ahorra complicidades y certifica que todos han reconocido su culpabilidad ante el Estado nicaragüense. El cuarto párrafo se adelanta en el calendario al 9 de diciembre de 1983 cuando las FPL comunican que el verdadero motivo del suicidio de Carpio se debió a su culpabilidad: "principal promotor y responsable del asesinato de Anaya Montes" (106). Ocho meses después *se sabrá* que el suicidio fue "un último acto de cobardía política, para evadir su responsabilidad y salvar su nombre" (106). Ambas expresiones entrecomilladas en la novela reproducen exactamente los términos de la información oficial que se glosa (CeDeMA 2006).

La potencialidad ficticia del complot seduce a dos personajes que se proponen convertirlo en escritura; un periodista argentino pedante y oportunista, autoconvertido en especialista en revoluciones tercermundistas, se imagina autor de un *best seller* y usufructuario de sus consiguientes beneficios en fama y dinero. No sólo se siente ya autor de una novela que, a partir de hechos reales y con la técnica del género policial seguiría los dos modelos que menciona, *A sangre fría* (1968) de Truman Capote y *Recuerdos de la muerte* (1984) de Miguel Bonasso, sino que ambiciona también una proyección a la tragedia griega o a la perspectiva dostoievskiana que mejoraría esas opciones. Un interés sintetizado en un plan de nueve capítulos que no se propone "buscar nuevas revelaciones [...]: él partiría de lo que consideraba 'la verdad' y su trabajo consistiría precisamente en demostrar que esta verdad era absoluta, hasta en los mínimos detalles" (129). Aunque finalmente su intento naufrague, es posible que el motivo principal del fracaso esté cerca de la presuposición lanzada por una de las voces dominantes en la última parte: "Y el argentino ese, tan mula: dónde se ha visto que una revolución ventile en público su propia mierda" (170).

En contrapunto con el periodista argentino, un personaje casi modélico del militante desengañado también imagina la escritura de una novela con la idea de recuperar la perspectiva de *La broma* (1984) de Milan Kundera. Pese a entender que "valía la pena contar [...] la forma en que se habían aniquilado entre sí los dos máximos comandantes revolucionarios" (35), finalmente desiste porque descree de su competencia literaria, no así de su competencia en el orden de los acontecimientos y de sus propios sentimientos: rabia, venganza, impotencia y vergüenza frente a un crimen que, tras los primeros días de dudas, rumores y miedo y tras la captura de los criminales, "le vino a quebrar el mundo en pedazos a la militancia" (112). Su alta valoración de ambos jefes –"un mito, los próceres revolucionarios, el vínculo con toda una tradición de lucha y conspiración, los ancianos sabios, el símbolo de la esencia proletaria y popular de la revolución salvadoreña" (113)– alimenta los sentimientos de orfandad y de culpa que vienen con el descubrimiento de que "[s]e trataba de una enorme conspiración metafísica, que había movido fuerzas incontrolables, insospechadas, y de pronto los había transformado de inmaculados ángeles revolucionarios en vulgares seres humanos, tan criminales como sus adversarios" (113).

Casi en el final de esta misma tercera parte se apela de nuevo al lenguaje del informe esta vez para referirse a otro crimen político:

> A mediados de mayo de 1975, el Ejército Revolucionario del Pueblo (ERP) difunde un volante en el cual anuncia la ejecución del "traidor" Roque Dalton García, acusado de ser un agente de la CIA infiltrado en ese grupo. Según el volante, dicho sujeto fue ejecutado el 10 de mayo, en un lugar no especificado de El Salvador. (131)

La información se completa con una síntesis de su vida política y de su actividad literaria: "Dalton escribe y publica libros de poemas, ensayos, testimonios, obras de teatro y una novela. Al momento de su muerte, es considerado el más importante escritor en la historia salvadoreña" (130). Y también refiere las reacciones de indignación ante el crimen, el argumento de las acusaciones y su trasfondo político, en apariencia no muy distinto del que se arguye en relación con la muerte de los comandantes.

Sobre este telón de fondo se recorta la reacción de Gabriel, un personaje que había aparecido casi tangencialmente en la primera parte:

> [...] el asesinato de hombres de la naturaleza de Dalton termina por afectar íntimamente no sólo a aquellos que pertenecen al círculo cercano de la víctima, sino a terceras personas, tipos para quienes la muerte de un mito se convierte en algo que incide para siempre en el curso de sus vidas. (133)

En la referencia anterior había surgido el tema de la tesis de doctorado ("Relaciones entre el escritor y la revolución en El Salvador") que, Gabriel, ese profesor de literatura, también salvadoreño en el exilio y mayor que los otros personajes, está terminando: "El asesinato del poeta Roque Dalton, a manos de sus propios compañeros guerrilleros, era el eje alrededor del cual estaba tejiendo su trabajo" (20). Un proyecto que merece el comentario ácido y probablemente adecuado a las circunstancias, de su interlocutor: "Te van a colgar de los huevos [...]" (20). La relación que la novela establece entre ambos crímenes –el de Roque Dalton en 1975 y el de los comandantes en 1983– se constituiría en marca generacional pero también en memoria de los abismos que atraviesan la cultura política salvadoreña del siglo XX. Unos abismos en apariencia salvados en el caso de los comandantes (identificación y juicio a los responsables, entierro más o menos público) se mantienen en el caso de Roque Dalton donde falta todo, inclusive la identificación de su tumba; de allí una conclusión desesperanzada: "La revolución salvadoreña tiene una manera peculiar de devorar los cadáveres de sus grandes hombres controvertidos: a escondidas" (132). En su voluntad de constituirse en escritura, la narración del complot de 1983, que duplica al de 1975, trasciende sin embargo en varios sentidos la simple memoria política de una nación centroamericana para incidir de manera más general en la memoria de los crímenes y de las traiciones en la izquierda. Esto es casi un tabú en la cultura latinoamericana aunque, según una hipótesis reciente, Roberto Bolaño habría escrito *Amuleto* (1999) "para pensar o criticar a la izquierda latinoamericana pues ésta carga sobre *sus* propios hombros, unos varios, tal vez demasiados muertos y ésta no ha dicho nada al respecto, o no ha dicho lo suficiente, y si lo ha dicho, ha sido con una voz apenas audible" (Rodríguez Freire 35-36). Será también Bolaño quien dedique a Dalton el fragmento 41 de "Un paseo por la literatura": "Soñé que estaba soñando y que en los túneles de los sueños encontraba el sueño de Roque Dalton: el sueño de los valientes que murieron por una quimera de mierda" (97). Y, será Julio Cortázar quien se cruce con el fantasma de Dalton en "Apocalipsis de Solentiname" (1984) y lo recuerde en otros textos, lo mismo que muchos poetas, escritores e intelectuales latinoamericanos.

En el contexto de *La diáspora* y en torno a esta cuestión, pueden recuperarse los rasgos genéricos del escritor que, desilusionado de sus propias aptitudes, elige el camino de la crítica y la docencia y que, también desilusionado de la política, apuesta a un proyecto en el que ambos intereses vuelvan a recuperarse. Sin embargo, ya casi en el cierre de la galería de personajes que se han ido definiendo en torno al complot, este profesor, más allá de la conmoción pero más allá también de la ingenuidad, sorprendentemente no sólo manifiesta "cierto regocijo íntimo, morboso" (137), quizás ante la ratificación de la justeza de su distanciamiento, sino también una convicción que coincide con la explicación oficial: "Desde el primer instante intuyó, además, que Carpio estaba detrás del asesinato de Anaya Montes" (137). Una afirmación de fuerte compromiso que cierra esta tercera parte y que se recuperará en otro tono casi inmediatamente.

Más allá de lo anecdótico, las diversas reacciones ante el complot posibilitarían un boceto de las figuraciones del intelectual frente a la complejidad de la lucha revolucionaria que la novela define como "[u]n tema caliente pero inevitable" (20). A partir de la dominante del desengaño, la problematización del complot posibilitaría el diseño de tres imágenes: la del oportunista que busca medrar al margen de cualquier principio, la del idealista asqueado que abandona el campo y la de quien, pese a todo, se propone convertir la ruina en escritura. Quizás se podría agregar una cuarta imagen que se instala con fuerza en el final de la novela y que, representada por una voz masculina exaltada, desaforada, pendenciera y groseramente machista, se autofigura como perfil del artista revolucionario. En el escenario de una fiesta en la que participa la mayor parte de los personajes (un final con toda la compañía), esa primera persona dominante hace estallar el espacio de modesta razonabilidad que se ha ido articulando dificultosamente en el texto. La decisión de instalar esa voz desprejuiciada y provocadora en la última parte de la novela en primera persona y luego en una tercera que la focaliza, modifica la estrategia seguida hasta entonces. Pasado de alcohol y de droga el músico que desprecia "esas cancioncitas pendejas puestas de moda por los cubanos" (32) y propone el jazz como alternativa, descubre, desde la incorrección política, inconsecuencias y debilidades. Provoca a una representante del movimiento de solidaridad en los Estados Unidos: "Le espeté que los gringos nunca entenderían qué carajos sucedía en nuestros países [...]: se asustan por las divisiones y los crímenes en las filas revolucionarias, cuando todas las revoluciones han estado infestadas de mierda" (152). Provoca al periodista argentino: "–Tené cuidado –lo atajé–. Porque todos estos cerotes se han formado en la escuela de Marcial, aunque ahora renieguen de él. Son unos criminales natos. Yo que vos no me confiaría. Más de alguno debe andar el picahielo escondido bajo la chamarra" (153). Provoca a un militante guatemalteco: "Lo que pasa es que ustedes los chapines son indios y topados de la cabeza" (154). Provoca sin conocerlo al combatiente que decidió volver a la lucha: "A mí me tocó jugármelas, en serio, y no mierdas" (156).

En medio de las peores consecuencias de la borrachera rememora (desde una voz en tercera) junto con los acontecimientos degradantes de las últimas horas (incluso el sexo a medias consentido), su vida como artista popular al servicio de la revolución desde 1978: "Y siempre el peligro, el enemigo acechante" (164) hasta que llega el éxito: "[...] llegó a creer, realmente, que él era uno de los principales músicos, no de Latinoamérica, sino del tercer mundo" (166). Un periplo al que le siguen diferencias con el frente cultural, desplantes, enfrentamientos con la línea oficial y, como consecuencia, la difamación: "Vaya revolución: antes de tomar el poder ya tiene en su haber suficientes artistas disidentes como para que le saquen alguna canita" (167). Atrabiliario, imprevisible, ridículo, grosero y brutal, el texto no ahorra sin embargo la explosión sentimental de quien no sólo recuerda al hermano menor combatiente en la selva sino de quien, además de aceptar la interpretación oficial del crimen, comparte el sentimiento del prudente profesor que prepara su tesis sobre Roque Dalton: "el único [poeta] que valía la pena en El Salvador se murió, lo mataron, país de mierda, sólo asesinos le quedan" (170).

En la decisión de ligar el complot de 1983 con el de 1975, más allá de conjeturables convicciones políticas, sería posible reconocer la admiración de Horacio Castellanos Moya por la escritura de Roque Dalton así como su indeclinable rechazo a la impunidad y el olvido de las circunstancias de su muerte. Un apretado vínculo entre un sentimiento y un pensamiento en el que, como propusiera Raymond Williams, lo individual establece relaciones excepcionalmente complejas con lo social (155). Este entramado también guía la construcción de "Poema de amor" (*Con la congoja* 175-85), un cuento de Castellanos Moya en el que de nuevo se cruzan el crimen y la política para proyectarse como homenaje a Roque Dalton, no sólo porque en el título y en el epígrafe recupera dos de sus poemas, sino porque desde una perspectiva irónica construye un argumento en el que pasan a segundo plano el crimen mismo y sus autores para detenerse en un motivo casi irrisorio (Manzoni 6-7).

En el desarrollo de ese argumento el narrador no sólo despliega una serie de circunstancias conocidas, sobre todo en América Central, acerca de la biografía y la personalidad de Dalton, sino que recupera algunos de los elementos que Castellanos Moya publicó en ensayos y artículos, y más recientemente en una conferencia dictada en la Cátedra Roberto Bolaño de la Universidad Diego Portales el 30 de junio de 2010. En "La tragedia del hereje" (*La metamorfosis* 100-15) menciona además, aunque sin entrar en los detalles, algunas de las diversas hipótesis construidas acerca del asesinato: confrontación de líneas políticas, pleito pasional, infiltración del enemigo y reflexiona: "La tragedia del hereje consiste en ser asesinado por sus propios compañeros bajo la acusación de traición que él mismo predijo que le harían y que había descrito en detalle en la novela que se publicaría póstumamente" (113). De nuevo, en el centro del texto está la traición, la miasma de la que no es posible escapar, la inmersión en lo inexplicable, la paradoja de un proceso político al que se incorporó toda una generación de jóvenes para muchos de los cuales, como para Roque Dalton, no hay una tumba todavía: "Una tumba para Roque Dalton, ¿para qué? ¿Para que los oportunistas disputen sus restos? Quizás tan sólo para concederle la humanidad que merece, para

que la ingratitud deje de ser el gesto natural de esta dolorosa patria"
(Castellanos Moya, "Una tumba para Roque Dalton" 98-99).

Aunque *La diáspora* se inserte en el corazón del complot de 1983
a partir del momento en que se propone el desafío de narrarlo, y
aunque permita establecer relaciones con otras articulaciones del crimen
político, no se postula como un texto de denuncia ni como una novela
testimonial: faltan héroes, certezas, elementos verificables, voluntad de
verdad. Y, a diferencia de lo que caracterizaría a los clásicos de la novela
criminal, este texto no se propone tampoco la dilucidación del crimen
ni construye un héroe destinado a desatar los nudos de la conjura y a
denunciar/aniquilar a los responsables para brillar en el momento de
la revelación final.

En la tradición de las narraciones que operan sobre la lógica del
complot –la traición y el crimen en el interior de organizaciones que
se postulan como revolucionarias–, siempre parece posible reconocer
un centro desde el cual se narra y a partir del cual se desanudan los
lazos de lo escondido y lo secreto. En *Beltenebros* (1989) de Antonio
Muñoz Molina, un clásico del género, que eventualmente podría
encabezar esos oscuros textos que ponen en escena la opacidad de
lo inimaginable, la narración se dispara desde la voz de quien parece
estar en el centro mismo de la conspiración: héroe y villano, víctima
y victimario, simultáneamente. Es un héroe problemático desgarrado
entre la fidelidad y la sospecha, entre el miedo y el tedio, entre la
memoria y el presente, amenazado por la ironía: "Vine a Madrid
para matar a un hombre a quien no había visto nunca. Me dijeron su
nombre, el auténtico, y también algunos de los nombres falsos que
había usado a lo largo de su vida secreta [...]" (7). Aunque instalado
en el centro del complot, solo al final descubrirá la trama en la que
estuvo atrapado casi hasta la muerte, un final tranquilizador del que
carecen los personajes de *La diáspora* aun los que, creyendo estar en el
centro de la intriga y aun aceptando la explicación oficial, descubren
que estuvieron siempre en los márgenes: casi como los personajes de
La broma de Milan Kundera, no sólo por algunos puntos de contacto
formales con la organización de *La diáspora*, sino porque hasta los que
se suponen más enterados sufrirán las consecuencias del misterio que
los trasciende.

Obras citadas

Auster, Paul. *El país de las últimas cosas*. Barcelona: EDHASA, 1989.

Bobbio, Norberto. *Democracia y secreto*. México, D.F.: FCE, 2013.

Bolaño, Roberto. "Un paseo por la literatura". *Tres*. Barcelona: El Acantilado, 2000. 75-105.

Canetti, Elías. *Masa y poder*. Madrid: Alianza, 1987.

Castellanos Moya, Horacio. *Con la congoja de la pasada tormenta. Casi todos los cuentos*. Buenos Aires: Tusquets, 2009.

_____ *La diáspora* [2ª edición, revisada por el autor]. San Salvador: Dirección de Publicaciones e Impresos, 2002.

_____ *Perfil de prófugo*. [2ª edición]. México, D.F.: Claves Latinoamericanas, 1989.

_____ *¿Qué signo es usted, niña Berta?* Tegucigalpa: Guaymuras, 1981.

_____ "La tragedia del hereje". *La metamorfosis del sabueso*. Santiago de Chile: Universidad Diego Portales, 2011. 100-15.

_____ "Una tumba para Roque Dalton". *Recuento de incertidumbres. Cultura y transición en El Salvador*. San Salvador: Tendencias, 1993. 98-99.

CeDeMA (Centro de Documentación de los Movimientos Armados). "Comunicado oficial sobre el asesinato de Ana María y el suicidio de Marcial (9 de diciembre de 1983)". Fuerzas Populares de Liberación Farabundo Martí (FPL). 2006. 1 mar 2015. <www.cedema.org/ver.php?id=2980>.

Cortázar, Julio. "Apocalipsis de Solentiname". *Nicaragua tan violentamente dulce*. Buenos Aires: Muchnik, 1984. 18-24.

Enzensberger, Hans Magnus. *Política y delito*. Barcelona: Seix Barral, 1968.

Fabbri, Paolo. *Tácticas de los signos. Ensayos de semiótica*. Barcelona: Gedisa, 1995.

González, Horacio. *Filosofía de la conspiración. Marxistas, peronistas y carbonarios*. Buenos Aires: Colihue, 2004.

Kermode, Frank. *The Genesis of Secrecy on the Interpretation of Narrative*. Cambridge: Harvard UP, 1979.

Manzoni, Celina. "Una narrativa al borde del abismo. Casi todos los cuentos de Horacio Castellanos Moya". *Lejana. Revista Crítica de Narrativa Breve* 6 (oct 2013): 1-8.

Muñoz Molina, Antonio. *Beltenebros*. Barcelona: Seix Barral, 1989.

Palmer, Jerry. *Thrillers. La novela de misterio. Génesis y estructura de un género popular* [1978]. México, D.F.: FCE, 1983.

Piglia, Ricardo. *Teoría del complot*. Buenos Aires: Mate, 2007.

Rodríguez Freire, Raúl. "La traición de la izquierda en *Amuleto* de Bolaño". *Guaraguao* 38 (2011): 33-45.

Williams, Raymond. *Marxismo y literatura*. Pablo Di Masso, trad. Barcelona: Península, 1980.

Subjetividades de posguerra,
militarismo y cinismo lúcido

Espiral de identidades: en torno a El asco. Thomas Bernhard en San Salvador

ADRIANA SARA JASTRZĘBSKA
Universidad de Bielsko-Biała, Polonia

[...] me da risa que vos estés aquí, Moya, no entiendo cómo se te ha podido ocurrir venir a este país, regresar a este país, quedarte en este país, es un verdadero absurdo si a vos lo que te interesa es escribir literatura, eso demuestra que en realidad a vos no te interesa escribir literatura, nadie a quien le interese la literatura puede optar por un país tan degenerado como éste, un país donde nadie lee literatura, un país donde los pocos que pueden leer jamás leerían un libro de literatura [...]. (Castellanos Moya, *El asco* 28-29)

Las palabras citadas son de Edgardo Vega, protagonista y monologante de *El asco* (1997), el libro probablemente más polémico de Horacio Castellanos Moya.[1] Con el correr del tiempo, estas palabras resultan proféticas: tras publicar *El asco* en El Salvador, el escritor recibió amenazas de muerte que le impidieron volver al país durante dos años. El público salvadoreño –o por lo menos este sector que optó por manifestar su odio– no vio en *El asco. Thomas Bernhard en San Salvador* un ejercicio literario de imitar –o parodiar– el estilo del autor austriaco, lo que, según Castellanos Moya fue el propósito de la escritura del libro, sino una diatriba vehemente y cruel contra el país, su cultura, su mentalidad y sus valores (136).

Igualmente, los lectores europeos parecían pasar por alto lo literario para fijarse en lo político. Desde su publicación en España en 2007 por Tusquets Editores,[2] *El asco* fue comentado, interpretado y analizado sobre todo en clave política o ética en lugar de la estética, inscribiéndose en la corriente de "literatura antipatriótica" (Castany Prado 12), junto con autores como Thomas Bernhard, Stefan Zweig, Jaroslav Hasek, Kurt Vonnegut o Joseph Roth. Paralelamente, esta lectura tiene cabida en la visión estereotipada que Europa tiene de la literatura hispanoamericana desde los años del *boom*, viéndola como políticamente comprometida, de tintes revolucionarios y subversiva.

En la nota que acompaña la edición de 2007, Roberto Bolaño igualmente enfatiza este aspecto político del libro y ve en el odio despertado en sus compatriotas una virtud del escritor:

> Con la patria no se juega. [...] Aquí reside una de las muchas virtudes de este libro: se hace insoportable para los nacionalistas. Su humor ácido, similar a una película de Buster Keaton y a una bomba de relojería, amenaza la estabilidad hormonal de los imbéciles, quienes al leerlo sienten el irrefrenable deseo de colgar en la plaza pública al autor. La verdad, no concibo honor más alto para un escritor de verdad. (130-31)

Sin embargo, hubo también reacciones opuestas: *El asco* siguió publicándose cada año en El Salvador "por una pequeña y valiente editorial, y gracias a una de esas carambolas del destino, hasta llegó a ser libro de texto en una universidad" (137). El escritor menciona igualmente que recibió varias propuestas de escribir un "asco" de otros países de la región y las rechazó: "Claro está que siempre me excusé, les dije que yo ya había hecho mi labor y mencioné, sin perder la seriedad, que algunos países necesitarían demasiadas páginas para tener su 'asco' y yo era escritor de novelas cortas" (138). De esta manera, el contexto extratextual –ya sea verídico o alterado por razones de mercadeo– ha determinado la recepción nacional e internacional de *El asco*.[3]

No obstante esto, en este estudio nos concentraremos en los valores literarios, narrativos y retóricos del texto moyano. El objetivo del presente artículo es analizar *El asco* para indicar los mecanismos y estrategias cruciales que contribuyen al proceso de constituirse y construirse la identidad y la subjetividad del protagonista de la obra. Intentaremos demostrar que un manejo alternado de analogías y contrapuntos, de inclusión y exclusión, de rechazo y adhesión, traza los cuatro ejes identitarios en la novela, es decir, las relaciones respectivas de Vega con El Salvador, de Vega con su familia, de Vega y Moya y, por último, de Vega/Moya y Thomas Bernhard.

A partir del peritexto mismo del libro (en este caso, el título y la advertencia que abre la novela) se establece un particular juego de identidades e imposturas. La obra se titula *El asco. Thomas Bernhard en San Salvador*, evocando al escritor austriaco y sugiriendo una aventura de éste en la capital salvadoreña. A continuación la advertencia que precede al texto precisa:

> Edgardo Vega, el personaje central de este relato, existe: reside en Montreal bajo un nombre distinto –un nombre sajón que tampoco es Thomas Bernhard. Me comunicó sus opiniones seguramente con mayor énfasis y descarno del que contienen en este texto. Quise suavizar aquellos puntos de vista que hubieran escandalizado a ciertos lectores. (11)

Los lectores tomamos conocimiento de que el texto es una diatriba real de un personaje que existe, lo que sugiere la pertenencia de la obra al género de testimonio que proliferó en Centroamérica durante la guerra. Al mismo tiempo, el autor nos aclara que el protagonista *no* se llama Thomas Bernhard. Ahora bien, ¿quién será el responsable de la alusión literaria al autor austriaco? ¿Cuál es la razón de invocar su nombre en este contexto, evocando toda la carga emotiva que despierta la obra literaria de Bernhard en los lectores que la conozcan? ¿Se sugiere una relación intertextual? Si es el caso, en consecuencia, ¿a qué tipo de intertextualidad se refiere? Por último, Castellanos Moya admite haber modificado, suavizado, ¿manipulado? las palabras del personaje. Así, *El asco* se sitúa a medio camino entre dos modelos de lectura: el de leer la vida misma (es decir una relación de hechos ocurridos en el mundo extratextual) y el de leer literatura entendida como combinación de probabilidad, ficción y retórica. En nuestra opinión, la tensión que se produce a raíz de esta implicación doble y ambigua constituye una de las determinantes más importantes en la lectura del libro.

La novela tiene forma de "monólogo dialógico", típica estructura en la narrativa de Horacio Castellanos Moya (Wieser 103). En un bar –que hace pensar en La Catedral vargasllosiana donde los protagonistas de la novela conversan sobre la suerte de la familia y del país– se encuentran Vega y Moya, dos compañeros de escuela, tras varios años sin verse. "Suerte que viniste, Moya" (15), lo saluda Vega, reservándose el papel de anfitrión del encuentro, y confirmándolo varias veces a lo largo de su monólogo al ofrecer a Moya whiskys seguidos. Este último, quien desde el punto de vista del análisis narratológico es el narrador de la novela, de hecho no narra nada. Sus intervenciones se limitan a repetir en varias ocasiones "me dijo Vega", más para marcar su presencia que para aportar algo relevante. Durante la diatriba, Moya permanece callado, casi imperceptible, como escucha o narratario. Estamos aquí ante una situación paradójica en la que el narrador es el narratario; el relato se enlaza en sí mismo, subrayando su protagonismo y relegando todo lo demás a un segundo plano. Seguidamente, la voz narrativa pertenece al personaje de Vega que, robándose todo el espacio, se configura como un narrador-impostor.

EDGARDO VEGA, HOMBRE-PALIMPSESTO

> Esta raza está peleada con el conocimiento y con la curiosidad intelectual, estoy completamente seguro, Moya, este país está fuera del tiempo y del mundo, sólo existió cuando hubo carnicería, sólo existió gracias a los miles de asesinados, gracias a la capacidad criminal de los militares y los comunistas, fuera de esa capacidad criminal no tiene ninguna posibilidad de existencia, me dijo Vega. (63)

Con estas palabras Edgardo Vega, el narrador-impostor de *El asco*, caracteriza El Salvador en que nació y del que emigró cuando apenas se acercaba a los veinte años de edad y al que se vio obligado a volver por el entierro de su madre. Subrayando la supuesta inclinación de los salvadoreños hacia la violencia y el crimen, Edgardo Vega se empeña en distanciarse de su país, de sus compatriotas y de cualquier manifestación de la salvadoreñidad.

No obstante, como El Salvador no existe sino debido a su violencia, tampoco Vega, como personaje, existe sino a través de la violencia de su diatriba. Dicho de otra forma, se construye hablando de sus experiencias salvadoreñas y, paralelamente, lo hace a través de una red de relaciones creada con elementos provenientes del mundo exterior, a partir de los cuales, a medida que avanza su monólogo, el lector (re)construye al personaje. De esta manera, el discurso y la red de relaciones constituyen dos pilares en los cuales se arma la subjetividad del protagonista monologante.

Ahora bien, podemos distinguir cuatro dimensiones de dichas relaciones que constituyen y construyen al personaje de Edgardo Vega. En primer lugar, la que más resalta en la novela es la relación del protagonista con su país. La segunda dimensión es la relación con su hermano Ivo. La tercera relación es la de Edgardo Vega con su interlocutor silencioso, Moya. La cuarta y última, es la relación enigmática con el escritor austriaco Thomas Bernhard. Cada una de ellas se configura como una tensión constante entre la otredad y la mismidad, entre dobles y contrapuntos; la identidad del sujeto hablante parece ser producto de una serie de encuentros y desencuentros repetitivos que forman una suerte de espiral narrativa. En palabras de Albino Chacón Gutiérrez:

> La identidad, que algunos podrían considerar como consubstancial a un origen, a un territorio, a unos objetos que actúan como signos de lo que se es como individuo y como perteneciente a un grupo, deviene una estructura relacional, y por lo tanto, cambiante, productora de un discurso cuya finalidad obsesiva de distanciamiento se convierte en la estrategia para reafirmar un doble movimiento de rechazo/adhesión; rechazo a lo que no se puede dejar de ser y adhesión al deseo de ser, por oposición, algo distinto a lo que hasta ahora había sido. (15)

A lo largo de su monólogo, Edgardo Vega se empeña en despreciar todas las manifestaciones de la salvadoreñidad, sean reales o imaginadas: la cerveza Pílsener, las pupusas, los sombreros y delantales, el diseño de la ciudad y la estética de las viviendas –lo que podemos llamar "monumentos de la microhistoria identitaria de la cotidianidad del país" (Chacón Gutiérrez 15). En su afán criticador no deja de concentrarse en lo que lo distingue de los salvadoreños, para así definirse por oposición a la salvadoreñidad. El salvadoreño se configura en el discurso de Vega como el Otro. La diatriba se inscribe en la discusión otrora presente en la literatura latinoamericana, en torno a la civilización y la barbarie, siendo Vega "el conquistador que el conquistado lleva dentro y que lo sujeta, que es la forma más insidiosa de duplicación" (Chacón Gutiérrez 20).

En numerosas ocasiones, Vega usurpa el papel de un investigador o un antropólogo, formulando juicios generales sobre la (falta de) cultura de su país natal:

> Ésta es una cultura ágrafa, Moya, una cultura a la que se le niega la palabra escrita, una cultura sin ninguna vocación de registro o memoria histórica, sin ninguna percepción del pasado, una "cultura-moscardón", su único horizonte es el presente, lo inmediato, una cultura con la memoria del moscardón que choca cada dos segundos contra el mismo cristal porque a los dos segundos ya olvidó la existencia de ese cristal, una miseria de cultura, Moya, para la cual la palabra escrita no tiene la menor importancia, una cultura que saltó del analfabetismo más atroz a embebecerse con la estupidez televisiva, un salto

> mortal, Moya, esta cultura se saltó la palabra escrita, simple y sencillamente pasó por alto los siglos en que la humanidad se desarrolló a partir de la palabra escrita, me dijo Vega. (84-85)

El fragmento se tiñe de ironía si tenemos en cuenta que la novela es la transcripción del discurso oral de Vega, que de esta manera desempeña un doble papel o, por lo menos, se le puede considerar ambiguo. Vega es a la vez sujeto de su discurso y objeto de la actividad artística de Castellanos Moya.

Vega interpreta igualmente como barbarie la historia reciente de El Salvador y sus consecuencias, haciendo un psicoanálisis colectivo de sus compatriotas:

> [...] todos caminan como si fueran militares, piensan como si fueran militares, espantoso, Moya, todos quisieran ser militares, todos serían felices si fueran militares, a todos les encantaría ser militares para poder matar con toda impunidad, todos traen las ganas de matar en la mirada, en la manera de caminar, en la forma en que hablan, todos quisieran ser militares para poder matar, eso significa ser salvadoreño, Moya, querer parecer militar, me dijo Vega. (26-27)

En ambos casos la supuesta barbarie de los salvadoreños queda contrastada con la superioridad civilizada occidental, representada –implícitamente– por el protagonista: un ciudadano canadiense, profesor de historia del arte. Así, El Salvador se caracteriza en *El asco* a través de contrapuntos y tensiones entre lo que es y lo que –según Vega– debería ser, y entre un "aquí" y un "allá".

Edgardo Vega no emigró a Canadá por razones políticas o económicas, sino que es un exiliado estético. Lo que lo ha empujado a abandonar El Salvador natal era el asco enorme que casi le impedía vivir:

> [...] yo me fui precisamente huyendo de este país, me parecía la cosa más cruel e inhumana que habiendo tantos lugares en el planeta a mí me haya tocado nacer en este sitio, nunca pude aceptar que habiendo centenares de países a mí me tocara nacer en el peor de todos, en el más estúpido, en el más criminal, nunca pude aceptarlo, Moya, por eso me fui a Montreal, mucho antes de que comenzara la guerra, no me fui como exiliado ni buscando mejores condiciones económicas, me fui porque nunca acepté la broma macabra del destino que me hizo nacer en estas tierras, me dijo Vega. (21)

Así, la identidad de Vega adulto se construye a partir de un rechazo, una negación de sus raíces y un distanciamiento ostentoso de los salvadoreños:

> Después llegaron a Montreal miles de tipos siniestros y estúpidos nacidos también en este país, llegaron huyendo de la guerra, buscando mejores condiciones económicas, pero yo estaba allá desde mucho antes, Moya, porque a mí no me corrió la guerra, ni la pobreza […] y no me metí ni ayudé a ninguno de esos tipos que se decían mis compatriotas, yo no tenía nada que ver con ellos, yo no quería recordar nada de esta mugrosa tierra, yo me fui precisamente para no tener nada que ver con ellos, por eso los evité siempre, me parecían una peste. (22)

No obstante la declarada ruptura con El Salvador, en los fragmentos citados de la diatriba de Vega percibimos ya esta tensión entre la otredad y la mismidad: los demás salvadoreños exiliados son "tipos siniestros y estúpidos", muy distintos del protagonista. Sin embargo, éste comparte con ellos la condición de un migrante salvadoreño en Canadá.

Tras dieciocho años en el extranjero, Vega vuelve a su patria para enterrar a su madre, armado de su pasaporte canadiense como si éste fuera un chaleco salvavidas. En la escena grotesca, esperpéntica, del viaje en el avión, también se nota la oscilación entre aproximación y alejamiento, entre inclusión y exclusión:

> No tenés idea de lo que fue ese viaje, Moya. Me asignaron un asiento intermedio entre un sombrerudo y una mujer regordeta que usaba delantal, me dijo Vega […]. Durante el despegue se mantuvieron distantes: el sombrerudo empecinado con sus mocos y la regordeta exprimiendo su toalla. Fue el único momento de tranquilidad que tuve en el vuelo, los únicos minutos de paz y sosiego, Moya, porque una vez que estuvimos en el aire, con el avión a la altura de crucero y las azafatas sirviendo la primera ronda de licor, mis compañeros de asientos comenzaron a hablarme casi al mismo tiempo, a hablar a los gritos, primero conmigo y luego entre ellos y enseguida de nuevo conmigo, prácticamente empapándome de saliva, ensartándome los codos, en una especie de confesión histérica sobre las peripecias de un par de inmigrantes salvadoreños en Washington […]. Hubo un momento en que creí que mis nervios estallarían, me dijo Vega, y me puse de pie para ir a los sanitarios: entonces descubrí que escenas semejantes a la que sucedía en mi fila de asientos tenían lugar en la mayor parte de la cabina. […] Te juro, Moya, que en ninguna película he visto una escena semejante a aquélla, en ninguna novela he leído algo parecido a ese viaje entre esos orates exacerbados por un par de copas y la cercanía del lugar en que nacieron, me

> dijo Vega. Algo verdaderamente horripilante, un espectáculo del que sólo pude escapar en los momentos en que me refugiaba en los sanitarios, pero pronto los sanitarios se convirtieron en compartimientos asquerosos por las escupidas, los restos de vómitos, orines y demás excrecencias. (92-94)

Siendo, alternadamente, observador y víctima, Edgardo Vega, a fin de cuentas, comparte con estos tipos grotescos el espacio cerrado de un avión durante las siete horas de vuelo sin posibilidad de separarse. Es significativo que ninguno de estos inmigrantes salvadoreños le pregunte si es salvadoreño o si habla español, pues parecen saberlo de antemano, de manera indudable lo reconocen como uno de ellos. Al llegar al aeropuerto de Comalapa, se encuentra "en medio de centenares de sujetos semejantes a los que venían en mi vuelo, [...] una inmensa muchedumbre que se arremolinaba en la sala de migración en un agobiante caos" (96). Por más que se esfuerce en marcar su distanciamiento, en negar su salvadoreñidad, el protagonista se ve atrapado dentro de ella.

Otro momento crucial en que El Salvador y la salvadoreñidad se representan como una especie de encarcelamiento o trampa es la historia del pasaporte canadiense perdido durante una noche de juerga. Para Edgardo Vega, el pasaporte canadiense es "lo más valioso que tengo en la vida, Moya, no hay otra cosa que cuide con más obsesión que mi pasaporte canadiense, en verdad mi vida descansa en el hecho de que soy un ciudadano canadiense" (122). Al darse cuenta de que el pasaporte canadiense no está donde debía estar, el protagonista dice: "El terror se apoderó de mí, Moya, el terror puro y estremecedor: me vi atrapado en esta ciudad para siempre, sin poder regresar a Montreal; me vi de nuevo convertido en un salvadoreño que no tiene otra opción que vegetar en esta inmundicia" (121).

Las tres etapas de la experiencia migratoria de Vega demuestran claramente que el protagonista construye su identidad primero en el rechazo de su país de origen, después en intentos de borrar toda huella de la salvadoreñidad y en negar con repugnancia cualquier cosa que se aprecie en El Salvador. Por último, Vega quiere construirse una identidad nueva, la de un ciudadano canadiense, simbolizada por su pasaporte perdido y encontrado en El Salvador. Así, Edgardo Vega se configura como un hombre-palimpsesto: su identidad original es borrada y sustituida por una nueva, pero por debajo de la misma todavía se perciben huellas de la anterior; este carácter palimpséstico se convierte en la seña de identidad más relevante del protagonista. Su identidad nueva será igualmente simbolizada por un nombre nuevo que le es revelado a Moya y al lector como punto final de la diatriba:

> [...] ese de la foto era yo, Thomas Bernhard, un ciudadano canadiense nacido hace treinta y ocho años en una ciudad mugrosa llamada San Salvador. Porque eso no te lo había contado, Moya: no sólo cambié de nacionalidad sino también de nombre, me dijo Vega. Allá no me llamo Edgardo Vega, Moya, un nombre por lo demás horrible, un nombre que para mí únicamente evoca al barrio La Vega, un barrio execrable en el cual me asaltaron en mi adolescencia, un barrio viejo que quién sabe si aún existe. Mi nombre es Thomas Bernhard, me dijo Vega, un nombre que tomé de un escritor austriaco al que admiro y que seguramente ni vos ni los demás simuladores de esta infame provincia conocen. (125-26)

Revelando su nueva identidad, Vega no deja de concentrarse en lo salvadoreño, en los recuerdos que su antiguo nombre evoca y en la supuesta ignorancia de los compatriotas. De esta manera, el monologante-protagonista paradójicamente a cada paso confirma y afirma su salvadoreñidad. Observemos este fragmento del discurso:

> Tremendo, Moya, me dijo Vega, San Salvador es una versión grotesca, enana y estúpida de Los Ángeles, poblada por gente estúpida que sólo quiere parecerse a los estúpidos que pueblan Los Ángeles, una ciudad que te demuestra la hipocresía que los lleva a desear en lo más íntimo de su alma convertirse en gringos, lo que más desean es convertirse en gringos, te lo juro, Moya, pero no aceptan que su más preciado deseo es convertirse en gringos, porque son hipócritas. (51-52)

Mutatis mutandis, la vida de Edgardo Vega consiste en realizar este sueño tan salvadoreño: convertirse en un canadiense, ser copia (¿grotesca?) de un canadiense.

Por último, el monólogo de Edgardo Vega es pronunciado en salvadoreño. A lo largo de la diatriba observamos varios rasgos del español salvadoreño, sobre todo el uso particular del voseo y la alternancia del uso de tú y vos, así como un vocabulario típicamente salvadoreño. Dado que la lengua constituye una parte crucial de la identidad de un individuo, la variante salvadoreña del español que habla Vega, resulta una prueba contundente de que nunca ha logrado borrar o negar del todo su salvadoreñidad. Y el mismo protagonista parece admitirlo, de manera consciente o inconsciente, cuando en un solo momento de su diatriba, al referirse a los salvadoreños, usa un "nosotros", diciendo que: "el salvadoreño es ese cuilio que todos llevamos dentro" (100). La observación es de doble índole, a la vez se refiere a la mentalidad y constituye una reflexión lingüística, al evocar una de las palabras más salvadoreñas que haya en los diccionarios.

Otro plano en que se construye –igualmente a partir de contrapuntos y oposiciones– la identidad de Edgardo Vega es su relación con el hermano Ivo y –en el plano más amplio– con lo que queda de su familia. Cabe subrayar que divergencias y conflictos en el seno de una familia es uno de los temas más recurrentes en otras novelas de Castellanos Moya; un motivo que sirve como sinécdoque de conflictos y rupturas existentes en el seno de la sociedad salvadoreña a raíz de la guerra civil.[4] Vega subraya lo distintos que son Ivo y él, y formula el juicio general de que "la sangre es un azar, algo perfectamente prescindible" (41): "ni siquiera nos tenemos odio ni rencor, simple y sencillamente somos dos planetas en distintas órbitas, no tenemos nada de que hablar, nada que compartir, ningún gusto semejante, lo único que nos hace permanecer juntos es el hecho de haber heredado la casa de mi madre" (41-42).

Para Vega, Ivo encarna, ética y estéticamente, todo lo más odiable de la clase media salvadoreña. El protagonista arma su identidad en oposición al estilo de vida de su hermano y su familia, despreciando a su esposa y sus hijos, burlándose de sus aspiraciones, diversiones y otras actividades. De hecho, podemos percibir a Ivo como la contracara de Edgardo, o una versión alternativa de la vida de éste: ¿cómo viviría ahora si no se hubiera ido a Canadá? En algún momento parece que Vega proyectara en su hermano gran parte de sus obsesiones y frustraciones salvadoreñas, atribuyéndole a Ivo la intención de estafarle su parte de la herencia:

> […] ahora que se ha dado cuenta de que yo no estoy dispuesto a regresar a este país, mi hermano hará todo lo posible por estafarme mi dinero, estoy seguro, Moya, se le ve de lejos su alegría ante mi terminante decisión de no regresar al país […]. Pero enfrenta un solo problema, Moya, un solo y contundente problema: yo ya lo descubrí, así se lo dije a mi hermano, y le advertí al abogado que si intentan hacer cualquier chanchullo […] me

gastaré los cuarenta y cinco mil dólares que me corresponden en hacerles la vida imposible, se enfrentarán con un ciudadano canadiense, que mejor se vayan con cuidado. Hubieras visto la cara que puso mi hermano, Moya, ofendidísimo, como si yo hubiese dudado de la virginidad de la señorita, me dijo Vega, como si esta raza no se caracterizara precisamente por su habilidad para el robo y la estafa. Mi hermano Ivo se puso a gritar que yo era un desagradecido, un desconsiderado, un tipo sin alma ni corazón, con escoria en la cabeza, y que como yo soy así pienso que todo el mundo es como yo. (47-48)

En el fragmento anterior vemos otra vez el proceso de construirse la subjetividad del protagonista no sólo en un movimiento ambiguo de rechazo y adhesión, sino también a través de una suerte de transferencia de las obsesiones de Edgardo Vega.

Resalta en el texto que en los fragmentos dedicados a las relaciones familiares se repita el motivo de cierre. El hermano de Vega es dueño de una red de cerrajerías y su éxito se debe a que "encontró su mina de oro, pues no creo que exista otro país donde la gente tenga tal obsesión por las llaves y las cerraduras, no creo que exista otro país en que la gente se encierre con tanta obsesión" (43). Igualmente, Vega encuentra la casa materna convertida en una fortaleza:

> [...] una casa irreconocible por el muro de cemento que la rodea, un muro que nunca existió mientras yo viví allí, un muro que no es exclusivo de la casa de mi madre, Moya, porque el terror de esta gente hizo que cada quien convirtiera su casa en una fortaleza amurallada, un paisaje horrible el de esta ciudad de casas amuralladas, Moya, como si fueran cuarteles, cada casa es un pequeño cuartel al igual que cada persona es un pequeño sargento (39-40)

Las connotaciones de cierre no sólo aluden a residuos y consecuencias de la guerra civil, enfatizando la inseguridad de unos y las inclinaciones militares de otros, sino sobre todo contribuyen a representar El Salvador como un espacio cerrado y a la sociedad salvadoreña como cerrada e inaccesible –a nivel de una familia, de una ciudad, de una nación– lo que pone de relieve la condición de forastero de Edgardo Vega y la incomunicación existente entre él, su familia y sus compatriotas.

MOYA, SUBJETIVIDAD SILENCIOSA

La tercera dimensión importante en que se construye la identidad del sujeto de la novela es la relación de Edgardo Vega con su interlocutor silencioso, Moya. Por las claras indicaciones peritextuales antes mencionadas, así como por las informaciones en el texto mismo, el narrador–narratario de la obra puede ser identificado con el autor, Horacio Castellanos Moya. Lo confirman numerosos detalles alegados por Vega en el monólogo y que corresponden al *currículum vitae* de Castellanos Moya, que en el texto se llama simplemente Moya: es escritor, nació en Tegucigalpa y regresó a San Salvador para fundar un periódico, vivió en varios países de la región, etc.

Hasta cierto punto, en el proceso de construir la subjetividad del protagonista, también el personaje de Moya sirve de contrapunto. En primer lugar, por el hecho mismo de permanecer en El Salvador. Mientras que Vega está obligado a estar allí temporalmente por la última voluntad de su madre difunta, Moya vive en El Salvador por voluntad propia, lo que a Vega le resulta inconcebible:

> [...] ésa es una de las curiosidades que más me inquietan, cómo alguien que no ha nacido aquí, cómo alguien que puede irse a vivir a otro país, a un lugar mínimamente decente, prefiere quedarse en esta asquerosidad, explícame, me dijo Vega. Vos naciste en Tegucigalpa, Moya y te pasaste diez años de la guerra en México, por eso no entiendo qué hacés aquí, cómo se te pudo ocurrir regresar a vivir, a radicarte en esta ciudad, qué te trajo una vez más a esta mugre. (25-26)

Igualmente, Moya manifiesta una actitud contraria en cuanto a la actividad literaria en El Salvador: se empeña en escribir y publicar, a pesar de la arriba citada opinión de Vega sobre el carácter ágrafo de la cultura salvadoreña y sobre la poca probabilidad de éxito que trascienda la fama local:

> [...] estar publicando a tu edad esos cuentitos famélicos da lástima, me dijo Vega, por más sexo y violencia que les metás no habrá manera de que esos cuentitos famélicos trasciendan. No perdás el tiempo, Moya, éste no es un país de escritores, resulta imposible que este país produzca escritores de calidad, no es posible que surjan escritores que valgan la pena en un país donde nadie lee, donde a nadie le interesa la literatura, ni el arte, ni las manifestaciones del espíritu. (85-86)

Por último, siendo de alguna manera un personaje complementario a Vega, haciendo de una especie de secretario suyo y convirtiendo su diatriba en literatura, es Moya quien se configura como el Thomas Bernhard salvadoreño. Como se ha dicho anteriormente, en la advertencia al lector se evoca el nombre del escritor austriaco, avisando de antemano que Vega *no es* Thomas Bernhard (aunque al final de su diatriba se usurpe su identidad, lo que también hemos comentado más arriba). Bernhard (1931-1989),

> […] fustiga incansablemente a Austria en todas sus obras, que se caracterizan, a su vez, por un estilo cíclico y repetitivo que forma una especie de cárcel de lenguaje que posiblemente busca transmitirnos la claustrofobia social y nacional que sufre el autor, así como la sensación de que la historia es siempre la misma y de que a pesar del fino barniz democrático que parece cubrir en la actualidad a Austria, la barbarie espera agazapada en realidades aparentemente inocuas. (Castany Prado 16-17)

Esta característica bien puede aplicarse a la obra literaria del salvadoreño. En *El asco* Castellanos Moya imita con maestría el estilo repetitivo e hiperbolizado del austriaco y la configuración de un narrador intradiegético pero casi imperceptible dentro de la obra, ya que todo el espacio se ve ocupado por el personaje que, incansablemente, repite sus ideas obsesivas, "lo que crea una sensación en el lector de *déjà vu* (o de *déjà entendu*), en un juego constante de avances y retrocesos sobre lo mismo" (Chacón Gutiérrez 21).

Los fragmentos anteriormente citados permiten observar la clara tendencia a repeticiones e hipérboles. He aquí un ejemplo más de esta narración obsesiva que bien podríamos llamar relato en espiral:

> No conozco ninguna cultura, Moya, oíme bien y considerá que mi especialidad consiste en estudiar las culturas, no conozco ninguna cultura que como ésta haya llevado a tales niveles la degradación del gusto, no conozco ninguna otra cultura que haya hecho de la degradación del gusto un valor, en la historia contemporánea ninguna cultura ha convertido la degradación del gusto en su máximo y más preciado valor, me dijo Vega. (90)

El personaje vuelve con frecuencia variable a las mismas ideas, las mismas expresiones, en cada ocasión ampliando el contexto o añadiendo elementos nuevos, como trazando círculos: un procedimiento que produce un ambiente de agobio y desestabilidad mental.

CONCLUSIÓN

Acierta Albino Chacón Gutiérrez al observar que

> *El asco* nos plantea un doble juego de identidades, de simulacros. El primero
> es el personal, centrado en el personaje Vega; el segundo es el literario,
> el paródico, entre las escrituras de Moya y Bernhard, en una especie de
> *relocalización tropical* de este, de su figura y de los recursos y temas de su
> literatura. (21)

Ahora bien, dentro de la diégesis se establece una analogía entre
Vega y Bernhard, mientras que a nivel del relato se puede identificar
a Moya con Bernhard. ¿Hasta qué punto podríamos arriesgar otra
identificación: la de Moya con la diatriba de su personaje, Vega? La
fuerza retórica de *El asco. Thomas Bernhard en San Salvador* reside en la
tensión producida a través de este juego de identidades, un movimiento
en espiral de dobles y contrapuntos. Parece que la identificación total
del autor con su personaje es una obviedad para los que amenazaron
de muerte a Castellanos Moya. El contexto extratextual de *El asco*,
presentado al principio del artículo, demuestra claramente que los
ejes de identidad construidos dentro del texto e inscritos en la obra,
trascienden el campo literario en una sociedad en la que casi no hay
lectores –según las palabras del mismo autor (Wieser 93)– y causan
poderosamente que la literatura toque en lo vivo.

NOTAS

[1] Todas las citas son de la reedición de 2007. A continuación sólo se indica, entre paréntesis, el
número de la página.

[2] En 2000 la obra fue editada por la editorial Casiopea (Madrid), junto con otros dos cuentos,
y pasó casi desapercibida por la crítica. Por eso podemos considerar la edición de Tusquets
como la verdadera introducción de este texto a la conciencia de lectores europeos.

[3] Para un análisis más detallado de la recepción del libro y los estereotipos culturales que la
determinan, véase Carini.

[4] Véase al respecto Jastrzębska, "Fuera del tiempo", 13-22.

Obras citadas

Bolaño, Roberto. "Nota de Roberto Bolaño". *El asco. Thomas Bernhard en San Salvador*. Horacio Castellanos Moya. Barcelona: Tusquets Editores, 2007. 129-33.

Carini, Sara. "Estereotipos culturales y recepción literaria: el caso de *El asco. Thomas Bernhard en San Salvador* de Horacio Castellanos Moya". *Cahiers D'études Romanes* 28 (2014): 209-19.

Castany Prado, Bernat. "Literatura antipatriótica". *Quimera* 348 (2012): 12-19.

Castellanos Moya, Horacio. *El asco. Thomas Bernhard en San Salvador*. Barcelona: Tusquets, 2007.

Chacón Gutiérrez, Albino. "El rompimiento de los espejos identitarios en Centroamérica: estudio de caso literario de un discurso migrante obsesivo: *El asco. Thomas Bernhard en San Salvador*, del salvadoreño Horacio Castellanos Moya". *Ístmica* 14 (2011): 13-22.

Jastrzębska, Adriana Sara. "Fuera del tiempo y del mundo. Literaturas centroamericanas actuales frente a su historia reciente: Horacio Castellanos Moya". *Romanica Silesiana* 6 (2011): 321-41.

Wieser, Doris. "'Nos hubiéramos matado, si nos hubiéramos encontrado'". Entrevista a Horacio Castellanos Moya. Berlín, 17 junio 2010. *HeLix* 3 (2010): 90-111.

Reflejos de una crisis. Nación e identidad en La diabla en el espejo

César A. Paredes P.

Universidad de Salamanca
Pontificia Universidad Católica de Chile

En *La diabla en el espejo* (2000), Horacio Castellanos Moya arremete contra los símbolos e instituciones de la nación y la salvadoreñidad, discurso que ya había asumido en *El asco* (1997), la novela que le produjo visibilidad internacional pero que le ocasionó no pocos contratiempos.[1] Su obra en general refleja la crisis del país y el desencanto posterior a la Guerra Civil, pues da cuenta de una manera de entender la nación como un proyecto frustrado y la identidad como una marca vergonzante. Así, Castellanos Moya se inscribe entre los escritores de literatura "antipatriótica"[2] o "posnacional"; conceptos todavía en proceso de discusión, como advierte Bernat Castany (*Literatura* 61). Esa literatura que arremete contra el mundo conocido, revulsiva y contestataria, que acusa las limitaciones del lenguaje y al mismo tiempo funciona como una desnarrativización, se torna urgente para repensar la nación y la identidad, conceptos ambos bajo sospecha.

Reflejos posnacionales

Con la llegada de lo que Benedict Anderson llama "capitalismo impreso" (62), la literatura tuvo un papel protagónico en la constitución de la conciencia nacional, especialmente en lo que respecta a la producción novelística. Otras artes como la pintura o la música no estuvieron tan condicionadas por las fronteras nacionales, aunque hayan presentado lastres nacionalistas (Castany, *Literatura* 103). Los vínculos territoriales, la relación con un pasado remoto, los problemas políticos, las miradas sobre el Otro, la angustia identitaria y la vida dentro o fuera de las fronteras son temas recurrentes de la literatura ligados a los procesos de formación nacional y a la identidad. Sin embargo, desde su nacimiento, el concepto de Estado-nación, la versión más acabada del proyecto hijo de la Modernidad, anticipó su propio desgaste. Anderson da en el corazón de su crisis al desenmascarar lo ficcional que se esconde en esta noción detrás de los esencialismos como la raza, lengua o un pasado común e inmemorial. "El siglo de la Ilustración, del secularismo racional, trajo consigo su propia oscuridad moderna" (29), dice refiriéndose a cómo fue sustituida la necesidad de salvación por la de continuidad en la comunidad imaginada. La paradoja es que, pese a la larga historia crítica, el acta de defunción de la nación tardará mucho tiempo en escribirse o probablemente no se escriba.

Anthony D. Smith señala tres razones por las que el nacionalismo, en un mundo globalizado, antes que superarse podría repotenciarse. Primero aduce que ante la interdependencia económica y el efecto de las tecnologías de la comunicación, las cuestiones locales han recuperado protagonismo (164). En segundo lugar, sostiene que el legado de la etnohistoria continúa rebuscando en el pasado de las culturas vernáculas elementos para reivindicar la constitución de una nación (167). Y un tercer argumento es que, pese a la aversión que provoca el nacionalismo como ideología, las naciones que se crearon bajo las propiedades sagradas de comunidad, territorio, historia y destino, han configurado identidades nacionales persistentes (172).

Para Zygmun Bauman lo que está en crisis no es la nación, sino el Estado que ha perdido su injerencia en la economía, la seguridad y la cultura (*Vida* 64) y ha quedado reducido al papel de administrador (*La globalización* 89), premisa del capitalismo neoliberal. En consecuencia, el Estado se ha convertido en el precursor de un desamparo. Los hijos de la patria se ven expulsados del 'Paraíso nacional' a su propia suerte. Las migraciones del mundo poscolonial revelan la cara más amarga de la desterritorialización y pérdida del calor de hogar (Sloterdijk). Estas diásporas, cada vez más grandes y con más graves consecuencias,[3] contribuyen al desdibujamiento de la nación y obligan a pensar sus límites espaciales, pero también cohesivos e imaginarios. Los desplazamientos se viven o se sufren de manera diferente. "Turistas y vagabundos" (*La globalización* 103-33), contrasta Bauman: los primeros son los que se desplazan en condiciones de vida privilegiadas mientras que los segundos son empujados a los bordes y siempre son tratados como forasteros indeseables.

En la década de los años noventa, desde diferentes latitudes, nuevas maneras de imaginar la comunidad comenzaron a vislumbrarse en la discusión teórica. Las hubo desde la perspectiva más entusiasta del cosmopolitismo, que anunciaban la muerte de la nación (Appadurai 17-38), hasta las que reivindicaban el Estado-nación como una fase procesal necesaria de la evolución de los pueblos (Jameson 65-88). En el intermedio hubo críticas que abandonaban las pretensiones universalistas y reclamaban la libertad para imaginar comunidades anticolonialistas en el campo estratégico del discurso teórico o las que destacaban la importancia del Estado –no de la nación– en la defensa de los subalternos.[4] En todo caso, se trataba de pensar el orden del mundo de manera diferente.

La obra de Castellanos Moya es hija de esta crisis porque da cuenta de una manera de entender la nación ya no como un proyecto de amor sacrificial por una comunidad imaginaria (el panteón de los mártires), sino como un programa fracasado. El novelista escribe sobre el desarraigo, la hibridación cultural, la sensación de desamparo, el hastío y la vergüenza, en un proceso que no es "pedagógico", como lo llama Bhabha, cuyo interés estaría en anunciar las virtudes de la nación, sino "performativo", como una manera de vivir la nacionalidad, negándola o subrayando su liminaridad (182). Bhabha retoma a los posestructuralistas para acotar una cartografía de la "nación escindida" y del "sujeto nacional" (184), categorías que nos son útiles para identificar lo posnacional en *La diabla en el espejo*. En esta novela, El Salvador aparece representado en el terreno heterogéneo, en tensión, antagónico y deslocalizado. La nación no puede interpretarse de manera unívoca y ahí estriba uno de sus rasgos característicos. Ante la pregunta sobre cuál es su relación con El Salvador, Castellanos Moya responde:

> La mía es una relación de amor-odio. Siento por un lado, en este momento, un enorme desapego y lo que significa El Salvador es un poco de mi memoria: donde se produce la obra literaria. Y, por supuesto, me produce una relación de rechazo-atracción. (Entrevista personal con el autor hecha el 16 de mayo de 2015)

La nación en el espejo

La diabla en el espejo cuenta los acontecimientos que sobrevienen tras la muerte de Olga María, una mujer de la clase alta salvadoreña. Laura Rivera, la mejor amiga de Olga, es la protagonista y al mismo tiempo la narradora de un relato que combina la novela negra y el género policíaco (Wieser 90-111). Laura habla consigo misma en una especie de monólogo dialógico en el que se traslapan dos tiempos narrativos: un presente que comienza en el velorio de su amiga y un pasado recordado que va arrojando las pistas sobre las razones del homicidio. Antes que la búsqueda de un culpable, el relato de Laura se ocupa de remarcar los prejuicios de raza, de clase y personales. Su angustia ante la muerte de Olga María aumenta con el paso de las páginas en un *crescendo* delirante hasta que se nos revela que está sufriendo de esquizofrenia.

Para su lectura propongo, como sugiere Castany (*Literatura* 74), identificar la *Aufhebung* –palabra prestada del alemán que denota la tensión entre "abolir" y "trascender"– de lo nacional. Teniendo en cuenta esa tensión veremos cómo los poderes del Estado, el periodismo, los "otros" indígenas y el espacio público son elementos de una nación inconclusa, paródica, atrapada entre lo que es y lo que debería ser para su narradora, Laura, quien, debido a su condición de clase, considera que el Estado debe funcionar en beneficio propio, al servicio de los detentores de los medios de producción y del poder político.

Los poderes públicos

El poder ejecutivo en la voz de Laura Rivera, la narradora, se convierte en servidor de la clase privilegiada y protector de sus intereses. Su discurso, además de sublimar el desprecio por los funcionarios, alega el sometimiento de los gobernantes elegidos y de la Fuerza Pública a un poder superior basado en la riqueza de algunos. El presidente, por ejemplo, desde el punto de vista de Laura, es despreciable: "[…] ese gordo tonto, ni su mamá lo quiere, yo voté por él solo para impedir que ganaran los comunistas" (38). La referencia alude al proceso electoral de 1994, tras los acuerdos de paz en El Salvador. En otro aparte Laura acusa al presidente de la situación económica: "[e]sta crisis espantosa está afectando a todo el mundo, culpa de ese tonto gordo que pusimos de presidente" (107). Castellanos Moya expone aquí vicios de la política como el utilitarismo de la oligarquía sobre los políticos y la posición estratégica que mantuvieron las derechas del país después de la Guerra Civil.

Los acuerdos de paz promovieron una reforma de las fuerzas de seguridad del Estado y la Policía Nacional Civil quedó integrada por excombatientes de los dos bandos. Laura los mira con desconfianza cuando dice: "[e]ste [Handal] seguramente fue terrorista o algo así. Con esta nueva policía formada luego de la firma de la paz con los comunistas una ya no sabe" (49). La institución más vapuleada de toda la narración es de hecho la Policía, uno de los organismos dependientes del Ejecutivo. Los epítetos sobre los agentes encargados del caso de Olga María comienzan en "impertinentes", "necios" y "maleducados" (15), pero con el paso de las páginas se vuelven más despectivos. En la primera escena de la novela, Laura cuenta que le pidió a la madre de su amiga asesinada que "tomara las joyas de su hija y se las llevara con ella, no fuera ser que los policías comenzaran a hurgar y terminaran robándose lo que pudieran" (19). Sobre el subcomisionado Handal, uno de los investigadores de la Policía, la narradora dice: "qué necedad de individuo" (15) y más adelante cuando interroga a Olguita, la hija de Olga María, lo llama "el muy canalla, cerdo" (16). Laura considera que la Policía debe estar al servicio del interés privado. En una escena en la que se dirige al cementerio donde enterrarán a Olga María, dice: "[d]ebimos haber traído a un policía para que detuviera el tráfico; no sé por qué no se le ocurrió a nadie contratar a un policía. Ese mugroso subcomisionado Handal se debería dedicar a eso, en vez de andar fisgoneando donde no debe" (51). De esta manera, Castellanos Moya denuncia un síntoma del pensamiento neoliberal que socava las funciones del Estado: la privatización de la seguridad.

El ejército, el brazo armado del Estado-nación, fue el organismo que permitió mantener los privilegios a la clase alta salvadoreña durante las dictaduras y que en la Guerra Civil persiguió brutalmente a líderes políticos y sindicales de izquierdas.[5] Su imagen en la novela es la de una institución corrupta durante el conflicto, y después de éste, al servicio de las mafias: "[a]lguno de esos militares inescrupulosos quizá ordenó el crimen [de Olga]. Sí, niña, un montón de militares se quieren dedicar ahora a la política, como ya se acabó la guerra y no pueden robar de la misma manera, se están adaptando a los nuevos tiempos" (86), dice. Esa imagen se reafirma cuando se revela que el asesino material de Olga María es "Robocop", un sargento retirado ahora al servicio del crimen organizado.

En *La diabla en el espejo* la Justicia, uno de los pilares del Estado-Nación moderno, no goza de la investidura solemne con la que suele identificarse en los países que gozan de instituciones fuertes. Desde las primeras páginas, Laura critica la imagen del juez que debe identificar el cuerpo de Olga María. "Tardó un mundo en llegar a reconocerla. Un desgraciado ese juez" (11), increpa. Unas páginas más adelante vuelve a insultar al funcionario judicial aportando información sobre su vida privada: "[e]s lo que te digo: ese juez es un borracho estúpido, andaba de juerga con las secretarias del juzgado, sin ninguna duda, por eso se atrasó un mundo y no pudimos evitar que Doña Olga viera el cuerpo con el cerebro destrozado" (19). La demora en la diligencia del juez, sus cualidades morales y los consecuentes insultos de Laura ofrecen una imagen deslucida de la Justicia, lejos de las representaciones de una magistratura honorable que asume tautológicamente como atributos la prontitud y la eficacia y reclama idoneidad de sus funcionarios.

En la novela hay referencias a la clase política en general y a un diputado en ascenso en particular que aspira a convertirse en presidente del partido en el poder. Se llama Gastón Berrenechea y tiene un apodo al estilo de los grupos ilegales: "El Yuca". Su papel en la narración da cuenta del entramado de la política, los negocios privados y el crimen organizado:

> Los comunistas ya se la temen, por eso han comenzado una campaña de desprestigio contra El Yuca, andan diciendo que formó parte de los escuadrones de la muerte, que puso bombas en no sé qué ministerios cuando lo de la reforma agraria, las mismas acusaciones de siempre, que se ha aprovechado de sus contactos en el gobierno para hacerse rico con sus mega tiendas, las mismas tonterías que se sacan de la manga cuando quieren acabar con una persona honorable. (38-39)

Con el tratado de paz, en El Salvador sobrevino una reforma agraria que modificó la propiedad sobre la tierra. El Yuca representa los intereses de "los algodoneros más ricos del país, pero los comunistas con esa su reforma agraria los dejaron casi en la calle" (37). El Yuca se casó con la hija de una familia prestante, "la Kati", para salvar sus propios negocios. En el transcurso de la narración se nos descubre que es colérico, sospechoso del asesinato de Olga, adicto a la cocaína y que, según funcionarios "gringos", podría tener vínculos con el narcotráfico. El tono que adopta la narradora es indulgente y lo convierte en una víctima de los políticos: "Horrible: personas que una creía amigas de El Yuca, ahora se dedican a calumniarlo, a decir cosas espantosas, como que aquél ordenó asesinar a Olga María porque ésta amenazó con denunciarlo por narcotraficante" (104). La novela representa así la corrupción del poder político, la injerencia de Estados Unidos en los asuntos internos de la nación y la lectura de clase que victimiza y protege a sus cofrades con una moral mafiosa.

LA IGLESIA, LA PRENSA, EL OTRO Y EL ESPACIO

La iglesia católica tuvo un papel importante durante la Guerra Civil. En la memoria de los salvadoreños pervive el recuerdo del arzobispo Óscar Romero, asesinado mientras oficiaba una misa. Sus homilías denunciaban la situación de los derechos humanos y se volvieron incómodas para la ultraderecha.[6] Varios sacerdotes influenciados por la Teología de la Liberación tomaron partido a favor de la guerrilla. En *La diabla en el espejo*, Laura los inculpa de comenzar la guerra: "[…] ya ves lo que hicieron esos curas jesuitas con tanto muchacho, varios de los compañeros de clase de Marito y José Carlos terminaron de terroristas, los curas les lavaron la cabeza, los indoctrinaron" (34); y en otro aparte: "[los jesuitas] fueron los que le calentaron la cabeza al pueblo" (106-07). Los curas que le gustan a Laura son los que no hablan de los problemas sociales como se infiere de esta frase: "[e]se cura me gusta: solo habla de cosas espirituales; no tiene nada de comunista, como ese tal Ramírez que a veces da misa ahí en esa iglesia" (105). En el capítulo titulado "Treinta días", que sucede en medio de una misa, Laura acusa al sacerdote que oficia el rito de participar en un complot contra El Yuca e inculparlo de la compra de un carro robado. Los calificativos comienzan con la generalización "todos los curas son retorcidos, sucios" (103), para luego pasar a los agravios personales: "cura maldito" (104) y "cura mierdero" (105), espeta, para después confesar: "¿Que si voy a comulgar? Estás loca. Con ese cura, no me aguantaría las ganas de escupirlo. Maldito" (115).

La religión católica, víctima y a la vez victimaria, tiene una cara ambigua. Eso corresponde con su papel en la historia política de El Salvador. Así como Romero perdió su vida por denunciar la violencia de la ultraderecha, otros sacerdotes del ala más conservadora de la iglesia estuvieron del lado de la clase política dominante. En la perspectiva narrativa de Laura, los villanos son los que estuvieron a favor de la guerrilla. Respecto al daño que sufrió la nación con la pérdida de Romero, el propio Castellanos Moya dice: "en general los valores están muy deteriorados. Un país que asesina a su arzobispo, por ejemplo, es un país que espiritualmente está mostrando algo" (Entrevista personal con el autor hecha el 16 de mayo de 2015).

La prensa, cuya importancia en la formación del Estado-nación fue determinante como demuestra Anderson, también es blanco de la diatriba. Al periódico *Ocho Columnas*, que intenta investigar el caso y publica la noticia sobre la responsabilidad de El Yuca en la compra del auto robado, la narradora lo considera: "[u]n diario sucio" (117); a los periodistas en general, "una raza inmunda" (127); y a la periodista Rita Mena, "una mosquita muerta" (117). Castellanos Moya mismo fue periodista durante la Guerra Civil y conoció los vericuetos del proceso que moldea la opinión pública. Sobre el papel del periodismo en el posconflicto piensa que:

> en un país donde la prensa responde rabiosamente a los intereses del capital y del poder político, te voy a decir que no juega ningún papel. Este es el caso de El Salvador: los periódicos han jugado un papel nefasto en la historia, porque siempre se han alineado con los intereses, pertenecen al gran capital. (Entrevista personal con el autor hecha el 16 de mayo de 2015)

El periodismo, fundamental para el equilibrio de poderes y la vigilancia del poder público, en la novela se le considera sin músculo para ejercer estas funciones.

El discurso de la narradora exhibe sin ningún pudor la mirada hostil sobre la población indígena que en El Salvador ha quedado reducida al 1% del total de habitantes.[7] En la novela las indígenas están destinadas a los trabajos domésticos y su procedencia es vista con desconfianza. Laura usa la palabra peyorativa "sirvienta" para referirse a este "trabajo" cuyas condiciones laborales son precarias. La "niña Julia", empleada por Olga María ha trabajado veinte años para su familia. Sobre ella dice: "[a]hora ya no se encuentran sirvientas así, niña, cómo ha cambiado todo, ahora son putas o rateras, o las dos cosas, y no les podés dejar la casa sola un momento porque te la saquean. Horrible, niña, ya no puede una confiar en nadie" (36). En el imaginario de Laura a los indígenas "ni se les nota lo que sienten, con ese su rostro como si fuese máscara" (36). Cuando se descubre que Robocop es el asesino, aumentan sus prejuicios raciales heredados de la colonización española que llamó "indios" a los pueblos hallados en América: "[l]ástima que no haya pena de muerte. Deberían fusilarlo, niña, como en Guatemala, ¿viste en la tele el fusilamiento del último indio? Ahí no se andan con contemplaciones: indio criminal al paredón. Así debe ser" (71). El "otro" indígena aquí es anulado, como Spivak lo denuncia cuando dice que si se "es pobre, negra y mujer la subalternidad aparece por triplicado" ("¿Puede?" 27-28).

La representación de San Salvador, el centro administrativo del poder nacional, refleja la segregación espacial. La narradora, persistente en su discurso clasista, observa cuando se dirige al cementerio: "[n]o entiendo por qué no hay cementerios en las zonas decentes. Todos están bien lejos y perdidos, niña, rodeados de barrios peligrosos. [...] En otras ciudades no es así: una vive en un lado y los malhechores en otro, con millas de distancia, como debe ser" (50). Y en otro momento, cuando se dirige a la playa, se felicita por ir entre semana cuando "la chusma" del barrio El Majahual no está. A la vez, trasluce su defensa de lo privado en nombre de la seguridad: "no entiendo por qué no se puede cercar la playa; es lo que dice mi papá. Si uno tiene su rancho enfrente de la playa tiene que sufrir a todos esos malandrines que sólo andan buscando qué robar, a quién asaltar" (95).

Así la novela representa la obscenidad de los poderes Ejecutivo, Judicial y Legislativo; la incapacidad del periodismo; el desprecio por los indígenas y la apropiación de los espacios de El Salvador. El discurso prejuiciado de la narradora impregna todo el relato para provocar con cinismo la risa del lector o su indignación.[8] Castellanos Moya aduce que no es que se proponga en su obra hacer un retrato de la nación, sino que muchas de las cosas que recuerda se convierten en temas de una manera casi natural. *La diabla en el espejo,* de hecho, surge del homicidio de una mujer que conoció, delito que se mantiene en la impunidad (Entrevista personal con el autor hecha el 16 de mayo de 2015). Estos son rasgos de lo que Castany llama "posnacionalismo nihilista", una estética que "vive de forma nostálgica, desesperada y, a veces, violenta, la erosión de la nación" (*Literatura* 76). En este caso se trata del derrumbe de un proyecto sin consolidar. La novela arremete contra los discursos oficiales de la posguerra y nos devuelve, en un juego de espejos posnacionales, una imagen de la nación salvadoreña que rezuma su aspecto más diabólico: deshumanizada, criminal, racista y cínica.

LA IDENTIDAD LÍQUIDA

El teórico literario Edward Said nació en 1935 en Jerusalén Occidental (cuando aún estaba bajo el dominio de Inglaterra), pero en 1948 junto con su familia, cristiana y árabe al mismo tiempo, abandonó su hogar para exiliarse en Estados Unidos, donde permaneció hasta su fallecimiento en 2003. El escritor Amin Maalouf nació en 1945 en el seno de una familia de católicos ortodoxos del Líbano, donde vivió hasta que estalló la Guerra Civil, en 1975, y se vio obligado a refugiarse en París. El sociólogo Zygmunt Bauman nació en Polonia en 1925, en una familia de origen judío, pero con la persecución antisemita desatada en 1968, tras la Primavera de Praga, fue expulsado de la Universidad de Varsovia y perdió la nacionalidad polaca; ahora vive en Inglaterra. Los tres tienen en común haber compartido la fatalidad del desarraigo y escribir desde una perspectiva vívida sobre uno de los problemas contenciosos de la diáspora: la identidad.

Fuera de lugar (1994) de Said, *Identidades asesinas* (1998) de Maalouf e *Identidad* (2005) de Bauman concluyen que la pregunta en torno a *quién se es* no puede reducirse ni al lugar de origen, ni a la religión, ni a la ideología política, ni a la lengua vernácula, entre otros elementos que componen la identidad. Sus libros son la evidencia de lo que anotaba Stuart Hall sobre la vigencia del concepto de identidad: "funciona 'bajo borradura' en el intervalo entre inversión y surgimiento; una idea que no puede pensarse a la vieja usanza, pero sin la cual ciertas cuestiones clave no pueden pensarse en absoluto" (Introducción 14). La identidad en sus relatos de vida se nos antoja heterogénea, escéptica, enriquecida y problemática. De la misma manera que la nación se escinde en el proceso globalizador para dar paso a otras significaciones de la pertenencia, la desterritorialización que sufren los individuos fractura la conciencia de su mismidad. Los tres intelectuales encarnan la fragilidad identitaria, rasgo que según Paul Ricoeur se debe al carácter pretendido de la identidad, su relación con el tiempo y a la conflictividad con el otro (*La memoria* 110).

La identidad, ante el desvanecimiento de la relación entre el espacio y el sí mismo, sólo puede ser concebida como una narración inacabada, compleja y descentrada. Ante la perplejidad de la vida en un mundo consumista global, la experiencia identitaria se enfrenta como proyecto, pero también como problema; como pregunta y aporía. Así, las identidades oscilan entre dos extremos: la afirmación radical de un "nosotros mismos" y la "individualidad intransigente" (Bauman, *Vida* 45) propia de los residentes del mundo desarrollado. En el primer extremo de la experiencia identitaria se encuentran los totalitarismos, por ejemplo, el "islamofascismo" (Žižek 103). En el otro extremo, la experiencia identitaria se vive como una búsqueda incesante. En la sociedad del consumo, el carácter presunto, indeterminado y proyectivo de la identidad encuentra un caldo de cultivo propicio para su renovación constante, pero sin que el individuo encuentre su satisfacción; una "aporía de la individualidad" (Bauman, *Vida* 31).

EL 'NOSOTROS' Y EL 'YO'

Castellanos Moya, quien explotó con suficiencia el ataque a la salvadoreñidad en *El asco* (Aluma), aduce que las identidades nacionales son nociones débiles, no sólo en El Salvador sino en buena parte de Latinoamérica, por dos razones:

> [p]orque nuestras clases dominantes no han tenido ningún sentido de nación, han tratado a nuestros países como si fueran fincas y a la población como si fueran peones. [...] Su sentido de identidad está en Nueva York o Miami y ven a sus países con un poco de repugnancia. [...] Por otro lado tenemos un país, con una población mayoritaria que es clave en la construcción de identidad que ha sido sometida a los peores vejámenes durante centurias, tanto bajo la bota del poder militar como del poder oligárquico (Entrevista personal con el autor hecha el 16 de mayo de 2015).

Para el análisis de *La diabla en el espejo* utilizo dos categorías de la representación de la identidad que, como se verá, dan cuenta de la ambigüedad y contingencia del concepto. Estas categorías estarán explicadas en el binomio "nosotros/yo", y en "la desterritorialización cultural".[9] La noción de identidad aquí se entiende como "producto" "autoatribuido y autoadscrito" (Bauman, *Vida* 46) y como "eventualidad" referida a los aspectos identitarios heredados o impuestos. Laura Rivera pertenece a la oligarquía salvadoreña. Algunos datos sobre su origen y el lugar donde vive ratifican esa condición. Por ejemplo, es hija de un terrateniente que permanece

> [...] en la finca con cantidad de problemas. [...] Tener café ya no es como antes, puras contrariedades, primero con los comunistas que se tomaban las fincas e impedían las cortas, hoy con la caída de los precios. [...] Por eso doña Olga hizo bien al deshacerse de esas fincas, es lo mejor. Mi papá debería de hacer lo mismo. Ya se lo dije, pero es necio, aferrado a la tierra. (29)

Su vivienda está en una zona burguesa de la capital, como se deduce de este fragmento: "[r]ealmente tu casa está situada en la mejor parte de la ciudad: tenés una vista preciosa, es súper fresco, y no está tan alejada de los centros comerciales y de los demás lugares que una necesita visitar" (134-35). Ese origen heredado configura un "nosotros" que cree en su superioridad y, en consecuencia, se atribuye la potestad de descalificar a los demás. Laura se refiere a los funcionarios como "gentuza" y a su círculo social como "gente decente". Otro ejemplo que da cuenta de la configuración de la superioridad del *nosotros* de la narradora se nota en la segregación espacial: "Bueno, la verdad es que esta ciudad está infectada de zonas marginales, por el pobrerío de donde sale la delincuencia. Por eso es tan fácil que a una la maten sin que nadie pueda hacer nada, como en el caso de Olga María" (50). En otras palabras, la clase pobre produce la delincuencia mientras que la suya es la que la sufre.

La afirmación de la individualidad en un "mundo líquido" implica la exclusión de los otros. Sin embargo, no se puede reducir la representación de la identidad a la identificación clasista. Hay rasgos de la personalidad de Laura que dan cuenta de su autoafirmación en detrimento de la imagen de personas que la rodean, incluso, señalando diferencias con personas de su clase. Estos juicios sobre personas cercanas a ella son morales y también estéticos. Un ejemplo tomado de la escena del entierro de Olga da cuenta de estos rasgos de su personalidad: "Ahí vienen entrando Sergio y la Cuca. Qué guapo es Sergio, niña, no sé cómo fue a parar con la Cuca, aunque ella sea buena gente, pero a él se le ve chiquita, ¿no te parece?" (24). Y en el capítulo "Novenario" Laura pontifica sobre las razones por las que Kati y El Yuca tienen adicciones, la primera a la comida y el segundo a la cocaína:

> Pero dicen que don Federico es tan terco y dominante. No le ha de quedar otra salida a la Kati que mantenerse comiendo, para controlar los nervios. Así como El Yuca se metió en la coca, la Kati debe pasar come que come. [...] Pero la Kati es lista. ¿Viste el vestido holgado que andaba puesto? Súper elegante ese vestido y le ayudaba a disimular todo lo que ha engordado. (65)

El nosotros de la clase social entra en contradicción ante la afirmación de la identidad en su sentido más individualista de la sociedad de consumo. La camaradería de clase que expresa Laura en algunos momentos sólo tiene un carácter pasajero. Se escinde cuando se refiere a la guapeza de Sergio, la pequeñez de la Cuca, la gordura de Kati o la adicción de El Yuca, para exhibir una diferenciación del *yo* y revelarnos la potencialidad de su *ego* o la condición más exclusiva de su carácter.[10] Para una mejor comprensión de esa identidad sumida en el "individualismo intransigente" examino las referencias culturales desterritorializadas en el siguiente apartado.

Identidad cultural

El concepto de "identidad cultural" es tan escurridizo como todos los que intentan definir lo esencial y lo cohesivo de una comunidad. La noción se da por sobreentendida en la discusión académica. No obstante, sigue siendo un concepto problemático. Jesús Martín Barbero y Néstor García Canclini han procurado una relectura de la identidad cultural en Latinoamérica que indague por la influencia de los medios masivos de comunicación, las tecnologías de la información y la cultura popular, en el caso del primero (89-106), y los procesos de transnacionalización de los mercados culturales, en el segundo (23-30). Desde esa perspectiva, se identifica cómo aparece representada y modelada la identidad cultural en la novela.

Los referentes culturales en la voz de Laura evidencian la mediación y el desplazamiento cultural que sufre una buena parte de Latinoamérica motivados por la apertura de mercados y el consecuente efecto del consumo trasnacional. Laura conserva algunos de los rasgos de la cultura popular latinoamericana, por ejemplo, quien la *escucha* podría imaginarse a una villana de telenovela mexicana o venezolana (Rojas 147-59). Pero a la narradora le fascinan las ofertas culturales extranjeras y rechaza las propias. En el capítulo "El entierro", mientras Laura viaja en su auto y enfrenta el atasco del tráfico dice: "[a]lcanzame ese casete de Miguel Bosé. Papacito. Me encanta" (47). El cantante español es uno de los iconos de la cultura *pop* de los años noventa, aún vigente. El tono con el que se refiere al cantante sublima la erótica del consumo de productos culturales de la industria mediática. A uno de los amantes de Olga María, "el españolete" que ayudó a Marito (su esposo) a fundar la agencia de publicidad, le dicen "Julio Iglesias […] un tipazo, guapísimo, alto […]" (20). La referencia a los atributos del cantante español, otra figura de la cultura popular, famoso por ser uno de los artistas con más discos vendidos en el mundo y símbolo sexual, confirma la influencia de la cultura de masas en el universo representado. El personaje es enamoradizo hasta la obsesión, lo cual es una señal de que el apodo hace referencia a un juego con los imaginarios.

Laura comparte el gusto por una telenovela brasileña con su madre. "Yo tampoco imaginé que a mi mamá le fuera a gustar una telenovela de ese estilo, tan audaz, tan erótica" (74). Luego se refiere a su protagonista Holofernes como "papacito, verdad, tremendo hombre, guapísimo", lo que da cuenta de que el "deseo escópico" (Rojas 151) ha permeado culturalmente no sólo a su generación sino también a la anterior. Castellanos Moya retrata ese efecto seductor y lúbrico que produce la televisión. En ese sentido, Bauman utiliza la imagen del "Sinóptico", acudiendo a Thomas Mathiesen, para referirse a la seducción que produce en muchos mirar, seguir e imitar a unos pocos en la sociedad líquida. Esta imagen difiere del Panóptico de Foucault en el que pocos miran a los muchos: "El Sinóptico no necesita aplicar la coerción: *seduce* a las personas para que se conviertan en observadores. Y los pocos a quienes los observadores observan son rigurosamente seleccionados" (Bauman, *La globalización* 71).

Pero Laura también denigra las novelas mexicanas: "[n]ada que ver con esas cochinadas mexicanas hechas para sirvientas" (74). La mirada negativa sobre lo mexicano puede interpretarse como un rechazo a lo propio, pues El Salvador y México comparten además de la proximidad espacial y cultural, la condición de país de frontera y de expulsores de connacionales a los Estados Unidos. En otro aparte, Laura refiere la opinión que tiene de México por la imagen que le ha trasmitido su padre: "mi papá detesta ese país, dice que los mexicanos son rateros y tramposos, que los aztecas eran unos criminales bárbaros. Por eso nunca me ha llamado la atención; prefiero irme a Miami o a Nueva York" (135).

La referencia a estas ciudades estadounidenses, que en el imaginario de algunos latinoamericanos se presentan como paraísos urbanos de consumo, tiene su réplica en la mirada de Laura sobre la arquitectura local y los espacios de la ciudad. La narradora alude en varias ocasiones a su entusiasmo por los centros comerciales que se han convertido en los espacios de recreo y exhibición de la capacidad de consumo. Del centro comercial ubicado frente a El Balcón, un restaurante de "ambiente europeo" en el que "una se siente como si no estuviera en San Salvador", comenta: "qué feo, un adefesio, para sirvientas" (81). Del Galerías (que existe en realidad) dice que lo "[h]an dejado bien lindo [...]. Lo que no me gusta es ese caserón colonial que quedó en medio; lo hubieran botado: un chipuste horrible, rodeado de tiendas lindas y modernas" (63). Se refiere a *La casona*, una mansión colonial que está en medio y que los arquitectos procuraron conservar debido a su valor patrimonial. De esta manera el relato denuncia el desprecio por "lo viejo" y lo propio, y la mirada complaciente por lo nuevo y lo extranjero; principios *sine qua non* de la lógica de obsolescencia en la sociedad de consumo.

La hibridación de la identidad cultural representada en la novela a través de la música, la televisión y la arquitectura se debe al consumo de bienes extranjeros, pero al mismo tiempo al desprecio de la vida lugareña. La "cultura híbrida", recuerda Bauman,

> busca su identidad en libertad lejos de las identidades adscritas e inertes, disfrutando de licencia para desafiar e ignorar los marcadores culturales, las etiquetas y los estigmas que circunscriben y limitan los movimientos

y las decisiones del resto de mortales ligados a un lugar: los «lugareños».
(Bauman, *Vida* 48)

La autenticidad, no obstante, es un espejismo, luego la imagen que
Castellanos Moya representa de la identidad confinada al individualismo
es aparente, disuelta y refractada; una identidad líquida.

Conclusión

La diabla en el espejo conserva la crítica al inacabado proyecto
nacional salvadoreño que ya había sido tratado en *El asco*. No obstante,
el hecho de que la voz narrativa emerja de un personaje femenino
de clase alta arroja nuevos matices sobre un universo construido de
manera fragmentaria. El cinismo que se desprende a lo largo de toda
la narración tiene una lectura ambigua, pues la protagonista del relato,
como se nos informa al final, padece de "tendencias esquizoides" que
le provocan un "ataque de paranoia" (176). Este artificio le permite
a Castellanos Moya crear una voz sin corrección política: racista,
arribista, colonialista y despectiva con la nación. En todo el relato no
hay ningún diálogo, salvo el que Laura sostiene con ella misma. Ese
monólogo dialógico marcado por la expresión "niña", que implica
al lector en la construcción de una interlocutora, no es un discurso
para decirse en público. Lo que busca es crear una atmósfera íntima,
de cotilleo, como de quien habla al oído. Las diatribas directas; la
ironía expresada en la escena en la que llora después de haber tenido
relaciones sexuales con José Carlos, uno de los examantes de su amiga
muerta (98); el hecho de que llame a sus conocidos con diminutivos
(Marito, Olguita, Conchita) y al mismo tiempo enfatice sus defectos;
el desparpajo con el que descubre sus deseos sexuales; el desprecio con
el que se refiere a los indígenas o a los pobres, entre otros aspectos,
son elementos de una sátira. En ese sentido, la novela es hasta cierto
punto deudora del *Elogio de la locura* de Erasmo de Rotterdam, quien
se valió de la estulticia para denunciar los vicios de su época sin que
pudieran reprocharle los ataques. La diferencia de esta novela con las
sátiras en su sentido tradicional es que Castellanos Moya no pretende
dar lecciones morales, sino vaciar irrefrenablemente el desencanto y
constatar la mirada despreciativa de la clase alta.

En *La diabla en el espejo*, como en toda la narrativa de este escritor, la oralidad cumple un papel fundamental para la caracterización de sus personajes. El hecho de que sean voces no subalternas ni víctimas sino, por el contrario, las voces del exiliado desdeñoso (como en *El asco*), la oligarquía (como en *La diabla en el espejo*), el paramilitar al servicio del mejor postor (como en *El arma en el hombre* [2001]) o el periodista misógino (como en *Insensatez* [2004]) ha sido considerado por la crítica como una especie de subversión del género testimonial (Thornton 151-172). Ese modo enunciativo es lo que a mi juicio revierte el proceso de significar la nación y la identidad salvadoreña y provoca lecturas antagónicas, como las de quienes juzgan que la obra de Castellanos Moya reproduce la mirada colonialista o quienes la consideran saludable y necesaria. En su célebre ensayo ¿Puede hablar el subalterno?, Spivak respondía rotundamente que no. Así enfrentaba la pretensión de los intelectuales franceses de inscribir en el relato histórico a los subalternos, pero lo mismo se podría decir de ese intento en la representación artística. Como teórica poscolonial consideraba más honesta una lectura a contrapelo de las narraciones donde el Otro ha sido asimilado, como la que sugirió Derrida cuando dijo: "transmitir a modo de delirio esa voz interior que es la voz del otro en nosotros" (27). Lo que hace Castellanos Moya en *La diabla en el espejo* es precisamente eso: dejar que la enajenación de Laura hable con incorrección política para, en una especie de revelado fotográfico a la inversa, dejar que lo oscuro se ilumine y lo iluminado se oscurezca. Al fin y al cabo, la corrección política, como anota Žižek, "es la forma liberal ejemplar de la política del miedo" (56), que deja intacta la verdadera posición subjetiva frente al otro, pero se recubre de una mascarada aceptable en público.

Este procedimiento da como resultado el reflejo de una nación imaginada por unos pocos privilegiados, excluyente y exclusiva; instituciones al servicio de las élites, una iglesia que no acaba de redimirse, un periodismo sin ninguna capacidad de contrapoder, un silenciamiento de la población indígena y espacios en los que lo privado es más importante que lo público. La identidad nacional no existe en esta agenda literaria. En su lugar se ha impuesto la individualidad a ultranza, ávida de objetos de consumo y lejos de los proyectos utópicos que dieron origen a los discursos nacionales. En el fondo se puede oír una risotada satírica de un Castellanos Moya, quien, al estilo de Diógenes de Sinope, asume la tarea de provocar a los poderosos preguntándoles por qué sonríen.

Notas

[1] En *El asco* (1997) Castellanos Moya atacó todos los símbolos nacionales en la voz de Edgardo Vega, el protagonista. La diatriba fue muy mal recibida en su país, al punto de que el autor tuvo que irse al exilio.

[2] Castany amplía el uso de la categoría "antipatriótica" para referirse a la literatura que cuestiona el patriotismo ("*El asco*" 221-38). La denominación proviene del alemán *Antiheimatsliteratur* que se utilizó para clasificar las obras críticas de los nacionalismos y producidas en Europa después de la Segunda Guerra Mundial. Sin embargo, el autor propone un alcance geográfico y temporal extendido a alguna literatura contemporánea entre la que incluye a autores como Horacio Castellanos Moya, Fernando Vallejo y Roberto Bolaño.

[3] Según el informe de migración de Naciones Unidas, en 2013 cerca de 232 millones de personas eran migrantes internacionales, 78 millones más que en 1990. El informe se puede consultar en *Trends in International Migrant Stock: The 2013 Revision*.

[4] Los teóricos poscoloniales han criticado las lecturas occidentales sobre cuál debe ser el destino de las naciones. Partha Chatterjee en *The Nations and its Fragments* (1993) recoge ese sentimiento. Desde otra perspectiva Judith Butler y Gayatri Chakravorty Spivak en *Who Sings the Nation-State?* (2007) defienden la utilidad del Estado, al margen de los nacionalismos, para proteger los derechos de los subalternos.

[5] En el período previo a la Guerra Civil, desde 1931 hasta 1979, El Salvador estuvo sometido a varios gobiernos militares que se sucedieron a través de golpes de Estado. El *National Security Archive*, el *University of Washington Center for Human Rights* y el *Human Rights Data Analysis Group* publicaron *El libro amarillo*, un informe que da cuenta de un listado de casi 2.000 civiles identificados como "enemigos" de las fuerzas de seguridad durante la guerra.

[6] El 23 de mayo de 2015 Óscar Romero fue beatificado. Con su muerte, la iglesia debió ampliar el concepto de "mártir", que estaba reservado solo para quienes sufrían persecución religiosa de parte del comunismo para incorporar una nueva categoría de quienes han sufrido vejámenes incluso por parte de sus correligionarios.

[7] Según la Dirección General de Estadísticas y Censos (Digestyc) la población salvadoreña es de 6.5 millones de personas aproximadamente, luego la población indígena se compondría de 6.500 personas.

[8] Véase Cortez, *Estética del cinismo* (2010) para una definición de la estética del cinismo de la literatura centroamericana posterior a la Guerra Civil, no como una característica necesariamente negativa sino como una reacción al desasosiego que busca la supervivencia.

[9] En este ensayo no abordamos el concepto de identidad de género por considerar que se requeriría un artículo aparte y, además, porque desde esta perspectiva la novela ya ha sido abordada *in extenso* por reconocidos críticos. Véase Padilla, "Setting 'La diabla'", 133-45.

[10] Paul Ricoeur define el carácter como "el conjunto de signos distintivos" de una persona con vocación de durar en el tiempo (*Sí mismo como otros* 113).

OBRAS CITADAS

Aluma, Andrés. "El fin de lo salvadoreño en *El asco*". *Istmo. Revista virtual de estudios literarios y culturales centroamericanos* 25-26 (julio-diciembre 2012 / enero-junio 2013). 5 nov. 2015. <http://istmo.denison.edu/n25-26/articulos/11_aluma_andres_form.pdf>.

Anderson, Benedict. *Comunidades imaginadas. Reflexiones sobre el origen y la difusión del nacionalismo.* México, D.F.: FCE, 1993.

Appadurai, Arjun. *Modernity at Large: Cultural Dimensions of Globalization,* vol. 1. Minneapolis: U of Minnesota P, 1996.

Bauman, Zygmunt. *La globalización. Consecuencias humanas.* México, D.F.: FCE, 2010.

_____ *Identidad.* Buenos Aires: Editorial Losada, 2005.

_____ *Vida líquida.* Barcelona: Espasa, 2005.

Bhabha, Homi. *El lugar de la cultura.* Buenos Aires: Editorial Manantial, 2002.

Butler, Judith y Gayatri Chakravorty Spivak. *Who Sings the Nation-State?* Calcuta: Seagull Books, 2007.

Castany Prado, Bernat. "*El asco* de Horacio Castellanos y la literatura antipatriótica en Hispanoamérica". *Este que ves, engaño colorido... Literaturas, culturas y sujetos alternos en América Latina.* Chiara Bolognese, Fernanda Bustamante y Mauricio Zalbagoitia, eds. Barcelona: Icaria editorial, 2012. 221-38.

_____ *Literatura posnacional.* Murcia: Universidad de Murcia, Servicio de Publicaciones, 2007.

Castellanos Moya, Horacio. *El arma en el hombre.* México, D.F.: Tusquets, 2001.

_____ *El asco. Thomas Bernhard en El Salvador.* San Salvador: Editorial Arcoiris, 1997.

_____ *La diabla en el espejo.* Madrid: Linteo, 2000.

_____ Entrevista personal. 16 de mayo de 2015.

_____ *Insensatez.* Barcelona: Tusquets, 2004.

Chatterjee, Partha. *The Nations and Its Fragments: Colonial and Postcolonial Histories.* Princeton: Princeton UP, 1993.

Cortez, Beatriz. *Estética del cinismo. Pasión y desencanto en la literatura centroamericana de posguerra.* Guatemala: F&G Editores, 2010.

García Canclini, Néstor. *Latinoamericanos buscando lugar en este siglo.* Buenos Aires: Paidós, 2002.

Hall, Stuart. "Introducción: ¿quién necesita la «identidad»". *Cuestiones de identidad cultural.* Stuart Hall y Paul du Gay, comps. Buenos Aires: Amorrortu editores, 2003. 13-39.

Jameson, Frederic. "La literatura del tercer mundo en la era del capitalismo multinacional". Ignacio Álvarez, trad. *Revista de Humanidades* 23 (junio 2011): 163-93.

Maalouf, Amin. *Identidades asesinas.* Madrid: Alianza Editorial, 1999.

Martín-Barbero, Jesús. "Medios y culturas en el espacio latinoamericano". *Iberoamericana* 2/6 (2002): 89-106.

Padilla, Yajaira M. "Setting "La diabla" Free: Women, Violence, and the Struggle for Representation in Postwar El Salvador". *Latin American Perspectives* 35/5 (2008): 133-45.

Ricoeur, Paul. *La memoria, la historia y el olvido.* Buenos Aires: FCE, 2000.

_____ *Sí mismo como otros.* México, D.F.: Siglo XXI, 1996.

Rojas Carranza, Vilmar. "La imagen mediática en *La diabla en el espejo*: entre el poder y la exclusión". *Inter Sedes* 4/6 (2003): 147-59.

Said, Edward. *Fuera de lugar.* Barcelona: Random House Mondadori, 2001.

Sloterdijk, Peter. "Patria y globalización". Salomón Derreza, trad. *Revista Nexos* (octubre 1999). <http://www.nexos.com.mx/?p=9424>.

Smith, Anthony D. *Nacionalismo. Teoría, ideología, historia.* Madrid: Alianza Editorial, 2004.

Spivak, Gayatri Chakravorty. *¿Puede hablar el sujeto subalterno?* José Amícola, trad. *Orbis Tertius* 3/6 (1998): 175-235.

Thornton, Megan. "A Postwar Perversion of Testimonio in Horacio Castellanos Moya's *El asco*". *Hispania* 97/2 (2014): 207-19.

United Nations, Department of Economic and Local Affairs. "Trends in International Migrant Stock: The 2015 Revision-Migrants by Destination and Origin". <http://www.un.org/en/development/desa/population/migration/data/estimates2/docs/MigrationStockDocumentation_2015.pdf>. 2015.

University of Washington, Center for Human Rights. "El libro amarillo". <http://unfinishedsentences.org/reports/yellow-book>. (2014). 5 nov. 2015.

Wieser, Doris. "Nos hubiéramos matado, si nos hubiéramos encontrado. Entrevista a Horacio Castellanos Moya". *HeLix* 3 (junio de 2010): 90-111.

Wolff, B. Cristina. "Strategic Essentialism". *The Concise Encyclopedia of Sociology*. George Ritzer y J. Michael Ryan, eds. Malden, MA: Wiley-Blackwell, 2011.

Žižek, Slavoj. *Sobre la violencia. Seis reflexiones marginales*. Buenos Aires: Paidós, 2009.

¿El arma en la sociedad? La novela del desmovilizado, militarismo e introspección en la obra de Castellanos Moya

SOPHIE ESCH
Colorado State University

La exploración del comportamiento violento es una constante en la obra de Horacio Castellanos Moya. Con determinación, el autor disecciona los lenguajes de la violencia: el habla y la poética del asesino, del intelectual, del misógino, del militar, y de la víctima. Son intentos de abordar la violencia en el contexto histórico centroamericano, pero también de explorar la violencia inherente en la humanidad en general. Esto muchas veces va acompañado de un intento de formular una crítica del militarismo. Entre todas sus novelas, la que desde su título propone más enfáticamente esa exploración y crítica de la violencia y del militarismo es *El arma en el hombre* (2001), una novela que trata de un desmovilizado del ejército salvadoreño que pasa a trabajar para diferentes organizaciones criminales del istmo.

Esta novela es un ejemplo de un subgénero emergente de la literatura centroamericana de posguerra que llamo la *novela del desmovilizado*, en la cual la figura del desmovilizado sirve para hacer una revisión crítica de la posguerra. También sirve para formular una crítica del militarismo, que es un tema central en la obra de Castellanos Moya desde su primera novela *La diáspora* (1988); pasando por la controvertida *El asco. Thomas Bernhard en El Salvador* (1997) y *El arma en el hombre*; hasta su ficción críticamente más exitosa, *Insensatez* (2004), y su reimaginación de la novela del dictador, *Tirana memoria* (2008). Su obra da pasos hacia una introspección a nivel individual, nacional y universal en relación al militarismo. Sin embargo, esta exploración crítica en ocasiones es problemática ya que privilegia explicaciones criminológicas y psicológicas en vez de sistémicas, o cae en lugares comunes. Especialmente en *El arma en el hombre* a menudo se presenta al ex soldado como un estereotipo, tan Otro que no provoca que la sociedad de posguerra realmente tenga que enfrentar sus tendencias militaristas generalizadas.[1]

El desmovilizado como la figura paradigmática de la posguerra

Durante los conflictos armados Centroamérica había pasado por un proceso de militarización profunda: se crearon organizaciones guerrilleras con miles de integrantes y tan sólo en los años ochenta, la década de la violencia contrainsurgente más atroz, los ejércitos centroamericanos crecieron de 48.000 a 200.000 integrantes (Pearce, "From Civil War" 594). En el contexto de los diferentes acuerdos de paz –1990 en Nicaragua, 1992 en El Salvador, 1996 en Guatemala– se desmovilizaron fuerzas regulares e irregulares en los tres países de mayor confrontación: en Nicaragua, 65.000 soldados del ejército sandinista y 23.000 contras; en El Salvador, 30.000 soldados del ejército y 8.000 de la organización guerrillera Frente Farabundo Martí de Liberación Nacional; en Guatemala, 24.000 llamados comisarios militares[2] y aproximadamente 3.600 guerrilleros de la Unidad Revolucionaria Nacional Guatemalteca (Kingma 2).

Con más de 150.000 desmovilizados como residuo directo de las guerras y como posible fuente de violencia en la posguerra, el desmovilizado también se volvió una figura central en la literatura centroamericana reciente. Hasta podríamos hablar de un subgénero de la literatura de posguerra centroamericana: la novela del desmovilizado (o *demobilized combatant novel*, en inglés). He identificado varios elementos temáticos y estilísticos constituyentes de la novela del desmovilizado. Las características temáticas de este subgénero son: 1) la presencia de por lo menos un protagonista que es un ex-combatiente, sea de derecha o de izquierda; 2) la centralidad de la relación del protagonista con las armas; 3) la manifestación de un trauma explícito o subyacente en la trama; 4) la existencia de una dimensión trans- o posnacional, es decir, la novela se desarrolla en varios países centroamericanos y/o en la diáspora y/o muchas veces la nación ya no es un referente importante; 5) el predominio de pasiones negativas en los protagonistas, como ira y venganza; 6) el predominio de una masculinidad y/o sexualidad agresivas y heteronormativas; y

7) la presencia de temas como delincuencia, narcotráfico y/o élites criminales. Aunque mi definición es principalmente temática, también he identificado algunas características formales y estructurales de este subgénero. Éstas incluyen: 1) una marcada oralidad que se plasma en un registro oral y/o coloquial y narraciones en monólogo o diálogos que crean una sensación de inmediatez; y 2) una estética de película de acción, especialmente un final en forma de un *show-down* violento.

Existen varios ejemplos de la novela del desmovilizado. *Que me maten si...* (1997) de Rodrigo Rey Rosa trata de los quehaceres de ex militares y ex guerrilleros en Guatemala y Belice y de crímenes de la guerra y la posguerra. *The Tattooed Soldier* (1998) de Héctor Tobar trata del encuentro letal en Los Ángeles de dos guatemaltecos: uno civil y el otro militar de las fuerzas especiales, responsable del asesinato de la esposa e hija del primero. *Managua, salsa city (¡Devórame otra vez!)* (2000) e *Y te diré quién eres (Mariposa traicionera)* (2006) de Franz Galich tratan de un ex soldado sandinista que se desempeña en diferentes roles y empleos en las dos novelas: vigilante, delincuente, asesino, detective e insurgente. Otra novela es *El arma en el hombre* de Horacio Castellanos Moya, que discutiré con más detalle en lo que sigue.[3]

Estas novelas también comparten rasgos con la novela negra o la nueva novela policíaca latinoamericana –a veces el desmovilizado se convierte en la persona que revela complots o expone élites criminales–. De hecho, Misha Kokotovic examina casi los mismos textos como ejemplos de la actual novela negra centroamericana que se caracteriza por desarrollarse en un contexto social corrupto, sin detectives clásicos y sin solución, y con una fuerte crítica al neoliberalismo ("Novela negra y neoliberalismo" 185-87).[4] Lo que Kokotovic llama *neoliberal noir* ("Neoliberal Noir" 15) centroamericano coincide a grandes rasgos con lo que yo llamo la novela del desmovilizado. Por lo mismo, se podría decir que la novela del desmovilizado es tanto un subgénero de la literatura de posguerra centroamericana como la vertiente centroamericana de la reciente vitalización de la novela negra y policiaca en América Latina.

En estas novelas, los desmovilizados, personajes por lo general violentos, militarizados, traumatizados y desarraigados, junto con sus arsenales, son el punto de partida para una exploración crítica del período de posguerra. *El arma en el hombre* es un texto ejemplar de este subgénero y sus pretensiones críticas. La novela presenta una narración sucinta en primera persona de un ex soldado llamado Robocop –una figura que aparece por primera vez en la novela *La diabla en el espejo* (2000) como el asesino de la amiga de la narradora–. Teniendo lugar en universos compartidos, *El arma en el hombre* confirma varias de las sospechas de la cada vez más trastornada protagonista de *La diabla en el espejo*, pero el enfoque principal de la segunda novela no está en las conspiraciones de la clase alta, sino en la historia misma de Robocop. Midiendo 190 centímetros y siendo de complexión fuerte, fue reclutado de manera forzada en 1983. Pasó rápidamente al rango de sargento. Fue entrenado en la *School of the Americas* y formó parte de un cuerpo de élite del ejército salvadoreño. Después de ser desmovilizado se queda con su indemnización y las armas que escondió para casos de emergencia. La novela empieza en el momento de la desmovilización y narra los diferentes oficios que desempeña después. Tras empezar como ladrón de automóviles, pasa de asesino a sueldo a elemento de seguridad privada empleado por ex militares y narcotraficantes. Por el perfil político de algunos asesinatos, Robocop varias veces tiene que salir del país y, en una ocasión, las corporaciones para las que trabaja intentan eliminarlo por su peligrosa visibilidad. Robocop huye y encuentra su idilio militar vigilando una plantación de amapola junto a ex guerrilleros en la frontera entre Guatemala y México. La novela termina con Robocop gravemente herido después de un ataque contra la plantación y la DEA ofreciendo curarlo si se convierte en agente especial para ellos.

El desmovilizado es una figura paradigmática de la posguerra y su literatura ya que en ella se cruzan varios temas clave de los procesos históricos recientes de la región: la precariedad dentro de un régimen neoliberal combinado con fenómenos transnacionales de globalización como migración y delincuencia; el trauma y el legado difícil de la guerra, muchas veces reprimido; un entorno violento y misógino. Parece que la guerra continúa en la posguerra, si bien bajo otros signos e impregnada de una profunda sensación de desencanto. Estas coordenadas de la posguerra, tan presentes en la figura del desmovilizado, también apuntan a un debate central sobre la literatura centroamericana reciente: si los textos actuales son expresiones resignadas de una "estética de cinismo" (Cortez) o si guardan cierto idealismo en su afán de criticar la situación actual (Aguirre; Perkowska; Kokotovic "After the Revolution") incluso ofreciendo "symbolic acts of reparation" (Rodríguez 33). Estas cuestiones también se plasman en la figura de Robocop. Su situación de desmovilizado lo pone en un estado de precariedad. Sólo recibe tres meses de sueldo de indemnización y queda "en el aire" (*El arma* 9). Sin ningún entrenamiento más que el oficio de la guerra, tiene que usar sus habilidades con las armas y sus conocimientos de inteligencia militar para sobrevivir. Seguridad privada, delincuencia o conversión en mercenario son sus únicas opciones. En la posguerra en Centroamérica han dominado políticas neoliberales: privatización de servicios públicos, procesos descontrolados de globalización e ideologías de responsabilidad individual en vez de colectiva. Muy pragmática y dinámicamente, Robocop se adapta a ese régimen y vende su mano de obra en el mercado transnacional. Ofrece sus servicios en El Salvador y Guatemala y termina en Estados Unidos. Aquí radica la crítica del orden neoliberal de la novela: el estado está ausente y reina una única ideología empresarial y precarizante. El oficio del soldado es precario porque arriesga su vida, pero el oficio del asesino a sueldo, delincuente de la calle y guardaespaldas es aún más precario porque no hay ninguna institución legítima detrás del empleado. Está solo. Robocop trabaja para diferentes corporaciones criminales del istmo, pero no hay seguridad de empleo ni lealtad. Cuando les causa demasiados problemas, intentan eliminarlo.

Además, el orden neoliberal de la posguerra, tal como se presenta en la novela, no es sólo precario sino también sumamente violento. Centroamérica se presenta como un campo de batalla y la violencia es omnipresente: asesinatos a plena calle, tropas irregulares fuertemente armadas, torturas, embates con granadas y lanzacohetes. Parece que la guerra sigue, sólo que bajo otros nombres. Oficialmente desmovilizado, Robocop sigue desempeñando el oficio de la violencia. Trabaja nominalmente para otras instituciones pero no son tan diferentes: los exmilitares y las corporaciones criminales son los mismos militares y élites de antaño. Robocop es la personificación de esta sensación de una violencia omnipresente en la posguerra. Vuelve una y otra vez a su arsenal de armas de alto poder, asalta, ataca y asesina.

Lleno de ira y agresión, también dirige su violencia contra las mujeres. Robocop establece una relación con la prostituta Vilma a lo largo de varios meses, pero después de reencontrarla, acostarse con ella y narrarle toda su historia, la ejecuta con frialdad (102). La representación de la masculinidad y sexualidad agresivas y heteronormativas[5] de Robocop se podría ver como una crítica de la misoginia y las tendencias feminicidas de la posguerra y de la institución castrense. Sin embargo, tengo serias dudas sobre estas representaciones denigrantes y violentas de la mujer ya que la masculinidad y la misoginia no se desestabilizan en ningún momento de la novela. Esto va conforme con las tendencias generales de la literatura centroamericana actual (Kokotovic, "After the Revolution" 55). En muchas de las novelas de Castellanos Moya la mujer tiende a ocupar el lugar de lo histérico y lo abyecto. Pero en esta novela, la misoginia se recrudece y como última consecuencia termina en el feminicidio. Aparentemente, la persona más desechable en la posguerra y su literatura es la mujer.

En el retrato desencantado de la posguerra se mezclan también el trauma de la guerra y la desilusión provocada por la guerra misma. El desmovilizado es un residuo directo de la guerra que personifica no sólo su legado violento, sino, también, el trauma reprimido de la guerra. Por lo general a Robocop se le representa como una dura e insensibilizada máquina de guerra, pero esporádicamente se notan rastros de trauma en él. El trauma está tan reprimido que sólo sale a la luz bajo la influencia de drogas de tortura. Robocop empieza a temblar y a alucinar que su madre y su hermana le piden que mate a su padre (*El arma* 65). Esta invitación al parricidio por parte de sus familiares es una muestra de su culpa interiorizada. No puede expresar esa culpa pero al parecer los actos que cometió durante la guerra fueron tan horrorosos que él mismo piensa que su familia no dudará de su capacidad para romper ese último tabú.

La sensación de desencanto y desolación de la posguerra no sólo se debe a la represión del trauma, sino también a una sensación de que la guerra fue una empresa sin sentido. Lo último se refleja en el *El arma en el hombre* en la burla del lenguaje político de la guerra (tanto el de derecha como de izquierda). Por ejemplo, Robocop varias veces se apropia en la posguerra de símbolos revolucionarios de la izquierda. En una toma simbólica de la Asamblea Legislativa por parte de un grupo de desmovilizados, Robocop usa el pasamontañas de los neozapatistas volviéndose una sensación mediática (21). Luego, durante una misión en Guatemala, Robocop grita "Que se rinda tu madre" (94), que es exactamente lo que el poeta-guerrillero nicaragüense Leonel Rugama dijo antes de morir acribillado por la Guardia Nacional. Éste es el extraño nuevo orden de la posguerra: el soldado reaccionario al parecer convertido en el nuevo guerrillero. Las líneas divisorias de la guerra se están haciendo más borrosas en el contexto de la posguerra –o siempre lo fueron–. Así, la novela insinúa que tal vez ambos lados nunca fueron tan diferentes, hablando desde las profundidades del desencanto centroamericano.

Pero no sólo el lenguaje político de izquierda es el que está en crisis, sino también el de derecha. Esto se manifiesta en el hecho de que Robocop básicamente nunca habla de patria[6] ni de honor. Patria y honor son códigos militares esenciales, y su ausencia en el discurso de Robocop cuestiona su validez y peso. Al parecer, estos códigos no le ayudan en el contexto globalizado y neoliberal de la posguerra, o Robocop tal vez nunca tuvo mucha fe en estos ideales, lo que parcialmente deslegitimaría la justificación castrense para la guerra. Lo que sí todavía usa del discurso ideológico castrense son palabras como "subversivos" y "terroristas" para referirse al insurgente. Pero, como apunta acertadamente William Castro, las acciones de Robocop constantemente socavan su discurso antiterrorista, ya que él es el único "terrorista" de la historia, el que con sus actos causa miedo y terror (127).

El desencanto plasmado en la novela nos remite también al debate sobre las dimensiones políticas, éticas y cínicas de la actual producción literaria del istmo y sus diásporas. Algunos críticos dicen que *El arma en el hombre* carece de idealismo (Kokotovic, "After the Revolution" 39) y que no ofrece salidas (Astvaldsson 446). Otros la ven como una representación adecuada de cómo la violencia destruye lo humano (Cortez 94-95; Franco 112). Otros todavía ven en la novela un gesto radical de inclusión hacia el sujeto militarizado y abyecto (Castro 134). A mi juicio, esas diferencias tienen que ver con cómo uno ve al personaje de Robocop –matón, subalterno, estereotipo, alegoría o mimesis– y cómo uno ve a su figura en relación a la crítica del militarismo que, sea desde una posición comprometida o cínica, se intenta formular en la novela y toda la obra de Castellanos Moya.

La crítica del militarismo en la obra de Castellanos Moya

El militarismo es una de las ideologías y formas de organización social más represivas y más poderosas en la historia de la humanidad. Sin embargo, carecemos de un aparato teórico amplio para su estudio y su crítica, "[...] a body of work that offers us what we now have for capitalism, colonialism, and globalization" (Gusterson 165). Tampoco hay consenso sobre su definición, pero en un sentido amplio se entiende como la organización del estado y la sociedad de acuerdo a ideales, valores y categorías militares y bélicas tales como la jerarquía, la obediencia, la disciplina, la belicosidad y la ley del más fuerte, lo que también se plasma en la glorificación de la cultura militar a través de marchas, uniformes y armamento (Klein y Schubert 196).

Históricamente ha habido algunas diferencias en la concepción del militarismo. Éstas radican principalmente en si uno ve en la expansión imperialista y la represión interior rasgos constituyentes del militarismo o no (Hernández Holgado 13-15). Para el caso latinoamericano se puede decir que los ejércitos por lo general se han ocupado más de supuestos enemigos internos que de enemigos externos. Estos enemigos internos forman parte de la nación pero, porque representan una amenaza a la nación (ideológicamente o racialmente), son considerados ciudadanos abyectos que pueden ser torturados, desaparecidos y asesinados. Mientras que los ejércitos latinoamericanos raras veces tenían pretensiones imperialistas propias, han sido el brazo del imperialismo estadounidense. En el contexto de la Guerra Fría fueron entrenados y equipados por los EE.UU., garantizando la esfera de influencia del país en la región.

El ejército en América Latina ha sido un importante actor político, pero por lo general niega tener intereses "políticos". Loveman y Davies argumentan que, de hecho, el ejército en América Latina siempre vio "la política" entendida como el "conflict among personalist factions and later, political parties over ideological formulas and the spoils of rule" (3), como un problema que podría ser resuelto si se impusiera un régimen militar. De acuerdo al ejército, sólo el fin de la política podría crear estabilidad y prosperidad (3). El ejército creó entonces una política que negaba su propia ideologización (12). Las "antipolíticas" castrenses fueron antiliberales o antimarxistas, y se erigieron alrededor de ideas como orden, progreso y represión (13). En sus estudios del discurso castrense en Guatemala y Argentina, Kroll (386) y Jelin (40) destacan que muchas veces los líderes político-militares tendían a usar una retórica moral en vez de política en la que la familia y la enfermedad eran las metáforas para hablar de la nación y la insurgencia, y así justificar la guerra contrainsurgente.

Ahora, también hay otro militarismo que es abiertamente político. Éste es el militarismo de la izquierda en el cual el ideal del guerrillero guevariano y la creación de la utopía a través de las armas se vuelven centrales. Raras veces contó este militarismo con un ejército regular; ha sido menos estudiado y sólo es responsable de una fracción de la violencia que causó la política militarista-contrainsurgente de las dictaduras, pero a fin de cuentas también es militarismo. Exhibe una parecida glorificación de la guerra y la disciplina, de las armas y los uniformes y en el contexto de la clandestinidad demuestra una similar preocupación por el enemigo interior.

INICIOS: LA CRÍTICA DEL MILITARISMO DE IZQUIERDA EN *LA DIÁSPORA*

Es a partir de este tema –el militarismo de izquierda– que empieza el acercamiento y la crítica al militarismo en la obra de Castellanos Moya. Su primera novela, *La diáspora*, es una novela fragmentada sobre el exilio de diferentes militantes salvadoreños en los años ochenta en la Ciudad de México. El infame asesinato de la comandante Ana María al interior de la guerrilla salvadoreña, en 1983, forma el contexto político de la novela.[7] Tal vez el militarismo no explica del todo este episodio traumático de las guerrillas salvadoreñas, pero el militarismo es un aspecto importante ya que una riña ideológica se resolvió a través de las armas y se usaron las armas contra una supuesta enemiga interior. El desencanto con esas tendencias militaristas se manifiesta en la novela. Por ejemplo, el narrador presenta al encargado de seguridad del partido como una "de esas implacables máquinas de guerra que no se tocaron los hígados para meterle ochenta y dos picahielazos a la comandante Ana María" (*La diáspora* 57).

Otro personaje que se usa en *La diáspora* para criticar el militarismo de la izquierda es Quique López, quien exiliado en el DF, sueña con volver a El Salvador para reinsertarse a las filas guerrilleras, con un imaginario marcadamente militar: "se imagina como guerrillero, con su uniforme de fatiga y un fusil M-16 que le quitará al primer soldadito que se le enfrente en combate" (73). También la narración sobre la trayectoria militante de Quique resalta que a éste le interesaba más el aspecto bélico que el aspecto ideológico. Fascinado con el ejército, pasa largas horas con uno de sus primos que es militar pero, por un pleito en un bar, Quique decide juntarse con su otro primo y sus reclamos de revolución. Su militancia de izquierda se presenta como una casualidad. Muy bien hubiera podido terminar en el otro bando (79). A Quique no le interesa la ideología; le interesan la acción y la violencia: "En su primera reunión, Quique se dio cuenta que a los compas les gustaba discutir sobre cosas que él poco entendía, por eso les dijo que podía conseguir una pistola" (79). Le gusta la violencia y comete varios ajusticiamientos con frialdad y por lo mismo –y aquí radica otra acérrima crítica de Castellanos Moya del militarismo de izquierda– sube de rango en la organización guerrillera (80). Se convierte en jefe de escuadra y se destaca por sus valores militares: "su disciplina, su combatividad, su capacidad de conducción y su camaradería" (82). Con esta crítica en *La diáspora*, Castellanos Moya tematizó un tema incómodo para las sensibilidades de la izquierda. Todavía durante el período bélico en El Salvador, en vez de un gesto celebratorio o un silencio solidario, expresó serias dudas sobre la guerrilla y su militarismo, posicionándose con esta novela disidente como un autor que rechaza "historical pieties" (Moreiras).

INTENSIFICACIONES: EL MILITARISMO COMO MAL NACIONAL EN *EL ASCO*

Esa despreocupación se exacerba en su famosa novela *El asco. Thomas Bernhard en El Salvador.* La novela es una diatriba de más de cien páginas de un profesor salvadoreño-canadiense contra El Salvador y sus símbolos nacionales. En la novela, por la cual Horacio Castellanos Moya recibió amenazas de muerte, se despotrica no sólo contra las pupusas y la cerveza nacional, sino también contra la cultura militarista que el protagonista, radicado en Canadá, observa a su retorno a El Salvador: "yo no lo podía creer cuando vine [...] todos caminan como si fueran militares, se cortan el pelo como si fueran militares, piensan como si fueran militares, espantoso... no hay algo que me produzca más asco que los militares" (*El asco* 26-27). La referencia al escritor Thomas Bernhard y su incansable diatriba contra los vestigios del fascismo en Austria subraya el intento de provocar una reflexión parecida sobre el supuesto militarismo inherente en la nación salvadoreña. Pero también es una crítica problemática, emitida por alguien igual de criticable, uno que se revela como intelectual elitista, provinciano y cerrado (Cortez 255). Además, es el juicio de alguien que está en un estado de creciente paranoia. En un bar piensa que otros clientes son ex combatientes y tiene miedo de que lo vayan a atacar, ya que "para esos sicópatas ex soldados y ex guerrilleros las granadas de fragmentación se han convertido en sus juguetes favoritos" (*El asco* 108).

Pero el hecho de que haya que desconfiar de este sujeto y su testimonio-diatriba no significa que su discurso no tenga algo de validez. En la franqueza del discurso hay un intento de decir "la verdad escandalosa […] para el bien común" (Perkowska), y las diferentes estrategias de la novela, como son el cinismo, la parodia y la duda, apuntan a la necesidad de que El Salvador se reinvente y reimagine (Thornton 211-12). La diatriba del sujeto es problemática por varias razones, pero a la vez constituye un llamado franco a confrontar el legado militarista. Es una advertencia de que no se puede reconstruir y reimaginar la nación salvadoreña sin atender al militarismo. Es un llamado a una introspección nacional.

Sin embargo, ese discurso es problemático también por su uso de una característica del habla de los personajes de Bernhard: lo categórico. Lo categórico rápidamente cae en el esencialismo. El protagonista entrelaza el militarismo con la salvadoreñidad, ve a los salvadoreños como "gente cuyo máximo ideal es ser sargento" (*El asco* 26) y afirma que "todos quisieran ser militares para poder matar, eso significa ser salvadoreño" (26). En afirmaciones como éstas no hay espacio para matices. Por ejemplo, no cabe la posibilidad de que las naciones de posguerra sean militaristas, no porque esté en su naturaleza, sino por desarrollos históricos. Estas consideraciones y sutilezas no caben en un discurso bernhardino, pero ese tampoco es el propósito en esta novela. Aquí el punto es provocar para dar el primer paso hacia una introspección nacional, y eso significa reconocer el militarismo como problema.

Exploraciones: la confrontación con el sujeto militarizado
en *El arma en el hombre*

El arma en el hombre da más pasos hacia la introspección. En esta novela se confronta al público con Robocop, un personaje violento y militarizado, y se propone una exploración multidimensional del fenómeno del militarismo. En primer lugar, Robocop apunta a una crítica al militarismo estadounidense en América Latina. Robocop fue entrenado en la infame *School of the Americas* (SOA), conocida por enseñar los métodos contrainsurgentes más brutales a los militares latinoamericanos. También a través de sus personajes la novela hace una crítica de cómo la llamada "guerra contra las drogas" le sirve a los Estados Unidos para mantener su presencia militar en la región. Antes eran los militares, las élites y la SOA, ahora lo son las corporaciones mantenidas por los ex militares, las élites y la *Drug Enforcement Administration* (DEA). Es la DEA quien recoge a Robocop al final de la novela a cambio de su testimonio y su cuerpo: "yo les contaba todo lo que sabía y, a cambio, ellos me reconstruirían (nueva cara, nueva identidad) y me convertirían en agente" (131). La promesa es convertirlo en "un verdadero Robocop" (132), reconstruyendo su cuerpo. Es un fin irónico ya que hasta cierto punto Robocop ha sido un agente de los Estados Unidos toda su vida (Kokotovic, "After the Revolution" 39).

La referencia a la producción militarista hollywoodense a través del nombre Robocop, tomado de la película *RoboCop* (Paul Verhoeven, 1987), y la estética de película de acción de esta "*action novel*" (Pezzè 99) también son parte de esa crítica del militarismo estadounidense. Esto es algo que confirma el propio Castellanos Moya al explicar en una entrevista que, para él, en Robocop se juntan "la cultura norteamericana violenta que se difunde a través de los medios y afecta a toda Latinoamérica" y "la cultura militarista norteamericana como factor de desarrollo de máquinas criminales a lo largo y ancho del planeta" (D'Amonville Alegría). Es una crítica acertada ya que abarca el imperialismo de los Estados Unidos no sólo a partir de su aparato militar, sino también su aparato cultural.[8] El problema de esa representación es que se traza un personaje superficial que parece un ensamblaje de películas de acción. Esta falta de profundidad dificulta las intenciones introspectivas de la novela.

Existe en la novela un intento de reflexionar sobre el impacto que tiene la institución castrense sobre el individuo y relacionarlo con una reflexión sobre el potencial violento del ser humano, lo que se alegoriza en la noción del "arma en el hombre" y el arma humana. En la novela se critica el militarismo a partir de la subjetividad militarista de Robocop, pero esa crítica se queda corta porque la novela últimamente privilegia nociones simplistas en vez de sistémicas sobre el militarismo. Robocop no tiene ningún desarrollo como personaje y así los acercamientos metafóricos se prestan a explicaciones sobre una violencia innata o compulsiva del sujeto.

Robocop aparece con una subjetividad marcada por la institución castrense. Su visión del mundo es bélica y militarista: enemigos, espionaje, violencia, disciplina, la ley del más fuerte. Su ideología es militarista, y así sólo se refiere a los guerrilleros como "terroristas" (*El arma* 9) o agentes de la "subversión" (12), muy de acuerdo con las ya mencionadas tendencias generales en los militares latinoamericanos. Aunque su retórica se debe a un particular marco ideológico, Robocop niega cualquier interés en la política (16), que para él es meramente "palabrería" (19). El ejército marca su ser, así que desde los Acuerdos de Paz Robocop se siente perdido. Compara el hecho de ser desmovilizado con el de quedar huérfano (12). Para él, el ejército no sólo fue un empleador, sino también su familia, la institución que lo entrenó, le proveyó su visión del mundo y le dijo qué debía hacer. La institución también lo nombró, borrando su ser anterior. Todo el mundo se refiere a él con su nombre de guerra y apodo, Robocop, y en el texto sólo se menciona en una ocasión su nombre real: Juan García Peralta (69). Lo único que desea es volver a la claridad de ese mundo. Por ello, la plantación de amapola es para él su propia utopía pastoral-militarista. En ese lugar encantado en las nubes y con flores mágicas empieza su "segunda vida castrense": entrenamiento diario, rutina clara, vigilancia (86). Vuelve en sí en este contexto militar: "Una vez con el fusil en mis manos, trotando, siguiendo las órdenes de mando, empecé a sentir calor. Por fin lograba volver a ser lo que había deseado" (86).

Una parte de esa identidad militar son sus armas, lo único que le queda después de ser desmovilizado: dos AK-47, una M-16, ocho granadas, munición y una pistola (9). El arsenal de Robocop es un *leitmotiv* en la novela: vuelve a él (22, 24-25, 46, 107), consigue nuevas armas (86, 90, 92) y duerme con un AK abrazado a su cuerpo (127). Dice Beatriz Cortez que la novela muestra que "[p]oner un arma en las manos de un hombre requería modificar, entonces y para siempre, su humanidad" (94). Pareciera que, a través del entrenamiento militar y la guerra Robocop, ha perdido su humanidad, y su existencia es ya nada más la de un arma humana.

Pero la pregunta es si Robocop realmente tuvo humanidad en algún momento. Aparte de breves referencias a la *School of the Americas* no sabemos cómo llegó a este punto. Como la novela no da información sobre cómo era Robocop antes de la institución castrense, su perversión y la resultante inhumanidad no generan una sensación de pérdida y tragedia para el lector. En vez de humano, Robocop parece ser una acumulación estereotípica de tropos comunes sobre hombres de armas (en América Latina y en el mundo): Robocop es bestia, instinto carnal e instinto de supervivencia; acción desenfrenada; es personaje de Hollywood tirando balazos; es fusión futurista del hombre y la tecnología.[9]

La muy compleja reflexión sobre las armas y la violencia en el hombre a la que apunta esta novela se convierte así en un discurso simplista a partir de la idea de "máquina de guerra" o de "máquina criminal".[10] Estas máquinas son seres violentos o inclinados a la violencia, desenfrenados, incultos[11] y carentes de una ideología que pueda legitimar su violencia, o son simplemente "sicópatas" a los cuales les gusta la violencia, tal como se presenta a los ex combatientes en *El asco* (108). Lo que me preocupa de estas ideas es la noción de un comportamiento violento que es compulsivo o innato. Esta noción se refleja también en el discurso de la protagonista de *La diabla en el espejo* sobre Robocop: "Mirá qué animal, qué cara de criminal. Entre más lo veo más criminal me parece" (71). Obviamente, esta cita también se puede ver como exhibición crítica del discurso clasista de la protagonista, pero de repente existe una peligrosa cercanía con los discursos criminológicos del siglo XIX sobre la barbarie y criminalidad innatas del pobre (Frazer 14).

Tal vez el punto de Castellanos Moya sobre "el arma en el hombre" es precisamente éste: que el soldado no tiene profundidad, que es pura acción y se le ha perdido su humanidad, si es que acaso la tuvo. Pero éste es un discurso demasiado simplista que no permite una indagación profunda sobre el funcionamiento del militarismo.

Es curioso que la novela tenga como epígrafe un poema de Arquíloco (711-664 a. C.): "En la lanza tengo mi pan negro, en la lanza mi vino de Ismaro, y bebo apoyado en la lanza". En primer lugar, esa referencia paratextual al famoso poema de Arquíloco sobre su experiencia como mercenario parece un buen juego con el título de la novela que anuncia una reflexión sobre el hombre que se gana la vida con las armas. Pero Arquíloco también es el poeta conocido por introducir su propia voz y crear la primera poesía griega autorreflexiva y por desconfiar de la narrativa épica burlándose de concepciones de heroicidad y honor masculinos a la hora del combate (Sandywell 226). Esta complejidad autorreflexiva de la poesía de Arquíloco y su yo poético contrasta con la falta de voz y complejidad humana de Robocop.

Haraway en su "Cyborg Manifesto" arguye que el mito del *cyborg* puede ser un espacio creativo desde el cual reimaginar la sociedad. En *El arma en el hombre*, la alusión a la posible conversión real del protagonista en un *cyborg* a manos de la DEA se da sólo para subrayar su falta de humanidad. En la película *RoboCop* es su humanidad la que salva a RoboCop, pero en el Robocop de Castellanos Moya no hay ninguna humanidad que se pueda salvar. Robocop es sólo una máquina inhumana de muerte, y es lo que al final destruye la propuesta más radical de la novela que es aceptar el legado militarista como elemento de la nación.

La novela apunta a una crítica nacional, semejante a la que se articula en *El asco*. Robocop aparece como alegoría de la violencia de la guerra y de la posguerra. Su figura es una amalgama de la historia reciente de El Salvador. Su batallón, llamado Acahuapa, se parece al infame batallón Atlácatl, las fuerzas especiales entrenadas en los Estados Unidos responsables, entre otros asesinatos, del de seis jesuitas, su empleada doméstica y su hija en 1989. Robocop también dice haber participado en lo que se parece al asesinato del comandante guerrillero Antonio Cardenal en 1991, justo antes de los Acuerdos de Paz (*El arma* 30). Uno de sus primeros asesinatos de posguerra es el de un ex guerrillero llamado Célis, que recuerda el asesinato de Francisco Velis en 1993, acribillado mientras dejaba a su hija en el kinder (38) y que por lo general es visto como ajuste de cuentas en la posguerra o como un intento de desestabilización.

Con Robocop, este personaje problemáticamente alegórico,[12] se apunta a una revisión crítica del militarismo y su violencia en la historia y la sociedad salvadoreña. También se plasman diferentes posiciones frente al militarismo en la novela. Por ejemplo, Guadalupe, la esposa del primo de Robocop en cuya casa éste se queda después de ser desmovilizado, manifiesta estas tendencias de la sociedad salvadoreña que veneran lo militar. Durante la guerra Guadalupe siempre lo había tratado con deferencia y ahora en la posguerra desea y logra vehemente acostarse con Robocop. Esta veneración y atracción que Guadalupe siente por Robocop simboliza la fascinación que tiene una parte de la población por la fuerza del ejército y políticas de mano dura, el anhelo de un hombre fuerte. Mientras tanto, el rechazo que sienten hacia Robocop su familia y algunos miembros de la élite (Laura en *La diabla*) hace referencia a la otra parte de la nación que desprecia lo militar, sea por razones ideológicas o clasistas, o ambas. Así, la novela apunta hacia la necesidad de revisar estas posturas y, como en *El asco*, articula la necesidad de imaginar la nación más allá del militarismo.

Para revisar el militarismo en relación a la nación, la novela propone un testimonio ficcional y alegórico de un soldado, rompiendo con convenciones del género literario del testimonio y problematizando la idea de subalternidad (Cortez 92; Kokotovic, "After the Revolution" 33). De hecho, el texto no nos lo presenta con un testimoniante típico: un sujeto subalterno, oprimido y revolucionario. Más bien, aquí el lector se topa con el testimonio de un ex soldado de derecha, sumamente violento y casi sin ninguna muestra de remordimiento (pero también víctima de la violencia y hasta cierta punto subalterno).[13] William Castro, en una de las lecturas más interesantes de la novela, argumenta que así la novela confronta los debates sobre el testimonio "with what would be (one of) its *abject* subjects" (123). Castro argumenta que la novela deconstruye de esta forma la figura del subalterno como simplemente una proyección de la izquierda. Según él, la novela propone una democracia radical en la cual se puede aceptar al Otro: "I claim that by incorporating the radically differentiated Other–in a word the *abject* of *testimonio* criticism–, the novel instantiates solidarity *in itself*" (Castro 124, cursivas en el original). Explica que "this strategy insists on 'solidarity' as an instrument of *radical inclusion*, of unification across difference, and not merely across sameness or political affinity" (124, cursiva en el original).

Castro argumenta que la novela hace borrosa la línea entre subalternidad real y representacional (128), y que la novela "resituates or reformulates [...] the figure of the testimonial subject by converting it into an *alias*" (131). En su lectura, Robocop es simplemente un alias, sin intención de representar algo 'real'. Pero ahí también radica el problema. A mi juicio, Robocop carece de la complejidad de una figura literaria necesaria para tal obra radical de inclusión. Concuerdo con Castro en que sí hay una intención en *El arma en el hombre* de acercarse e incluir al Otro militarizado, derechista, pero la ejecución literaria de ese gesto se queda corta por la unidimensionalidad de Robocop. Después de leer *El arma en el hombre* no sabemos de él mucho más que lo que presenta el retrato de este personaje en *La diabla en el espejo*, donde se le describe como "un tipo alto y fornido, un grandulón que no usaba barba ni bigote, con el pelito corto, como si fuera cadete, [...] caminaba como Robocop, ese robot policía que aparece en la televisión" (*La diabla* 16) y luego como un "energúmeno que lo único que sabe hacer es matar" (35). Puede ser que *El arma en el hombre* muestre una vez más el dilema del letrado al querer representar la subalternidad, pero más bien parece que el autor no es capaz, o no está dispuesto, a imaginarse al Otro militarista, violento, como un sujeto genuino que realmente tiene humanidad. El problema de esta representación es que el militarismo queda como algo ajeno y abstracto y, así, el lector nunca tiene que enfrentar el militarismo como algo propio. Como es tan abstracto, no es necesario aceptarlo como parte de la sociedad y de la modernidad que hemos creado a partir de la organización de guerras (Virilio 7, 90). No tenemos que aventurarnos al acto de inclusión y solidaridad radicales. La idea de "el arma en el hombre" se puede quedar fácilmente en el registro de película de acción y de seres abyectos e incultos dados a la violencia.

RAMIFICACIONES: LEGADO COLONIAL, EMPATÍA Y NO-VIOLENCIA EN
INSENSATEZ Y *TIRANA MEMORIA*

Pero parece que, como escritor, Horacio Castellanos Moya tuvo que pasar por esa tarea de crear un personaje como Robocop porque después de *El arma en el hombre* su crítica del militarismo se vuelve más compleja. En obras posteriores, en vez de ecuaciones simples de arma-hombre, de afirmaciones sobre violencia innata en la humanidad o en la nación, y de secuencias de acción, se presentan indagaciones más profundas sobre las estructuras, orígenes y efectos del militarismo relacionándolo además con procesos de colonización y de modernización.

Insensatez, por ejemplo, una novela que se escribe contra la impunidad de los militares en el contexto del genocidio en Guatemala, enmarca el tema del militarismo y la guerra en una reflexión profunda sobre trauma, empatía, poética e intelectualidad. Trata de un escritor encargado de corregir un informe de verdad y que de manera morbosa se empieza a fascinar por la poética de los testimonios de las víctimas traumatizadas, mayoritariamente indígenas. Lo que hace diferente a esta novela de las demás obras de Castellanos Moya es que relaciona militarismo con racismo y, así, con colonialismo.[14] Esta peligrosa combinación de militarismo y racismo ha producido un país que no está *"completo de la mente"*, un país trastornado, fuera de sí, en el cual todo el mundo sabe *"quiénes son los asesinos"* pero nadie los castiga (13, 153, cursiva en el original). Aquí la dimensión psicológica se combina con una crítica sistémica que va desde la colonialidad del poder hasta las estructuras de impunidad hoy en día. El tema del militarismo se relaciona con otros aspectos, tales como un intento de imaginarse la política más allá de la violencia (Steinberg 192) y más allá de la razón neoliberal (Kroll 389). Además, la dificultad de sentir empatía y solidaridad plasmada en la novela también produce y promueve una introspección individual y nacional, pero con esa complejidad y honestidad. Es fácil distanciarse de Robocop, pero es imposible distanciarse de lo narrado y expresado en *Insensatez*.

Tirana memoria, por otro lado, se aleja de la temática de la posguerra y empieza a indagar en la historia a través de la figura de Maximiliano Hernández Martínez, dictador salvadoreño (1931-

1944) y responsable de la Matanza en 1932, la brutal represión de un levantamiento indígena, campesino-obrero. La novela relaciona el militarismo con las oligarquías centroamericanas y su modelo de exportación y así propone más bien una historiografía de *longue durée* sobre el militarismo en Centroamérica, jugando a la tradición de la novela del dictador. Escrita desde la perspectiva de una mujer y su toma de conciencia, conmemora un momento clave en la historia del istmo. En 1944 diferentes estratos de la sociedad se juntaron para derrocar pacíficamente a los líderes militares en sus países: primero a Maximiliano Hernández Martínez en El Salvador y luego a Jorge Ubico en Guatemala. Es decir, la novela vuelve a un momento de esperanza durante el cual el militarismo en Centroamérica es destituido de manera no violenta por el esfuerzo propio de los centroamericanos. La obra de Castellanos Moya, aunque llena de dudas, divagaciones cínicas y algunas simplificaciones, forma parte de ese esfuerzo centroamericano de pensar y últimamente desmantelar la tirana presencia del militarismo.

NOTAS

[1] Agradezco a Alicia Miklos por mejorar este artículo con sus acertadas observaciones a una versión anterior del texto.

[2] En 1996 el gobierno guatemalteco también había acordado reducir sus fuerzas en una tercera parte (Kingma 2). No obstante, no fue hasta 2004 que se tomaron medidas para disminuir el ejército de 27.000 a 15.500 soldados (Rogers 13).

[3] Otros textos tienen sólo algunos elementos de la novela del desmovilizado. *Tu fantasma, Julián* (1992) de Mónica Zalaquett es una novela sobre el retorno de un ex-contra a su pueblo natal y el trauma radica en su culpabilidad en la muerte de su hermano sandinista. Difiere del modelo propuesto en que no tiene una estética de acción y en que tienen poca importancia las armas y las pasiones negativas. "La noche de los escritores asesinos" (1997) de Jacinta Escudos es un cuento y no una novela, y sus personajes son ex-militantes que decidieron abandonar la guerrilla antes del fin de la guerra. De esta forma, estrictamente no son desmovilizados sino ex combatientes, lo que también nos lleva a un dimensión de clase, ya que estos guerrilleros intelectuales tuvieron la posibilidad de salirse por su propia voluntad y no fueron desmovilizados por un poder ajeno. Aunque estos dos textos no cumplen con todas las características propuestas, por sus similitudes y diferencias, se prestan para un análisis comparativo.

[4] Kokotovic discute *Managua, salsa city*, *Que me maten si...*, *El arma en el hombre* y su precursor *La diabla en el espejo*, y "La noche de los escritores asesinos".

[5] Robocop representa una identidad heterosexual misógina y agresiva. Opera desde un punto de vista falocéntrico en el cual las mujeres son traidoras (*El arma* 15) y él es un hombre viril que descarga en cuerpos femeninos desechables (17; 67; 102). La masculinidad heteronormativa de Robocop se mantiene intacta en toda la novela; mantiene su desempeño sexual incluso con Guadalupe, a quien detesta (67). A lo largo de la novela es él quien penetra y nunca permite ser penetrado; aunque se ve amenazado de muerte, se niega a someterse a una revisión rectal en busca de dispositivos de vigilancia (78).

[6] Sólo se menciona "patria" en el discurso de desmovilización, al lado de la afirmación de "lo que significábamos [nosotros, los soldados] para las Fuerzas Armadas" (10), lo que ironiza la idea de patria ya que a partir de ese momento los desmovilizados serán abandonados a su suerte.

[7] Cayetano Carpio comandaba las Fuerzas Populares de Liberación (FPL), la más importante de las facciones que conformaban el Frente Farabundo Martí de Liberación Nacional (FMLN), mientras que la comandante Ana María, Mélida Anaya Montes, era la segunda al mando, pero apoyaban estrategias políticas divergentes. Anaya Montes quería incorporar a su programa político la posibilidad de una solución negociada, mientras que para Carpio una guerra de larga duración era la única opción (Kruijt 64). Mientras se libraba esta lucha de poder interna, Anaya Montes fue encontrada muerta en Managua, apuñalada múltiples veces con un picahielo. Presuntamente, la brutalidad del asesinato debía insinuar que la derecha salvadoreña era quien había cometido el asesinato. Sin embargo, la investigación sandinista reveló que probablemente Carpio, quien se suicidó después, estaba detrás del asesinato. Abundan las teorías conspirativas sobre ambas muertes, y el incidente entero no ha sido aclarado en su totalidad.

[8] Cabe notar, por ejemplo, que en plena guerra en los años ochenta, *Rambo* (1982) fue una de las películas más populares en Nicaragua (Lancaster 191).

[9] Esto se refuerza a partir de la imagen de la portada de la novela. La estatua *Formas únicas de continuidad en el espacio* (1913) de Umberto Boccioni (dependiendo de la edición se ve toda la figura o sólo la cabeza) nos remite al futurismo italiano y su fascinación con la guerra y la tecnología. Es una estatua de un ser superhumano, su beligerancia señalada por su casco de soldado. Violento, fuerte y dinámico y tallado en bronce, parece simbolizar el ser que se ha convertido en hombre-máquina: hombre y hierro en acción pura.

[10] Palabras del autor, la primera usada por el narrador de *La diáspora*, la segunda usada por el escritor en la entrevista con Nicole d' Amonville Alegría para referirse a su personaje Robocop.

[11] Tanto en referencia a Quique en *La diáspora* como a Robocop, se pone énfasis en su ignorancia y falta de educación.

[12] Condensar parte de la historia violenta y militarista de los años ochenta y noventa en un solo personaje es obviamente parte de la configuración de este personaje, pero también es problemático porque hace aparentar que un solo individuo violento sería capaz de cometer todos estos actos y no las muchas personas quienes en realidad los cometieron.

[13] Robocop es un subalterno y no lo es. Aunque Robocop asegura desesperadamente que "No soy un campesino bruto, como la mayoría de la tropa" (*El arma* 10) puesto que, sostiene, nació en la capital y acudió a la escuela hasta el octavo grado, las élites y los militares constantemente usan su bajo nivel de educación para manipularlo de manera paternalista. Siempre tiene superiores. Robocop por su posición militar es literalmente un sub-alterno. Y, como discute Castro, el paternalismo de los nombres de sus jefes (tío y don) (127) enfatiza las relaciones de poder feudal-capitalista entre ellos y Robocop.

[14] Sólo se alude a veces a la relación entre militarismo y racismo en *El arma en el hombre* a través de comentarios racistas de Robocop sobre las atrocidades cometidas por sus colegas guatemaltecos (41, 66).

Obras citadas

Aguirre Aragón, Erick. *Subversión de la memoria. Tendencias en la narrativa centroamericana de postguerra.* Managua: Centro Nicaragüense de Escritores, 2005.

Astvaldsson, Astvaldur. "In War and in Peace: Representations of Men of Violence in Salvadoran Literature." *Bulletin of Spanish Studies* 89/3 (2012): 435-54.

Castellanos Moya, Horacio. *El arma en el hombre.* México, D.F.: Tusquets, 2001.

_____ *El asco. Thomas Bernhard en San Salvador.* Barcelona: Tusquets, 2007.

_____ *Insensatez.* México, D.F.: Tusquets, 2004.

_____ *La diabla en el espejo.* Orense: Linteo, 2000.

_____ *La diáspora.* San Salvador: UCA Editores, 1989.

_____ *Tirana memoria.* Barcelona: Tusquets, 2008.

Castro, William. "The Novel After Terrorism: On Rethinking the Testimonio, Solidarity, and Democracy in Horacio Castellanos Moya's *El arma en el hombre.*" *Revista Hispánica Moderna* 63/2 (2010): 121-35.

Cortez, Beatriz. *Estética del cinismo. Pasión y desencanto en la literatura centroamericana de posguerra.* Ciudad de Guatemala: F&G Editores, 2010.

D' Amonville Alegría, Nicole. "'La mutación de la lengua se produce en América Latina'". *Literarca,* 2001. 16 marzo 2014.

Escudos, Jacinta. "La noche de los escritores asesinos". *Cuentos sucios.* San Salvador: Dirección de Publicaciones e Impresos, Consejo Nacional para la Cultura y el Arte, 1997. 83-123.

Franco, Jean. *Cruel Modernity.* Durham: Duke UP, 2013.

Frazer, Chris. *Bandit Nation. A History of Outlaws and Cultural Struggle in Mexico, 1810-1920.* Lincoln: U of Nebraska P, 2006.

Galich, Franz. *Managua, salsa city (¡Devórame otra vez!).* Panamá: Editora Géminis, 2000.

_____ *Y te diré quién eres (Mariposa traicionera).* Managua: Anamá Ediciones, 2006.

Gusterson, Hugh. "Anthropology and Militarism". *Annual Review of Anthropology* 36 (2007): 155-175.

Haraway, Donna. "A Cyborg Manifesto Science, Technology, and Socialist-Feminism in the Late Twentieth Century." *Simians, Cyborgs, and Women: The Reinvention of Nature*. Nueva York: Routledge, 1991. 149-181.

Hernández Holgado, Fernando. *Miseria del militarismo: una crítica del discurso de la guerra*. Barcelona: Virus Editorial, 2003.

Jelin, Elizabeth. "Víctimas, familiares y ciudadanos/as: las luchas por la legitimidad de la palabra." *Cadernos Pagu* 29 (2007): 37-60.

Kingma, Kees. "Post-War Demobilization and the Reintegration of Ex-Combatants into Civilian Life." Bonn: Bonn International Center for Conversion, 1997.

Klein, Martina, y Klaus Schubert. "Militarismus". *Das Politiklexikon* 2006. 196.

Kokotovic, Misha. "After the Revolution: Central American Narrative in the Age of Neoliberalism." *A Contracorriente: Una revista de historia social y literatura de América Latina/A Journal of Social History and Literature in Latin America* 1/1 (2003): 19-50.

_____ "Neoliberalismo y novela negra en la posguerra centroamericana". *(Per)Versiones de la modernidad. Literaturas, identidades y desplazamientos*. Beatriz Cortez, Alexandra Ortiz Wallner y Verónica Ríos Quesada, eds. Ciudad de Guatemala: F&G Editores, 2012. 185-209.

_____ "Neoliberal Noir: Contemporary Central American Crime Fiction as Social Criticism." *Clues: A Journal of Detection* 24/3 (2006): 15-29.

Kroll-Bryce, Christian. "A Reasonable Senselessness: Madness, Sovereignty and Neoliberal Reason in Horacio Castellanos Moya's *Insensatez*." *Journal of Latin American Cultural Studies* 23/4 (2014): 381-399.

Kruijt, Dirk. *Guerrillas. War and Peace in Central America*. Londres, Nueva York: Zed Books, 2008.

Lancaster, Roger. *Life Is Hard. Machismo, Danger, and the Intimacy of Power in Nicaragua*. Berkeley: U of California P, 1992.

Loveman, Brian, y Thomas M. Davies, Jr. *The Politics of Antipolitics: The Military in Latin America*. Wilmington: Scholarly Resources, 1997.

Moreiras, Alberto. "The Question of Cynicism A Reading of Horacio Castellanos Moya's *La Diáspora* (1989)." *Nonsite.org* 13 (2014). 30 junio 2015.

Pearce, Jenny. "From Civil War to 'Civil Society': Has the End of the Cold War Brought Peace to Central America?." *International Affairs* 74/3 (1998): 587-615.

Perkowska, Magdalena. "La infamia de las historias y la ética de la escritura en la novela centroamericana contemporánea". *Istmo. Revista virtual de estudios literarios y culturales centroamericanos* 22 (enero-junio 2011). 14 nov. 2011.

Pezzè, Andrea. "Una action novel en Centroamérica. *El Arma en el Hombre* de Horacio Castellanos Moya". Working Paper. Università degli Studi di Napoli "L'Orientale".

Rey Rosa, Rodrigo. *Que me maten si...* Barcelona: Seix Barral, 1997.

RoboCop. Paul Verhoeven, dir. Orion Pictures, 1987.

Rodríguez, Ana Patricia. "Diasporic Reparations: Repairing the Social Imaginaries of Central America in the Twenty-First Century." *Studies in Twentieth & Twenty-First Century Literature* 37/2 (2013): 26-43.

Rogers, Tim. "Central America's Uneasy Disarmament". *NACLA Report on the Americas* (2003): 12-14.

Sandywell, Barry. *The Beginnings of European Theorizing: Reflexivity in the Archaic Age*. Vol. 2. Londres: Routledge, 1996.

Steinberg, Samuel. "Cowardice-An Alibi: On Prudence and Senselessness". *CR: The New Centennial Review* 14/1 (2014): 175-194.

Thornton, Megan. "A Postwar Perversion of Testimonio in Horacio Castellanos Moya's *El Asco*". *Hispania* 97/2 (2014): 207-219.

Tobar, Héctor. *The Tattooed Soldier*. Nueva York: Penguin Books, 1998.

Virilio, Paul. *Speed and Politics*. Los Ángeles: Semiotext(e), 2006.

Zalaquett, Mónica. *Tu fantasma, Julián*. Managua: Editorial Vanguardia, 1992.

El Robocop de Castellanos Moya: las armas como prótesis de la posguerra

Tatiana Argüello
Texas Christian University

> Los del pelotón me decían Robocop. Pertenecí al batallón Acahuapa, a la tropa de asalto, pero cuando la guerra terminó, me desmovilizaron. Entonces quedé en el aire: mis únicas pertenencias eran dos fusiles AK-47, un M-16, una docena de cargadores, ocho granadas fragmentarias, mi pistola nueve milímetros y un cheque equivalente a mi salario de tres meses, que me entregaron como indemnización. (9)

Con estas palabras inicia la novela *El arma en el hombre* (2001) del escritor salvadoreño-hondureño Horacio Castellanos Moya. Es la confesión de Robocop, un hombre vuelto máquina para matar después de que es forzado a incorporarse al ejército durante la guerra civil salvadoreña que afectó al país desde 1980 hasta 1992. Es la historia de un individuo cuyo ser es indisociable de las armas con las que luchó y de las cuales su propio cuerpo constituye una extensión. Es también el relato del fin de un modo de vida enmarcado en una guerra civil y la modificación de un sujeto que se adapta continuamente al nuevo contexto democrático. Es un escenario determinado por una cotidianidad de la violencia, la cual es plasmada en la narrativa centroamericana de posguerra. De allí surgen los siguientes interrogantes: ¿de qué manera podría explicarse esta preocupación literaria por la proliferación de violencia en países que alcanzaron acuerdos negociados de paz después de años de guerras civiles? ¿Podríamos catalogar a los personajes de posguerra, como indica la crítica literaria, exclusivamente como individuos subalternos, desilusionados o cínicos? ¿Pueden estos personajes entenderse como sujetos menos soberanos al perder la heroicidad característica de los discursos de la insurgencia y de la contrainsurgencia? ¿O existen otras rutas, otros actuares que complejizan esta catalogación? ¿Hasta dónde el cinismo no es una falla o carencia de la subjetividad de los personajes en sí, sino una perspectiva adecuada al desfondamiento de la política y el Estado tradicionales en estos contextos?

Paramilitarismo, Estado y la (pos)guerra

Dice el célebre *dictum* de Clausewitz que la guerra es la continuación de la política por otros medios. Asimismo, podría definirse la política como la continuación de la guerra por otros medios. Propongo que la novela de Castellanos Moya, al contrario de esta afirmación, expone un escenario de posguerra en el que la guerra civil continúa por medios distintos a los de la política tradicionalmente entendida. Dentro de este contexto, establezco cómo la relación del protagonista con las armas construye un tipo de subjetividad que es producto de la simbiosis del instrumento técnico de guerra (el arma y la red de actores en la que funciona) y el sujeto. Los flujos globalizantes permiten repensar el escenario centroamericano como un lugar donde mutan y surgen tipos de guerras distintos a los conflictos tradicionales entre los Estados-Naciones. Estos nuevos conflictos incluyen la guerra contra las drogas, las guerras entre pandillas o narcos y la guerra contra grupos considerados terroristas, como la guerrilla. Sin embargo, al no haber guerrillas en el contexto de posguerra, la guerra se convierte en un conflicto entre el Estado y la sociedad civil, el cual coincide en muchos aspectos con las dinámicas del crimen organizado. Estas nuevas guerras son conflictos carentes de ideologías políticas. Las lógicas del poder, el crimen y el narcotráfico vinculadas a la reorganización neoliberal del Estado son el factor común en este escenario de posguerra.

El arma en el hombre revela esa radiografía de las mutaciones de la guerra en nuevas fases de militarización, que constituyen un estado permanente de conflicto de baja intensidad entre bandos múltiples. En este contexto, Robocop es un personaje funcional que pone en evidencia el vaciamiento ideológico del llamado sistema democrático centroamericano. Al tener como única finalidad seguir órdenes y matar sin que importe el grupo al que sirva —guerrilla, militares de derecha, empresarios, narcos—, su empoderamiento radica de manera irónica en carecer prácticamente de agencia. En este sentido, el protagonista al actuar refleja una fuerza anti-sistémica que demuestra el desmoronamiento de todo sistema sostenido por las ideologías modernas de la política y el Estado. Si bien Robocop es un producto directo del ejército (como analizo más adelante) su falta de pertenencia a un bando definido nos hace cuestionar qué es lo que hace que Robocop sea Robocop. La respuesta radica en el arma: sin el arma, Robocop no es nada. Por tanto, la materialidad del arma, como una prótesis metafórica, es fundamental en la construcción de la subjetividad de Robocop: el arma como prótesis del hombre y el hombre como prótesis del arma. Una prótesis que se refiere a cómo lo maquínico es una abstracción de la mencionada realidad política y social de este sujeto de posguerra.

La trama en *El arma en el hombre* es la siguiente: Robocop, un sargento del batallón especial Acahuapa,[1] termina desempleado al firmarse los acuerdos de paz entre la guerrilla y el gobierno salvadoreño. Teniendo como únicas posesiones sus armas continuará haciendo el único trabajo para el cual está entrenado: matar. Como resultado, se convierte en miembro de varias organizaciones criminales formadas tanto por exsoldados como por exguerrilleros y al final es reclutado por la Administración para el Control de Drogas (DEA) de Estados Unidos, para luchar contra las pandillas a las que anteriormente pertenecía. El contexto político y social en el que está inmersa la acción de la novela de Castellanos Moya expone el desorden y la pérdida de referentes de las políticas tradicionales en la era global. Carlo Galli caracteriza esta era global por la indeterminación de los límites espaciales y temporales en los cuales la distinción lo privado y lo público, lo interno y lo externo, lo civil y lo militar colapsa y el Estado paulatinamente abandona sus funciones de proveedor y ordenador del espacio público. Ante la indiscernibilidad de los espacios físicos e institucionales, la relación entre norma y excepción se modifica radicalmente. La violencia bélica se libera del monopolio estatal a través de diversos grupos paramilitares que pueden o no trabajar con el Estado. A esto se debe añadir que las fronteras entre Estado y organizaciones criminales se borran a medida que la participación del Estado en el crimen se convierte en una de sus principales funciones.

Galli define la liberalización de la violencia bajo el concepto de "guerras globales", un nuevo tipo de guerra posmoderna, una guerra sin fronteras, una guerra sin cara, una guerra sin tiempo, influenciada por las lógicas económicas, políticas y tecnológicas de la globalización, una guerra "glocal" en el sentido que un punto específico en conflicto está conectado con todo el sistema mundial: pero sobre todo, "la globalización es, en sí misma, un mundo de guerra" (162). La narrativa centroamericana se inscribe en este contexto global al plasmar los cambios en los presupuestos de la guerra convencional, la privatización de la violencia y el agotamiento del modelo de soberanía estatal y popular (Villalobos-Ruminott 140). El propio Castellanos Moya ha notado dicha reconfiguración en la narrativa centroamericana al afirmar en su ensayo "El cadáver es el mensaje" que en estas obras se representa una violencia "desnuda de ideologías" (29). Se refiere con ello a una militarización de la sociedad que recicla la violencia política en violencia criminal por lo que siguen persistiendo las lógicas de guerra irregular, particularmente las disputas de los cárteles de drogas que alcanzan los niveles de criminalidad de la guerra civil (29-31).

En esta novela se da una "democratización de la violencia".[2] Esto significa una total liberalización de la violencia fuera del monopolio estatal tradicional que se legitimaba con las funciones del orden público. Tomemos en cuenta que se trata de un Estado que permite la erosión de su monopolio de violencia que ejercía en función de un orden público que ya no le interesa demasiado garantizar, y se integra a la organización de acciones abocadas al dominio de ciertas formas del crimen, buscando más bien el monopolio de la violencia en las ramas ilegales más rentables del mercado global neoliberal. Esto es, por supuesto, una tendencia, aunque en países como México y algunos de Centroamérica pareciera un estado de cosas consumado (Duchesne-Winter, Conversación personal). Con base en esto, a continuación, analizaré la ambivalente relación de Robocop con este tipo de Estado. Robocop es un vástago de la violencia estatal. Para el personaje, "las fuerzas armadas habían sido [su] padre y el batallón Acahuapa [su] madre" (*El arma* 12). A primera vista, este personaje podría parecer un sujeto huérfano y marginal, lo que permitiría emparentarlo con personajes poéticos de la literatura bélica centroamericana que viven la guerra como un absurdo. Al respecto, existe una especie de hilo conductor o ciclo de las representaciones poéticas de los sujetos en la literatura bélica centroamericana desde inicios del siglo XX hasta estas últimas fases de militarización: el simple hecho de la incorporación de los combatientes a un proyecto bélico los convierte inmediatamente en sujetos alienados.[3]

Para Misha Kokotovic, la literatura de posguerra centroamericana expone la restricción de la libertad individual debida a la violencia y decadencia de las naciones con gobiernos corruptos durante la era neoliberal (24). En la novela, el Estado ha estafado a Robocop porque, al terminar sus tres meses de indemnización, no existe ningún programa gubernamental de reinserción económica y social para los ex militares: Robocop es, entonces, una víctima del Estado. Sin embargo, podríamos repensar a Robocop no sólo como víctima, sino también como una pieza funcional dentro de un sistema corrupto. En este sentido, el personaje nunca cuestiona su libertad de acción. A fin de que se mantenga el crimen organizado, se necesitan sujetos como él que sigan alimentando este sistema. A lo largo de la novela, Robocop modifica constantemente su relación con el Estado mostrando su ilegalidad y sus actos de violencia criminal. El no cuestionamiento de sus acciones produce sin embargo un mínimo de agencia del personaje, ya que evidencia el funcionamiento del sistema y de las mutaciones de la violencia de posguerra. En un primer momento, el personaje utiliza las armas y tácticas de la guerra civil para convertirse en miembro de una red criminal de tráfico de carros: "[…] necesitábamos un auto, detectar el objetivo y diseñar el plan de acción" (*El arma* 24). Robocop efectúa múltiples actos delictivos, robos y asesinatos, de los cuales sale impune. Este involucramiento con un grupo criminal representa el rostro característico del agotamiento de la legalidad estatal. El Estado se convierte en el organizador de la ilegalidad, administrando el acceso de actores ilegales a las armas y fomentado la violencia callejera. En un segundo momento, el protagonista pasa a formar parte del Estado. Robocop es contratado secretamente como subactor del ejército para matar guerrilleros. Un mayor del ejército salvadoreño le explica la misión de este grupo clandestino:

> Los de inteligencia habían detectado que los terroristas no habían desmontado todas sus estructuras de comandos urbanos, sino que mantenían un par de ellas congeladas […]; por eso el Alto Mando había autorizado la creación de una unidad cuya misión consistía en detectar y aniquilar esas estructuras clandestinas de los terroristas. Esta unidad operaría totalmente desligada de las Fuerzas Armadas, continuó el mayor, de tal manera que si

había un problema el Alto Mando diría que nosotros estábamos actuado por nuestra cuenta y no tendríamos ninguna ayuda. (*El arma* 33)

La función de esta unidad paramilitar devela la criminalidad del Estado salvadoreño al incluir prácticas coercitivas propias de los tiempos de guerra civil en el contexto democrático. Para ello, el Estado amplía su rango de acción por medio de un grupo paramilitar, asumiendo la ilegalidad como parte integral de su funcionamiento.[4] Como parte de este grupo, Robocop tiene la misión de asesinar a Olga María de Trabanino, una mujer de la clase alta salvadoreña. Dicho asesinato une la trama de *El arma en el hombre* con una novela previa de Castellanos Moya, *La diabla en el espejo* (2000). En ésta, Laura Rivera, amiga de infancia de Olga, narra a manera de testimonio[5] aspectos de la vida privada de su amiga –sus amoríos con funcionarios políticos e información sobre su asesinato–. Al final de la novela descubrimos que su interlocutor es ella misma que ha perdido la razón. A nivel de técnica narrativa, Rafael Lara-Martínez ha señalado que estas novelas exponen distintos tipos de narración: mientras que Laura utiliza el exceso del "habla sin medida", Robocop se vale del silencio de quien carece de palabras y sólo actúa ("Cultura de paz"). Aunque mi intención no es hacer un análisis comparativo considero que ambas novelas muestran personajes que a pesar de su diferencia de clase social siempre viven dentro de los mismos circuitos de poder y corrupción de la sociedad salvadoreña. En *La diabla*, aunque nunca se conoce el autor intelectual del asesinato, Laura sospecha que fue algún enemigo de El Yuca, un ex amante de su amiga que es candidato de un grupo político de derecha. Al final de la novela, la protagonista intuye que su ex marido, Alberto y su socio Toñito Rathis la asesinaron porque ella tenía información sobre el fraude financiero que cometieron para pagar la deuda de Toñito con el Cartel de Cali. De lo anterior, *El arma en el hombre* vendría a ser el libro que nos confirma la teoría de Laura arrojando luz sobre el asesinato de Olga y también nos brinda pistas sobre el destino final de Laura.[6]

La democracia, el narco y la guerra

Robocop es capturado por el crimen de Olga pero escapa y llega a trabajar en un campamento de narcotraficantes, "la corporación del Tío Pepe", otro alias para El Yuca. En este lugar, el protagonista descubre que las misiones que realizó para el comando paramilitar no respondían a los intereses del ejército, sino a los de "la banda de Don Toño", enemigo acérrimo de El Yuca: "[ambos personajes] controlaban gobiernos, finanzas y compraban jefes militares" (*El arma* 89-90). En este escenario, para Robocop no existe la posibilidad de la traición porque se vive en un sistema en donde todo se vale y solamente se obedece a quien ostente el poder. Robocop nunca se cuestiona, sólo actúa: está dispuesto a matar para conservar el sistema. Cuando el Tío Pepe le pregunta, por ejemplo, por qué mató a Olga, él le responde: "nunca tuve la oportunidad de preguntar al mayor Linares las razones para eliminar a esa mujer y yo no acostumbraba discutir una orden sino cumplirla" (109). En síntesis, la historia de Robocop devela este entramado de militares vueltos narcotraficantes, de políticos relacionados con el crimen organizado, de narcotraficantes que compran instituciones gubernamentales exponiendo las máscaras e hipocresía en las que se fundamenta el período democrático de la posguerra centroamericana. Un período en el que, como afirma Castellanos Moya, "las filas del crimen organizado se llenaban con ex combatientes procedentes de los bandos que antes eran enemigos" ("El cadáver" 29). Desde ese punto de vista, *El arma en el hombre* capta una invisibilidad discursiva, esa laguna carente del discurso oficialista centroamericano sobre las verdaderas estructuras políticas y económicas con las que funciona la llamada "democracia" en el Istmo.

La indistinción entre las facciones que participan en el crimen organizado de la novela la podríamos considerar como una especie de camuflaje, en el que la aparente incorporación de diferentes grupos armados a la sociedad civil se convierte en una disolución engañosa, en una estrategia que produce más bien la militarización de los civiles. Esto sucede porque se incorporan sujetos militarizados en un espacio civil sin control ni programas que permitan su total desmilitarización. Robocop en la novela nos recuerda todo el tiempo que "no [es] un desmovilizado cualquiera" (11) y que "convertir[se] en civil fue difícil" (12). Legalmente, bajo la óptica de la transición democrática, el protagonista se enmascara como civil, pero como lectores observamos que en la práctica realiza una serie de acciones que forman parte de las lógicas de guerra. Este tema del camuflaje es un rasgo fundamental para considerar la idea de que en el contexto centroamericano se está viviendo una militarización de la paz. Reza Negarestani, analizando en su ensayo "The Militarization of Peace: Absence of Terror or Terror of Absence?" prácticas basadas en el *Taqiyya* –un marco teológico islámico de disimulación estratégica, utilizado por grupos extremistas en el Oriente Medio–, propone ideas sobre el desmantelamiento de los escenarios tradicionales de la batalla y la militarización interna de la paz que pueden ser muy provechosas en el contexto centroamericano de posguerra. Negarestani indica que la militarización interna de la paz es un nuevo tipo de guerra (la guerra blanca). Una de sus características fundamentales es el recurso de *hypercamouflage*, el cual consiste en la incorporación de células militares dentro de grupos civiles, lo que conduce a que éstas, al mezclarse con la multitud, luchen al mismo tiempo que subsistan con el enemigo. Este camuflaje involucra el uso de traslapes de facciones, pero principalmente la superposición de los nichos que usan estas entidades cuando ocupan regiones superpuestas en el espacio, o lo que Negarestani llama "*overlapping* regions of space" ("The militarization" 83). El *hypercamouflage* funciona como guerra porque opera como una estrategia de supervivencia parasitaria, subsiste en un organismo al mismo tiempo que produce un proceso degenerativo de su entorno, una *dieback machinery* ("The militarization" 64).[7] De manera análoga, podríamos observar que en *El arma en el hombre* el crimen y el narcotráfico son los agentes epidémicos que permiten la existencia del camuflaje entre los distintos grupos involucrados en el mismo.

El crimen y el narcotráfico se apoderan del sistema democrático infestándolo al mismo tiempo que lo controlan y posibilitan su existencia, puesto que varios de los personajes de la novela son miembros del aparato estatal (fuerzas armadas, partidos políticos); al estar involucrados con el narcotráfico y el crimen organizado, se convierten en agentes doble que, por un lado trabajan para el Estado y, por otro, operan de forma autónoma a él construyendo nuevas formas de poder clandestino que hacen mutar ese Estado en organización del crimen conectada a una economía ilegal extraordinariamente rentable. Una situación que confirma, al igual que sucede en el caso mexicano, que:

[La guerra contra el crimen organizado y el narcotráfico] sólo es un show mediático. Las estructuras corruptas hasta ahora ni siquiera se han tocado. El crimen organizado es un fenómeno político y social y declararle la guerra a este es como declararle la guerra a uno mismo. La sociedad apoya estas organizaciones. Los grupos de criminales son parte de la red social, son parte del estado. (Edgardo Buscaglia, cit. en Zavala, "Mimesis y narconarrativa")

Por otro lado, el concepto de "máquina de guerra" de Gilles Deleuze y Félix Guattari se podría aplicar como dispositivo que explica las lógicas de resistencia o incorporación al aparato estatal en la novela. En el "Tratado de nomadología: máquina de guerra", incluido en *Mil mesetas: capitalismo y esquizofrenia* (1980), definen la máquina de guerra como aquella que "es de otra especie, de otra naturaleza, de otro origen que el aparato del estado" (360). La máquina de guerra es una invención nómada que emite un devenir y que choca con el aparato estatal cuando sus acciones quieren reconfigurar el espacio de una manera opuesta a él (360).[8] Entonces es capaz de moverse y crear un "espacio liso" (nómada) en contraposición con el Estado, cuya tarea fundamental es mantener un "espacio estriado" (coercitivo). Los autores señalan que pese a que la máquina de guerra está compuesta por los nómadas (los que, como guerreros, son exteriores al Estado) y formada fuera de las lógicas del Estado, el aparato estatal puede apropiarse de ella y cambiar su naturaleza convirtiéndola en una institución militar como mecanismo contra los propios nómadas (Deleuze y Guattari 418). Dentro de esta dinámica, la guerra no es un objeto primordial de la máquina de guerra, sino un objeto suplementario. Es secundario en la medida en que se utiliza como método de aniquilamiento de las fuerzas del Estado y la destrucción de la forma Estado. Por lo tanto, la guerra queda subordinada exclusivamente a las relaciones máquina de guerra-Estado. Bajo esta óptica, en una primera instancia las guerrillas, las milicias derechistas y los ejércitos en la Centroamérica de los años ochenta fueron máquinas de guerra y ahora lo son en la posguerra los mercenarios, las bandas criminales y los narcotraficantes. A pesar de ello, las dinámicas estatales y de resistencia que presenta Castellanos Moya también podrían verse con un mayor abigarramiento bajo la crítica que hace Negarestani a este modelo deleuziano-guattariano.

En su libro *Cyclonopedia: Complicity with Anonymous Materials* (2008) Negarestani afirma que "war can in some way be thermodynamically grasped through the conflictual tactics of warmachines" (130).[9] Es decir, en vez de aceptar que la guerra es un producto de las máquinas de guerra, el autor propone otro modelo llamado "la guerra-como-una-máquina" (War-as-a-Machine) indicando que en él la guerra es una entidad autónoma libre de sus provocadores y, de hecho, las máquinas de guerra son cazadas y consumidas por la guerra. Esto no significa que las guerras destruyan las máquinas de guerra, sino que las mantienen en un estado de decadencia, es decir, les imposibilitan formar y consolidar un poder que tenga una base estructural y utilitaria (*Cyclonopedia* 182-83). Asimismo, Negarestani menciona que las máquinas de guerra se mueven por corrientes que son personalizadas y en el caso del medio oriente estas corrientes son petropolíticas, es decir el petróleo es el motor que las mueve (*Cyclonopedia* 130). En Centroamérica, podemos imaginar que estas corrientes son narco-políticas, ya que son los circuitos globalizados de drogas, armas y dinero del narcotráfico y el crimen organizado los que mueven a los grupos heterogéneos –militares, criminales, políticos, exguerrilleros, narcotraficantes– que forman las máquinas de guerra en *El arma en el hombre*. Estos grupos son cazados en nombre de la guerra contra el narcotráfico y la criminalidad al mismo tiempo que son las bases económicas y políticas que sostienen dicho sistema. La ficción centroamericana de posguerra presenta sociedades en procesos degenerativos y corruptos que apuntan hacia la destrucción porque son el resultado de espacios perforados y de tensión por las nuevas formas de guerra. Estas guerras son camufladas bajo un sistema de creencias –la lucha contra el narcotráfico, la lucha por el mantenimiento de la paz, etc.– aunque en realidad sabemos que padecen de un vacío ideológico, y al insertarse en el tejido democrático realizan prácticas de gran toxicidad que evitan la formación de poderes efectivos y beneficiosos para la comunidad.

En *El arma en el hombre* encontramos esta dinámica de la guerra que infesta el sistema democrático siendo parte interna del mismo, a la vez que lo desajusta mediante la supuesta lucha contra las drogas. Al respecto, Hermann Herlinghaus sostiene que la lucha contra los narcóticos manifiesta en sí misma un discurso farmacológico de gran toxicidad que construye sensibilidades maleables a un estado de excepción de "nuda vida" (*bare life*) agambeniano, en donde la estructura de gran totalitarismo y control biopolítico se expande en un escenario transnacional de la cruzada antinarcóticos (3-28). Así sucede en la novela, cuando, al estar trabajando en el campamento de narcotraficantes de "la corporación del Tío Pepe", Robocop es capturado en una redada antinarcóticos realizada por las autoridades estadounidenses quienes le presionan para reclutarlo como miembro de la Administración para el Control de Drogas (DEA).[10] Se indica en el texto: "Johnny dijo que la guerra contra la droga apenas comenzaba y necesitaban gente como yo. Recibiría entrenamiento intensivo en lucha antinarcóticos y en seguida sería enviado a mi primera misión, a combatir el cartel llamado 'La corporación del Tío Pepe', me explicó con un guiño" (*El arma* 131). Esta escena muestra el momento en que Robocop entra en una dinámica de nuda vida transnacional en cuanto que su vida es controlable, disponible y, a la vez, eliminable más allá del espacio salvadoreño. Así se establece una relación ambivalente con el poder antinarcóticos dado que la promesa de mantener su existencia está condicionada con la exclusión de su propia identidad, pues "ellos me reconstruirían (nueva cara, nueva identidad)", señala Robocop (*El arma* 131). Un aspecto muy importante de la inclusión de la DEA en el texto es que confirma esa indistinción, esa línea borrosa entre los métodos promulgados por este tipo de guerra para mantener el orden y las prácticas sucias e ilegales que se realizan para hacerlo. La DEA quiere a Robocop porque conoce su historial y habilidades para matar, y eso es una confirmación que demuestra que la guerra contra el narcotráfico utiliza las mismas lógicas de violencia y métodos que cualquier otra batalla. Este pasaje también nos confirma el reciclamiento y las alianzas entre miembros de las diversas máquinas de guerra en el texto, demostrando como indica Negarestani que "war hunts warmachines rather than warmachines hunting each other" (*Cyclonopedia* 77).

EL CÍBORG ENTRE NOSOTROS

Cabe analizar a continuación el tipo de subjetividad que se presenta en este nuevo escenario de guerra global en la novela, pero para ello es preciso mencionar la valoración que la crítica literaria ha otorgado a la narrativa centroamericana de posguerra. Esta narrativa ha sido catalogada bajo la estética del cinismo, definida por Beatriz Cortez como una sensibilidad colmada de desencanto: "[...] se trata de una subjetividad que solamente se posibilita por medio de la esclavitud de ese sujeto que *a priori* se ha constituido como subalterno, de su destrucción, de su desmembramiento, de su suicidio, literalmente hablando" (25). En contraposición, Alberto Moreiras en su ensayo "The Question of Cynicism. A Reading of Horacio Castellanos Moya's *La diáspora*" critica la citada posición de Cortez, quien sitúa la obra del escritor en el marco conceptual de un cinismo fallido y una subjetividad subalternizada.[11] El argumento de Moreiras radica en considerar a los sujetos cínicos como sujetos superiores que poseen un entendimiento privilegiado de lo real que constitutivamente los aleja de cualquier posibilidad de subalternización (5). Moreiras afirma que en la literatura de Castellanos Moya no hay ninguna suposición de una estructurada inferioridad subalterna:

> Castellanos Moya no es ni un escritor de la insurgencia, comprometido con la liberación poscolonial en nombre de una identidad servil que busca redención, ni un escritor conservador que favorece la dominación de un grupo social particular mediante la proyección artística de una ideología de clase. Lo que quiera que sea insurgencia, y tal vez también conservadurismo, en su escritura es más profundo. Castellanos Moya es un escritor claramente político cuyo enfoque está en la poco visible falta de atención a las cosas y afectos que pudieran abrigar la semilla de potenciales históricos que se mantienen fuera del campo de visión e inimaginables. ("La pregunta" 27)

Aunque Moreiras no especifica qué tipo de nuevas potencialidades construyen los sujetos en la obra del escritor, afirma que su literatura registra una monumental crisis de lo político, lo cual nos lleva a preguntarnos por la naturaleza de la subjetividad y el entendimiento de lo político que presenta Robocop en *El arma en el hombre*. Al respecto, podríamos acercarnos a dicha subjetividad analizando a Robocop como un cíborg, un hombre vuelto arma, un arma que es una prótesis porque metafóricamente representa la extensión/continuación de la militarización de la sociedad dominante conocida como supuesta democracia –es decir la militarización de la paz– y porque es parte constitutiva de él, ya que es incapaz de seguir viviendo sin ella.[12] Según Donna Haraway, "a cyborg is a cybernetic organism, a hybrid of machine and organism, a creature of social reality as well as a creature of fiction" (149). Como ha hecho notar J. Andrew Brown en su libro

Cyborgs in Latin America (2010), el manifiesto de Haraway tiene grandes implicaciones positivas y progresistas en tanto que destruye las nociones occidentales de unidad y origen, promueve la hibridez y cuestiona límites, siendo de gran beneficio para el movimiento feminista, pues desafía jerarquías inherentes en el capitalismo patriarcal (11-12). Mi acercamiento a la definición del cíborg de Haraway se aleja de la idea de hibridez como subjetividad creada por la oposición de binarios objeto/sujeto, o como espacio que crea la oportunidad de que dos mundos totalmente distintos coincidan (lo humano y lo no humano). Me inclino hacia la posición de Juan Duchesne-Winter quien indica que la fundición con los objetos o máquinas no refiere a "una zona alienígena de lo inhumano" sino que, por el contrario, la máquina es una afirmación de códigos demasiados humanos, de lo conocido, de la expansión de la identidad y el poder humano en cuanto la prótesis no cuestiona la soberanía del homo sapiens, sino que la consume en sus prolongaciones tecnológicas (*Política de la caricia* 44). Así, la hibridez maquínica que aparece en la novela refiere a la fusión entre dos modos de vida en la sociedad centroamericana de posguerra, la confluencia entre el establecimiento de una paz aparente y la continuación de una guerra sin fin. Es en este escenario donde Robocop constituye una especie de cíborg delator que demuestra, mediante su fundición con los instrumentos bélicos, las incongruencias y fisuras del sistema democrático centroamericano, particularmente la imposibilidad para el sujeto centroamericano de posguerra de lograr una paz verdadera. El arma como prótesis es vital para la subsistencia de Robocop, ya que le permite no separarse de sus orígenes militares. Esto contradice la posición de Haraway quien considera que los cíborgs pueden alejarse del complejo militar industrial que los funda al indicar que: "[...] the main trouble with cyborgs, of course, is that they are the illegitimate offspring of militarism and patriarcal capitalism, not to mention state socialism. But illegitimate offspring are often exceedingly unfaithful to their origins" (151). Pero a tono con nuestro enfoque, mientras el cíborg sea construido como prolongación o extensión "demasiado humana" del modelo tecnológico antropocéntrico, es difícil que tenga un papel importante en deslegitimar a ese modelo, que es consustancial al capitalismo contemporáneo.

El arma crea en Robocop subjetividades múltiples, contradictorias y ambivalentes en el personaje. Desde el punto de vista de una identidad masculina, Robocop encarna las contradicciones que permean en los cuerpos de los cíborgs, cuando la carne y la tecnología se unen. Estas refieren a que se combinan una masculinidad fálica y una permeabilidad de cuerpos, al mismo tiempo que se contradicen construcciones sociobiológicas de paternidad y maternidad (Fuchs 282). Así, el arma construye a Robocop como un *individuo armado*, es decir, una figura de macho hipersexual, poderoso e invencible que está autoreproduciéndose, puesto que al participar en el crimen organizado y en una serie de actos de bandidaje se está constantemente readaptando según los distintos grupos a los que pertenece. Por ejemplo, el propio protagonista describe su fortaleza física y militar del siguiente modo:

> Destaco por algo más que mi estatura y mi corpulencia. Participé en las principales batallas contra las unidades mejor adiestradas de los terroristas; en las operaciones especiales más delicadas aquellas que implicaban penetrar hasta la profundidad de la retaguardia enemiga. Nunca fui capturado ni resulté herido. Muchos de los hombres bajo mi mando murieron, pero eso forma parte de la guerra—los débiles no sobreviven. (*El arma* 10-11)

La muerte es el fin para lograr sus objetivos militares, y el arma expresa esa pulsión de Robocop hacia la muerte y la destrucción. Si viéramos el uso del arma como un acto de penetración metafórica a otro cuerpo, éste siempre apuntaría hacia la destrucción. Así sucede en una de las escenas de la novela cuando Robocop, luego del acto sexual con su amante Vilma, realiza otro acto de penetración al perforarla con su arma. Así se describe la escena: "Ella me lamió y pronto se tumbó, abierta; sus movimientos fueron una recompensa porque yo le tenía tanta confianza. Más tarde después de pasar al retrete, cuando ella dormitaba tendida boca abajo, le hice un orificio en la espalda" (*El arma* 102).

Por otro lado Robocop constantemente muestra complejidades y contradicciones; su actuar es conservador y a la vez desestabilizador, es denunciador del sistema (expone y delata la realidad) y al mismo tiempo lo refuerza, es víctima al mismo tiempo que es victimario. Como una máquina-producto de la guerra, Robocop es una víctima (una víctima-cómplice), ya que es un sujeto atrapado en un sistema en el cual las facciones armadas de la posguerra realizan un proceso de destrucción de la sociedad sin ninguna posibilidad de transformación positiva y, en este sentido, la subjetividad del protagonista es negada. Desde esta perspectiva, el protagonista de la novela presenta semejanzas con el personaje principal de la película *RoboCop* de Paul Verhoeven (1987), en cuanto a que este cíborg también está atrapado en un sistema, pero se trata de un sistema corporativo. Recuérdese que fue creado por Omni Consumer Products (OCP), una megacorporación subsidiaria de la Policía de Detroit. De hecho, entre las características de los cíborgs se encuentra la idea de que ellos pueden ser individuos duros al mismo tiempo débiles porque están atrapados en escenarios corporativos tensos y "every cyborg is part of a system (more accurately of overlapping systems). Or the cyborg can be the system itself [...]" (Hables Gray 2). No obstante, existe una diferencia significativa entre la representación del cíborg en la novela de Castellanos Moya y la película de Verhoeven. En esta última, aunque el protagonista está atrapado en un sistema corporativo, ostenta una posición mesiánica o cuasi redentora en cuanto a que está literalmente programado para salvar las calles de Detroit del crimen y la violencia. Por ello, al preguntarle a Bob Morton, el creador del programa RoboCop, sobre sus directrices o prioridades, el cíborg responde: "serve the public trust, protect the innocent, uphold the law" (*RoboCop*).

Desde una posición más progresiva, el acoplamiento de Robocop con el arma como prótesis, y él como prótesis de la misma, es un marcador crítico. Disparar para o contra distintos bandos desbarajusta el sistema dominante centroamericano en su intento de definirse como 'democrático'. Se evidencia aquí su vaciamiento ideológico y principalmente da cuenta de las dinámicas existentes entre violencia, criminalidad y capitalismo en la era global. El arma en la novela es un tropo que se puede asociar con la velocidad, la circulación y la idea de desecho características de una sociedad de consumo. El arma es velocidad en tanto que impulsa al protagonista a actuar, es decir, a matar. Esa velocidad de actuación hace que el lector de la novela a veces se sienta atrapado en una película de acción en la cual los personajes carecen de una preocupación psicológica por los traumas vividos en la guerra y lo que los define es la distinción entre sujetos-armados versus sujetos no-armados. Robocop es un individuo lanzado o proyectado a actuar porque utiliza un arma y es utilizado por ella. Al respecto, Deleuze y Guattari afirman que la diferencia entre el arma y las herramientas es su capacidad de proyección, el arma es "balística" y produce una relación distinta con el movimiento, particularmente con la velocidad; al hacer referencia a Paul Virilio, Deleuze y Guattari indican que "el arma inventa la velocidad" (398). El arma en la novela ciertamente crea un patrón de aceleración de la narración, sintetiza las palabras de Robocop y lo conecta con las lógicas de la guerra, la necesidad de actuar rápido y estratégicamente, de desconfiar, de crear y romper alianzas, que son necesarias para la supervivencia.

El arma como objeto desencadenador de violencia y figura que define el relato como una ficción de hombres armados, es lo que permite considerar *El arma en el hombre* como una novela sobre el sicario. El propio Castellanos Moya identifica su novela con esta corriente literaria, al comparar su trabajo con las novelas de Fernando Vallejo y de Jorge Franco en Colombia, las ficciones de Élmer Mendoza en México y la obra de Rubem Fonseca en Brasil ("El cadáver" 30). Desde luego, esta comparación incluye ciertos matices, algunos más pronunciados que otros. La narrativa de Élmer Mendoza pertenece a la tendencia de las narconovelas mexicanas que, según Oswaldo Zavala, presenta construcciones míticas y formulaicas del fenómeno narco y del sicariato que reproducen discursos oficialistas y hegemónicos, incluidos discursos mediáticos de Televisa y TV Azteca, alimentando una gran imaginación oficial a veces por intereses del mercado editorial ("Mímesis y narconarrativa"). En este sentido, creo que las novelas de Castellanos Moya muestran todo lo contrario: una materialidad concreta e inmediata de la violencia urbana totalmente alejada de los discursos oficiales y nacionales, los cuales crítica vehementemente, no sólo en *El arma en el hombre* , sino también en las novelas como *El asco: Thomas Bernhard en San Salvador* (1997) o *Insensatez* (2004). Bajo esta óptica se acercaría mucho más a la cruda narrativa de bandidaje de Rubem Fonseca y Fernando Vallejo, aunque el contexto histórico brasileño carece de un pasado bélico de reciclamiento similar al centroamericano y evidencia más bien una transición de la dictadura a una democracia más fluida y de mayor apertura política. Por su parte, Vallejo, al igual que Castellanos Moya, presenta su realidad colombiana en un lenguaje cínico, corrosivo y desolador; ambos escritores recurren también a elementos míticos o fundacionales –piénsese en el sincretismo del sicariato y el catolicismo en *La virgen de los sicarios* (1994) o las referencias a la patria en novelas como *El asco*– para lograr el mismo propósito de develar fisuras y contradicciones de sus sociedades.

El arma implica la idea de la circulación característica de la era global porque a lo largo del texto observamos que Robocop está en constante movimiento espacial a causa de sus actos delictivos –de El Salvador a Guatemala, de Guatemala a Estados Unidos– que lo insertan en un circuito criminal en el cual hombres y armas circulan fácilmente sin el control efectivo de las fronteras. De manera similar, podemos encontrar este movimiento del crimen y el narcotráfico organizado con la aparición en la novela de narcotraficantes mexicanos liderados por el Chato Marín. Estos hombres, que viajan en helicópteros privados y con fusiles "AR-15", reciben apoyo de sus socios centroamericanos del cartel al que pertenece Robocop cuando buscan escaparse de las autoridades mexicanas. Esta idea de escape, de liberarse del control y la centralidad política de los Estados, es un rasgo característico de los sujetos que se mueven bajo las dinámicas globalizadas. Galli apunta a esta posición al sostener:

> In today's society, which is increasingly constituted by subjects who are escaping, the Subject is no longer operative as the center for the imputation of modern political spatiality. It is displaced by subjects who give up their citizenship and remove themselves from the State, who implode into a privacy that amounts to a total opacity, who embrace a singular and immediate life that is radically lacking any relationships with the mediations of institutional politics, or who seek to remove themselves form the space of the State by way of diaspora and migration, by escaping from global powers [...] he no longer exists for the State, and indeed no longer needs the state in order to exists politically and socially. The Subject today is a particular who no longer needs the universal [...] the individual without the State, he is also without home and without a solid and stable identity. (159)

El arma como prótesis en Robocop también se puede asociar con la idea de descartabilidad de los cuerpos de las víctimas del protagonista. Como mencioné anteriormente, Robocop es una máquina para matar que establece una relación desacralizada con la muerte, lo cual hace que al asesinar indiscriminadamente exponga no sólo un escenario democrático de desvaloración de los sujetos civiles no armados –moraleja: sobrevive sólo quien tiene un arma–, sino también la cosificación de esos cuerpos, su reducción a mercancías, a objetos de consumo del crimen organizado y del narcotráfico que requieren de los mismos cuerpos para hacer que ese sistema corrupto siga produciéndose. En referencia a los casos de los feminicidios de Ciudad Juárez, en *Liberalism at its Limits: Crime and Terror in the Latin American Cultural Text* (2009) Ileana Rodríguez muestra de manera similar a como lo hace el libro de Castellanos Moya cómo las conexiones del capitalismo y el liberalismo con el crimen y el tráfico de drogas convierten los cuerpos de las mujeres víctimas en objetos de consumo. Curiosamente, al referirse a los cuerpos de las mujeres traspasados por el capitalismo corporativo de las maquilas, Rodríguez los retrata como "a cyborg arm" (170). Es decir, como un brazo de cíborg, un brazo mecánico, fusión de carne y tecnología, tratándose en este caso de un cuerpo social maltratado, destruido y violado. Convertido en una extensión del arma de producción, el cuerpo muestra, al igual que el brazo de Robocop al disparar el arma, que existe la misma veta destructora entre la tecnología militarista y la encargada de la producción económica en masa.

Asimismo, la desechabilidad de los cuerpos en la novela también produce una conexión del escenario de posguerra centroamericano con la intencionalidad y el discurso de la muerte existentes en los tiempos de guerra. Al respecto, Elaine Scarry cataloga el acto de herir como uno de los elementos centrales de una guerra, aludiendo por ejemplo a una de las ideas célebres de Karl von Clausewitz en *De la guerra* (1832), según la cual uno de los objetivos inmediatos para con el enemigo es causarle daño general (65). Así, Robocop representa a la guerra, ya sea aquella pasada o sus nuevas mutaciones, porque es un individuo quien independientemente del escenario está programado para producir daño, desechar cuerpos, y participa, al describir sus propias acciones en la novela, de lo que Scarry denomina un discurso bélico de disolución de los resultados destructivos de la guerra (67). Este discurso consiste en neutralizar y limpiar el lenguaje de cualquier elemento que exprese dolor o sufrimiento asociado con el acto de herir en la guerra. Es por eso que Robocop se refiere todo el tiempo a sus víctimas como "objetivos" y a los asesinatos que realiza como "operaciones".

En conclusión, he comentado a lo largo de este ensayo la manera en que en *El arma en el hombre* Horacio Castellanos Moya representa una continuación de la guerra en el contexto centroamericano de posguerra, un espacio caracterizado por la militarización de la paz que ha sido dominado de manera parasitaria por las redes de narcotráfico, el crimen organizado y la corrupción estatal. El arma dentro de este contexto funciona en Robocop como prótesis metafórica que denuncia las incongruencias de la confluencia entre los espacios de guerra con espacios considerados de paz. El arma convierte a Robocop en un cíborg con una multiplicidad de lecturas en cuanto a la construcción de su subjetividad. Robocop es un sujeto muy blando al igual que es muy fuerte, y en ello radica el hecho de que no pueda considerársele exclusivamente bajo el rango de subalternidad, como lo ha catalogado la crítica literaria. Tampoco se puede negar que Robocop exhibe una dosis de cinismo, pero lo interesante es cuestionarnos qué tipo de cinismo, pues hay cinismo cómplice y sin principios, pero también hay cinismo lúcido que denuncia las hipocresías institucionalizadas, y este último es el caso de la novela. Tal vez la ambivalencia de Robocop, su resistencia al encasillamiento, sea lo que nos permita abrir nuevas potencialidades para acercarnos a los sujetos de la literatura centroamericana de posguerra.

NOTAS

[1] Alexandra Ortiz Wallner hace notar la analogía que existe entre este batallón ficcional de Castellanos Moya con el de Atlacatl, el cual históricamente constituyó un cuerpo élite de las Fuerzas Armadas de El Salvador creado en 1980 en la Escuela de las Américas del ejército estadounidense y por tanto entrenado por EE.UU. para operaciones de la lucha contrainsurgente. Entre las acciones más violentas del batallón Atlacatl se encuentran masacres contra la población civil como la de El Mozote y Sumpul y la ejecución de seis jesuitas miembros de la Universidad Centroamericana (UCA) (Ortiz 130).

[2] Tomo prestada esta expresión de Castellanos Moya, quien observa que la implantación de la democracia centroamericana en la última década del siglo XX significó "la 'democratización' del crimen, el absurdo de la matanza y la pérdida de referentes" ("El cadáver" 31).

[3] A manera de ejemplo, se podría pensar en textos tan tempranos como *El soldado desconocido* (1922) de Salomón de la Selva (1893-1959), relativo a la Primera Guerra Mundial y en el cual los soldados son representados como sujetos rotos y destruidos por la barbarie del Estado.

[4] El paramilitarismo es uno de los ejemplos paradigmáticos de la integración de técnicas militares en la sociedad y de la subordinación de la sociedad a las lógicas de la guerra. Según la definición de Joshua Lund, se trata de la liberalización del monopolio de la violencia estatal, creándose así varias formas de representación que pueden incluir la conversión de la policía en una fuerza "paramilitar", las autodefensas (civiles realizando acciones estatales), el estado

de excepción (militares haciendo funciones de la policía) y el paramilitarismo vulgar. En esta última categoría podríamos ubicar la organización paramilitar a la que se incorpora Robocop en la novela, puesto que el "paramilitarismo vulgar" consiste en la aparición de grupos de fuerza de seguridad de libre contratación que para evitar sujetarse al estado de ley fingen estar desvinculados del estado, aunque de manera vulgarmente evidente responden y participan con el mismo. Véase Lund, "The Poetics of Paramilitarism", 64.

5   Autores como Misha Kokotovic y Rafael Lara-Martínez han observado cómo en ambas novelas Castellanos Moya utiliza técnicas narrativas propias del testimonio, distanciándose sin embargo de las características y la finalidad política de este género: los personajes no son sujetos subalternos, no hay confiabilidad en el relato, no se expresa en ellos ninguna urgencia política ni responden a un discurso de concientización política, evidencian falta de idealismo, etc. Lara-Martínez indica, por ejemplo, que "la posguerra reemplaza el relato llano del testimonio clásico por una búsqueda consciente e intensa de un arte en el narrar". Ver Kokotovic, "After the Revolution: Central American Literature in the Age of Neoliberalism" 33-39 y Lara-Martínez, "Cultura de paz".

6   En el capítulo 30 de *El arma en el hombre*, cuando Robocop va a hablar con el Tío Pepe (El Yuca), se da un encuentro entre el protagonista y Laura; de allí deducimos que ella ya ha sido dada de alta de la clínica donde estuvo internada por problemas mentales y que ahora es la amante de El Yuca.

7   Según Negarestani, el *hypercamouflage* procede como la acronecrosis (*dieback*), un término tomado de la botánica y la agricultura que describe "a disease of plants characterized by the gradual dying of the young shoots starting at the tips and progressing to the larger branches" ("The militarization" 64).

8   La máquina de guerra produce un devenir en el sentido de que provoca una dinámica de cambio. "Devenir" es el puro movimiento y fluidez evidente entre eventos particulares, un instante en donde simultáneamente hay un punto de inicio, intermedio y final de un ciclo en desarrollo (Stagoll 25-26).

9   *Cyclonopedia* (2008) es un libro experimental y multidisciplinario que incorpora ficción, arqueología, historia, ciencias políticas, filosofía, etc. Parte de la idea literaria de los manuscritos hallados, en este caso pertenecientes al arqueólogo iraní Dr. Hamid Parsani, y propone de ellos una narrativa política y filosófica del Medio Oriente vista como un organismo viviente. Para efectos de este ensayo me enfoco en los planteamientos críticos que hace Negarestani sobre la máquina de guerra de Deleuze y Guattari.

10 La guerra contra las drogas que lideran en EE.UU. instituciones como la DEA exhibe numerosos atropellos y actos de corrupción. Esta guerra ha sido catalogada por algunos críticos como el resurgimiento de un nuevo tipo de "nacionalismo norteamericano", "un síndrome post-Vietnam" que promueve la idea de ganar, de ejercer dominación contra la disminución de la prosperidad familiar, el miedo al desempleo y a la muerte dolorosa surgido por las muchas toxicidades del capitalismo (Wilson Gilmore 27). Entre los efectos negativos de esta guerra contra las drogas se encuentran: la corrupción inherente no sólo de narcotraficantes, sino también de jerarquías gubernamentales y policiacas, el aumento en el encarcelamiento de la población afroamericana, el tratamiento inadecuado de enfermedades crónicas que requieren narcóticos y la intervención norteamericana en los asuntos gubernamentales de otros países como en los casos de México y Colombia (Friedman 78-79).

11 Agradezco al Prof. Alberto Moreiras por gentilmente facilitarme una copia del trabajo que presentó en New York University el 24 de febrero de 2014. Nota de los editores: la cita del texto de Moreiras proviene de la versión en español incluida en el presente volumen.

12 En su libro *Política de la caricia* (1996), Juan Duchesne-Winter menciona las diversas significaciones que posee la palabra prótesis: "Primero la prótesis [significa] colocar delante; 1) metaplasmo: añadir una o más letras al principio de un vocablo (amatar por matar); 2) cirugía: reparar artificialmente la falta de un órgano o parte de él; 3) bioingeniería: ensamblar

modelos artificiales de sistemas biológicos, desde el hábitat hasta funciones biónicas específicas; 4) arquitectura: vestíbulo asignado a los preparativos preliminares conducentes al ritual de sacrificio del cuerpo viviente del dios (ej: la misa cristiana)" (1).

OBRAS CITADAS

Agamben, Giorgio. *Homo Sacer: Sovereign Power and Bare Life.* Daniel Heller-Roazen, trad. Stanford: Stanford UP, 1998.

Brown, J. Andrew. *Cyborgs in Latin America.* Nueva York: Palgrave MacMillan, 2010.

Castellanos Moya, Horacio. *El arma en el hombre.* México, D.F.: Tusquets, 2001.

_____ "El cadáver es el mensaje. Apuntes sobre literatura y violencia". *Breves palabras impúdicas: un ensayo y cuatro conferencias.* San Salvador: Colección Revuelta, 2010. 29-31.

_____ *La diabla en el espejo.* Madrid: Ediciones Linteo, 2000.

Cortez, Beatriz. *Estética del cinismo: pasión y el desencanto en la literatura centroamericana de posguerra.* Ciudad de Guatemala: F&G Editores, 2010.

Deleuze, Gilles y Félix Guattari. *Mil mesetas: capitalismo y esquizofrenia.* José Vásquez Pérez, trad. Valencia: Pre-Textos, 2010.

Duchense-Winter, Juan. Conversación personal. University of Pittsburgh, 9 nov. 2015.

_____ *Política de la caricia: ensayos sobre corporalidad, erotismo, literatura y poder.* San Juan: Libros Nomádas, 1996.

Friedman, Milton. "There's No Justice in the War on Drugs". *Drug War Deadlock: The Policy Battle Continues.* Laura E. Huggins, ed. Stanford: Hoover Institution Press, 2005. 77-80.

Fuchs, Cynthia. "Death is Irrelevant: Cyborgs, Reproduction, and the Future of Male Hysteria." *The Cyborg Handbook.* Chris Hables Gray, ed. Nueva York: Routledge, 1995. 281-300.

Galli, Carlo. *Political Spaces and Global War.* Elisabeth Fay, trad. Minneapolis: U of Minnesota P, 2010.

Hables Gray, Chris. "Cyborgology: Constructing the Knowledge of Cybernetic Organisms." *The Cyborg Handbook.* Chris Hables Gray, ed. Nueva York: Routledge, 1995. 1-17.

Haraway, Donna. *Simians, Cyborgs, and Women: The Reinvention of Nature.* Nueva York: Routledge, 1991.

Herlinghaus, Hermann. *Violence without Guilt: Ethical Narratives from the Global South*. Nueva York: Palgrave, 2009.

Kokotovic, Misha. "After the Revolution: Central American Literature in the Age of Neoliberalism". *A Contracorriente: una Revista de Historia Social y Literatura de América Latina/A Journal of Social History and Literature in Latin America* 1/1 (2003): 19-50.

Lara-Martínez, Rafael. "Cultura de paz: herencia de guerra. Poética y reflejos de la violencia en Horacio Castellanos Moya". *Istmo. Revista virtual de estudios literarios y culturales centroamericanos* 3 (2002). <http://istmo.denison.edu/n02/articulos/moya.html>.

Lund, Joshua. "The Poetics of Paramilitarism". *Revista Hispánica Moderna* 64/1 (2011): 61-67.

Moreiras, Alberto. "The Question of Cynicism. A Reading of Horacio Castellanos Moya's *La diáspora*". New York University. 19 University Place, Great Room, Nueva York. 24 feb. 2014. Latin American Speaker Series Lecture. 1-35. Conferencia.

Negarestani, Reza. *Cyclonopedia: Complicity with Anonymous Materials*. Melbourne: re.press, 2008.

_____ "The Militarization of Peace: Absence of Terror or Terror of Absence?". *Collapse*, vol. 1: *Numerical Materialism*. R. Mackay, ed. Falmouth: Urbanomic, 2006. 53-92.

Ortiz Wallner, Alexandra. *El arte de ficcionar: la novela contemporánea en Centroamérica*. Madrid: Vervuert, 2012.

RoboCop. Paul Verhoeven, dir. Orion Pictures, 1987.

Rodríguez, Ileana. *Liberalism at its Limits: Crime and Terror in the Latin American Cultural Text*. Pittsburgh: U of Pittsburgh P, 2009.

Scarry, Elaine. *The Body in Pain: The Making and Unmaking of the World*. Nueva York: Oxford UP, 1985.

Stagoll, Cliff. "Becoming." *The Deleuze Dictionary Revised Edition*. Adrian Parr, ed. Edimburgo: Edinburgh UP, 2010. 26-27.

Villalobos-Ruminott, Sergio. "Literatura y destrucción: aproximación a la narrativa centroamericana actual". *Revista Iberoamericana* LXXIX/242 (2013): 131-48.

Wilson Gilmore, Ruth. "Terror Austerity Race Gender Excess Theater." *Reading Rodney King: Reading Urban Uprising*. Robert Gooding-Williams, ed. Nueva York: Routledge, 1993. 23-37.

Zavala, Oswaldo. "Mímesis y narconarrativa: los límites críticos de la narconovela mexicana". *Cuaderno de Oswaldo Zavala: Ensayos académicos, artículos periodísticos, ficción y notas sobre literatura, cine y arte*. 5 feb. 2012. <http://uncopista.blogspot.com.ar/2012/02/narconarrativas-un-ensayo-critico.html>.

Insensatez:
ficción, testimonio y trauma

La ficción y el momento de peligro: Insensatez de Horacio Castellanos Moya

Ignacio M. Sánchez Prado
Washington University Saint Louis

La reciente publicación en inglés de *Insensatez* (2004), séptima novela del prolífico narrador salvadoreño Horacio Castellanos Moya, ubica tanto a la obra como al autor en el epicentro de una nueva cartografía de la narrativa latinoamericana, al insertarla en un nuevo corpus transnacionalizado de la novela que, a diferencia del "boom", opera desde una vasta dispersión de estéticas e ideologías.[1] Traducida por Katherine Silver como *Senselessness* (2008), la novela se articula a un emergente canon configurado por la interacción entre los mercados editoriales de España y Estados Unidos y encabezado por el rotundo éxito de Roberto Bolaño en ambos espacios. No obstante, en lo que sigue busco argumentar que *Insensatez* en particular, y la obra de Castellanos Moya en general, debe leerse en una clave distinta a la de otros autores de éxito continental, como Bolaño o César Aira, cuya obra pertenece más a una raigambre pos-borgeana enfocada en el trabajo metatextual. En cambio, *Insentatez* pone en la mesa el interrogante respecto a la relación entre el escritor y la política, así como las posibilidades y limitaciones del lenguaje literario con relación al aún conflictivo legado de la violencia en Centroamérica. A diferencia del Cono Sur, donde la narrativa de la posdictadura ha trabajado de maneras diversas problemas como el trauma, la memoria y el duelo, al grado casi de convertirlos en una mercancía para el consumo académico y editorial, Castellanos Moya aparece en un panorama donde la literatura no ha reclamado del todo su potencial de debate público y donde la novela ha sido opacada por géneros como el testimonio como vehículo privilegiado de formulación de la memoria histórica. En estos términos, el presente ensayo busca interrogar la novela de Castellanos Moya sobre la emergencia de una suerte de narrativa "pos-testimonial" donde el escritor reflexiona sobre su rol de mediador cultural frente al inconmensurable horror de las guerras civiles y dictaduras centroamericanas.

Insensatez enfoca su atención en un narrador anónimo, un escritor contratado para transcribir y redactar para el arzobispado de un país centroamericano el informe final de un genocidio en contra de poblaciones indígenas. El país nunca aparece nombrado en la novela, aunque, como veremos más adelante, Castellanos Moya retoma varios elementos de la historia reciente de Guatemala para configurar su texto. Sin embargo, la indefinición del país donde ocurren los hechos es parte de la estética de la novela, basada sobre todo en un consistente sentido de insuficiencia, que enfatiza la incapacidad de la narrativa de asir completamente su objeto. La novela empieza con una frase crucial para entender su estructura:

> *Yo no estoy completo de la mente*, decía la frase que subrayé con marcador amarillo, y que hasta pasé en limpio en mi libreta personal, porque no se trataba de cualquier frase, mucho menos de una ocurrencia, de ninguna manera, sino de la frase que más me impactó en la lectura realizada durante mi primer día de trabajo, de la frase que me dejó lelo en la primera incursión en esas mil cien cuartillas impresas casi a renglón seguido, depositadas sobre el que sería mi escritorio por mi amigo Erick, para que me fuera haciendo una idea de la labor que me esperaba. (13, énfasis en el original)

En este párrafo se observan, casi como una declaración de principios, los elementos estructurantes de la novela: la incompleción es la figura preponderante del texto, la lectura de los testimonios como catarsis fallidas, la imposibilidad de comunicar eficientemente los horrores del periodo dictatorial. Constantemente, el narrador de la novela funcionará en un estado de constante insuficiencia: sexual, personal, psicológica, política. Al centro de la novela, radica una figura del intelectual incapaz de cumplir con su mandato social de mediación y construcción de la verdad. En el contexto centroamericano en general y guatemalteco en particular, la forma en que Castellanos Moya ataja el problema del intelectual solidario desde esta peculiar forma de construir a su narrador es esencial para comprender la apuesta literaria y política de la novela. De cierta manera, la estructura de *Insensatez* refuta de manera implícita la visión optimista del testimonio latinoamericano como estrategia de solidaridad. En la novela, esto se representa de dos maneras distintas. Por un lado, la lectura de los testimonios de las atrocidades de los militares es aproximada por el narrador desde la estética literaria enfatizando en distintos momentos de la novela el placer literario que siente al leerlos. Por otro, existe una consistente incapacidad del narrador de transmitir el valor estético de estos textos a sus amigos de clase media, quienes reciben la lectura en un rango emocional que va del estupor a la indiferencia. Entre los muchos pasajes de la novela que repiten esta estrategia, el siguiente ejemplifica bien ambas cuestiones:

> [N]o permitiría que ese grupo de los mal llamados veladores de los derechos humanos echara a perder mi whiskey, me dije dándole otro sorbo, y enseguida extraje mi libreta de apuntes del bolsillo interior de mi chaqueta con el propósito de paladear con calma aquellas frases que me parecían estupendas literariamente, que jamás volvería a compartir con poetas insensibles como mi compadre Toto y que con suerte podría utilizar posteriormente en algún tipo de collage literario, pero que sobre todo me sorprendían por el uso de la repetición y del adverbio, como ésta que decía *Lo que pienso es que pienso yo…*, carajo, o esta otra, *Tanto en sufrimiento que hemos sufrido tanto con ellos…*, cuya musicalidad me dejó perplejo desde el primer momento, cuya calidad poética era demasiada como para no sospechar que procedía de un gran poeta y no de una anciana indígena que con su verso finalizaba su desgarrador testimonio que ahora no viene al caso. (43-44, énfasis en el original)

El hecho crucial del pasaje es que el "desgarrador testimonio […] no viene al caso" para el narrador. La relación inicial del narrador frente al reporte de atrocidades es esencialmente estética: un sujeto burgués y diletante cuyas conexiones vitales tienen más que ver con la prosodia que con la empatía. Esto, por supuesto, no quiere decir que el narrador no será afectado por las narraciones. De hecho, una buena forma de caracterizar el desarrollo de la novela radica en comprenderla como el gradual desgaste de los mecanismos defensivos del narrador frente a las atrocidades del pasado. Más bien, Castellanos Moya presenta una figura intelectual que deliberadamente evade los imperativos éticos de su condición: un hombre machista y narcisista cuya participación con el pasado es resultado de un acto mercenario, una paga en dólares que el narrador menciona con mucha frecuencia durante la novela. Más que el tono traumático de la novela posdictatorial, esa narración de fuertes implicaciones éticas y políticas que Idelber Avelar ha denominado "alegoría de la derrota", Castellanos Moya nos presenta en toda su intensidad la barrera epistemológica subyacente en las relaciones de clase y raza en los países centroamericanos. Mientras la experiencia posdictatorial del Cono Sur puede ser narrada en tanto experiencia de las clases medias ilustradas, el intelectual centroamericano representado por Castellanos Moya no puede dar forma a la memoria o al trauma desde dispositivos narrativos posmodernos. Si, en *La ciudad ausente* (1992), Ricardo Piglia plantea una "máquina de narrar" cuyos dispositivos plenamente literarios emergen como una fuerza subversiva, Castellanos Moya pone en evidencia la futilidad de la forma y la obscenidad implícita en lo sublime frente a una experiencia incomprensible para el escritor.

Una lectura académica de esta cuestión no puede sino traer a la mente los debates en torno al testimonio latinoamericano de los años ochenta y noventa. De cierta forma, *Insensatez* es una respuesta terminante frente a los paradigmas críticos que ubicaron la narrativa testimonial, particularmente el texto de Rigoberta Menchú, en el corazón de la narrativa centroamericana. En su conocida caracterización del testimonio, John Beverley plantea una figura intelectual, el compilador, cuya operación textual y extratextual es diametralmente opuesta a la presentada por Castellanos Moya:

> [T]he relation established between narrator and compiler in the production of a testimonio can serve as both an allegorical figure for, and a concrete form of, the political alliance of a radicalized intelligentsia with the "people" that has been decisive in the development of resistant movements. (*Against Literature* 78)

Es importante aquí comprender que esta teorización proviene en parte de un marco general del intelectual centroamericano que, en un libro anterior, fue caracterizado por Beverley y Marc Zimmerman, desde la emergencia del sandinismo, como resultado de una clase intelectual radicalizada a partir de los setenta, efecto paradójico de iniciativas educativas a veces financiadas por los Estados Unidos, y su posterior articulación a causas revolucionarias. La novela de Castellanos Moya pone en entredicho los presupuestos de esta relación solidaria entre intelectual, subalterno y movimiento social al observar que, incluso en contextos donde estos movimientos han sucedido de hecho, existe una barrera de clase implícita en la actividad escritural. En cierto sentido, los devaneos prosísticos del narrador de *Insensatez*, su obsesivo retorno a la estética y poética de los testimonios de los indígenas, ponen un signo de interrogación frente a algunos elementos del proceso cultural detrás del testimonio. No sólo encontramos un intelectual epistemológicamente incapaz del acto de solidaridad requerido por el género. En el devastador mundo de la novela, existe una fuerte denuncia frente a la estetización de las experiencias límite y una reflexión en torno a la imposibilidad del efecto experiencial de lo real descrito por Beverley. Castellanos Moya, en cierta forma, es una reacción tanto al concepto sesentero de poeta *engagé*, representado en la narrativa de Beverley y Zimmerman por figuras como Roque Dalton, como al intelectual a la Elizabeth Burgos, cuya validez en tanto figura letrada radica en su posibilidad de darle al subalterno al discurso literario. Castellanos Moya, al igual que coetáneos como Roberto Bolaño y Fernando Vallejo, apuesta al desmontaje radical de la idea del intelectual como figura necesaria para la articulación de lo político. Por ello, la novela termina con el narrador en el exilio, completamente desprovisto de cualquier elemento redentor o glorificador, gritando obsesiva y repetitivamente "Todos sabemos quiénes son los asesinos" (153 y 155). Castellanos Moya opera desde un espacio donde toda ética literaria pasa, necesariamente, por el vaciamiento de sus gestos de autolegitimación.

En su crítica al debate académico en torno al testimonio, Alberto Moreiras observa:

> The canonization of testimonio in the name of a poetics of solidarity is equivalent to its reliteraturization following preassigned tropological and rhetorical registers. Thus, in the hands of testimonio criticism, testimonio loses its extraliterary force, which now becomes merely the empowering mechanism for a recanonized reading strategy. (226)

Más allá de lo que esto dice respecto a la academia, el argumento de Moreiras permite ilustrar la apuesta que una novela como *Insensatez* implica ante los distintos intentos críticos de centralizar la literatura centroamericana en un paradigma de inmediatez política. La literatura centroamericana de los años ochenta y noventa, tal y como la describen Beverley y Zimmerman, solamente es posible en íntima articulación con el devenir político-ideológico de las causas de la izquierda. A diferencia de países como México y Argentina, donde la autonomía del campo literario y la infraestructura institucional de la cultura presentan una literatura nacional ideológicamente más diversa, los escritores de los países centroamericanos han adquirido legitimidad transnacional en la medida en que representan una "verdad" político-cultural. Esto, por supuesto, tiene que ver con Rigoberta Menchú, pero también resuena en eventos como el Nobel a Miguel Ángel Asturias o la constante validación de una poesía centroamericana politizada hacia la izquierda, desde los paisajismos de Pablo Antonio Cuadra hasta las épicas de Roque Dalton y Ernesto Cardenal. Para comprender de manera más clara la obra de un autor como Castellanos Moya, es necesario trascender las topologías heredadas de modelos correspondientes a articulaciones políticas propias de los años ochenta y entender que el medio simbólico del que emerge una novela como *Insensatez* radica en asumir de manera frontal la "reliteraturización" criticada por Moreiras. Dicho de otro modo, *Insensatez* es parte de una tendencia en la cual los escritores centroamericanos reclaman para sí el derecho a la escritura literaria como una forma de superar tanto el imperativo revolucionario como el imperativo testimonial.

En *Taking their Word* (2007), Arturo Arias caracteriza así este proceso: "when we rethink contemporary Central American narrative, we can see in its most recent examples how a certain past intoxication with revolutionary utopias has given way to a heavy hangover" (22). Esto, continúa Arias, generó una literatura joven que ironiza "cultural evidence or the evidence of its lack" (23). En estos términos, la lógica de las comisiones de la verdad y de los intelectuales solidarios es satirizada ampliamente por la novela. En cierto momento, por ejemplo, el narrador se burla de Joseba, un español involucrado en la defensa de los derechos humanos: "vaya paradoja, que un sujeto con la más arquetípica pinta de conquistador español se haya dedicado con tanta devoción a rescatar la memoria masacrada de los indígenas" (82). Asimismo, el narrador constantemente interrumpe cualquier vínculo emocional o ideológico con los testimonios al intersectar opiniones y comentarios deliberadamente antiéticos; en un punto, por ejemplo, el narrador se refiere a una mujer violada y torturada por un militar como "el bomboncito recién despatarrado por los verdugos"

(109). Sería demasiado fácil leer esta resistencia al paradigma de la solidaridad como una postura reaccionaria o conservadora. Esto, sin embargo, no hace nada más allá de juzgar a Castellanos Moya desde el preciso paradigma que su narrativa busca trascender. Más bien, el carácter éticamente cuestionable del narrador de la novela tiene que ver con una literatura centroamericana que, al reclamar su derecho a una práctica estrictamente literaria, tiene que enfrentarse con los demonios de su propia postura intelectual. El regreso de lo literario al centro de la práctica escritural centroamericana requiere, desde esta perspectiva, una toma de conciencia respecto a los límites de lo literario y lo estético frente a los horrores del pasado. El mensaje de *Insensatez* radica, precisamente, en el hecho de que una literatura éticamente honesta debe reconocer su profunda incapacidad para enfrentar lo político ante un legado escritural y crítico en el cual tanto poetas como lectores reifican el discurso literario como mecanismo privilegiado de lo social. Dicho de otro modo, el protagonista de *Insensatez*, éticamente deleznable, incompleto de la mente y con momentos de impotencia sexual, es la contraparte de una mitología literaria construida en torno a figuras heroicas como "el poeta", "el guerrillero" o "el indígena". Una refundación de la escritura, como la planteada por Castellanos Moya, presupone el vaciamiento de los mitos constitutivos de la retórica grandilocuente y anacrónica de las revoluciones ochentistas.

En este punto resulta útil rescatar otra comprensión del testimonio, propuesta por Elzbieta Sklodowska en su libro sobre el tema. Sklodowska sugiere que el testimonio "guarda tan estrecho parentesco con la novela que puede considerarse como una de las actualizaciones ('género histórico') de la novela concebida como 'género teórico'" (97). Si bien es posible coincidir con Moreiras que la "reliteraturización" de lo testimonial es parte de la autovalidación de la crítica literaria, esta cita nos permite comprender la obra de autores como Castellanos Moya como una actualización del "género teórico" de la novela a contrapelo de un sistema de parámetros y definiciones heredados por el testimonio *qua* literatura. Evidentemente, una novela como *Insenstatez* es tan sólo una de las múltiples actualizaciones producidas por la narrativa centroamericana. En el caso guatemalteco, por ejemplo, es posible pensar en el reciente libro de Francisco Goldman, *The Art of Political Murder* (2007), que apuesta al reportaje policial como forma de narrar un evento político. Lo que hace a *Insensatez* particularmente notable, incluso dentro del corpus narrativo de Castellanos Moya, es precisamente su voluntad no sólo de actualizar lo literario como forma de producción intelectual en Centroamérica sino, de manera crucial, de cuestionar la centralidad de la producción literaria como forma de expresión del pasado inmediato. Al igual que la narrativa de Fernando Vallejo en Colombia, la antiética del narrador está en la base tanto de una ética literaria que asume de frente los vicios y limitaciones de su legado histórico como la necesidad de recuperar un legado estético. En estos términos, a través de un procedimiento literario eminentemente moderno, el flujo de conciencia, Castellanos Moya pone en escena una confrontación lectora del testimonio latinoamericano en tanto literatura. Por ello, la fijación en la estética de los textos de la comisión de la verdad de parte del narrador es, además de una muestra de la esencial incomprensión del intelectual burgués, un reconocimiento del legado formal de estas textualidades en la formación de una narrativa centroamericana. En una reconsideración reciente del testimonio, Kimberly Nance argumenta que el género "demands ultimately that we face ourselves, our action, and our inaction —not only to the text but in the world" (165). *Insensatez* invierte esta fórmula: ante una tradición literaria que impone esta autorreflexión, Castellanos Moya plantea una narrativa donde los sujetos lectores nos enfrentamos a nosotros mismos no en el mundo, sino en el texto.

El libro de Nance apunta hacia otro elemento central en la lectura de *Insensatez*. Nance propone la idea de que el testimonio es un proyecto de acción social y, por ende, es necesario trascender la crítica literaria para evaluar la efectividad del género. El hecho de que la crítica más reciente del testimonio apunte hacia el desmarcaje del género de su evaluación literaria habla de un espacio literario que requiere de nuevas textualidades que permitan la formulación de una práctica escritural que trascienda aquellas agotadas por el auge del testimonio en los ochenta y noventa. De hecho, como observa Arias, la emergencia de estas nuevas textualidades ha significado "a fundamental transformation in the process of reconfiguring national memories, as well as in the construction of postwar subjectivities and citizenship" (23). De hecho, continúa Arias, "reality began to be codified with full knowledge of language's inability to shape national identities. As we can see [...] the central problem of textuality became that of representing language without any intention of conveying extratextual meanings" (23). Esta resistencia a lo que Alfonso Reyes llamó la "función ancilar" de la literatura se manifiesta en *Insenstatez* de manera implícita, al plantear la impenetrabilidad de los eventos históricos desde la perspectiva fuertemente autorreflexiva del narrador. Por eso, en buena parte de la novela, la única forma en que éstos pueden ser procesados es desde la perspectiva de su forma literaria.

Hasta este punto, mi argumento se ha enfocado en *Insensatez* como reacción a los paradigmas críticos en torno a la literatura centroamericana. Este argumento, sin embargo, se debe complementar con una descripción de la intervención de *Insensatez* en la producción latinoamericana actual. Si bien la producción crítica en torno a la obra de Castellanos Moya es aún escasa, existen algunos indicios que permiten comenzar una caracterización. Misha Kokotovic ubica otra novela de Castellanos Moya, *La diabla en el espejo* (2000), bajo la rúbrica de "Neoliberal noir", un conjunto de narrativas detectivescas, policiacas y de crimen que usan las fórmulas del género como una forma de criticar la penetración del capitalismo globalizado al ámbito latinoamericano. Kokotovic plantea una idea similar a la de Arias a partir del auge de la narrativa en Centroamérica y el detrimento de la poesía y el testimonio: "Rather than addressing collective problems and social struggles or exalting the heroic sacrifices made in the present to bring about a better, more egalitarian future for all, postwar works focus on individual desires, passions and struggles for survival in violent postwar societies with only a grim future" (18). Esto se aúna a otros desplazamientos: una literatura más urbana frente al carácter rural del testimonio y los imaginarios guerrilleros, por ejemplo. Sin embargo, concluye Kokotovic, el punto fundamental es que estas narrativas no son "an apolitical retreat into the personal", sino que plantean "a forceful critique of [the neoliberal present]" (19). *Insensatez* opera dentro de este espacio, pero desde una perspectiva distinta. En este libro particular no existe una referencia directa al neoliberalismo, cuya presencia creciente como común denominador de la nueva narrativa latinoamericana tiene ciertos límites. Más bien, *Insensatez* juega a la idea de la literatura como puesta en escena de los límites de la representación de lo real, cuya función no es la constitución de "alternativas" al orden social imperante, sino el desmontaje de las estructuras ideológico-sociales que lo constituyen. En la medida en que el intelectual liberal es parte central de estas estructuras, particularmente en términos de la validación heredada tanto por los mitos del compilador del testimonio como de la figura del poeta revolucionario, Castellanos Moya representa la crisis de dicha figura en términos de los "deseos individuales, pasiones y estrategias de supervivencia en sociedades violentas de posguerra" planteados por Kokotovic. La narrativa medular de *Insensatez* es el desmoronamiento del intelectual como figura privilegiada de formación de la identidad y lo político en el contexto de las posguerras centroamericanas.

En un momento sintomático de la novela, el narrador se detiene a reflexionar sobre la relación entre los testimonios y su propia escritura:

> Debo detener esta estupidez, me dije, haciendo a un lado las sábanas y saltando de la cama, enérgico, en ruta hacia el baño para tomar una ducha, dispuesto a controlar de una vez por todas el vaivén despótico de mis fantasías, firme en mi propósito de no hacerme una paja que dilapidara mi energía mental, de no divagar sobre un testimonio cualquiera que jamás convertiría en su novela, porque a nadie en su sano juicio le podría interesar ni escribir ni publicar ni leer otra novela más sobre indígenas asesinados. (74)

Desde la repelente voz de su narrador, Castellanos Moya expresa aquí un punto de vista central al posicionamiento de su obra respecto al legado de las narrativas centroamericanas. De manera casi paradójica, *Insensatez* cumple y no cumple este *dictum*: aunque su tema latente son los indígenas asesinados, el centro de la novela es la reflexión obsesiva del narrador. De esta manera, la novela no sólo apuesta por la evasión del imperativo realista sino que, de manera más determinante, es parte de un intento de representación de una experiencia histórica generalmente excluida por el paradigma testimonial. La caracterización de la novela propuesta por Roberto Pliego en su reseña de la novela para *Letras libres* describe bien esta experiencia: "Mientras leemos *Insensatez*, observamos a un hombre desgarrado que lee y padece la experiencia de la rabia y el desasosiego en el acto de lectura" (69). Esto, según Pliego se debe al intento de la novela de preguntarse: "¿es posible crear o encontrar una gramática que contenga el alfabeto ominoso de la deshumanización del hombre y a la vez los signos de la solidaridad y la belleza?" (69). Aunque la respuesta del propio Pliego ("*Insensatez* parece rebatir ese juicio desolador" ya que "no es sólo una bien aceitada pieza verbal sino un acto de reivindicación del individuo y la dignidad humana" [70]) es cuestionable en vista de lo discutido hasta aquí, la pregunta da en el clavo. Al proporcionar una respuesta, a mi parecer, deliberadamente fallida, Castellanos Moya concede de nuevo a la narrativa el poder de exploración experiencial despojado por la expectativa testimonialista.[2] Mientras el testimonio debe recontar la experiencia del individuo como alegoría o representación de las experiencias de una comunidad, *Insensatez* restituye al individuo, en toda su imperfección, el carácter único de su experiencia frente al abismo de la historia. Proveniendo de una tradición narrativa que, desde Asturias hasta la narrativa contemporánea en maya-quiché, opera de manera decisiva desde un paradigma comunitarista, Castellanos Moya busca reubicar la novela centroamericana en una cartografía latinoamericana donde asumir de manera frontal el colapso del sujeto intelectual moderno es el punto de arranque de una nueva estética.

En estos términos es fundamental resistir la tentación de leer *Insensatez* como una simple "reivindicación" de la palabra. Pliego lo hace en su lectura, al igual que Nathalie Besse, quien argumenta que el impacto de la lectura de los testimonios en el narrador "nos permite apreciar el poder de la escritura que puede, hasta cierto punto, adversar la violencia". Yendo aún más lejos, Besse identifica este poder con la tradición indígena de la palabra y plantea la idea de que "esa escritura herida permite presentar la memoria, esas palabras estropeadas permiten 'sanar', si es que uno puede liberarse del pasado". En realidad, pienso que el efecto es el contrario. La insensatez del personaje no emerge del acto de lectura tanto como del contexto de dicho acto: es el resultado de las atrocidades emergidas de él, así como del sentido de persecución que, como vemos al final de la novela, el narrador desarrolla gradual y justificadamente. Más bien, esta locura es lo que le impide acceder a la palabra que, como vimos antes, es para el narrador un acto estético y no político. El punto fundamental aquí es que en *Insensatez* la memoria no es redentora. El hecho de que el narrador deba salir del país y de que los principales culpables de las atrocidades sigan impunes sólo muestra su futilidad. Pese a la enorme cantidad de páginas de testimonio ("mil cien" nos recuerda el narrador obsesivamente), la paranoia, la violencia, el miedo y la impunidad siguen inamovibles. Al asumir la inutilidad de la escritura para resolver el conflicto social, Castellanos Moya la reubica en su justa dimensión: la representación de experiencias únicas dentro del marasmo de la violencia y el desmontaje de las estructuras discursivas que las subyacen.

NOTAS

[1] Este ensayo se publica originalmente en *Cuaderno Internacional de Estudios Humanísticos y Literatura* 14 (2010): 79-86.

[2] En su artículo "Testimonio Once Removed", de próxima aparición, Misha Kokotovic argumenta que la novela constituye un "metatestimonio". Desafortunadamente, no pude acceder al artículo para citarlo en este trabajo.

OBRAS CITADAS

Arias, Arturo. *Taking Their Word. Literature and the Signs of Central America.* Minneapolis: U of Minnesota P, 2007.

Avelar, Idelber. *Alegorías de la derrota. La ficción postdictatorial y el trabajo de duelo.* Santiago de Chile: Cuarto Propio, 2000.

Beverley, John. *Against Literature.* Minneapolis: U of Minnesota P, 1993.

Beverly, John y Marc Zimmerman. *Literature and Politics in the Central American Revolutions.* Austin: U of Texas P, 1990.

Castellanos Moya, Horacio. *Insensatez.* México, D.F.: Tusquets, 2004.

_____ *Senselessness.* Katherine Silver, trad. Nueva York: New Directions, 2008.

Goldman, Francisco. *The Art of Political Murder. Who Killed the Bishop?* Nueva York: Grove, 2007.

Kokotovic, Misha. "Neoliberal Noir. Contemporary Central American Crime Fiction as Social Criticism". *Clues* 24/3 (2006): 15-29.

Moreiras, Alberto. *The Exhaustion of Difference. The Politics of Latin American Cultural Studies.* Durham: Duke UP, 2001.

Nance, Kimberly A. *Can Literature Promote Justice? Trauma Narrative and Social Action in Latin American Testimonio.* Nashville: Vanderbilt UP, 2006.

Pliego, Roberto. "El otro sobreviviente". *Letras Libres* (Marzo 2005): 69-70.

Sklodowska, Elzbieta. *Testimonio hispanoamericano. Historia, teoría, poética.* Nueva York: Peter Lang, 1992.

El testimonio en segundo grado en Insensatez

Misha Kokotovic
University of California, San Diego

Cerca de la mitad de la novela *Insensatez* (2004) de Horacio Castellanos Moya, el narrador declara: "a nadie en su sano juicio le podría interesar ni escribir ni publicar ni leer otra novela más sobre indígenas asesinados" (74).[1] Sin embargo, *Insensatez* en sí es, entre otras cosas, una novela sobre el genocidio maya perpetrado por el estado guatemalteco a comienzos de los años ochenta, durante la fase más violenta de la larga guerra civil que vivió el país (1954-1996).[2] El narrador, quien termina siendo poco confiable, puede simplemente estar equivocado, pero su afirmación alude a los múltiples desafíos que se afrontan al escribir sobre los indígenas masacrados en una Guatemala de posguerra. Existe, en primer lugar, cierto grado de riesgo debido a que muchos de los perpetradores del terror de estado aún están en posiciones de poder y puede que sean reacios a que se publiquen sus crímenes de guerra, tal como lo demostraron en 1998 con el asesinato del Obispo Juan Gerardi sólo dos días después de la presentación al público del informe de derechos humanos de la Iglesia Católica, *Guatemala: Nunca Más*,[3] obra supervisada por él. No es un accidente que *Insensatez* termine con el asesinato de Gerardi. Además, está el asunto de la forma, ya que ¿cómo ha de capturar una novela la magnitud y las consecuencias de los horrores cometidos contra los guatemaltecos, particularmente los mayas, de modo que se capte la atención de los lectores y que no se sientan abrumados, desensibilizados e indiferentes? ¿Qué forma puede tomar tal novela cuando el compromiso político que caracterizaba gran parte de la literatura del tiempo de guerra parece exhausto, anticuado y poco convincente en un ambiente de posguerra, de desencanto y cinismo? Estos son los desafíos que *Insensatez* se presenta reflexivamente mediante la desdeñosa evaluación por el narrador de los prospectos de una novela como aquella en la que aparecen sus palabras.

Insensatez intenta afrontar estos desafíos con un extraña fusión de lo que parecería ser elementos contradictorios: la estética cínica que, según Beatriz Cortez, caracteriza mucha de la ficción centroamericana de posguerra, y el testimonio, que es el género narrativo de no ficción con el que más se identifican los movimientos revolucionarios de los años setenta y ochenta. La prominencia del testimonio en la novela de Castellanos Moya es particularmente inusual porque a pesar de haber sido la forma narrativa más importante durante los años de guerra, ha perdido su posición dominante en el periodo de posguerra y se la ha cedido a la ficción. ¿Por qué una obra de ficción de posguerra marcada por el cinismo reciclaría el género idealista y politizado que ha remplazado?

Durante la guerra, el testimonio le dio voz a aquellos que normalmente eran excluidos de la esfera de la literatura y la cultura impresa: los pobres, los explotados, los oprimidos y los marginados. Los campesinos, los trabajadores, los indígenas y las mujeres (incluyendo a la famosa Rigoberta Menchú) tuvieron la oportunidad de expresar sus vivencias de subordinación y resistencia mediante el testimonio, aunque no sin mediaciones ni problemas. Los testimonios eran generalmente el resultado de un esfuerzo de colaboración entre el escritor/intelectual y el iletrado o poco letrado sujeto testimonial. Este último contaría su relato de vida al primero, quien lo grababa, transcribía y corregía para que luego fuera publicado, lo que creaba todo tipo de problemas de representación tanto de mimética como de variedad política.[4] Sin embargo, los testimonios se presentaban como la voz auténtica de los sujetos subalternos al destacar la oralidad de la narrativa y enfatizar la verdad que en ella se relataba. Aunque eran narrados de manera autobiográfica, en primera persona del singular, que invitaba a la identificación del lector con el narrador, a diferencia de las autobiografías, los testimonios solían resaltar la naturaleza representativa y colectiva de las experiencias que describían. El individuo que contaba su testimonio, de manera implícita o explícita hablaba por un grupo y denunciaba la explotación y opresión que muchos sufrían. Los testimonios también asumían un alto grado de transparencia social, es decir, la posibilidad de percibir claramente los problemas sociales, y con frecuencia diagnosticaban las causas estructurales de la injusticia. Estos llamaban la atención a la necesidad de cambio social y solían expresar fe en las posibilidades de alcanzar justicia social mediante la acción colectiva.

En cambio, las obras de ficción centroamericanas de posguerra se caracterizan por un profundo desencanto con los proyectos utópicos de la izquierda y tienen poca fe en la acción colectiva o las posibilidades de justicia social. Estas representan las sociedades centroamericanas en un estado de caos, corrupción y violencia donde prevalecen el egoísmo cínico y la hipocresía.

Pero como observa Cortez, el cinismo, como una forma estética, no es del todo negativo, pues pone en evidencia "la inexactitud de las versiones oficiales de la realidad centroamericana" y "provee al sujeto una guía para sobrevivir en un contexto social minado por el legado de violencia de la guerra y por la pérdida de una forma concreta de liderazgo" (27). Como muchas de las obras centroamericanas de ficción recientes, *Insensatez* usa el cinismo de esta manera pero también lo confronta con un desafío ético que termina por abrumar dicho cinismo y lo pone de manifiesto como una respuesta inadecuada a la difícil situación de la posguerra centroamericana.[5]

En *Insensatez*, el cinismo es personificado por el narrador, un escritor salvadoreño que se ve obligado a huir de su país después de publicar comentarios despectivos sobre el presidente. El narrador termina en Guatemala, donde un amigo lo contrata para corregir la versión final del informe de la Iglesia Católica sobre la violación de los derechos humanos durante la guerra. El informe es real y fue publicado bajo el título *Guatemala: Nunca Más. Informe del Proyecto Interdiocesano de Recuperación de la Memoria Histórica* (de ahora en adelante el informe REMHI). La novela también posee un elemento autobiográfico, ya que el mismo Castellanos Moya ayudó a corregir el informe REMHI.[6] Sin embargo, no debemos confundir al autor con su narrador, quien acepta el trabajo de corrector a corto plazo solamente por el dinero y no por compromiso con los derechos humanos ni por ninguna otra causa. De hecho, el narrador, más bien desagradable y hasta se podría decir que repugnante, parece motivado exclusivamente por sus propios intereses y, al comienzo de la novela, parece interesado únicamente en el dinero y el sexo. La novela, que toma la forma de un monólogo incesante y egoísta, relata las experiencias del narrador en la Ciudad de Guatemala mientras corrige el informe REMHI. El desagradable narrador y la narración en primera persona con su estilo oral de conversación chistosa nos recuerdan a las anteriores novelas de Castellanos Moya: *El asco* (1997), *La diabla en el espejo* (2000) y *El arma en el hombre* (2001), pero aquí representan eventos reales fáciles de reconocer.

Por su parte, el testimonio aparece en *Insensatez* de dos maneras. Primero, la propia forma narrativa de la novela alude al género de no ficción de los tiempos de guerra, aunque parece hacerlo de forma paródica y burlona como en las primeras novelas de Castellanos Moya. La voz en primera persona y la calidad oral de la narrativa tiene algún parecido al testimonio, pero el narrador narcisista y sus insignificantes preocupaciones tienen poco en común con los personajes que dan sus testimonios y las experiencias frecuentemente espantosas que relatan. Hay poco en *Insensatez* que invite al lector a identificarse con la figura del narrador, excepto quizás por el hecho de que, a diferencia de los desagradables narradores de las otras novelas de Castellanos Moya, éste es un lector de testimonios (o fragmentos testimoniales) a quien le afectan profundamente y por lo tanto está, por lo menos, indirectamente expuesto a los urgentes temas sociopolíticos que de costumbre se tratan en este género de guerra. Me refiero ahora a la segunda manera, la más significativa, en la que aparece el testimonio en la novela: las citas de los testigos y los sobrevivientes de las masacres y torturas, en su mayoría indígenas mayas, que encuentra el narrador en el informe REMHI. Éstas le parecen tan convincentes que las anota en un cuaderno y se las repite a sí mismo y a otros obsesivamente. Estos fragmentos testimoniales aparecen a través de toda la novela, en letra cursiva, y aunque algunos pueden ser invento de Castellanos Moya, muchos son citados tal y como aparecen publicados en el verdadero informe REMHI con poca o ninguna modificación. Además, la novela resume por lo menos dos largos relatos de torturas documentadas en el informe. La función de estos fragmentos testimoniales es crucial para la interpretación de la novela, ya que ellos, más que cualquier otra obsesión del narrador, son el centro de la narrativa, pues ésta gira alrededor de ellos.

Insensatez, por lo tanto, está marcada por una doble tensión: entre el cinismo de posguerra del narrador y la presencia estructural del testimonio, género de no ficción comprometido con la política, al igual que entre dos maneras diferentes en las que el testimonio se manifiesta en el texto, como una alusión formal aparentemente paródica y como una cita directa. El resultado de esta combinación de diferentes y hasta contradictorios elementos es una especie de narrativa de ficción metatestimonial que no representa las experiencias de opresión que contaron quienes las vivieron, sino más bien la experiencia y el efecto de leer dichos relatos. Es decir, la novela relata los cambios que se producen en el cínico narrador por su compromiso con los fragmentos testimoniales que encuentra en el informe REMHI. Al poner estos testimonios reales en un contexto ficticio de cinismo de posguerra, la novela paradójicamente amplifica su fuerza e impacto en una época en la que el testimonio, para algunos, ha perdido su poder de conmover a sus lectores. *Insensatez* le devuelve al testimonio algo de su fuerza original al repartirlo en pequeñas pero intensamente concentradas dosis que se hacen aceptables a una sensibilidad de posguerra desencantada debido a su envoltura de cinismo. Además, el efecto que tienen los relatos testimoniales sobre masacres y torturas del informe REMHI en nuestro narrador parece sugerir que el cinismo por sí solo es una respuesta inadecuada al legado de terror de estado en la América Central de posguerra y que se necesita algo más.

Por lo tanto, vale la pena analizar más detalladamente al narrador y su relación con las citas testimoniales del informe REMHI. A diferencia de los narradores en las novelas anteriores de Castellanos Moya *La diabla en el espejo* y *El arma en el hombre*, el narrador de *Insensatez* no es un miembro de la élite ni del ejército. Por el contrario, tiene una conexión, aunque tenue, con la izquierda. Es contratado para corregir el informe REMHI por un amigo, Erick, que trabaja para la Oficina de Derechos Humanos de la arquidiócesis de Guatemala y a quien conoció mientras ambos estuvieron exiliados en la Ciudad de México. Toto, su compadre y compañero de juerga, es el único confidente real del narrador en la Ciudad de Guatemala y trabaja para una ONG dirigida por un ex comandante guerrillero. Sin embargo, el narrador desacredita casi todo sobre la izquierda. Por ejemplo, en un bar que es propiedad de "comunistas reciclados", el narrador nota con desdén que "las paredes estaban ensuciadas con horribles versos de mediocres poetas izquierdistas vendedores de esperanza" (41). Su opinión acerca de la Iglesia Católica y la religión en general es aún peor. Él se describe a sí mismo como un "ateo vicioso" (16) y considera que la Iglesia Católica es una institución repugnante y represiva que no se puede redimir por su labor a favor de los derechos humanos y que en cualquier caso, o por lo menos al principio de la novela, no le interesa en lo más mínimo. Motivado únicamente por el dinero, el narrador tiene un acceso de cólera cuando la Iglesia no le paga el anticipo de su sueldo a tiempo. Atemorizado por el estado guatemalteco y sus fuerzas armadas, a los que también aborrece, cuestiona su cordura por haber aceptado un trabajo, así sea temporal, con instituciones y causas en las que no cree cuando este trabajo puede causar su muerte. En su creciente paranoia, imagina que hay informantes militares y asesinos al acecho en cada calle y bar que frecuenta.

El cinismo del narrador es quizás más evidente en su actitud hacia las mujeres, a quienes, de una manera exageradamente machista, considera como poco más que objetos para satisfacer sus deseos. Inicialmente, el narrador se queja de que otro de los inconvenientes del trabajo que ha aceptado con la Iglesia es la falta de mujeres atractivas: "descubrí que era intrínseco a esa institución, y no sólo a la extrema izquierda, como yo antes pensaba, que las mujeres feas eran un atributo exclusivo de las organizaciones de extrema izquierda, no, ahora comprendía que también de los organismos católicos dedicados a velar por los mal llamados derechos humanos" (21). Cuando encuentra dos excepciones a esta regla, ambas jóvenes españolas que trabajan en la oficina de derechos humanos de la Iglesia, su único objetivo es seducirlas y poseerlas. En ambos casos fracasa. La primera mujer rechaza sus insinuaciones sexuales porque está desconsolada por una reciente ruptura amorosa. Logra tener relaciones sexuales con la segunda, pero no queda satisfecho por varias razones en su mayoría triviales: cree que ella se comporta demasiado como una prostituta, le repugna el olor de sus pies y ella le cuenta que su novio, un oficial militar uruguayo de la misión de las Naciones Unidas en Guatemala, regresará al día siguiente. Esto último lo aterroriza de tal manera que en vez de poseer a la mujer como tenía planeado, el miedo y la paranoia lo poseen al imaginarse que el militar uruguayo lo va a matar en un ataque de celos o va a dar un conveniente pretexto para que el ejército guatemalteco lo elimine por su labor en el informe REMHI.

El sexismo exagerado del narrador, junto con la cómica y patética calidad de sus desventuras sexuales, revela una masculinidad de posguerra notablemente ansiosa y frágil que se dibuja en vivo contraste con el audaz heroísmo masculino de agencia revolucionaria durante la guerra. En la novela, estos últimos existen únicamente en la forma de relatos de guerra que mientras beben licor, le cuenta el ex comandante guerrillero ahora convertido en director de una ONG. Con esta opción heroica descartada por la derrota de la revolución y el fin de la guerra, el narrador intenta, en vano, afirmar una forma de agencia masculina cínica y egoísta que parece ser la única que puede imaginar. Después de no poder seducir a las mujeres españolas desiste de volver a intentarlo aun cuando tiene la oportunidad, en gran parte por su creciente compromiso con los fragmentos testimoniales del informe REMHI.

Al principio, el narrador también los trata de una manera cínica. Las primeras palabras de la novela se atribuyen a una cita del informe REMHI (aunque parece ser inventada): "Yo no estoy completo de la mente" (13). El narrador admite haberse :

> [...] impactado por el grado de perturbación mental en el que había sido hundido ese indígena kaqchikel testigo del asesinato de su familia, por el hecho de que ese indígena fuera consciente del quebrantamiento de su aparato psíquico a causa de haber presenciado, herido e impotente, cómo los soldados del ejército de su país despedazaban a machetazos y con sorna a cada uno de sus cuatro pequeños hijos. (13)

Sin embargo, el narrador pronto trivializa la frase al usarla, absurdamente, en su propia situación, declarándose mentalmente impedido por haber aceptado corregir un informe en el que se describen tales atrocidades, en un país donde todos deben estar mentalmente impedidos, ya sea porque son víctimas o perpetradores de tales actos, o simplemente por haber permitido que ocurrieran. La desproporción entre la situación del narrador y la del indígena que primero usó la frase es asombrosa y recalca el cinismo aparentemente inconsciente del narrador. Sin embargo, esta primera cita resulta profética, pues la inmersión del narrador en los horribles relatos testimoniales del informe REMHI, finalmente desgasta su cordura. No obstante, al principio de la novela el narrador parece inmune al contenido de los fragmentos testimoniales, que le fascinan por otras razones.

En el informe REMHI se usan las citas de los testimonios de testigos y sobrevivientes de masacres y torturas por su valor referencial, como ejemplos o ilustraciones de los métodos que usó el estado guatemalteco y como pruebas de sus crímenes. En cambio, el narrador de *Insensatez*, por lo menos al principio, se enfoca en la calidad literaria de los fragmentos testimoniales y no en los horrores a los que estos se refieren. Él admira "aquellas frases que me parecían estupendas literariamente [...] y que con suerte podría utilizar posteriormente en algún tipo de collage literario" y las contrasta con lo que él considera es la poesía mediocre izquierdista garabateada en las paredes del bar que frecuenta:

> como ésta que decía *Lo que pienso es que pienso yo...*, carajo, o esta otra, *Tanto en sufrimiento que hemos sufrido tanto con ellos...*, cuya musicalidad me dejó perplejo desde el primer momento, cuya calidad poética era demasiado como para no sospechar que procedía de un gran poeta y no de una anciana indígena que con ese verso finalizaba su desgarrador testimonio que ahora no viene al caso. Ambas frases deberían estar escritas en las paredes de este bar-café en vez de esos horripilantes versos de poetastros izquierdistas. (43-44)

En este momento, el contenido del desgarrador testimonio en el que tales frases aparecen es irrelevante. Lo único que le importa al narrador es su calidad poética, la forma en la que son expresadas.

Eso no quiere decir que, incluso al principio de la novela, el narrador esté inconsciente de las horrorosas experiencias que describen los fragmentos testimoniales. De hecho, aunque la impresionante sintaxis y las imágenes de los fragmentos que subraya bien podrían ser debidos, por lo menos en parte, al español con influencias del maya de los testigos y sobrevivientes indígenas del terror de estado o de los rastros en las traducciones al español de las lenguas indígenas en las que el testimonio fue dado originalmente, el narrador sugiere una explicación diferente cuando se refiere a "esos testimonios que parecían cápsulas concentradas de dolor y cuyas frases tenían tal sonoridad, fuerza, y profundidad que yo había apuntado ya algunas de ellas en mi libreta personal [...] *Se queda triste su ropa* [...] *Las casas estaban tristes porque ya no había personas dentro*" (30). El narrador insinúa que lo que parece un lenguaje poético es el producto de un dolor inimaginable o más bien del intento de expresar tal dolor con palabras que escasamente lo pueden contener. Ya que el idioma común, el de todos los días, no es el adecuado para el cometido, en el proceso de producir tales "cápsulas concentradas de dolor" este se distorsiona, se rompe y se reorganiza para intentar representar experiencias casi imposibles de representar. La resultante calidad literaria de los fragmentos testimoniales que tanto fascinan al narrador, su profundidad y fuerza estética, llaman la atención al dolor que los creó.

Tales experiencias no son fáciles de representar porque como ha dicho Elaine Scarry, "[p]hysical pain does not simply resist language but actively destroys it, bringing about an immediate reversion to a state anterior to language" (4). La representación del dolor infligido por la tortura y la masacre importa mucho, sin embargo, porque "the relative ease or difficulty with which any given phenomenon can be *verbally represented* also influences the ease or difficulty with which that phenomenon comes to be *politically represented*" (12, énfasis en el original). Acabar con la impunidad que disfrutan los torturadores y señalarlos como responsables, hacer justicia y dar compensación a las víctimas, crear instituciones democráticas que puedan prevenir el terror de estado, todo esto requiere la representación verbal y política del dolor y sufrimiento de las víctimas. Para Scarry, hay mucho en juego en "the attempt to invent linguistic structures that will reach and accommodate this area of experience normally so inaccessible to language" (6).

Aunque así no lo parezca al principio, esto es precisamente lo que ocurre en la novela de Castellanos Moya, que explora la posibilidad de inventar tales estructuras lingüísticas en un ambiente de posguerra de cinismo hacia todo lo político. Los sobrevivientes de la tortura y la masacre citados en el informe REMHI de alguna manera encontraron las palabras y estructuras con las cuales intentan representar su experiencia. Sin embargo, la manera testimonial y cuidadosa con la que el informe transmite su sufrimiento es probable que no encuentre resonancia con un público lector cínico. Por lo tanto, *Insensatez* experimenta con un enfoque altamente irónico y oblicuo que potencialmente podría tener un impacto mayor. Al usar a un lector cínico como su narrador y protagonista, la novela no representa la experiencia de la tortura en sí, sino más bien el efecto que tiene en el lector la manera en que las víctimas representan esa experiencia, cuya forma lingüística es impresionante precisamente porque, según la novela, está moldeada por la relación destructiva del dolor con el idioma.

Sin embargo, aunque el narrador reconoce el dolor y el trauma detrás de las joyas literarias que encuentra en los fragmentos testimoniales, en la primera parte de la novela el narrador está interesado solamente en las cualidades estéticas que ve en "esas intensas figuras de lenguaje y en la curiosa construcción sintáctica que me recordaba a poetas como el peruano César Vallejo" (32). Hay algo poco apropiado, tal vez hasta obsceno, en comparar relatos de masacre y tortura con la poesía vanguardista, pues estetiza el sufrimiento de otros, encontrando así belleza en la expresión del dolor ajeno. Por supuesto, la novela se da cuenta de esto, como se evidencia cuando el narrador alaba los "testimonios conmovedores, alucinantes, en especial ese lenguaje de una riqueza expresiva digna de la mejor literatura" (68) en frente del obispo a cargo del informe REMHI antes de darse cuenta de que el prelado lo está mirando de una manera que "me hizo temer que él me considerara un literato alucinado en busca de versos donde lo que había era una brutal denuncia de los crímenes de lesa humanidad perpetrados por el ejército contra las comunidades indígenas de su país" (69). La preocupación reflexiva de la novela con su uso del testimonio nos hace recordar la pregunta de John Beverley en su ensayo seminal sobre el género testimonial: "How much of a favor do we do testimonio by positing, as here, that it has become a new form of literature [...]?" ("The Margin at the Center" 26). Aunque sea apropiado y hasta inevitable, ¿será que al tratar el testimonio como una forma de literatura y al hacerlo pasar por un análisis literario no le robamos algo de su fuerza de decir la verdad y socavamos su propósito de retar las prácticas exclusivistas de la literatura como institución?[7] Podemos leer tanto la apreciación únicamente estética por parte del cínico narrador al principio de *Insensatez*, como su conciencia sobre las implicaciones éticas, quizás, como un reproche a la crítica excesivamente literaria sobre el testimonio.

A pesar de esta advertencia, es difícil negar que los testimonios en el informe REMHI tienen una fuerza extraordinaria que no se reduce sólo a las terribles experiencias que contienen. Por lo menos, una parte del impacto que tienen en los lectores se puede atribuir a la forma en la que se expresan tales experiencias. Hay que reconocer a los autores del informe REMHI por tomar la decisión de recopilar miles de testimonios e incluir tantas citas. Sin embargo, la naturaleza misma del género de informe de derechos humanos, con su trato moderado, casi clínico y estrictamente referencial de los testimonios como pruebas y ejemplos, tiende a reducirlos sólo a su contenido. Al pasar por alto su forma expresiva, el informe REMHI involuntariamente drena un poco la fuerza de los fragmentos testimoniales que incluye. Por el contrario, la novela de Castellanos Moya amplifica esa fuerza al colocar muchos de los mismos fragmentos testimoniales en un escenario ficticio que resalta su inusual forma. Al hacer esto se corre el riesgo de estetizar el dolor y sufrimiento humano pero la novela no limita a su narrador a su inicial apreciación exclusivamente estética de los testimonios en el informe REMHI. En vez de esto, su respuesta a los testimonios evoluciona de tal manera, que su impresionante forma termina por atraerlo a su escalofriante contenido y por darle un entendimiento aún más referencial a medida que se desarrolla la narrativa.

Aun al principio de la novela, cuando todavía considera los testimonios indígenas del informe REMHI como una especie de poesía accidentalmente vanguardista, éstos cobran prioridad sobre sus obsesiones más sórdidas como el sexo y el dinero. Por ejemplo, cuando Toto, el amigo del narrador, le muestra mujeres atractivas en el bar donde los dos hombres discuten el significado poético de los testimonios, el narrador se muestra inusualmente desinteresado en las mujeres y molesto con Toto, "como si ése fuera el instante propicio para la seducción" (31). En otro episodio más esencial, inmediatamente después del encuentro sexual del narrador con la mujer española, experiencia que lo dejó insatisfecho y hasta aterrorizado, un relato testimonial particularmente gráfico del informe REMHI triunfa sobre su deseo sexual una vez más. Cuando identifica tardíamente a una nueva posible conquista, la "mujer guapa y misteriosa" que ve en las oficinas de la Iglesia (107) como la víctima y sujeto de un relato testimonial sobre tortura que él mismo ha estado corrigiendo, se niega a que se la presenten siquiera y abandona sus intenciones de conquistarla. La fuerza del relato testimonial que lo hace desistir de su interés en la mujer esta vez no es por su forma poética sino por los espantosos eventos que narra. De hecho, el narrador no cita este relato, que sí aparece en el informe REMHI real (152-53 inglés y 199-200 español), sino que lo resume. El testimonio de la mujer describe su encarcelamiento, tortura y violación sexual por parte de militares guatemaltecos cuando ella tenía apenas dieciséis años. Sin embargo, lo que le impacta al narrador aún más que las continuas violaciones sexuales y torturas que tuvo que padecer la mujer, es la tortura de un prisionero a quien castraron en su presencia. Esta escena de la castración persigue al narrador y le pone fin a sus andanzas de mujeriego por el resto de la novela. Si este tipo de tortura real fue necesario para derrotar al heroísmo masculino de los movimientos revolucionarios de los años setenta y ochenta, su simple imagen, el eco del grito del hombre castrado en las páginas del informe REMHI basta para desanimar la sórdida, y no heroica, forma de agencia masculina de posguerra del narrador.

De aquí en adelante, el narrador se deja llevar aún más hacia los eventos que se relatan en los testimonios del informe que se obstina en corregir, mientras se imagina a sí mismo alternando en el papel tanto de víctima como de perpetrador del terror de estado. Su temor de ser perseguido por el ejército crece paralelamente con su aterradora inmersión en los testimonios y empieza a ver asesinos y torturadores en cada esquina. Aunque para este punto en la novela, mientras el narrador, traumatizado, empieza a perder contacto con la realidad, se vuelve más difícil distinguir entre sus delirios paranoicos y los eventos reales. A medida que las fuerzas armadas guatemaltecas lo empiezan a cercar, o así él se lo imagina, se escapa primero del recinto eclesiástico donde ha estado corrigiendo el informe, luego del país y finalmente se refugia donde un primo en Alemania.

En este punto su relación con los testimonios en el informe REMHI ha cambiado radicalmente, pues los horrores que relatan se han vuelto más reales y significativos para él que sus obsesiones previas con el sexo y el dinero, las cuales ya ni menciona. Las comparaciones de su propia situación con aquellas descritas en los testimonios ya no son tan impertinentes como al principio de la novela y, a pesar de su creciente temor y pánico, se vuelve más consciente de las diferencias que lo separan de las víctimas indígenas del terror de estado. Mientras escapa de sus posiblemente imaginarios perseguidores en Guatemala, por ejemplo, él proclama una cita de uno de los testimonios en el informe REMHI que al principio parece encajar en su difícil situación.

Sin embargo, pronto se reprocha de haberlo hecho porque "insensato era también que entonara con ardor la frase *herido sí es duro quedar, pero muerto es tranquilo,* que eso era propio del dolor de un indígena sobreviviente de la masacre y no de un corrector que ahora trotaba precisamente para no quedar ni muerto ni herido" (142).

Aun cuando el narrador enfatiza la similitud entre su experiencia y la de los protagonistas citados en los testimonios del informe REMHI, la comparación es menos absurda que al principio de la novela. Presuntamente seguro en Alemania, al narrador lo siguen persiguiendo los testimonios que dejó atrás en Guatemala y recuerda

> aquélla que decía *Para mí recordar, siento yo que estoy viviendo otra vez,* cuya sintaxis cortada era la constatación de que algo se había quebrado en la psiquis del sobreviviente que la había pronunciado, una frase que cabalmente se aplicaba a mi situación en esa ciudad extranjera y lejana donde me había ido a refugiar. (149)

Las experiencias responsables de la crisis mental expresada en la sintaxis fracturada de la frase son diferentes sin duda a las experiencias de segunda mano del terror de estado que siente el narrador a través de las palabras de otros (descontando por el momento que su persecución por los militares sea un delirio). Sin embargo, el punto de comparación aquí no es la experiencia de terror en sí, sino el temor reactivado por el recuerdo del terror.

La transformación del narrador mediante su inmersión en los testimonios se indica en un momento clave cerca del final de la novela, mientras está sentado en un bar lleno de gente en Alemania:

> [...] pues mi atención estaba fija en mi rostro que se reflejaba en el espejo, con la concentración puesta en cada uno de mis rasgos, en mi expresión que de pronto se me hizo ajena, como si el que estaba ahí no hubiera sido yo, como si ese rostro por un instante hubiera sido de otro, de un desconocido, y no mi rostro de todos los días, un instante en que me fui irreconocible y que me causó el peor de los pánicos, al grado que temí un ataque de locura. (147-48)

Al no poder reconocerse en el espejo detrás del bar, siente, aunque sólo por un momento, que se ha convertido en otra persona y teme por su ya frágil cordura. El cambio que ha sufrido se confirma con su comportamiento en el bar. Mientras su primo intenta conquistar a una holandesa, el narrador no da señales de estar interesado en ninguna de las muchas mujeres presentes, comentando solamente que para su primo "las mujeres eran su obsesión y su flanco" (148), como si la frase no hubiera descrito al mismo narrador al principio de la novela.

Su transformación también es evidente en el tipo de fragmentos testimoniales que grita a los alemanes, que no entienden lo que dice, y la forma distinta en que estas palabras lo afectan. A diferencia del principio de la novela, al final el narrador escoge fragmentos por su valor referencial y no por su calidad literaria. La frase *"mientras más matara se iba más para arriba"*, intenta explicarle al barman, "sintetizaba el hecho de que en la sociedad de la que yo procedía el crimen constituía el más eficaz método de ascenso social" (152). *"Después vivimos el tiempo de la zozobra"* (154), por su parte, es totalmente descriptiva. Pero "la frase más contundente encontrada en testimonio alguno" (153), una que el narrador había propuesto fuera el título del informe REMHI, es al mismo tiempo una osada declaración de la verdad y un reto a los responsables del terror de estado y del genocidio maya: "¡*Todos sabemos quiénes son los asesinos!*" (153). Esta frase se repite cinco veces en tres páginas y representa una amenaza a la permanente impunidad que disfrutan las fuerzas armadas guatemaltecas, ya que si todos sabemos quiénes son los asesinos, como lo implica la afirmación, ¿no tenemos todos una obligación colectiva de hacer algo al respecto? De hecho, hubiera sido un título apropiado para el informe REMHI, ya que a diferencia del informe de derechos humanos patrocinado por la ONU, de la Comisión para el Esclarecimiento Histórico (CEH), que fue autorizado por los acuerdos de paz guatemaltecos en 1996, pero al que también se le prohibió nombrar a los individuos y a las unidades militares responsables por las matanzas, el informe de la Iglesia Católica no se abstuvo de nombrar y responsabilizar por lo que habían hecho tanto a individuos como a instituciones. De este modo, el informe proporcionó una base para una futura acusación. Esta amenaza quizás ayuda a explicar el asesinato del Obispo Gerardi a manos de los militares guatemaltecos como respuesta a la publicación del informe REMHI.

Otro indicador de cuánto ha cambiado el narrador, es que en vez de quedarse en el bar para conocer mujeres, se apresura a ir al apartamento de su primo para abrir su correo electrónico y revisar si hay noticias sobre las repercusiones por la publicación del informe REMHI en Guatemala. El mensaje que recibe de su compadre Toto indica que su temor de ser perseguido por el ejército guatemalteco era tal vez exagerado, pero no del todo injustificado, pues aun después de la guerra la violencia y la impunidad prevalecen en Guatemala: "Ayer a mediodía Monseñor presentó el informe en catedral con bombo y platillo; en la noche lo asesinaron en la casa parroquial, le destruyeron la cabeza con un ladrillo. Todo el mundo está cagado. Da gracias que te fuiste" (155). *Insensatez* termina con el informe del asesinato del Obispo Gerardi.

En un indicio de que la novela de Castellanos Moya y el informe REMHI comparten el objetivo de acabar con tal impunidad, *Insensatez* señala un nombre muy significativo. La novela incluye a un oficial del ejército llamado Octavio Pérez Mena en el relato testimonial de tortura y castración que impacta tan profundamente al narrador, aunque dicho individuo no aparece en el relato verdadero publicado en el informe REMHI. En varias ocasiones después, el narrador ve, o imagina que ve, al torturador Octavio Pérez Mena acechándolo incluso en el bar en Alemania. Resulta que este nombre es notablemente similar al del General Otto Pérez Molina, antiguo Jefe del Estado Mayor Presidencial guatemalteco, uno de los centros que controló la represión durante la guerra. Se sospecha que el General Pérez Molina estuvo involucrado en varios asesinatos de alto perfil políticamente motivados y aunque nunca fue acusado, estuvo implicado en el asesinato del Obispo Gerardi, el cual fue planeado y ejecutado por oficiales del Estado Mayor Presidencial (Goldman 239, 306-07, 385). Pérez Molina se postuló como presidente de Guatemala en el 2007 y estuvo muy cerca de conseguir la victoria. En 2011 sí consiguió ganar las elecciones presidenciales y actualmente es presidente de Guatemala. Y aunque ejerce gran poder en la Guatemala de posguerra, *Insensatez* no duda en llamarlo públicamente un torturador así sea de una manera un poco más sutil.

En su reciente discusión sobre la justificación del gobierno estadounidense de la tortura y su uso en la llamada "guerra contra el terrorismo", Slavoj Žižek ha observado que:

> [...] the greatest victims of publicly admitted torture are all of us, the public that is informed about it [...] We are in the middle of a process of moral

corruption: those in power are literally trying to break a part of our ethical backbone, to dampen and undo what is arguably civilization's greatest achievement, the growth of our spontaneous moral sensitivity. (50)

Decir que aquellos que meramente han sido informados de la tortura son sus "mayores" víctimas es sin duda una exageración y parece ser una manera más bien excesiva de notar que la tortura reduce la moral de las sociedades que la practican abiertamente. Esta manera de plantear el problema puede encajar en un momento en el que, para algunos, la guerra ha empezado a pasar a un segundo plano y volverse una rutina. Es posible que el motivo sea llamar la atención de los muchos estadounidenses que tienen el lujo en gran medida de ignorar la guerra en su vida diaria y hasta puedan sentir la tentación de aceptar que se practique la tortura en su nombre como una necesidad para el aislamiento de esas vidas de las consecuencias de la política exterior estadounidense.[8] Sin embargo, esas otras víctimas en cuyos cuerpos se practican las torturas, las víctimas físicas cuyo sufrimiento permite el victimismo ético de los que no experimentan la tortura de primera mano, se desvanecen de la vista en la declaración de Žižek, que por lo tanto corre el riesgo de reproducir el ensimismamiento estadounidense.

La falta total de sensibilidad moral del narrador de *Insensatez*, al principio de la novela, se podría ver como un ejemplo de la idea de Žižek sobre la corrupción ética generalizada que produce la tortura. El narrador no tiene ningún compromiso con la labor de derechos humanos en la que está ayudando y su único reproche es que no le paguen a tiempo por sus servicios. También se resiste a la idea de que las narraciones de tortura y masacre que está corrigiendo tengan algo que ver con él (a fin de cuentas, él es de otro país). Sin embargo, su resistencia se desgasta gradualmente por la forma y el contenido de los fragmentos testimoniales que está corrigiendo y por los que rápidamente se empieza a sentir implicado. En un punto al final de la novela, hasta se imagina que juega el papel de un militar guatemalteco perpetrador de una de las atrocidades que se describen en el informe REMHI (137). Si al principio la novela parece darle prioridad al victimismo ético del narrador, pronto cambia y pone su atención en las víctimas físicas del estado guatemalteco y el reto de representar su experiencia. Al poner en primer plano la relación entre las víctimas éticas y físicas de la tortura,

Insensatez va más allá de la observación de Žižek, pues propone que representar la experiencia de las víctimas físicas aún puede tener la fuerza de restaurar cierta medida de sensibilidad moral a aquellos para quienes la tortura plantea un desafío ético. De esta manera, la novela denuncia más efectivamente la corrupción de una moral pública que se ha desviado hasta llegar a ser cómplice de la tortura.

Lo que al principio parece ser la apropiación cínica del testimonio por parte de la novela, solamente por sus cualidades poéticas, termina siendo algo más conforme a los objetivos tanto del testimonio como del informe REMHI. De hecho, *Insensatez* le da al testimonio otra vida ficcional en el contexto de una era de posguerra desencantada que no ha sido receptiva al género de no ficción asociado con los conflictos ideológicos de la guerra. Lo hace utilizando irónicamente el cinismo de posguerra de una forma exagerada que gradualmente se ve socavado tanto por la fuerza estética como ética de los fragmentos testimoniales incrustados en la narrativa. La calidad poética de las primeras citas testimoniales es el señuelo que atrae al narrador, y con él al lector, a comprometerse con realidades espantosas que, de no ser así, tal vez hubieran rechazado. El efecto de ese compromiso en el narrador sugiere el potencial que el testimonio aún puede tener para mover hasta a los lectores cínicos, pues al final de la novela, la naturaleza de los fragmentos testimoniales que el narrador decide repetir ha cambiado y su fascinación con ellos ya no es sólo por consideraciones estéticas, sino también por un deseo de justicia. Entonces, la novela funciona como un tipo de meta-testimonio, o testimonio en segundo grado, que no representa la experiencia de la opresión de primera mano comunicada a través del testimonio original, sino más bien la experiencia potencialmente transformativa de leer tales narraciones.

Es cierto que los cambios que sufre el narrador son bastante limitados y aunque su cinismo se va atenuando a medida que lee los testimonios en el informe REMHI, la experiencia lo lleva simplemente al borde de la insensatez. No lo lleva a la acción ni a la solidaridad, como es la intención implícita, si no explícita, de la mayoría de los testimonios. Pero a diferencia de un testimonio, *Insensatez* no invita al lector a identificarse por completo con el narrador. Por el contrario, usa la transformación parcial del narrador para crearle al lector un reto que quizás está mejor articulado en el último fragmento testimonial del texto: "¡*Todos sabemos quiénes son los asesinos!*" (153). Tener conocimiento del crimen y la identidad de quienes lo cometieron amenaza la corrupción ética de todos quienes lo conocen (incluyendo a los lectores de la novela), a menos que actúen en base a su conocimiento, así sea sólo contándolo a otros, como lo intenta hacer el narrador. Si incluso un narcisista exageradamente cínico como el narrador puede llegar a comprender aunque sólo sea esto, *Insensatez* parece dar a entender, entonces quizás haya algo de esperanza de acción colectiva para la justicia social. Sin embargo, a pesar de su ironía, su ingeniosa forma y su reconocimiento de la fuerza que aún tiene el testimonio, *Insensatez* sigue siendo una apropiación de la voz indígena. Y no puede haber justicia hasta que las voces de los mayas sean escuchadas por derecho propio y se tomen en serio en el proceso guatemalteco, que aún está lejos de completarse, de evaluar su pasado reciente.

NOTAS

[1] Traducción de Estefanía Pardo Becerra y María Cornelio. La versión en inglés de este ensayo, con el título de "Testimonio Once Removed: Castellanos Moya's *Insensatez*", se publicó en *Revista de Estudios Hispánicos* 43/3 (2009): 545-62.

[2] Según la Comisión Guatemalteca para el Esclarecimiento Histórico, el estado guatemalteco es responsable por la muerte del 93% de las más de 200.000 víctimas del conflicto, de las cuales un desproporcionado 83% eran mayas (322-24). Para más sobre el informe de la Comisión para el Esclarecimiento Histórico de Guatemala, ver Grandin.

[3] Para una narración completa del asesinato y la investigación de varios años que le siguió, ver Goldman.

[4] Éste no es el lugar de repasar estos problemas, los que se han discutido detenidamente en la bibliografía crítica sobre el testimonio. Ver en particular la obra de Beverley, Sommer y Sklodowska algunos de cuyos artículos han sido reimpresos en la obra de Gugelberger.

[5] Para una discusión sobre la ficción centroamericana de posguerra, incluyendo las obras anteriores de Castellanos Moya, *La diabla en el espejo* y *El arma en el hombre*, ver Kokotovic, "After the Revolution".

[6] Entrevista por correo electrónico con Castellanos Moya el 16 de enero del 2008.

[7] Para más al respecto, ver Kokotovic, "Theory at the Margins".

[8] Véase la reciente encuesta de opinión realizada por WoldPublicOpinion.org, en la cual el 31% del público estadounidense afirma que aceptaría "limited torture of terrorists to save innocent lives" y el 13% estuvo de acuerdo en que "torture should generally be allowed".

OBRAS CITADAS

Beverley, John. "The Margin at the Center: On Testimonio (Testimonial Narrative)." *Modern Fiction Studies* 35/1 (1989): 11-28.

_____ "'Through All Things Modern': Second Thoughts on Testimonio." *boundary 2* 18/2 (1991): 1-21.

Castellanos Moya, Horacio. *El asco. Thomas Bernhard en San Salvador.* San Salvador: Editorial Arcoiris, 1997.

_____ *El arma en el hombre.* México, D.F.: Tusquets, 2001.

_____ *La diabla en el espejo.* Ourense: Ediciones Linteo, 2000.

_____ Entrevista por correo electrónico. 16 enero 2008.

_____ *Insensatez.* México, D.F.: Tusquets, 2004.

Comisión para el Esclarecimiento Histórico. *Guatemala: Memoria del silencio.* Ciudad de Guatemala: CEH, 1999.

Cortez, Beatriz. *Estética del cinismo: pasión y desencanto en la literatura centroamericana de posguerra.* Ciudad de Guatemala: F&G Editores, 2010.

Goldman, Francisco. *The Art of Political Murder: Who Killed the Bishop?* Nueva York: Grove, 2007.

Grandin, Greg. "The Instruction of Great Catastrophe: Truth Commissions, National History, and State Formation in Argentina, Chile, and Guatemala." *American Historical Review* 110 (2005): 46-67.

Gugelberger, Georg, ed. *The Real Thing: Testimonial Discourse in Latin America.* Durham: Duke UP, 1996.

Human Rights Office of the Archdiocese of Guatemala. *Guatemala: Never Again. REMHI Recovery of Historical Memory Project. The Official Report of the Human Rights Office of the Archdiocese of Guatemala.* Maryknoll, NY: Orbis Books, 1999.

Kokotovic, Misha. "After the Revolution: Central American Narrative in the Age of Neoliberalism." *A Contracorriente: Una Revista de Historia Social y Literatura de América Latina/A Journal of Social History and Literature in Latin America* 1/1 (2003): 19-50. 4 abril 2009. <www.acontracorriente.chass.nscu.edu/index.php/acontracorriente/article/view/73>.

_____ "Theory at the Margins: Latin American Testimonio and Intellectual Authority in the North American Academy." *Socialist Review* 27/3-4 (1999): 29-63.

Oficina de Derechos Humanos del Arzobispado de Guatemala. *Guatemala: Nunca Más. Informe del Proyecto Interdiocesano de Recuperación de la Memoria Histórica.* Ciudad de Guatemala: ODHAG, 1998.

Scarry, Elaine. *The Body in Pain: The Making and Unmaking of the World.* Nueva York: Oxford UP, 1985.

Sklodowska, Elzbieta. *Testimonio hispanoamericano: Historia, teoría, poética.* Nueva York: Peter Lang, 1992.

_____ "Testimonio mediatizado: ¿Ventriloquia o heteroglosia? (Barnet/Montejo; Burgos/Menchú)". *Revista de Crítica Literaria Latinoamericana* 38 (1993): 81-90.

_____ "Spanish American Testimonial Novel: Some Afterthoughts." *The Real Thing: Testimonial Discourse in Latin America.* Georg Gugelberger, ed. Durham: Duke UP, 1996. 84-100.

Sommer, Doris. "Rigoberta's Secrets". *Latin American Perspectives* 18/3 (1991): 32-50.

WorldPublicOpinion.org. "World Publics Reject Torture. But a Substantial Number Make Exception for Terrorists". 24 junio 2008. Web. 4 abril 2009 <http://www.worldpublicopinion.org/pipa/articles/btjusticehuman_rightsra/496.php?nid=&id=&pnt=496>.

Žižek, Slavoj. *In Defense of Lost Causes.* Nueva York: Verso, 2008.

El trauma y la poética de afecto en Insensatez

Nanci Buiza
Swarthmore College

En su novela *Insensatez* (2004), el autor salvadoreño-hondureño Horacio Castellanos Moya vuelve al género de *testimonio* de una manera completamente original y le devuelve el vigor que, según algunos, había perdido.[1] Durante los años setenta y ochenta, el *testimonio* tuvo un gran auge en Centroamérica y la academia estadounidense por haberle dado voz a aquellos sujetos subalternos cuyas vidas habían sido devastadas por la represión militar sancionada por la política internacional de los Estados Unidos en el istmo. Sin embargo, ya para 1996 estaba claro para estudiosos como John Beverley que "the moment of testimonio is over" (77). Tal declaración no se refería al abandono del género, sino a la disminución de su "originality and urgency" que habían impulsado "our fascination and critical engagement with it" (77). Castellanos Moya renueva el *testimonio* vertiendo en él fuerza poética y así desafía la convicción de que el género había perdido el poder para hacerse sentir profundamente en sus lectores. Esta renovación se lleva a cabo mediante el narrador y protagonista de *Insensatez*, un escritor cínico y elitista que sufre una transformación psicológica radical mientras trabaja como corrector de estilo de los testimonios de testigos y sobrevivientes de genocidio para un informe de derechos humanos. El informe al que se alude es real y fue publicado en 1998 por la Oficina de Derechos Humanos del Arzobispado de Guatemala como *Guatemala: Nunca Más. Informe del Proyecto Interdiocesano de Recuperación de la Memoria Histórica* (de aquí en adelante informe REMHI). A continuación, mi análisis de *Insensatez* demostrará que la fuerza poética de los testimonios aleja al narrador de su cinismo inicial y lo arrastra a través de una metamorfosis identitaria hacia una experiencia de empatía que le permite comprender y finalmente asimilar el trauma de la comunidad indígena maya expresado en los testimonios que lee.

Es importante aclarar que con *Insensatez* Castellanos Moya no pretende escribir otro *testimonio* o novela testimonial. Como él mismo ha afirmado en varias entrevistas, es un género que "I don't cultivate and that I don't like at all" (Cárdenas). De hecho, Castellanos Moya llega a especular que los escritores centroamericanos de su generación rechazaron el *testimonio* porque éste "had become a kind of new church" que, se suponía, autores políticamente comprometidos debían seguir (Enzinna). En su época de esplendor "you were supposed to believe in the truth of these novels, the literal truth... Why? Because the backbone of testimonio is historical truth." Por esta razón concluye: "[w]e rejected this type of narrative" (Enzinna). Por lo tanto, no debe sorprendernos que la forma en la que Castellanos Moya maneja el *testimonio* en *Insensatez* ofrezca una ficcionalización de su propia perspectiva sobre este género de carácter altamente político. A diferencia de los sujetos subalternos que comparten sus vivencias para llamar la atención a un problema social, *Insensatez* le da voz a un personaje arrogante que, al inicio de la novela, discrimina descaradamente a otros; el tipo de personaje que precisamente desde su posición de poder cultural le roba la voz a otros. Sin embargo, durante el transcurso de la novela, este personaje sufre una evolución dramática y se convierte en un individuo más empático a medida que se encuentra con el *testimonio* de una manera que va más allá de la política institucionalizada y entra en la dimensión afectiva del trauma de los sujetos testimoniales. Tal encuentro revela que el *testimonio* contiene como elemento fundamental una poética de afecto, que es la cualidad o fuerza expresiva de un texto que porta la experiencia traumática del sujeto testimonial y logra penetrar profundamente en el receptor, provocándole una identificación empática con la víctima del trauma. Esta identificación solamente se logra cuando la fuerza del afecto traspasa los marcos ideológicos del receptor que inhiben su entendimiento de una experiencia que está más allá de los límites de las categorías culturales normativas, como sucede con el genocidio.

Cabe recordar que durante los años setenta y ochenta, muchos países centroamericanos experimentaron una oleada revolucionaria que llenó la región con la esperanza de materializar las utopías sociales que pondrían fin al legado de dictaduras militares, a la coerción política y a la opresión social. En esos tiempos turbulentos, muchos autores centroamericanos expresaron su solidaridad con las causas revolucionarias participando activamente en la lucha y usando su producción literaria, especialmente la poesía, como un medio de cambio social. Roque Dalton, Ernesto Cardenal, Sergio Ramírez, Gioconda Belli y Claribel Alegría son algunos de los productores emblemáticos de lo que Barbara Harlow llama "resistance literature", la cual funciona como una "political and politicized activity" que está "directly involved in a struggle against ascendant or dominant forms of ideological and cultural production" (28-29). Fue también durante esa época que el género de *testimonio* sirvió de herramienta en la búsqueda de apoyo para la resistencia revolucionaria dándole voz a sujetos subalternos como Rigoberta Menchú y sacando a la luz los devastadores relatos de sus vidas bajo la opresión sociopolítica.[2]

Desde sus comienzos a finales de los años ochenta con su primera novela, *La diáspora* (1989), la producción literaria de Castellanos Moya se ha distinguido por su escepticismo hacia la política y hacia muchas instituciones sociopolíticas. Él es, sin duda, una figura prominente de lo que Beatriz Cortez ha calificado como "la estética del cinismo", definida por ella como "una estética marcada por la pérdida de la fe en los valores morales y en los proyectos sociales de tipo utópico" (31). Para Cortez, la narrativa centroamericana a partir de los años noventa, también conocida como literatura de posguerra, emplea la estética del cinismo como mecanismo para resaltar la decadencia de las utopías revolucionarias que la izquierda había imaginado en décadas pasadas, pero que para los años noventa estaban desapareciendo.[3] Según Arturo Arias, esos años están marcados por "a certain past intoxication with revolutionary utopias [that] has given way to a heavy hangover" (*Taking* 22). La narrativa de Castellanos Moya se alimenta de este desencanto social e intoxicación política y concibe personajes inquietantes que despliegan una actitud de desprecio hacia la sociedad como una manera de mostrar el ambiente de desintegración social que reina en el periodo de posguerra en países como El Salvador y Guatemala. Emiliano Coello Gutiérrez explica que muchos de los protagonistas de Castellanos Moya son antihéroes cuyo humor cortante y sarcasmo denuncian "el cinismo de un sistema metalizado que en su violencia se despojó de la máscara moral que utilizase otrora" (19). Estos protagonistas a menudo exhiben un comportamiento hedonista e insolente que perturba a muchos lectores. De hecho, en su tercera novela, *El asco* (1997), la diatriba del protagonista en contra de la sociedad salvadoreña de posguerra hizo que Castellanos Moya recibiera amenazas de muerte en El Salvador que lo obligaron a exiliarse. Edgardo Vega, el protagonista de la novela, es un exiliado salvadoreño cuyo regreso a su país lo llena de repulsión y ansiedad. Expresa su incomodidad mediante una invectiva de la que casi ningún aspecto de la cultura salvadoreña sale ileso. En el fondo, sin embargo, su irreverencia no es nada superficial, pues desentierra las delicadas piezas de una sociedad fragmentada de posguerra que necesita ser reconstruida.

La posición de Castellanos Moya como un escritor protagonista de la estética del cinismo podría llevar a pensar que en *Insensatez* manejaría el *testimonio* de una manera similar; no obstante, argumentaré que esta novela desafía tal expectativa al ir más allá del cinismo. En ella, Castellanos Moya recurre al *testimonio* como una plataforma desde la cual identifica y recupera algunos de los hilos poéticos que le dieron al *testimonio* su fuerza. *Insensatez* emplea estos hilos poéticos de una manera poco convencional al tejer una narrativa que busca crear una conexión empática entre el lector y los afectados por la tragedia. Mientras que las definiciones canónicas del género de *testimonio* se centran en su "sincerity rather than literariness" (Beverley 32), *Insensatez* tiene como eje la poesía, que es la portadora de afecto, esto es, la experiencia y la disposición mental y emocional que le permiten a los lectores conectarse e identificarse con otros. La poesía, entonces, sirve como vehículo para la expresión de los sentimientos del sujeto testimonial. Es precisamente la poesía de los testimonios que el narrador anónimo revisa y corrige lo que le permite sufrir una metamorfosis ideológica y caracterológica que, según demostraré, lleva a esta novela más allá del marco de la estética del cinismo.

Algunos lectores de *Insensatez* han intentado entender al narrador y sus acciones mediante la categoría del cinismo, lo que en efecto encasilla la novela en el molde tan asociado con la obra de Castellanos Moya. Valeria Grinberg Pla cree que el cinismo inicial del narrador y su insensibilidad hacia la delicada naturaleza de los testimonios, una actitud encapsulada por su egotismo y actitud distante, socavan "la posibilidad de una identificación empática del intelectual con el sobreviviente". No considera que la posibilidad de que el narrador quede traumatizado por su encuentro íntimo con los testimonios sea una manifestación de su identificación empática con el "otro" social. Por otro lado, Misha Kokotovic sí cree que la evolución del narrador es esencial para entender "the potential that *testimonio* may still have" para transformar y conmover a los lectores (559). Kokotovic analiza la novela a través del lente del cinismo y explora cómo Castellanos Moya lo entrelaza con el *testimonio*. Alega, correctamente, que al insertar fragmentos de testimonios reales del informe REMHI en un contexto ficticio de cinismo de posguerra, Castellanos Moya "paradoxically amplifies their force and impact at a time when *testimonio*, by some accounts, has lost its power to move readers." Kokotovic sugiere que este "power to move readers" radica en el cinismo en sí, específicamente cuando alega que es el "cynical wrapping" de las "small, but intensely concentrated doses" de *testimonio* que lo hacen "palatable to a disenchanted postwar sensibility" (548).

Ignacio Sánchez Prado, a su vez, cuestiona el papel del *testimonio* en *Insensatez* y argumenta que la novela "refuta de manera implícita la visión optimista del testimonio latinoamericano como estrategia de solidaridad" al presentar "un intelectual epistemológicamente incapaz del acto de solidaridad requerido por el género" (80-81). De esta manera, se puede considerar a *Insensatez* como una novela "postestimonial" por su uso de la sátira para mostrar los límites de las comisiones de la verdad y de los intelectuales que buscan representar a una colectividad o hablar por otros (79, 82). Sánchez Prado concluye que "la narrativa medular de *Insensatez* es el desmoronamiento del intelectual como figura privilegiada de formación de la identidad y lo político en el contexto de las posguerras centroamericanas" (84). En consecuencia, la novela presenta la figura del intelectual no como el guardián de la memoria cultural, sino como un individuo con todas sus limitaciones, rasgos repulsivos y deseos materialistas.

De hecho, es precisamente la disposición aparentemente insensible del narrador lo que resalta el proceso por el cual el trauma de otros afecta a los que escuchan el relato del sufrimiento traumático. Cathy Caruth explica el trauma metafóricamente como una voz que clama a través de la herida y que tiene el poder de llevar a su oyente a encontrarse con el trauma, aunque sea el trauma de otra persona (4, 8). Esto es precisamente lo que le ocurre al narrador. Escucha las voces llenas de dolor que claman desde los testimonios y, tal como demostraré, es este acto de escuchar lo que provoca su sorprendente transformación. Parece, entonces, que el eje conceptual de *Insensatez* no es el cinismo ni el *testimonio*, sino más bien una metamorfosis identitaria mediante el afecto.

Mi análisis se centra en los rastros del trauma y la tensión racial que le dan forma a la metamorfosis del narrador, la cual está aunada a esta emergente poética de afecto. Su cambio gradual se despliega de forma caracterológica, como una evolución que lo lleva de ser un cínico egocéntrico a convertirse en un oyente profundamente receptivo que se obsesiona con la tragedia de los testigos y sobrevivientes de genocidio. En un plano, esta evolución de carácter es paralela a una metamorfosis ideológica que lo distancia de sus homólogos ladinos y de sí mismo.[4] Efectivamente, este extrañamiento de sí mismo alcanza su clímax al final de la novela, cuando el narrador ni siquiera puede reconocer su propia imagen ladina en el espejo (147). En otro plano, su metamorfosis se ve marcada por su identificación emocional con los sobrevivientes y testigos indígenas sobre los que lee en los testimonios. En efecto, su cambio implica un reconocimiento más profundo de las injusticias cometidas en contra de esas personas. En virtud de su doble evolución, la metamorfosis del narrador culmina con una nueva empatía por las víctimas del terror de estado, lo que fundamentalmente significa identificarse con su "otro" racial.

La transformación del narrador también se ve reflejada en cómo va cambiando su manera de tratar los testimonios. Al principio de la novela no puede ver —es decir, comprender o escuchar verdaderamente— su contenido trágico porque los saca de contexto y se concentra solamente en sus cualidades estilísticas, tales como sus construcciones retóricas y sintácticas. Después de completar su metamorfosis, sin embargo, llega a entender este esteticismo como una poética: es decir, como un lenguaje poético mediante el cual las víctimas pueden expresar, en sus propias palabras, sus sentimientos y emociones de trauma. Al llegar a esta conclusión, el narrador pasa de una valoración estética, en la cual la poesía es un objeto de o producto para la recreación literaria, a una poética de afecto que le permite entender el trauma del otro hasta tal punto que él mismo empieza a compartirlo y asimilarlo.

La metamorfosis del narrador arroja luz sobre la relación especial entre un individuo y su experiencia con textos históricos recientes. Según Frans Weiser, la incorporación de fragmentos del informe REMHI en la novela y su apropiación por parte del narrador sirven como un medio "to analyze how readers react to textualized traces of the past and in turn incorporate these historical narratives into their present experience to make them meaningful." Al dirigir la atención a la manera en que los lectores experimentan y emplean textos históricos como los testimonios del genocidio en Guatemala, Weiser indica que lo que está en juego aquí no es "the *status* of the document, but rather the *use* of the document" (énfasis en el original). La metamorfosis del narrador le permite asimilar el contenido afectivo de los testimonios que al principio consumía como un deleite literario. Por lo tanto, la novela sugiere que para que las narrativas históricas tengan sentido es necesario un encuentro personal con el pasado, aun si la experiencia resulta ser una que cambie la vida, como le sucede al narrador.

Primera fase de la metamorfosis: a través del espejo del cinismo

El narrador de *Insensatez* es un escritor salvadoreño exiliado que lleva a cabo la tarea de revisar y corregir el informe de la Iglesia Católica sobre violaciones de derechos humanos en un país centroamericano cuyo nombre no se menciona en la novela. Sin embargo, se puede suponer que la acción ocurre en Guatemala, donde se recopiló y publicó el verdadero informe REMHI. De hecho, la novela incluye fragmentos de algunos de los testimonios que se encuentran en este informe. Aunque el narrador está trabajando en un proyecto cuyo propósito es darle voz a los sin voz, principalmente a las comunidades indígenas maya, él deja en claro, al inicio de la novela, que se identifica con la clase ladina y su ideología hegemónica de poder, clase y belleza. En una instancia dice que Guatemala es un "pueblo triste y llorón" (25) e insiste que él no pertenece a esta "tierra de indios" (36). El narrador ve todos los aspectos de la cultura guatemalteca a través de su punto de vista elitista y menosprecia sus idiosincrasias, especialmente las de la población maya. Su ideología hegemónica se manifiesta incluso mediante sus fantasías sexuales con mujeres europeas, en las que aprecia su "rostro fino y expresión saludable" (45) mientras que al mismo tiempo menosprecia a las mujeres indígenas por la ausencia de "cualquier rastro de belleza" (21).

Durante esta fase inicial de la novela, el narrador también descontextualiza los testimonios que transcribe al transponerlos despiadadamente a su propia situación, la cual es claramente incomparable con las circunstancias que revelan los testimonios. Al principio de la historia, el narrador toma la cita "*[y]o no estoy completo de la mente*" (13) de un maya kaqchikel cuya familia entera fue masacrada, y desdeñosamente la usa para referirse a la condición psicológica del país.[5] Cree que toda la población se ha vuelto loca después de sufrir los horrores de la guerra y luego concluye que él está igualmente loco porque "sólo alguien fuera de sus cabales" como él estaría dispuesto a viajar a un país extranjero a trabajar para una institución que odia –la Iglesia Católica– y llevar a cabo la peligrosa tarea de revisar y corregir un informe oficial de las masacres perpetradas por el ejército nacional (14). Su queja –"*[y]o no estoy completo de la mente*"– se agrava cuando no recibe su pago por adelantado y los responsables del informe doblan su carga de trabajo sin ninguna remuneración adicional. El narrador interpreta la irresponsabilidad de la administración como una ofensa a su estatus privilegiado de ladino y reclama que él no es "otro de esos indios acomplejados" (39) con los que la administración está acostumbrada a trabajar. La indignación del narrador acerca de su pago muestra que su verdadera motivación al aceptar el trabajo fue el dinero. Para él, "el cumplimiento de un pago está por encima de cualquier otro valor" (37), incluyendo los valores humanitarios del proyecto. Sin embargo, al final de la novela, la locura autodiagnosticada del narrador de aceptar un trabajo con tan baja paga y en una institución que odia resultará más profética que cínica.

En el apogeo de su indiferencia, el único reconocimiento que el narrador le da a algo producido por los mayas es la calidad estilística de sus testimonios, pues cree que su ingenioso uso del idioma está a la altura de la mejor literatura. Por esta razón, mantiene un cuaderno en el cual anota fragmentos testimoniales, cada uno de los cuales considera una "joya poética" (32). Por cierto, esto viola las reglas que le prohíben sacar o compartir cualquier información fuera de la oficina, lo que recalca aún más su comportamiento insolente. El narrador está cautivado tanto por el lenguaje figurativo como por las peculiares construcciones sintácticas de los testimonios, y los considera dignos de admiración. Durante esta primera mitad de la novela, el narrador parece ajeno al verdadero contenido de los testimonios: los relatos de dolor y pena de los mayas. Puede resultar repulsivo ver cómo el narrador sólo encuentra valor prosódico en líneas como: "[*p*]*orque para mí el dolor es no enterrarlo yo...*", cuando las palabras "dolor" y "enterrar" transmiten sufrimiento y tristeza que van más allá de las cualidades estilísticas del idioma (32). En vez de leer estas líneas por su contenido afectivo, el narrador se sorprende de ver que personas indígenas con poca o ninguna educación occidental formal puedan producir una poesía tan compleja que le recuerda al famoso poeta peruano César Vallejo (32).

Hasta este punto, el narrador personifica el cinismo que, generalmente, los críticos describen en la obra de Castellanos Moya. En su primera iteración caracterológica, el narrador parece faltar a la ética por la manera en que trata los testimonios, es poco fiable por sus móviles egoístas, irritante por su comportamiento machista y detestable por su aversión hacia la cultura y las mujeres indígenas. Además, al proponer como narrador a un ladino salvadoreño con actitud de superioridad étnica, la novela revela el funcionamiento de una jerarquía de poder pan-centroamericana étnicamente codificada. El desprecio inicial que siente el narrador hacia los mayas, una actitud similar a la que llevó a su genocidio, sugiere que él es el homólogo salvadoreño de los ladinos guatemaltecos que cometieron atrocidades contra los mayas.

Segunda fase de la metamorfosis: hacia una identificación empática

La metamorfosis del narrador comienza a desarrollarse en la mitad de la novela. Este proceso se manifiesta en la lucha entre su ideología ladina y su incipiente identificación con las víctimas, colocándolo en un espacio liminar situado en el punto medio de un *continuum* entre un antes y un después. Mientras continúa manifestando su cinismo típico, se va dando cuenta de la insolencia de su actitud hacia los mayas y sus testimonios. La escena fundamental empieza cuando su fantasía sexual sobre algunas de sus colegas europeas se ve interrumpida de repente por el recuerdo de un testimonio que considera el argumento perfecto para una novela que quiere escribir con el fin de "trastornar la tragedia" (71). Para compensar el moderado uso de detalles en el testimonio, el narrador recurre a su propia imaginación para completar su argumento metaficcional. Es importante destacar que esta falta de detalles es un síntoma del poder diluido de los informes de derechos humanos, los cuales con frecuencia ahogan la voz testimonial de las víctimas en datos estadísticos e históricos. Aparentemente consciente de la insuficiencia de estos informes, el narrador quiere convertir un testimonio en una ficción que ha de narrar una historia trágica mediante un lenguaje afectivo y poético, el que, según él, tendría una capacidad especial de expresar el trauma y el dolor.

La metaficción del narrador tiene como protagonista al "alma en pena" (72) de un registrador civil indígena asesinado por agentes de la policía local debido a que se negó a entregarles el libro que contiene los nombres de los habitantes muertos del pueblo. El narrador explica que la importancia de este libro tiene que ver con el hecho de que el presidente Ríos Montt, quien históricamente fue presidente de Guatemala, necesitaba esos nombres para legitimar su ascenso al poder mediante un golpe de estado. Pero el registrador civil, decidido a hacerle frente a la corrupción política, se negó a entregar el libro y fue ejecutado sin revelar su escondite. Por lo tanto, su nombre no se puede registrar en el libro, lo que hace que su muerte no sea oficial y condena su alma a un tormento perpetuo. Él se convierte en un "alma en pena" (72) que deambula buscando a alguien que quiera escucharlo para poder revelarle la ubicación del libro y por fin inscribir su nombre en él. Antes de imaginar la conclusión de la novela, el narrador se da cuenta de que está destinada a fracasar, y desecha la idea por ser una estupidez: "a nadie en su sano juicio le podría interesar ni escribir ni publicar ni leer otra novela más sobre indígenas asesinados" (74). Su repentina reticencia a escribir, además de obedecer a su convicción de que ese tipo de novela ya cansa a los lectores, es también un indicio de que esta literatura ha perdido la fuerza afectiva que en algún momento tuvo.

Si inicialmente el narrador considera el testimonio que quiere volver ficción una especie de producto que podría usar para alcanzar sus aspiraciones literarias, entonces el acto de reflexionar sobre esta metaficción representa un punto decisivo. A nivel del subconsciente, gradualmente empieza a identificarse con las víctimas de las masacres al querer escribir la novela para convertirse en "el alma en pena del registrador civil de un pueblo llamado Totonicapán" (72). Lo importante aquí es el hecho de que el registrador civil es un indígena y que el narrador quiere convertirse en él. Al imaginarse como el alma en pena del registrador civil, el narrador desdibuja el límite entre sí mismo y la víctima cuyo trauma empieza a interiorizar. Aunque esta identificación indica que el narrador empieza a abandonar su estatus privilegiado de ladino, su evolución es al mismo tiempo una contienda moral entre su cinismo y su conmiseración emergente con la población indígena. Sigue teniendo dificultades con dejar a un lado su sarcasmo. Aun cuando se imagina que el protagonista de su metaficción es indígena, el narrador continúa burlándose del registrador civil por ser "un imbécil que con su necedad propició que le cortaran con machete todos y cada uno de los dedos de sus manos" (72). Aunque esta dura reacción parece representar la esencia del cinismo del narrador, también es sugestiva en otro sentido, pues no sólo muestra la disposición de otros a morir por la justicia sino que también, en su reconocimiento un tanto superficial del acto heroico del registrador civil, arroja luz sobre la lucha del narrador con la lectura del contenido afectivo de los testimonios. Es decir, entre interpretarlos a través del lente del cinismo o entenderlos como un oyente de su tragedia.

Aunque finalmente el narrador renuncia a escribir la novela que había ideado, Castellanos Moya continúa elaborando la metáfora del "alma en pena" al volverla un *leitmotiv* que representa el dolor, la tristeza y la impotencia de los testigos y los sobrevivientes a quienes se les negó el derecho de enterrar a sus seres queridos. En la metaficción del narrador, el alma afligida del registrador civil no puede descansar en paz hasta que se registre su nombre en el libro de los muertos. De la misma manera, como sugiere la novela, las muertes de las miles de víctimas sin nombre no han obtenido el estatus oficial porque su desaparición hace imposible toda clausura. Familiares, testigos y sobrevivientes son, por lo tanto, almas en pena que buscan a sus muertos para brindarles funerales tradicionales mayas. La siguiente cita muestra el profundo dolor y la impotencia de esta experiencia:

Tres días llorando, llorando que le quería yo ver. Ahí me senté abajo de la tierra para decir allí está la crucita, ahí está él, ahí está nuestro polvito y lo vamos a ir a respetar, a dejar una su vela, pero cuando vamos a poner la vela no hay donde la vela poner... Porque para mí el dolor es no enterrarlo yo. (32)

Para Nathalie Besse, la ausencia del cadáver en la novela funciona como un "doble aniquilamiento" que borra las identidades de las víctimas fallecidas, pues las despoja de su nombre, su cuerpo y su lugar en la sociedad. Al borrar así a los muertos, se les niega a las familias su derecho al duelo, condenándolas de ese modo a una aflicción perpetua.

La metáfora del "alma en pena" le permite comprender al lector lo mucho que el narrador se identifica con las víctimas y es, por lo tanto, una forma de trazar su metamorfosis. Su deseo de escribir una novela sobre un alma afligida muestra que empieza a entender la esencia del dolor de las víctimas. El catalizador que hace posible la metamorfosis del narrador es la poética de afecto que anima los testimonios que éste revisa y corrige. El narrador ve la poesía como un mecanismo que expresa, en un lenguaje denso y altamente cargado, el destrozado estado mental de las víctimas y sirve como un medio terapéutico mediante el cual uno confronta su propio pasado traumático. Ve los versos poéticos como "cápsulas concentradas de dolor" (30) cuya sonoridad y poder evocativo tienen la fuerza de penetrar muy por debajo de su piel, su estabilidad psicológica y su estado emocional. A diferencia de los apuntes de naturaleza estilística que tomaba al principio de la novela, el narrador ahora anota en su cuaderno el siguiente fragmento por la fuerza emocional que contiene: *"Porque yo no quiero que me maten la gente delante de mí"* (82). Frases como ésta le revelan "el grado de perturbación mental de los sobrevivientes y el peligro de que tal estado influyera en quienes trabajaban con ellos" (82). Esta interpretación del narrador evidencia su nueva perspectiva con respecto a la tragedia ajena y su conciencia de que quien trabaja de cerca con el trauma corre el riesgo de asimilarlo involuntariamente.

Poco después del episodio de la metaficción, el narrador muestra más indicaciones de su transformación hacia una comprensión más profunda y sensible de los testimonios. Se concentra en una cita de un anciano k'iche' cuya familia fue masacrada por los militares: *"[s]i yo me muero, no sé quién me va a enterrar"* (104). De pronto, el narrador reflexiona sobre este fragmento testimonial y siente que va penetrando en un terreno de compromiso emocional cuando observa que este hombre está "en un desamparo tan extremo". Transpone esta frase a su propia situación pero en vez de hacerlo de forma cínica, como lo hizo al principio de la novela con "*yo no estoy completo de la mente*" (16), ahora lo hace de una manera que confirma el inicio de su transformación emocional. Se pregunta quién lo enterraría si muriera y concluye que nadie lo haría. Se lamenta de su soledad y cae en "un estado de autoconmiseración" (104). A lo largo de la novela, el miedo de ser asesinado por militares o por el servicio de inteligencia invade al narrador, pues sabe que su trabajo es peligroso y que podría convertirlo en un blanco del terror de estado. Después de darse cuenta de que podría morir solo como el anciano del testimonio, el narrador confiesa lo siguiente: "me sentía en el peor de los desamparos, sin el sufrimiento del anciano indígena cuya frase me había sumido en tal estado de ánimo, debo reconocerlo, pero casi tan solo y abandonado como él, aunque una chica durmiera en mi cama" (104-05).

Es importante enfatizar que el narrador admite que a pesar de sentirse casi tan solo y abandonado como la víctima, sus preocupaciones ahora parecen insignificantes en comparación con las del anciano. Este reconocimiento señala una nueva distancia cognitiva que expresa el intenso acercamiento del narrador con los horrores inmensurables que vivió el anciano sobreviviente, pero siendo todavía consciente de la diferencia de su propia realidad como lector y oyente. Este cambio afecta el carácter egoísta del narrador y por consiguiente se vuelve caduca su vieja fuente de consuelo sexual racista. Sus objetos sexuales, las mujeres europeas, ya no alivian su soledad debido a la modificación de su identidad según se ha ido codificando en sus patrones de identificación emocional. En este momento de la novela, el narrador empieza a escuchar el contenido afectivo que transmiten los testimonios. Cuando se va a dormir, ya no le preocupan ni la mujer que duerme a su lado ni sus acostumbrados intereses egoístas porque ahora "[sus] preocupaciones ya eran otras" (105).

Fase final de la metamorfosis: compartiendo el trauma del "otro" racial

Más allá de ser simplemente revisor y corrector de los testimonios, el narrador se convierte en su oyente. Según Dori Laub, el oyente de la narración de un acontecimiento traumático o de un sufrimiento humano extremo experimenta parcialmente el trauma de la víctima o el sobreviviente al convertirse en "the blank screen on which the event comes to be inscribed for the first time" ("Bearing Witness" 57). Este proceso responde a la necesidad del sobreviviente de proyectar o transmitir el acontecimiento traumático a alguien más para sentirse comprendido. Para Laub, "the listener to trauma comes to be a participant and co-owner of the traumatic event" (58) y siente el desconcierto, el temor y las heridas de la víctima. Sin embargo, el oyente no se convierte en la víctima, sino más bien en "a witness to the trauma witness" que se une a la víctima en un peligroso recorrido a través del territorio espinoso de los recuerdos traumáticos. Laub advierte que el oyente debe permanecer consciente de los peligros de su trabajo, ya que el recorrido que va a emprender junto con la víctima lo llevará a un campo de batalla donde los límites entre el trauma de la víctima y sus propios conflictos pueden desdibujarse o superponerse. Es importante que el oyente mantenga una perspectiva fiel de la realidad y se mantenga en tierra firme para poder monitorear y controlar su propia contienda psicológica, sus sentimientos de defensa y sus miedos (72). Sólo así puede el oyente llevar a cabo correctamente su doble tarea de ser guardián del testimonio del testigo y de ser una "pantalla en blanco" ("blank screen") sobre la cual el trauma puede transmitirse sin peligro y de manera provisional (57). Por lo tanto, el oyente no debe quedarse con el trauma de la víctima, pues no es suyo; debe dejarlo al final del recorrido y así evitar quedarse atrapado en él.

El narrador de *Insensatez*, en última instancia, es incapaz de mantenerse en control de su propia realidad y cruza los límites que definen su papel de oyente. Su posición de testigo del testigo del trauma se debilita cuando cae en una espiral descendente al sentir el peso y la extrañeza del trauma. El narrador se vuelve la voz de los testimonios más allá de la página escrita cuando empieza a experimentar la inexplicable necesidad de repetir en voz alta los fragmentos testimoniales que anota en su cuaderno. Se traumatiza debido a la tragedia de los testigos y sobrevivientes y llega a encarnar un "alma en pena" que busca a un oyente. Esta es la fase en la que su relación con los testimonios finalmente ha cambiado de un esteticismo a una poética de afecto. Su proclividad hacia las cualidades estilísticas de los testimonios se ve tan impregnada de empatía que ahora lo que le interesa al narrador es el dolor y la tristeza que trasmiten. Esta es una experiencia que lo hiere profundamente.

Hacia el final de la novela, el narrador está tan abrumado por todo lo que le rodea que se aleja a un centro de retiro espiritual en las afueras de la ciudad para terminar su trabajo a tiempo. Pero este traslado sólo le sirve para encontrase cara a cara con su propio trauma. Después de algunos días en este lugar, empieza a experimentar la última fase de su metamorfosis, en la que se convierte en un sujeto traumatizado. Una noche, las recurrentes imágenes de violencia que lee en los testimonios le causan un ataque de paranoia. Sale corriendo de su cuarto y comienza a "aullar como animal enfermo" (139) en un intento de aliviar el peso de los testimonios. Una vez en el bosque, ve sombras y piensa que son miembros del servicio de inteligencia militar que lo buscan para prenderlo. Huye y comienza a repetir en una voz cada vez más alta la frase "*herido sí es duro quedar, pero muerto es tranquilo*" (141). Como la víctima traumatizada que ahora se ha vuelto, teme que sus enemigos lo ataquen y lo dejen por muerto, tal como le pasó a los sobrevivientes de los relatos que ahora lee. Después de este incidente, el narrador huye a un país cuyo nombre no menciona pero donde se habla alemán. En este momento de la narración, la novela ni confirma ni niega la sospecha del narrador de que lo están persiguiendo, lo que lleva a la suposición de que su miedo forma parte de su propia paranoia.

Sin embargo, el final de la novela sugiere que el miedo del narrador en realidad tiene fundamento debido a hechos que demuestran que el *modus operandi* de los militares sigue siendo la eliminación despiadada de cualquier *persona non grata*. Pronto nos enteramos de que tal es el caso del obispo que supervisa el informe de derechos humanos en la novela. Mientras el narrador está en Europa, el obispo, quien tampoco tiene nombre, presenta al público el informe ya terminado, sólo para ser asesinado esa misma noche. La novela termina mientras el narrador lee un correo electrónico donde se le informa del asesinato:

"[a]yer a mediodía monseñor presentó el informe en la catedral con bombo y platillo; en la noche lo asesinaron en la casa parroquial, le destruyeron la cabeza con un ladrillo" (155). El obispo es otra figura que personifica el "alma en pena" que lucha por la justicia. Encabeza el informe de derechos humanos como una manera de denunciar las masacres perpetradas por los militares guatemaltecos contra su propio pueblo. Desafortunadamente, muere víctima de la misma injusticia contra la que lucha.[6] El anonimato del narrador y del obispo implica que la metáfora del "alma en pena" representa la imposibilidad de dar cierre al pasado y de sanar el trauma y el dolor causados por años de atrocidades inimaginables.

El derramamiento de sangre al final de la novela señala la continuación de violencia, injusticia y trauma en la fragmentada sociedad de Guatemala. El asesinato del obispo arroja luz sobre la profundidad de la corrupción política que no le permite a los activistas de derechos humanos obtener justicia para las víctimas a quienes representan. Su muerte brutal marca la perpetuación de la misma violencia militar y el terror de estado denunciados en los testimonios compilados en el informe que él supervisa. Es más, el hecho de que el narrador no pueda curar su trauma, es decir, su condición de "alma en pena", funciona como sinécdoque para la experiencia colectiva de las numerosas víctimas que no pueden encontrar un oyente que les ayude a lidiar con su trauma.

Al final de la novela, el narrador está tan atrapado en su trauma que aun cuando escapa de Guatemala temiendo por su vida, sus pensamientos continúan llevándolo de regreso a los testimonios. Su metamorfosis se ha cumplido a tal punto que no puede reconocer su propio rostro en el espejo:

> mi atención estaba fija en mi rostro, que se reflejaba en el espejo, con la concentración puesta en cada uno de mis rasgos, en mi expresión, que de pronto se me hizo ajena, como si el que estaba ahí no hubiera sido yo, como si ese rostro por un instante hubiera sido de otro, de un desconocido, y no mi rostro de todos los días, un instante en que me fui irreconocible y que me causó el peor de los pánicos […]. (147-48)

Es muy revelador el hecho de que sea precisamente en Europa donde el narrador no logre reconocer su propia imagen, ya que ese es el lugar histórico donde nació su identidad cultural de ladino. La imagen que ve en el espejo ahora hace que ya no se pueda identificar con aquel antiguo modelo identitario; se ha vuelto "desconocido" e "irreconocible" para sí mismo. No puede regresar a su ser cínico después de haber sido abrumado por el trauma de los sobrevivientes. Por consiguiente, pierde la posibilidad de reclamar la posición de otredad cultural que había ocupado al principio de la novela.

ROMPIENDO LOS MARCOS IDEOLÓGICOS MEDIANTE EL AFECTO

Recordemos ahora los argumentos de Laub sobre el oyente del trauma. Según Laub, el oyente que escucha el sufrimiento humano extremo "has to feel the victim's victories, defeats and silences, know them from within, so that they can assume the form of testimony" ("Bearing Witness" 58). Para que el oyente pueda identificarse profundamente y el trauma de la víctima pueda transmitirse, el oyente primero debe romper los marcos de referencia cultural e ideológica que moldean no sólo su percepción de la realidad, sino también su capacidad de identificarse con otros. Laub insiste que de la misma manera en que las víctimas rompen su silencio y su miedo al dar su testimonio, el oyente debe tener su "conceptual breakthrough" para poder responder a la realidad traumática que es amorfa, indefinida e indescifrable ante las categorías normativas ("An Event" 85). Un oyente que no esté dispuesto a ver más allá de sus categorías y concepciones socioculturales no podrá entender que las víctimas del trauma viven su propia realidad traumática, una que en última instancia las mantiene atrapadas y condenadas a una repetición sobrecogedora ("uncanny") del evento traumático.

Mientras la novela ilustra el proceso mediante el cual el narrador se desprende de sus marcos de referencia cultural y se identifica con las víctimas, también muestra la falta de disposición de otros para hacer lo mismo. El narrador expresa su solidaridad con las víctimas al tratar de compartir sus testimonios con sus amigos ladinos, pero ninguno está dispuesto a escuchar. Estos amigos permanecen protegidos y limitados por sus marcos ideológicos y no logran comprender el dolor y la tristeza ajena. Para los ladinos en la novela hay mucho en juego al participar en el trauma de las víctimas, pues no sólo significaría formar parte de una colectividad de personas emocionalmente heridas, sino también renunciar a su posición privilegiada mediante la identificación con el "otro" indígena. A la larga, el hecho de que los ladinos rehúsen cruzar estos límites étnicos, o sea, romper sus marcos ideológicos para sentir verdaderamente empatía por el "otro", contribuye a la perpetuación de la división étnica de clase.

Insensatez va más allá de la simple representación de una historia trágica. Escenifica las formas en que las víctimas, sus oyentes y los espectadores indiferentes le hacen frente a la fuerza viva del trauma, su transmisión, su recepción y su poder de desestabilizar las categorías y los marcos de referencia normativos. Si los ladinos en la novela ejemplifican la forma en la cual muchos en la sociedad centroamericana han encarado el trauma, a saber, manteniéndolo lejos mediante su obcecación ideológica, entonces la metamorfosis del narrador ofrece una alternativa al respecto, pues muestra que incluso un cínico tan amargado y elitista como su narrador puede convertirse en un verdadero testigo de los testigos del trauma. Al romper los marcos que inicialmente daban forma a su cinismo, el narrador logra identificarse y desarrollar empatía por el "otro" indígena.

Es significativo que en esta novela Castellanos Moya evoque la sustancia poética del *testimonio* como una fuerza que permite una identificación moral y empática con el sujeto y su tragedia en una época en la cual otros han proscrito esta poética de afecto como una distorsión de los hechos históricos.[7] Al incluir fragmentos de testimonios reales, se crea una narrativa híbrida que fusiona la historia con la ficción y reivindica el lenguaje emocional y figurativo de las voces que tanto los proyectos de la verdad y la reconciliación como los informes de derechos humanos entierran bajo datos y estadísticas. De esta manera, *Insensatez* revela que la riqueza poética del lenguaje expresivo de los sujetos subalternos merece reconocimiento por su contenido de verdad afectiva en vez de censura por no ceñirse a las normas de la historicidad factual.

El valor emotivo de la novela alcanza un nivel aún más profundo cuando el lector llega a entender hasta qué punto el narrador se ve afectado por las historias traumáticas que no vivió de primera mano, pero que aun así lo persiguen. El narrador no puede persistir en una evasión de ignorancia voluntaria acerca del trauma causado por las atrocidades sufridas durante los treinta y seis años de guerra civil guatemalteca y la corrupción sociopolítica de la posguerra. La novela sugiere que si un individuo tan despectivo puede conmoverse con el dolor ajeno, entonces el poder del *testimonio* no está completamente perdido y debería mirarse, más bien, de otra forma; una que le permita una mayor libertad creativa y una apreciación de diferentes clases de testimonios, no sólo aquellos con una evidente carga política.

Al mismo tiempo, la metamorfosis del narrador es su propio testimonio sobre su encuentro con el trauma, y el lector de la novela se convierte en el testigo de esta traumática transformación del narrador. Al presentar el *testimonio* en segundo grado, como lo describe Kokotovic, Castellanos Moya ofrece una visión poco ortodoxa de la "nueva iglesia" en la cual se había convertido el *testimonio*, y crea una intervención ficticia que es tanto una reafirmación sorprendente como una crítica directa del género. *Insensatez* juega con la crisis de representación en el *testimonio* ficcionalizando a un personaje que pertenece a una clase social privilegiada y no a una subalterna. La novela también evidencia una crisis de recepción cuando el narrador reconoce que la metaficción que quiere escribir no tendrá acogida debido a la resistencia de algunos a simpatizar con la tragedia ajena. La novela sugiere, entonces, que sin importar si es un relato trágico maya o la narración del encuentro de un ladino con el trauma de la víctima, hay quienes se niegan a escuchar. Quizás esto se deba a que en una sociedad que ha sufrido años de guerra civil, como es el caso de Guatemala, entender el trauma ajeno implicaría no sólo averiguar la complicidad propia que causó ese trauma sino también confrontar los traumas propios.

Del mismo modo, *Insensatez* propone la idea de que lidiar con el tema del trauma, ya sea personal, colectivo o ajeno, impone una obligación moral cuando la curación y el progreso de una sociedad dependen de ello. Tal obligación moral está inscrita en la novela, desde su epígrafe, que cita la *Antígona* de Sófocles: "Nunca, señor, perdura la sensatez en los que son desgraciados, ni siquiera la que nace con ellos, sino que se retira" (11). Esta cita llama a una interpretación basada en la distinción entre la sensatez y la insensatez, lo que hace que la primera interpretación del narrador sobre Guatemala como un país de personas dementes adquiera un sentido nuevo, ahora más trágico que cínico. Si la sensatez no es un atributo de los desafortunados, y el título de la novela después de todo es *Insensatez*, entonces el epígrafe insinúa que la sociedad guatemalteca se ve destrozada por las décadas de lucha armada y, además, que su historia reciente y su trauma sin sanar han dado paso a hechos de insensatez a los cuales no se les ve el fin. La referencia clave a *Antígona* al inicio de la novela lleva un significado que sólo se completa al final, una vez el lector se haya convertido en testigo del trauma del narrador.

Vale la pena recordar que Antígona desafía la autoridad al intentar enterrar a su hermano muerto a quien este privilegio le fue negado por el rey. Aunque Antígona paga con su vida por su rebeldía, cree que ha llevado a cabo su obligación moral al darle paz al alma de su hermano. La referencia a *Antígona* conlleva la idea de que lograr justicia para los muertos es una obligación moral y el deber más importante para con los muertos, aun si esto implica el sacrificio supremo, el de dar la vida. Esta referencia adquiere un sentido más profundo para el lector cuando se hace obvio que uno de los temas principales de *Insensatez* tiene que ver con la desaparición de los cuerpos de las víctimas del genocidio y la búsqueda constante de los mismos por parte de los sobrevivientes. Por lo tanto, la referencia a *Antígona* condensa el argumento principal de la novela: la incapacidad de recuperar los cuerpos de las víctimas es lo que ahonda la herida social causada por años de guerra y genocidio. Esto indica que la sociedad guatemalteca no podrá sanar su herida psíquica hasta que escuche, acepte y haga frente a su propio trauma. Al proponer esta nueva forma de ser testigo, *Insensatez* rompe la lectura políticamente agotada del *testimonio* para recoger las acuciantes piezas de sufrimiento humano, de las cuales se habían apropiado las agendas políticas. Una vez libres de sus coordenadas políticas, estas piezas revelan una fuerza afectiva perdurable que en última instancia, según sugiere la novela, es la única manera mediante la cual el proyecto de representación del *testimonio* puede alcanzar su máximo poder.[8]

Notas

[1] Traducción de Estefanía Pardo Becerra y María Cornelio. La versión en inglés de este ensayo, con el título de "Trauma and the Poetics of Affect in Horacio Castellanos Moya's *Insensatez*", se publicó en *Revista de Estudios Hispánicos* 47/1 (2013): 151-72.

[2] Para una discusión detallada sobre el origen del *testimonio* y su recepción crítica, véase Elzbieta Sklodowska, *Testimonio hispanoamericano* (1992).

[3] En Nicaragua, los sandinistas fueron vencidos en las elecciones democráticas de 1990, lo que en efecto dio la victoria política a un esfuerzo encubierto de los Estados Unidos que durante una década trató de derrocarlos mediante la guerra de los contras. En El Salvador

y Guatemala el agotamiento debido a la guerra y su costo económico llegaron a su límite. El Salvador terminó su guerra civil de doce años con la firma de los Acuerdos de Paz de Chapultepec en 1992. Cuatro años después, en 1996, Guatemala también le puso fin a su guerra civil de treinta y seis años con la firma del Acuerdo de Paz Firme y Duradera. Las relaciones diplomáticas y la democracia así se convirtieron en el vehículo para confrontar a los partidos de derecha.

[4] En Guatemala, *ladino* es el término usado para referirse a las personas de ascendencia mixta europea e indígena (en otros países latinoamericanos se les conoce como *mestizos*). Ellos constituyen la clase étnica socioeconómicamente privilegiada de Guatemala y presentan un marcado contraste con la población indígena maya. Este término no se debe confundir con la lengua judeo-española también llamada *ladino*.

[5] Los fragmentos de los testimonios reproducidos en la novela aparecen en cursiva, señalando siempre la voz de quien da el testimonio. Para este ensayo, la cursiva se ha preservado y está en el texto original.

[6] Junto con el informe de verdad y reconciliación y el nombre del dictador militar guatemalteco Ríos Montt, el relato del asesinato del obispo es la última clave histórica de la novela. El Obispo Juan Gerardi, quien supervisó el informe *Guatemala: Nunca Más*, fue asesinado el 26 de abril de 1998, dos días después de la presentación pública de dicho informe. Como en la novela, sus asesinos usaron un bloque de cemento para destruirle la cara; fue asesinado a golpes en su casa en la Ciudad de Guatemala. La importante modificación en la novela es que Castellanos Moya deja sin nombre al obispo a pesar de que la referencia histórica sea transparente. Para más detalles sobre el asesinato del Obispo Gerardi, véase Francisco Goldman, *The Art of Political Murder: Who Killed the Bishop?* (2007).

[7] En su polémico libro *Rigoberta Menchú and the Story of All Poor Guatemalans* (2008), David Stoll cuestiona ciertos "factual shortcomings" en el relato de Menchú sobre su vida y la lucha de su comunidad maya para superar la pobreza, la discriminación y el genocidio que perpetraron los militares guatemaltecos (xxiv). Al no tomar el relato de Menchú al pie de la letra, Stoll desafía la convicción de que ella representa a todos los guatemaltecos pobres y la acusa de presentar en su *testimonio* una "mythic inflation" del relato de su vida (232). Lo que me gustaría resaltar en términos generales sobre la controversia Menchú/Stoll es que lo que está en juego es la veracidad del relato del sujeto testimonial versus su libertad poética para narrar el relato de su vida que se nutre de una experiencia colectiva. Para más detalles sobre esta controversia, véase el libro de Arias, *The Rigoberta Menchú Controversy* (2001), que ofrece una compilación completa de artículos que representan ambos lados de la controversia, incluyendo respuestas de Stoll y Menchú.

[8] Quisiera agradecer especialmente a Dierdra Reber y a Arturo Arias por su lectura generosa y sus perspicaces comentarios sobre los borradores de este ensayo.

OBRAS CITADAS

Arias, Arturo, ed. *The Rigoberta Menchú Controversy*. Minneapolis: U of Minnesota P, 2001.

———. *Taking Their Word: Literature and the Signs of Central America*. Minneapolis: U of Minnesota P, 2007.

Besse, Nathalie. "Violencia y escritura en *Insensatez* de Horacio Castellanos Moya". *Espéculo: Revista de estudios literarios* 41 (2009).

<http://pendientedemigracion.ucm.es/info/especulo/numero41/insensa.html>. 12 abril 2012.

Beverley, John. *Testimonio: On the Politics of Truth*. Minneapolis: U of Minnesota P, 2004.

Burgos, Elizabeth. *Me llamo Rigoberta Menchú y así me nació la conciencia*. México, D.F.: Siglo Veintiuno Editores, 1985.

Cárdenas, Mauro Javier. "The Horacio Castellanos Moya Interview." *The Quarterly Conversation* (2008). <http://quarterlyconversation.com/the-horacio-castellanos-moya-interview> 1 ago. 2011

Caruth, Cathy. *Unclaimed Experience: Trauma, Narrative, and History*. Baltimore: Johns Hopkins UP, 1996.

Castellanos Moya, Horacio. *El asco: Thomas Bernhard en San Salvador*. San Salvador: Editorial Arcoiris, 1997.

_____ *La diáspora*. San Salvador: UCA Editores, 1989.

_____ *Insensatez*. Barcelona: Tusquets, 2005.

Coello Gutiérrez, Emiliano. "El pícaro como protagonista en las novelas neopoliciales de Rafael Menjívar Ochoa y Horacio Castellanos Moya". *Centroamericana* 17 (2009): 5-19.

Cortez, Beatriz. *Estética del cinismo: pasión y desencanto en la literatura centroamericana de posguerra*. Ciudad de Guatemala: F&G Editores, 2010.

Enzinna, Wes. "Our Reality Has Not Been Magical". Entrevista con Horacio Castellanos Moya. *Guernica: A Magazine of Art & Politics* (2009). <http://www.guernicamag.com/our_reality_has-not_been-magic/> 1 ago. 2011.

Felman, Shoshana, y Dori Laub. *Testimony: Crises of Witnessing in Literature, Psychoanalysis, and History*. Nueva York: Routledge, 1992.

Goldman, Francisco. *The Art of Political Murder: Who Killed the Bishop?* Nueva York: Grove, 2007.

Grinberg Pla, Valeria. "Memoria, trauma y escritura en la posguerra centroamericana: Una lectura de *Insensatez* de Horacio Castellanos Moya". *Istmo: Revista virtual de estudios literarios y culturales centroamericanos* 15 (2007). <http://istmo.denison.edu/n15/proyectos/grinberg.html>. 17 mayo 2009.

Harlow, Barbara. *Resistance Literature*. Nueva York: Methuen, 1987.

Kokotovic, Misha. "*Testimonio* Once Removed: Castellanos Moya's *Insensatez*". *Revista de Estudios Hispánicos* 43/3 (2009): 545-62.

Laub, Dori. "Bearing Witness or the Vicissitudes of Listening." *Testimony: Crises of Witnessing in Literature, Psychoanalysis, and History.* Shoshana Felman y Dori Laub, ed. Nueva York: Routledge, 1992. 57-74.

_____ "An Event Without a Witness: Truth, Testimony and Survival." *Testimony: Crises of Witnessing in Literature, Psychoanalysis, and History.* Shoshana Felman y Dori Laub, ed. Nueva York: Routledge, 1992. 75-92.

Oficina de Derechos Humanos del Arzobispado de Guatemala. *Guatemala: Nunca Más. Informe Proyecto Interdiocesano de Recuperación de la Memoria Histórica.* Ciudad de Guatemala: ODHAG, 1998.

Sánchez Prado, Ignacio M. "La ficción y el momento de peligro: *Insensatez* de Horacio Castellanos Moya". *Cuaderno Internacional de Estudios Humanísticos y Literatura* 14 (2010): 79-86.

Sklodowska, Elzbieta. *Testimonio hispanoamericano: historia, teoría, poética.* Nueva York: Peter Lang, 1992.

Stoll, David. *Rigoberta Menchú and the Story of All Poor Guatemalans.* Boulder, CO: Westview Press, 2008.

Weiser, Frans. "Present-ing the Past: The Historicized Turn in Horacio Castellanos Moya's *Senselessness*". *Otherness: Essays and Studies* 2/1 (2011). <http://www.otherness.dk/fileadmin/ www.othernessandthearts.org/Publications/Journal_Otherness/ Otherness_Essays_and_Studies_2.1/2.Frans_Weiser.pdf>. 3 abril 2012.

El retorno de lo político

La política como efecto literario:
El sueño del retorno

CHRISTINA SOTO VAN DER PLAS
Cornell University

Para Bruno Bosteels, instigador y advisor *formidable*

El 2 de mayo de 1969, año del "esfuerzo decisivo", Roque Dalton, René Depestre, Edmundo Desnoes, Roberto Fernández Retamar, Ambrosio Fornet y Carlos María Gutiérrez se reúnen en La Habana para discutir la relación entre la cultura y la política, en especial con respecto al papel que desempeñan los intelectuales. En la conversación, luego de haber establecido que su punto de partida es la realidad concreta de Cuba tras la Revolución, el poeta y escritor salvadoreño Roque Dalton plantea la problemática del origen burgués de la élite intelectual. De acuerdo con Dalton, para poder integrarse a la tarea revolucionaria el intelectual debe "sumirse en la más intensa práctica social [...] incluida la guerra de guerrillas [...] el trabajo agrícola, etc. Porque la obra de creación (el poema, el ensayo, la novela) no es anterior a la sociedad ni la trasciende antidialécticamente" (Dalton, *El intelectual* 20). Y añade más adelante en un irónico comentario: "¿debo darle más importancia al trabajo de terminar mi importantísima novela o debo aceptar esta tarea peligrosa que me plantea el Partido, la guerrilla, el Frente, y en ejecución de la cual puedo perder [...] *todo* el tiempo que se supone me quedaba?, ¿debo hacer sonetos o dedicarme a estudiar las rebeliones campesinas?" (*El intelectual* 23-24). De modo que para Dalton, al menos a nivel práctico, el compromiso no sucede en la escritura de una obra literaria, sino a través de la praxis de la militancia guerrillera. En su toma de postura queda claro que la relación entre la literatura y la labor militante es de exclusión o, en todo caso, que la praxis militante debe preceder a cualquier esfuerzo intelectual de índole creativa. Y, lamentablemente, sabemos que el compromiso de Dalton tuvo un gran costo, como el de otros intelectuales en el continente, que lo llevó hasta su asesinato a manos de los de su propio bando.

¿Cómo dar cuenta entonces de la obra del propio Roque Dalton, de libros claramente en la línea de la literatura comprometida con la izquierda como *Miguel Mármol* (1969), *Taberna y otros lugares* (1972) o *Un libro rojo para Lenin* (1980)? No sólo en paralelo sino de manera directamente relacionada Dalton practicó la labor literaria con contenidos y objetivos claramente políticos y mediante formas alternativas como el *collage*, la inserción de citas de la tradición marxista intercaladas con sus poemas o la poesía dialógica. Para Dalton se trataba de superar la separación entre la poesía y la vida política, entre la praxis y la teoría. En el poema "Taberna", por ejemplo, dice: "La política se hace jugándose la vida/ o no se habla de ella. Claro, / que se puede hacerla sin jugarse / la vida, pero uno suponía que sólo en el campo enemigo" (Dalton, *Antología* 115). De esta manera es que a través de la literatura hay un intento de articular la política y la vida desde otro espacio. En la misma línea pero en un giro distinto, los intelectuales latinoamericanos antes mencionados vislumbran otra posibilidad en lo que René Depestre formula tras recordar el famoso debate sartreano en París sobre el poder de la literatura, aunque en un contexto claramente diferente. Para Depestre la literatura no tiene un papel pedagógico aliado con la revolución de manera inmediata. En lugar de eso, "la obra de arte tiene un valor eminentemente pedagógico cuando está lograda, pero *en última instancia,* y no porque su autor persiguiera esta finalidad pedagógica" (Dalton, *El intelectual* 68). La literatura, en vez de operar ya sea como causalidad simple que persigue necesariamente lo pedagógico y tiene como efecto una obra útil para la revolución o como una obra que expresa directamente el fenómeno revolucionario, es pedagógica únicamente *en última instancia.* Vale decir, la base intencional de una obra no determina sus efectos, sino que sus efectos *en última instancia* resultan retroactivamente ser lo que puede modificar, a su vez, la base de la obra y su posible impacto pedagógico o político. En este sentido, es posible leer cierto tipo de literatura que no está determinada de antemano por un programa político y que es más bien política en última instancia operando sólo en tanto tal a causa de su forma literaria. Es decir, a diferencia de la obra de Dalton donde el contenido está claramente predeterminado por una finalidad política, hay otro tipo de literatura que también es comprometida y política pero no está predeterminada por un programa pedagógico intencional.

Una de las cuestiones a considerar es el resurgimiento actual de la preocupación por una lectura política de cierto tipo de literatura. Ya sea en la línea de literatura que expresa o alegoriza la realidad política y social de un espacio geográfico o en la línea de literatura no comprometida que busca más bien un cierto purismo de la forma, ambas tendencias marcan muchas de las lecturas críticas de la literatura latinoamericana reciente. La diferencia parece residir todavía en la elección forzada de pensar la literatura como una intervención política que *refleja* la realidad o concebir los campos de la literatura y la política de manera excluyente. No obstante, es necesario plantear una tercera posibilidad en donde los materiales políticos, al igual que cualquier otro material, son elaborados dentro de la literatura. Y posteriormente, como efecto sobredeterminado, pueden resultar, en última instancia, en una intervención política. El escritor salvadoreño Horacio Castellanos Moya opta por este camino, pues su literatura no funciona en una dirección claramente política como la de Dalton.[1] Su obra es una reelaboración, ficcionalización y deformación literaria de ciertos materiales históricos y políticos que funcionan y están inscritos a nivel de la sintaxis, el estilo, el quiebre repetitivo de la narración o ciertas disquisiciones sobre cómo se vive un fenómeno pasado violento en el presente y no tanto a nivel del contenido predeterminado.

La última novela de Horacio Castellanos Moya a la fecha, *El sueño del retorno* (2013), es tanto una relectura crítica y estilística de su obra anterior como una propuesta narrativa que permite pensar el antes mencionado rol de la política como efecto del procedimiento literario en última instancia. Tras la publicación de obras centrales como *El asco* (1997) o *Insensatez* (2004), Castellanos Moya renueva su punto de vista frente a la temática compartida de su corpus: las condiciones de la posguerra en Centroamérica; los efectos de ruptura que han producido en la narrativa en la que se representa; así como el uso del lenguaje y la representación de sus personajes, frecuentemente carcomidos y perseguidos por su memoria y el ritmo incesante de la violencia que sufrieron durante las guerras. La temporalidad de las obras comúnmente es "el después" de las guerras civiles y las intervenciones militares en Centroamérica: en vez de trabajar directamente con los acontecimientos, su narrativa habla de las consecuencias de los hechos. Es como si sus obras fueran la última instancia en acto. En este sentido, la obra de Castellanos Moya no habla ni es *sobre* los conflictos en Centroamérica. Es un intento de trabajar con lo que resta, lo que quedó, lo que ha sido sobredeterminado por el pasado y la manera en que se condensa, desplaza e inmiscuye la política en otras esferas.

Es importante mencionar que el reconocimiento editorial y crítico de la obra de Castellanos Moya en los últimos años se ha derivado hacia un cierto tipo de lecturas que argumenta que su narrativa es una refutación o relectura "pos" del "testimonio",[2] mismo que durante la década de los ochenta y sobre todo los noventa fue la lectura común de muchos textos latinoamericanos, especialmente de países que sufrieron guerras civiles o dictaduras militares. Lejos de este tipo de lecturas que se define en contraposición de una cierta técnica y la lectura de la memoria en sus mediaciones, me interesa pensar *El sueño del retorno* en su especificidad literaria como narración. Esta narración es a su vez la construcción de un discurso que toma en cuenta de manera crítica su memoria y pasado para anticipar lo que será significante y que adquiere sentido sólo después de ser tramado o contado en la ficción.

De manera indirecta, dos vectores orientan mi análisis basándome en el título de la novela de Castellanos Moya: el sueño y el retorno. El sueño *del* retorno tiene dos trayectorias posibles si se piensa a nivel subjetivo como el retorno de lo que (se) sueña y a nivel objetivo como el sueño sobre el retorno que tiene al retorno como su objetivo o su objeto. A su vez, el sueño funciona en sus múltiples sentidos como la sucesión de imágenes en el momento más profundo del dormir, la ilusión o fantasía y como cansancio, adormecimiento.[3] Ilusión por un futuro diferente que cure los males del personaje y en donde pueda regresar a su país de origen. Como cansancio por los años de guerra que han tenido que pasar para llegar a este momento de tregua. Sucesión de imágenes en tanto la narración se lleva a cabo en un estado de desconexión e irracionalidad aparente, frecuentemente relatada como un montaje cinematográfico. Finalmente, el retorno implica una restitución, una vuelta hacia el pasado, hacia la situación anterior o una cierta torsión en dirección opuesta, pero también es un retorno como deseo de entrar en la historia, de concretar la praxis revolucionaria como efecto de la literatura. En *El sueño del retorno* esto funciona más que como un regreso al país de origen o al pasado pues también conlleva una intervención retroactiva en la historia como motor narrativo.

El horizonte del retorno

Erasmo Aragón es el protagonista y narrador de *El sueño del retorno*, a través del cual se vislumbra, siempre en el horizonte y como expectativa de un futuro más feliz, el retorno a San Salvador. El narrador tiene la "intención de regresar pronto a El Salvador a impulsar un proyecto periodístico [...] habida cuenta de que las negociaciones entre el gobierno y la guerrilla avanzaban con resolución y la paz se olfateaba en el horizonte cercano" (*El sueño* 15). El Salvador es el sitio hacia donde se dirigen los pasos del narrador pero también es un intento de recuperar una inocencia perdida a causa de la violencia, enraizada en la vida del personaje desde muy temprano. Es precisamente la postergación del retorno, la mera "intención de regresar", lo que le permite seguir viviendo en una cotidianidad en quiebre en la ciudad de México, la cual funciona en su carácter imposible, como un espacio y tiempo suspendidos ante la libertad aparente que ofrece el retorno al país de origen. A medida que la trama se desarrolla, Erasmo narra el quiebre de su vida frente al retorno pospuesto: la degradada relación con su esposa Eva, sus continuas borracheras, sus peleas con coterráneos acerca del futuro político del país centroamericano y hasta la culpa que le causa la posibilidad de haber asesinado a alguien y no recordarlo. El periodista vive en un estado angustioso y esto se refleja desde un principio en un incesante dolor en el hígado.

La narración comienza con el antes mencionado dolor en el hígado que sufre el protagonista y que lo lleva a consultar a un médico compatriota retirado, don Chente, también exiliado en México. Para diagnosticar y tratar el dolor, el doctor le sugiere probar la hipnosis. El problema, según don Chente, es que Erasmo no quiere recordar nada: "pero eso que usted no quiere recordar lo corroe por abajo de su personalidad" (33). Tras las sesiones de hipnosis, Erasmo no tiene ningún recuerdo de lo que cuenta pero acepta la sugerencia de escribir su vida y comienza a rememorar las imágenes que lo marcaron, recuerdos que después descartará y disputará a causa de su poca confiabilidad. Erasmo cuestiona su propia memoria pero el trabajo de rememoración de las imágenes de su pasado le da consistencia a la idea del retorno gracias al subterráneo proceso de hipnosis. El narrador se propone encontrar suelo firme para sus recuerdos y así lograr contar el material quebradizo de su vida. Esto nos conduce al corazón de la novela, que él mismo denomina "la abertura del hoyo negro" (79) en su mente, condición que lo aterroriza y ante la cual sólo quiere huir a toda prisa. De manera que también el retorno es paradójicamente un escape del pasado, del "hoyo negro", y es un intento de reescribir y retrazar los pasos del narrador una vez que la guerra se está disipando y él es finalmente capaz de cuestionar sus recuerdos, repensar el paréntesis que significó el violento conflicto que lo llevó al exilio.

El retorno funciona como la coordenada desde la cual se orienta la novela: es lo que le da sentido a la narración, lo que desencadena la enfermedad y paranoia de Erasmo así como el fluir de sus primeros recuerdos marcados por la violencia y, a otro nivel, es una suerte de horizonte que no se alcanza pero que también es el motor de la narración. En el presente de Erasmo, su pasado retorna a manera de recuerdos e imágenes perturbadoras. Como dice Paz Soldán, en esta novela Castellanos Moya nos habla sobre "nuestro imposible deseo de volver al momento antes del trauma". Se puede hablar de alguna manera del "retorno de un real", que es lo que siempre falta por decir y que es indistinguible del retorno de lo reprimido, la violencia que sufre el personaje en el pasado y resurge gracias al proceso de hipnosis y la exigencia del doctor de que Erasmo escriba la narración de su vida. Es importante en este punto considerar la temporalidad del retorno de lo reprimido, pues sólo se puede afirmar que algo estaba reprimido en retrospectiva, con su retorno. El retorno determina al antes y sólo se constituye mediante su regreso, como la producción de lo que sucedió antes. Erasmo no recuerda su pasado traumático en tanto tal, sino que lo construye y proyecta, en su retorno, como "efecto de retroversión". Así, el "retorno de lo reprimido no es […] el regreso de lo que estuvo antes sino la anticipación (in)significante de lo que adquirirá sentido después" (Gerber 142). En este sentido, en la novela, el horizonte del retorno futuro a El Salvador está marcado por la anticipación de lo que adquirirá sentido posteriormente. Al narrador ya le sucede esto cuando narra su primer recuerdo, en el que evoca un bombazo y a su abuela cargándolo en medio de confusión y sonido de sirenas. Como dice Erasmo, "la memoria del bombazo no estaba encapsulada fuera del tiempo, sino que apuntalaba importantes imágenes de mí mismo que ahora empezaban a trastabillar, como aquella en que yo era un niño que lloraba de miedo cada vez que oía una sirena" (*El sueño* 71). Por un lado, la repetición del sonido de las sirenas reactiva ese primer recuerdo traumático durante la niñez de Erasmo, pero su miedo sólo se precipita como una imagen en el pasado que se vuelve significante en su proyección hacia el futuro. Y, por otro lado, al retornar y al mismo tiempo construir en un presente la memoria del bombazo comienzan a surgir otras imágenes que se encadenan y que también marcan lo que implica para el narrador su presente trastabilleo, la constitución de su imagen actual en espera de un futuro diferente en El Salvador.

El retorno es en muchos sentidos el horizonte de una ilusión que va más allá de la necesidad de encontrar razones para fundar(se) de parte del narrador o de un mero regreso a El Salvador. Se trata de otro tipo de ilusión, como critica Erasmo tras hablar del asesinato de su primo Albertico cuando regresó al país:

> [...] ¿cómo era posible que me estuviera haciendo ilusiones sobre el retorno, cual si ésta fuese la primera ocasión en que regresaba al país con el sueño de "participar en la historia", por Dios, cuando ya lo había hecho precisamente unos días después de Albertico, para terminar largándome a toda prisa un par de meses más tarde, tal como acabo de referir? (131)

Este regreso imaginado es también un retorno cuyo deseo es entrar en la historia, la militancia y la praxis que el narrador nunca logra consolidar de manera concreta. Y este deseo de "participar en la historia" es también hacerse ilusiones de una *praxis* retroactiva y de que esta podría ser "la primera ocasión" y que sería posible corregir todo lo que se desvió en el camino. En todo caso, es un intento de fundamentar la ilusión del retorno en la historia. Sin embargo, parece apuntar a lo contrario y señalar irónicamente en dirección opuesta que "no habían estado a la altura que la historia demandaba, como si la historia y la altura estuvieran relacionadas" (119).

A su vez, el retorno funciona a nivel del lenguaje en el encadenamiento de repeticiones. Al volver a las frases o momentos ya narrados se va montando un engranaje que a medida que regresa avanza lentamente. En este caso, es el lenguaje ensimismado y pendular del narrador el que forma oraciones de largo aliento y enormes párrafos reiterativos. No obstante, este juego con las mismas frases o motivos no es sólo un recurso retórico sino que es, sobre todo, una sucesión de significados que se renuevan y vuelven a puntualizarse a medida que se retoman. Es decir, no es sólo el lenguaje el que se renueva y retoma lo anterior, sino que también se retoma y piensa el pasado violento como desarrollo de sus consecuencias y de una cierta apropiación de los conflictos por los que pasaron el narrador y sus coterráneos. Por ejemplo, en el siguiente fragmento, el "haber matado a alguien" es la figura que se retoma y cambia de significado a medida que la narración progresa:

> […] había matado a alguien pero no recordaba a quién había matado ni las circunstancias del crimen, la sensación de haber matado a alguien pero carecer de memoria de ello, la angustia producida por la culpa y el miedo de haber matado a alguien sin recordar el hecho ni a la víctima, ése era el final de la pesadilla, de la cual había despertado abruptamente, claro está, […] me decía que ese sueño no era un sueño, sino un mensaje del inconsciente, y que seguramente yo había matado a alguien y ahora no tenía memoria de ello. (77)

El vaivén entre el pasado pluscuamperfecto y el infinitivo perfecto en las frases así como la repetición desplazada definen emplazamientos y posiciones heterogéneas: el sujeto de la oración cambia, así como el tiempo verbal, el orden y el contexto. Estas repeticiones, además de dar cadencia y ritmo, cumplen dos funciones opuestas en tanto que pueden destituir o reforzar el orden simbólico de lo que se narra. El fraseo obsesivo en el fluir de la consciencia del narrador configura los retornos significantes para proyectarlos como lo que adquirirá sentido después. El no recordar, la sensación y el estado del sueño se proyectan como la seguridad de haber matado a alguien y sólo van acumulando sentido a medida que se repiten y encadenan de maneras distintas. Este narrar de Castellanos Moya apunta a un sujeto que no es previo a su decir, a su fluir psíquico en la narrativa; más bien se trata de un sujeto que sólo puede pensarse en su ir y venir tanto en el discurso como en su acción en la trama. Es un sujeto que no es anterior a lo que dice: es el proceso del decir.

En este sentido, la estructura circular de *El sueño del retorno* construye y restaura al sujeto como perturbación constitutiva. Este sujeto adquiere consistencia al narrarse pero no es ni causa ni soporte de lo que dice. Con sujeto no me refiero a la figura concreta del narrador, Erasmo Aragón. Se trata de un *proceso,* una trayectoria (Badiou 301), que no funciona ni como el punto de partida ontológico del discurso ni como una suerte de auto-conciencia. Como dice Badiou, "[n]o es aceptable hablar del sujeto sino en vista de un proceso de destrucción-recomposición, él mismo sometido, en segunda articulación, a la dialéctica de la falta y del exceso" (299). La subjetividad es la articulación del discurso que se descompone y recompone en su narración. El sujeto designa la serie de articulaciones en *El sueño del retorno*, pero no hay un lugar o punto específico donde se le pueda localizar en la trama. Cuando Erasmo Aragón intenta establecer cuál es su primer recuerdo de la infancia para determinar por dónde comenzar a contar su vida, esto se convierte en una tarea que le provoca un "peligroso caos interior" (*El sueño* 73). En la novela este caos tanto interior del personaje como de la narración es lo que va definiendo paulatinamente el proceso subjetivo en acto. Sólo a través de la desestabilización del "origen" del contar la vida y los recuerdos es que se cuestiona la solidez de un sujeto que se intenta imaginar consistente, cuando en verdad navega en su "caos interior", su destrucción y recomposición. A su vez, esta búsqueda imposible del primer recuerdo implica que no hay un acontecimiento que funde y explique el presente y tampoco hay un pasado fijo. En vez de eso, lo que hay es un presente que surge de su no-identidad consigo mismo, pues lo que arrastramos es siempre ya una huella, una traza, un trauma. Al mismo tiempo, por la estructura que antes mencioné en la que el pasado adquiere sentido como trauma o como paraíso perdido en la anticipación de lo que vendrá, se trata de una ineludible contaminación del pasado. Aquí residen entonces la estructura circular y la temporalidad que borran la concepción de un sujeto narrativo inmutable o un acontecimiento como origen o génesis: no hay una causa ni un anclaje en un "yo". Hay procesos subjetivos y hay consecuencias con las que lidiar.

La memoria y el sueño

"La memoria es cosa poco confiable y puede ponerlo a uno en aprietos" (*El sueño* 80), dice Erasmo adentrado en su proceso de rememoración tras dos sesiones de hipnosis con su doctor connacional. Y es que los *usos* y *abusos* de la memoria son temas recurrentes en los contextos de posguerra. No obstante, aquí la memoria funciona a nivel personal más que nacional. En una entrevista, Castellanos Moya dice al respecto que en este libro usa algunas anécdotas personales[4] y por medio del protagonista activa "un mecanismo de cuestionamiento de la memoria personal como algo confiable. El personaje cuestiona la memoria pero al mismo tiempo está profundamente enraizado en ella". Y agrega que el narrador se debate con "la losa que tiene encima; lo que él tiene es una losa de memoria. Pero todo esto lo hace en medio del proceso de hipnosis, cuando comienza a desarrollar elementos de su personalidad que él no conocía o que no asumía" (Friera). El retorno de lo reprimido, tras la hipnosis, pone en tela de juicio la memoria. Pero al mismo tiempo este cuestionar la memoria por parte del narrador implica que revisará la manera en que imagina su propio origen y toda su vida, misma que comienza a narrar de acuerdo con otras coordenadas. La memoria, en cierto sentido, es la cura y la maldición de Erasmo Aragón, así como también lo es para El Salvador en otro nivel, dada su situación política tras la guerra y el aparente proceso de paz hacia la transición democrática.

Una de las preocupaciones que asalta al narrador es el contenido de sus sesiones de hipnosis. Llega hasta el punto de ir a buscar a la casa de su doctor, durante su ausencia, la libreta de anotaciones de sus sesiones, e incluso amenazar a la sirvienta para que lo deje llevársela. Se pregunta constantemente "¿qué le había contado?" (*El sueño* 52). A partir de esto, sus recuerdos comienzan a vacilar, a perder solidez. Tras dudar por primera vez, toda su vida atraviesa una suerte de proceso de duda metódica en busca de cimientos que le garanticen la narrativa consistente que imaginaba. Si pensamos que para una narrativa lineal hay una relación de causa y efecto en el tramado de los hechos, ¿cómo puede entonces el narrador contar su vida si duda de la primera causa de sus creencias y estabilidad como sujeto? Sus creencias, como las de Descartes, "deben ser subvertidas todas ellas completamente, para empezar de nuevo desde los primeros fundamentos" (*El sueño* 15), si desea establecer alguna vez algo firme y permanente. El narrador dice al respecto: "[q]ue la memoria es poco confiable lo descubrí cuando me puse a divagar cómo comenzaría la historia de mi vida si me sentara a escribirla tal como me aconsejó don Chente" (69). Y más adelante el narrador agrega acerca de esta "duda metódica" de su memoria que si "dudaba de la veracidad de mi primer recuerdo no quería imaginar lo que sería bregar con *cada uno de los eventos* a los que me había tocado hacer frente en la vida" (70, énfasis mío). No puede confiar ni en sus sentidos ni en lo que ha aprendido ni en sus recuerdos, lo que lo lleva a pensar que es muy probable que el resto de su memoria no sea precisa. O, como Descartes describía en sus *Meditaciones*, el sueño puede representar las mismas formas que nos figuramos al estar despiertos, lo que lo llevó a suponer como base de su método que soñamos y que no son verdaderas las sensaciones corporales ni la memoria. De igual manera, para Erasmo la duda llega a tal punto que se ve obligado a lidiar en retrospectiva con "cada uno" de los eventos de su vida. A nivel general contiende con la memoria, pero esto también entraña una desarticulación de los eventos "uno por uno". La diferencia es que la vida narrada a través de la memoria en este caso sólo puede ser el efecto retroactivo de una cuenta "uno por uno" a nivel estructural. "Cada uno de los eventos" estructura en retrospectiva la multiplicidad del material de su vida al que se enfrenta el narrador. Y la solución está lejos de la cartesiana, pues en este caso no hay ninguna fundación posible de una ciencia, un sujeto o un sistema basado en la duda que luego establece una certeza. Hay sólo un sueño del retorno que implica una desestabilización del pasado y del futuro, sin llegar a ninguna conclusión o clausura. A su vez, es importante notar que esta historia de su vida sólo surge una vez que se plantea una escritura de la misma. Y es un tipo de narrativa cronológica y lineal, que "comienza" y busca un origen. En este caso, ese origen que Erasmo Aragón quiere encontrar es el origen de la violencia en su vida, que es incisiva y repetitiva a lo largo de *El sueño del retorno*. Y me parece que esa búsqueda finalmente resulta en la circularidad de la novela, su angustioso punto de partida y su final en el aeropuerto en donde el estado de la situación no cambia.

La primera imagen que recuerda el narrador, como dije antes, es la de su abuela Lena cargándolo en brazos cuando cae una bomba.

A esta imagen, dice, recurre con cierto orgullo al tener que "explicar cómo la violencia estaba enraizada en mi vida, aunque tendría que precisar 'de mi vida consciente' porque la violencia está enraizada en el primer momento de la vida de todos y cada uno, por algo se entra a este mundo llorando y haciendo gemir de dolor a la madre" (*El sueño* 69). La violencia se concibe en el origen imposible de la humanidad, de todos y cada uno. La "explicación" tanto de la imagen como del discurso es la imposición violenta e irracional de un elemento externo en el estado de cosas, una cierta disrupción de una situación dada. Encima de esto, no sólo la violencia está en el origen imposible, sino que para el narrador esta tiene que ver con la ruptura primaria de la propiedad privada, de los límites del yo frente a los otros. Lo expresa de la siguiente manera al decir que al "tratar de apropiarse de lo que no le pertenecía [es que comprende] que en el origen de la violencia está el deseo del hombre de apoderarse de lo que no le pertenece, valgan la redundancia y el tono pontificio" (75). El deseo o sueño de poseer lo ajeno da lugar a la violencia que retorna por vía narrativa, como retorno de la violencia reprimida.[5] Este ciclo se aproxima a lo que el autor en otro lado llama "el reciclamiento de la violencia" (*La metamorfosis* 29). En la literatura esta violencia también es la violencia elemental de apropiarse de voces ajenas, de fagocitar los discursos ajenos como el de la política, de la historia o de la memoria. Pero es una violencia productiva que lleva a la literatura a su especificidad en tanto discurso ficcional capaz de tramar en su interior imposibilidades y límites que empujan el campo de lo posible.

Todas estas experiencias violentas tienen consecuencias concretas en el narrador y se expresan en lo que él llama "la abertura del hoyo negro" (*El sueño* 79) en su mente, ante el cual su reacción es intentar huir a toda prisa. Estos momentos concentrados, al borde del quiebre del aparato psíquico, en medio de la angustia, son los que anudan la prosa ensimismada de *El sueño del retorno*. La emergencia de estos agujeros negros en la consistencia del narrador así como a nivel del lenguaje, no obstante, no implica que haya un quiebre completo en ambas estructuras. Al contrario, estos hoyos sólo pueden aparecer una vez que los términos subversivos han sido producidos, es decir, no se trata de hoyos que se abren y quiebran súbitamente la conciencia del narrador o desgarran el velo de la ficción, sino que se trata de que estos hoyos negros son constitutivos y sólo pueden plantearse en su creación autorreferencial. Este "hoyo negro" designa el punto en el que el orden espacial propio se quiebra: la estructura circular de la novela y su espacio a manera de limbo o suspensión *entre paréntesis*, entre el exilio y el retorno, es un movimiento que se perpetúa y circula en torno a un objeto imposible (la ilusión del retorno) cuyo verdadero objetivo es la interminable perpetuación de su movimiento circular. De ahí que la novela circule en torno al retorno y al sueño pero que se mantenga en un limbo. Es un proceso mucho más sutil en el que los hoyos negros se revelan constitutivos de toda narrativa y desestabilizan tanto la causalidad simple (búsqueda del origen, violencia enraizada, sujeto estable, predeterminación política o pedagógica) como la ilusión (un futuro diferente, entrada en la historia, sueño o duda que funde una certeza).

Lo que no puede ser reconciliado en el momento y en la realidad se reconcilia en un después, a través de su reconstrucción narrativa: todo lo que se narra sucede después de los hechos y habla sobre las consecuencias más que del hecho mismo. El procedimiento narrativo no es ni la exposición directa a los hechos traumáticos de la guerra ni la vida diaria y su sobriedad, sino una mediación entre ambas. Es un intento de mantener una estructura mínima de vida. La ley de sucesión narrativa mantiene desde lo simbólico una defensa ante el quiebre de lo real, se mantiene a una distancia prudente del quiebre absoluto, del retorno real. Por ejemplo, ante el asesinato de su primo Albertico, el narrador recuerda preguntarle por qué volvía a San Salvador luego de que el Partido Comunista al que pertenecía pasó a la lucha armada y al clandestinaje. La respuesta de su primo fue tajante: "por pendejo". A lo que Erasmo añade: "sin ninguna invocación al heroísmo o a los deberes de la lucha, con un gesto de resignación [...] una dimensión de fatalidad [...] me agobiaría cada vez que lo recordaba y [...] volvió a golpearme ahora bajo la ducha" (*El sueño* 125). Ante los hechos que podrían quebrar absolutamente la psiquis del narrador, la búsqueda de un porqué, se piensa más bien el cómo de los acontecimientos, la militancia como una consecuencia desapasionada, como defensa ante lo sucedido. Y, al mismo tiempo, se intercalan hechos en el presente (la ducha, la sensación de fatalidad del recuerdo) que funcionan como mediación entre la crueldad de la guerra y la vida diaria. El entrelazamiento de ambos aspectos es lo que opera fundamentalmente en la novela de Castellanos Moya: se sostiene una estructura mínima de vida que se resguarda entre los paréntesis de la ficción y su representación de lo real. El "estar entre" se abre paso como paréntesis a través de las repeticiones, los balbuceos sintácticos, las subordinaciones entrecortadas para allí sugerir la presencia del quiebre de lo real, de la violencia, pero también de una estructura de ficción que permite renarrar y estructurar los "hoyos negros" que nos constituyen inmanentemente.

La literatura: un largo paréntesis

Un artículo del 2004 de Castellanos Moya titulado "La guerra: un largo paréntesis" reflexiona sobre los encuentros y desencuentros entre él y dos de sus amigos poetas salvadoreños desde 1978 hasta 1992. El ensayo parte del entusiasmo por la literatura que justo antes del comienzo de la Guerra Civil en El Salvador compartían los tres, completamente apartados de cualquier actividad política. No obstante, ya para fines de 1978, para el autor se vislumbran como únicas posibilidades "tomar partido o largarse" (25) y, mientras él decide irse, sus compañeros resuelven, acaso forzados por las circunstancias, ir con ritmo precipitado hacia la militancia revolucionaria. Lejos de poder explicar este fenómeno, Castellanos Moya intenta encontrar la razón por la cual "ese entusiasmo por la acción, esa disposición para morir y matar" (26) de un momento a otro inflama a un joven poeta cuya única ambición había sido la literatura. ¿Cómo se pasa de ser ajeno a la política a tener "esa pasión por entregar la vida a una causa revolucionaria"? (26), se pregunta (comenzando por el ejemplo más visible y famoso de su compatriota Roque Dalton). La ideologización forzada de los intelectuales impidió su creación literaria durante al menos dos décadas de conflicto. En 1992, cuando se firma la paz, los tres poetas, incluyendo a Castellanos Moya, se reúnen de nuevo en San Salvador ya todos retirados de cualquier actividad política tras la que pueden finalmente retomar "con gozo aquellas conversaciones en las que la pasión por la literatura lo era todo", con lo que el ciclo se cierra, "como si la guerra hubiera sido sólo un larguísimo paréntesis" (27).

Como sugiero antes, lejos de que la obra de Castellanos Moya sea política como presupuesto o como un dictum *a priori,* es su efecto narrativo el que es político, vale decir, sólo se puede pensar su dimensión política como consecuencia. Y este efecto literario surge al pensar la literatura en su función parentética, en su especificidad y forma de navegar entre discursos para producir efectos en última instancia. Hay una intervención literaria retroactiva de parte de Castellanos Moya en donde ni la guerra es un paréntesis de lo literario ni lo literario la fuga en la ficción de la guerra. Es por eso que, al contrario de lo que dice Castellanos Moya, creo que su propia obra es un testimonio retroactivo de que la guerra no fue un largo paréntesis, sino que fue la literatura la que se puso entre paréntesis y que también funciona como un paréntesis a varios niveles. Desde la propia narrativa del salvadoreño se *atraviesa* la guerra y en retrospectiva se apropia el conflicto y sus consecuencias, tras las cuales no se puede escribir como si nada hubiera sucedido, como en un paréntesis, un "aparte", sino con las huellas y cicatrices de lo sucedido en las que no se omite un fragmento de historia para dejarlo en el pasado: la literatura, y no la guerra, es un paréntesis. Lo literario en este sentido es una interrupción de la militancia directa como Dalton argumentaba, es un paréntesis ante la ideologización de la vida cotidiana, es el intervalo, el espacio crítico *entre* discursos. Hay que reformular entonces que la literatura es un largo paréntesis que delimita su especificidad al apropiarse de otros discursos como el político o el histórico y, sin ser determinada por ellos, los proyecta de regreso pero desde el ámbito estético y crítico. Horacio Castellanos Moya toma partido en su narrativa por una literatura crítica que primero bordea o cerca lo real de la guerra y lo imposible de la política para luego instalar allí un reto que nos obliga a la lucidez, más allá del sueño del retorno.

Notas

[1] Castellanos Moya confiesa al respecto que si alguien le dice que escribe "novela política" de inmediato se pone en guardia, pero que debe reconocer que "la política se filtra, a veces incontenible, en las ficciones que he escrito […] nunca me propuse escribir una 'novela política', sino que la política era parte del aire que me tocó respirar en mis años formativos. De ahí lo que J.C. Onetti hubiera llamado 'la tara genética'" ("Apuntes" 9-10).

[2] Para lecturas de Castellanos Moya en este tenor ver, entre otros, Kokotovic, Thornton y Castro. Especialmente ver Sánchez Prado y su argumento entre otros puntos sobre la reliteraturalización a la que se enfrenta la narrativa centroamericana que es "una toma de conciencia respecto a los límites de lo literario y lo estético frente a los horrores del pasado" (82). Para una lectura sobre el cinismo, que ha sido otra de las líneas preponderantes de las lecturas de Castellanos Moya, ver Cortez, *Estética del cinismo. Pasión y desencanto en*

la literatura centroamericana de posguerra y su contraparte en Moreiras, "The Question of Cynicism. A Reading of Horacio Castelanos Moya's *La diáspora*" (2014).

³ Se puede añadir una idea más a esto si pensamos la referencia a los límites porosos entre el acto de soñar y la realidad. Esto se puede leer en *El sueño del retorno* en la referencia al personaje de Segismundo en *La vida es sueño*, rol que interpreta el actor con el que la mujer del protagonista lo engañó y cuya obra van a ver míster Rabbit y él (58).

⁴ Por ejemplo, la anécdota del primer recuerdo del bombazo con su abuela o su retorno a El Salvador tras los acuerdos de paz para fundar una revista, ver "Apuntes", 9-17.

⁵ No obstante, el narrador agrega que pensar el "origen" de algo con claridad, en este caso de un mal, "no significa que el mal deje de existir, que se necesita reparar lo que está arruinado [...] al final somos como una máquina, le dije, y ver con meridiana claridad que el motor del coche no funciona porque el carburador está arruinado no soluciona nada, sino que se requiere un mecánico que sepa desmontar el carburador malo e instalar uno nuevo" (*El sueño* 171).

Obras citadas

Badiou, Alain. *Teoría del sujeto*. Juan Manuel Spinelli, trad. Buenos Aires: Prometeo Libros, 2008.

Braunstein, Néstor. *La re-flexión de los conceptos de Freud en la obra de Lacan*. México, D.F.: Siglo XXI Editores, 2005.

Castellanos Moya, Horacio. "Apuntes sobre lo político en la novela latinoamericana". *Cuadernos Hispanoamericanos* 694 (2008): 9-17.

_____ "La guerra: un largo paréntesis". *Letras Libres* 36 (2004): 24-27.

_____ *La metamorfosis del sabueso. Ensayos personales y otros textos*. Santiago de Chile: Ediciones Universidad Diego Portales, 2011.

_____ *El sueño del retorno*. México, D.F.: Tusquets, 2013.

Castro, William. "The Novel After Terrorism: On Rethinking the 'Testimonio', Solidarity and Democracy in Horacio Castellanos Moya's *El Arma en el Hombre*." *Revista Hispánica Moderna* 63/2 (2010): 121-35.

Cortez, Beatriz. *Estética del cinismo. Pasión y desencanto en la literatura centroamericana de posguerra*. Guatemala: F&G editores, 2010.

Dalton, Roque. *Antología*. Juan Carlos Berrio, ed. Tafalla: Txalaparta, 1995.

_____ René Depestre, Edmundo Desnoes, Roberto Fernández Retamar, Ambrosio Fornet y Carlos María Gutiérrez. *El intelectual y la sociedad*. México, D.F.: Siglo XXI, 1969.

Descartes, René. *Meditaciones metafísicas y otros textos*. E. López y M. Graña, trads. Madrid: Gredos, 1987.

Friera, Silvina. "Aún me queda combustible en El Salvador". Entrevista con Horacio Castellanos Moya. *Página 12*, 6 mayo 2013. <http://www.pagina12.com.ar/diario/suplementos/espectaculos/2-28557-203-05-06.html>. 1 dic. 2014.

Gerber, Daniel. "La represión y el inconsciente". *La re-flexión de los conceptos de Freud en Lacan*. Néstor Braunstein, ed. 4ª edición. México, D.F.: Siglo XXI Editores, 2005. 81-169.

Kokotovic, Misha. "Testimonio Once Removed: Castellanos Moya's *Insensatez.*" *Revista de Estudios Hispánicos* 43/3 (2009): 542-62.

Moreiras, Alberto. "The Question of Cynicism. A Reading of Horacio Castellanos Moya's *La diáspora* (1989)." *Nonsite.org.* 13 (2014). <http://nonsite.org/article/the-question-of-cynicism>. 1 dic. 2014.

Paz Soldán, Edmundo. "Horacio Castellanos Moya y el imposible retorno". *El Boomeran(g). Blog literario en español. Río Fugitivo.* 30 jun. 2013. <http://www.elbomeran.com/bog-post/117/13916/edmundo-paz-soldan/horacio-castellanos-moya-y-el-imposible-retorno/>. 1 dic. 2014.

Sánchez Prado, Ignacio. "La ficción y el momento de peligro: *Insensatez* de Horacio Castellanos Moya". *Cuaderno Internacional de Estudios Humanísticos y Literatura* 14 (2010): 79-86.

Thornton, Megan. "A Postwar Perversion of Testimonio in Horacio Castellanos Moya's *El Asco*". *Hispania* 97/2 (2014): 207-19.

La voluntad de exilio y las políticas del retorno: diálogos entre Bolaño y Castellanos Moya

OSWALDO ZAVALA
College of Staten Island y The Graduate Center, CUNY

De abril a diciembre de 1973, el escritor salvadoreño Roque Dalton hizo creer a familiares y amigos que había viajado a Vietnam "haciendo un trabajo o una investigación larga" (J. J. Dalton). Durante este periodo, sin embargo, Dalton en realidad se encontraba en Cuba, aguardando el momento en el que volvería a El Salvador para por fin unirse a la guerrilla. Solamente su ex esposa Aída Cañas y sus tres hijos sabían que Dalton seguía en la isla. Fue visto por última vez en Lawton, un municipio de la ciudad de La Habana. Como ha podido constatar recientemente Horacio Castellanos Moya, Dalton escribió desde ese paradero a la fecha desconocido varias cartas donde mantuvo la ilusión de su nuevo exilio:

> La estratagema fue de tal envergadura que su compañera cubana de entonces (la actriz y directora teatral Miriam Lazcano), y sus amigos escritores y editores estaban convencidos de que Dalton se encontraba en Vietnam, y hasta el mismo Julio Cortázar se refiere en su necrológica sobre Dalton «a la última carta que recibí de él, fechada en Hanoi el 15 de agosto de 1973, pero llegada a mis manos muchísimo después por razones que nunca sabré». (Castellanos Moya, "Dalton")

Dalton había llegado a Cuba en 1962, procedente de México. Para entonces, ya había estado en prisión dos veces, había hecho largos periplos por Guatemala, Chile y la Unión Soviética e incluso se había librado sin saberlo de una condena a muerte en El Salvador, según recuerda Eraclio Zepeda, con quien coincidió en su primera estancia en La Habana. Entre los nuevos viajes que realizó desde Cuba, Dalton fue a Praga entre 1965 y 1967, donde terminó de escribir *Taberna y otros lugares*, uno de sus libros más importantes, publicado en 1969 y reconocido con el Premio Casa de las Américas. Zepeda describe el libro del siguiente modo: "Reflexiones sobre su oficio en el suelo natal incendiado por la violencia y la injusticia, el tránsito de la ingenuidad a la revelación, y la conquista del humor en una poesía tradicionalmente solemne" (14). En uno de los poemas más conocidos de esa colección, El Salvador se transforma en un efecto más del imaginario de su exilio:

> País mío no existes
> sólo eres una mala silueta mía
> una palabra que le creí al enemigo
>
> Antes creía que solamente eras muy chico
> que no alcanzabas a tener de una vez
> Norte y Sur
> pero ahora sé que no existes
> y que además parece que nadie te necesita
> no se oye hablar a ninguna madre de ti
>
> Ello me alegra
> porque prueba que me inventé un país
> aunque me deba entonces a los manicomios
>
> Soy pues un diosecillo a tu costa
>
> (Quiero decir: por expatriado yo
> tú eres ex – patria) (*Taberna y otros lugares* 28)

Apenas tres años después de la publicación de *Taberna y otros lugares*, Dalton emprende el viaje inventado a Vietnam. Si en el poema antes citado El Salvador deja de existir como un espacio geopolítico real, el exilio mismo termina por ser una estrategia necesaria para preparar el siguiente viaje. La ironía de ambas transformaciones –el país en la ex patria, el exilio en la inmovilidad– es que los dos procesos simbólicos anteceden a su regreso definitivo a El Salvador. Dalton escribe así desde el no-lugar del exilio imaginado preparándose para volver a otro no-lugar, su (ex) patria igualmente imaginada. Castellanos Moya reflexiona sobre esos meses cruciales en la vida de Dalton:

> Para un revolucionario el paso a la clandestinidad tiene matices de iniciación, tanto por la renuncia a la vieja vida como por la aventura desconocida a la

que se entra. Se trata de convertirse en otra persona, de desprenderse del pasado, de aquello que lo pueda hacer reconocible a los ojos del enemigo: debe cambiar de nombre, apariencia, costumbres, rutinas y en especial la forma de asumirse a sí mismo. Ya no es quien antes era sino uno nuevo, inventado. ("Dalton")

En el caso de Dalton, unirse a la guerrilla significó su más radical acción política, pero también implicó su regreso definitivo a El Salvador, es decir, el final de su exilio y el principio de su clandestinidad real, después del exilio ficticio desde Cuba. El exilio debe entenderse entonces como el espacio vital en el que le fue posible meditar la gravedad de su compromiso político, con su obra literaria como un preludio intelectual hacia la revolución. La contradicción de este proceso es sugerente: en el exilio debe convertir a su patria y al exilio mismo en materia literaria, pero en su patria debe renunciar a su identidad –exiliarse de sí mismo en la clandestinidad– para terminar convirtiéndose en materia de leyenda.

No debe sorprender que la figura de Roque Dalton mantenga un aura de tragedia, heroicidad y utopía revolucionaria en la literatura latinoamericana contemporánea. Pero en la generación de escritores que experimentaron en su juventud las múltiples derrotas de la izquierda entre los años 60 y 70, Dalton es sin duda uno de los más significativos referentes del cruce entre literatura y política. Para la escritura de Horacio Castellanos Moya y Roberto Bolaño, sin embargo, la obra de Dalton establece una serie de paralelos bio-bibliográficos que pueden condensarse tanto en la experiencia del exilio como en las implicaciones políticas del retorno. Propongo en lo que sigue trazar algunos puntos de encuentro de ese itinerario intelectual que conduce del exilio a la transformación imaginaria del país de origen y luego al deseo y la mitificación del exilio mismo. Pero como en la obra y vida de Dalton, el exilio supone también la inminencia de un regreso hacia la agencia y la intervención en el presente, es decir, un regreso a lo político. La reaparición inesperada de lo político funciona aquí como el reverso simbólico del exilio, su trazo oculto pero visible en la escritura literaria.

La interrupción del destino

"El exilio real es el valor real de cada escritor" (*Entre paréntesis* 50), escribe Bolaño en uno de sus ensayos literarios. La afirmación, en el caso de Bolaño, está validada por su vida y obra. Nacido en Chile en 1953, pero exiliado en México desde la adolescencia, la juventud de Bolaño es un constante itinerario de exilio que sólo se estabiliza hasta 1977, cuando se instala definitivamente en España.[1] Las siguientes dos décadas serán las más productivas de su carrera literaria, pero sólo cinco años antes de su muerte comienza a recibir el reconocimiento internacional que ahora distingue a su obra. El tema del exilio, consecuentemente, ocupa un lugar central en su obra literaria. La mayoría de sus personajes más importantes son desplazados por violentos procesos históricos –el poeta narrador de *Estrella distante* (1996), el novelista Benno von Archimboldi, protagonista de *2666* (2004)–, o por marginalidad cultural y económica –los jóvenes poetas de *Los detectives salvajes* (1998), los escritores del cuento "Sensini" (en *Llamadas telefónicas,* 1997)–. La experiencia del exilio está íntimamente ligada a la biografía de Bolaño. En *Los detectives salvajes,* el exilio está signado por una melancólica "derrota generacional y también la felicidad de una generación" (*Entre paréntesis* 327), aquella generación que vivió en su juventud entre la matanza de Tlatelolco de 1968 y el golpe de Estado chileno en 1973. Ambos eventos marcan las coordenadas históricas de la novela. Los personajes principales, un chileno y un mexicano, viven un sentido de dislocación y no pertenencia que irremediablemente los conduce al exilio.

Ante la melancolía del exilio, algunas de las narraciones de Bolaño revelan aspectos inesperados en las acciones de sus personajes. "Sensini", por ejemplo, puede leerse como una resistencia efectiva opuesta a la fuerza del exilio. En ese cuento, un joven escritor latinoamericano exiliado en España entra en contacto por correo con Luis Antonio Sensini, un viejo narrador argentino que ha huido de la dictadura militar. El joven escritor descubre que uno de sus cuentos terminó como finalista en un concurso literario de provincia junto a uno de Sensini, que aunque tampoco había ganado, era decisivamente superior a todos. En sus cartas, Sensini le cuenta cómo sobrevive con su esposa y su hija participando en esos modestos concursos convocados en provincias españolas. Sensini propone al joven escritor continuar participando en otros concursos literarios cuyos premios significan pequeños pero imprescindibles ingresos para ambos: "Sensini terminaba su carta de manera más bien entusiasta, como si ambos estuviéramos en la línea de salida de una carrera interminable, amén de dura y sin sentido. «Valor y a trabajar», decía" (*Cuentos* 20).

No sólo a pesar sino en contra de su pobreza y marginalidad, los dos escritores confrontan las condiciones de su exilio escribiendo para ganar el sustento. Pero Sensini no es un personaje romántico que desde el exilio mantiene una dignidad literaria y personal intacta. Por el contrario, es un superviviente que desde un cierto grado de cinismo práctico incluso alienta al escritor joven a mandar el mismo cuento a varios concursos: "El mundo de la literatura es terrible, además de ridículo, decía" (23). Muy por fuera de ese mundo, a Sensini lo preocupa la suerte de Gregorio, hijo de un matrimonio anterior, dedicado al periodismo y desaparecido por la dictadura argentina. Sensini opta por volver cuando la noticia del hallazgo de una fosa común parece haber revelado el paradero final de Gregorio. Sin aceptar nunca la muerte de su hijo ("aunque todos sabíamos que estaba muerto [...] menos él" [30]), Sensini regresa a Argentina en cuanto las circunstancias políticas cambian con la democracia, pues entonces "no había más remedio que volver" (28). Sensini muere sin jamás saber con certeza lo ocurrido a su hijo Gregorio y sin que su obra, aunque en su momento celebrada por escritores como Borges y Cortázar, le permita un ingreso estable. En sus años de exilio, sin embargo, la actitud de Sensini no sólo no admite la derrota intelectual, sino que utiliza cualquier medio posible para intentar vivir de su escritura. La idea de exilio es la razón de su dislocación, pero nunca una carga ontológica decisiva.

En la novela *2666*, el personaje de Óscar Amalfitano, un profesor chileno exiliado en la siniestra Santa Teresa –basada en la fronteriza Ciudad Juárez–, es quien tal vez mejor captura la noción de exilio en la poética de Bolaño. Amalfitano conversa con los críticos europeos que siguen la pista del elusivo Archimboldi hasta la frontera entre México y Estados Unidos. Cuando explica que el golpe de Estado en Chile lo obligó a dejar su país, la conversación lo lleva a improvisar una definición de la idea de exilio:

> –El exilio debe de ser algo terrible –dijo Norton, comprensiva.
> –En realidad –dijo Amalfitano– ahora lo veo como un movimiento natural, algo que, a su manera, contribuye a abolir el destino o lo que comúnmente se considera el destino.
> –Pero el exilio –dijo Pelletier– está lleno de inconvenientes, de saltos

y rupturas que más o menos se repiten y que dificultan cualquier cosa importante que uno se proponga hacer.

–Ahí precisamente radica –dijo Amalfitano– la abolición del destino. (157)

Cuando su hija corre peligro en Santa Teresa, Amalfitano concibe un plan para sacarla de la frontera y enviarla a España, donde nació, para reiniciar su vida. Al asumir una vez más ese "movimiento natural" del exilio, Amalfitano logra abolir el aparente destino trágico de su hija. El exilio se piensa aquí activamente como una decisión que interviene en el destino, es decir, la ruptura o suspenso de un proceso previamente decidido y en apariencia inapelable. Si el destino de un joven intelectual chileno en 1973, por ejemplo, es sufrir la violencia de la dictadura, sobre todo si suscribe una ideología de izquierda, entonces el exilio surge como una voluntad subversiva que fisura ese destino. El exilio, lejos de ser el residuo de la derrota política, es la acción inconforme ante la fatalidad histórica, una intervención positiva que interrumpe un derrotero negativo predispuesto.

Edward Said localiza una tensión entre exilio y nacionalismo que entiende como la dialéctica hegeliana del amo y el esclavo, en tanto que ambas nociones operan como "opuestos informándose y constituyéndose entre sí" (176).[2] Para Said, sin embargo, el exilio está principalmente fundado en una exclusión irreparable de todo proyecto moderno de nación. El exiliado, al menos desde esta perspectiva, sí es el residuo negativo de un violento proceso histórico que apenas puede reconciliarse con su condición al extender un vínculo afectivo hacia otros exiliados, pues su lugar ontológico ya le es para siempre ajeno. Apunta Said: "El pathos del exilio está en la pérdida de un contacto con la solidez y la satisfacción de la tierra: el regreso a casa está fuera de toda discusión" (179). La visión pesimista de Said hace eco de una actitud más bien central en la experiencia del exilio después de la Segunda Guerra Mundial. Está presente en el pensamiento de Hannah Arendt, Theodor Adorno y Walter Benjamin, por ejemplo, cuya desilusión con toda resistencia política problematiza la posibilidad de una acción inmediata. En esa postura, la única alternativa al exilio es de orden intelectual, asumiendo las carencias del presente como un espacio de lo real que sólo puede discernirse, pero no transformarse. De ese modo es comprensible que Arendt, quien escribió la parte más sustancial de su obra en inglés, haya afirmado que de su identidad alemana sólo "queda la lengua" (12). Así, anota no sin cierta melancolía, "la atractiva oportunidad de escribir en la lengua de uno sirve para poco, aunque eso es el único regreso del exilio a casa que uno nunca puede expulsar de sus sueños" (212).

Sin melancolía ni romanticismo, en cambio, los personajes escritores e intelectuales en la obra de Bolaño rechazan vivir en el exilio como una condición de vida inamovible. La escritura es ciertamente un vehículo para hacerlo, pero por sí sola resulta insuficiente. En sus narraciones, Bolaño concede a sus personajes una voluntad de sobrepasar las limitaciones del exilio por medio de acciones precisas y, en algunos casos, dolorosas y aún arriesgadas. En contra de todos los peores pronósticos, Sensini vuelve a Argentina; pese a las mafias de Santa Teresa, Amalfitano salva a su hija enviándola irónicamente a un nuevo exilio a su país natal. La escritura literaria en Bolaño, observa Alberto Magnet, funciona en la intemperie del exilio como una plataforma de acción:

> [...] la suerte de Roberto Bolaño viene a encarnar la realización de lo que se perfila como uno de los derechos humanos más elementales e irrenunciables de los tiempos modernos: el derecho de poder escoger el lugar donde se ha de morir, ya que no se puede escoger el lugar donde se nace. ("Las patrias")

Elegir dónde morir es la prerrogativa del exilado. Las formas de resistencia desde y más allá del exilio son preocupaciones que la obra de Bolaño comparte con otros autores de su generación. Es claramente el caso de Castellanos Moya, cuya escritura, como se verá, revela formas de pensar la subjetividad del exiliado más allá de las limitaciones directas del desarraigo. Me acerco ahora a su idea de exilio menos para un rastreo exhaustivo de ese motivo en cada uno de sus libros que para estudiar la estrategia que deliberadamente invoca una meditada acción. La voluntad de ese exilio y las formas políticas para deshacerlo, son las pulsiones constitutivas de la narrativa de Castellanos Moya.

Del exilio al incendio

En un breve ensayo, Roberto Bolaño describe la poética de Castellanos Moya:

> Es un melancólico y escribe como si viviera en el fondo de alguno de los muchos volcanes de su país. Esta frase suena a realismo mágico. Sin embargo no hay nada mágico en sus libros, salvo tal vez su voluntad de estilo. Es un sobreviviente pero no escribe como un sobreviviente. (*Entre paréntesis* 173)[3]

Bolaño aborda aquí varios de los temas que han llamado la atención de la crítica sobre el escritor salvadoreño y que podrían definirse, parafraseando a Bolaño, como una *voluntad de exilio*: la tensión melancólica con el país de origen junto con la denuncia de los equívocos históricos de Centroamérica, todo con un tajante realismo político que con frecuencia produce incluso incomodidad a un nivel personal en cierta crítica.[4]

Pero la melancolía que Bolaño observa en Castellanos Moya de hecho recorre la obra de ambos y se estructura de modos análogos entre sus libros, trazando un itinerario intelectual y una experiencia de vida paralela. Como se sabe, los dos escritores mantuvieron correspondencia durante varios años y se conocieron durante una visita que Castellanos Moya hizo a Bolaño en la casa de éste en Blanes, un pueblo en la Costa Brava española. Ambos autores confrontaron en su juventud la derrota de la izquierda en sus respectivos países y optaron por el exilio y la reflexión literaria irónica y desilusionada. En su fuga, los dos escritores eligieron México como un espacio productivo de supervivencia. En plena adolescencia, Bolaño fundó allí, junto a otros jóvenes poetas, el Infrarrealismo, un irreverente grupo crítico del *establishment* literario de la época. Después de una primera estancia en Canadá, Castellanos Moya se mudó a México en 1981 para trabajar como periodista durante una década, para luego volver a El Salvador una vez terminada la guerra civil (1979-1992). El de Bolaño es un doble exilio: primero de Chile, tras el golpe de Estado de 1973 y luego de México en 1976, hacia Europa. "Pocas cosas lo amilanaban, como no fuera su eventual regreso a México", recuerda Castellanos Moya ("El guía" 20). Su exilio siguió un trayecto similar: después de su segunda estancia en El Salvador, Castellanos Moya no regresó a México y se decidió primero por Alemania y después por Estados Unidos, donde actualmente se desempeña como profesor de escritura creativa en la Universidad de Iowa.

La visión del exilio en Castellanos Moya ha evolucionado –como ocurrió con Bolaño– a la par de la complejidad de su universo literario y de los procesos históricos que aborda. En sus novelas tempranas como *La diáspora* (1989) y *El asco* (1997), Castellanos Moya dramatiza el *impasse* político y cultural de El Salvador. En aquélla se narra la derrota ideológica y operativa de la izquierda durante la guerra civil; en ésta, El Salvador de posguerra aparece como un país en franca decadencia, violento, culturalmente rezagado y cooptado por una élite política entretenida en la rapiña criminal desideologizada. La voluntad por intervenir políticamente que conduce la poesía de Dalton es interiorizada por Castellanos Moya y Bolaño en sus primeras obras, pero ya como una experiencia de fracaso y melancolía. Miguel Huezo estudia así los vínculos entre Bolaño y Dalton, aunque su análisis podría extenderse a Castellanos Moya:

> Cada uno, a su manera, interpeló el autoritarismo de las vanguardias políticas. Dalton quizás no tuvo tiempo de desencantarse en la hora maldita de su asesinato. Bolaño, en cambio, condensa el cambio generacional que, una vez pasadas las guerras floridas, es capaz de decir: "soñábamos con una utopía y nos despertamos gritando" (*Primer manifiesto infrarrealista*, 1976). ("Roberto Bolaño")[5]

La caída de la izquierda en *La diáspora* y la ácida diatriba nacional de *El asco* parecen el signo de los nacidos en la década de 1950. En esta última novela, Castellanos Moya se desdobla en dos personajes que dialogan sobre la crisis generalizada en la sociedad salvadoreña. Moya escucha la alargada perorata de Eduardo Vega, quien no deja intocado ningún espacio de significación social en El Salvador, desde la pobre calidad de la cerveza nacional hasta la acostumbrada delincuencia del ejército y la policía. Vega ha vuelto del exilio sólo para asistir al velorio de su madre. En las primeras páginas de la novela explica su periplo:

> Yo tenía dieciocho años de no regresar al país, dieciocho años en que no me hacía falta nada de esto, porque yo me fui precisamente huyendo de este país, me parecía la cosa más cruel e inhumana que habiendo tantos lugares en el planeta a mí me haya tocado nacer en este sitio, nunca pude aceptar que habiendo centenares de países a mí me tocara nacer en el peor de todos, en el más estúpido, en el más criminal, nunca pude aceptarlo, Moya, por eso me fui a Montreal, mucho antes de que comenzara la guerra, no me fui como exiliado, ni buscando mejores condiciones económicas, me fui porque nunca acepté la broma macabra del destino que me hizo nacer en estas tierras, me dijo Vega. (17)

Notemos la coincidencia entre la noción de exilio de Castellanos Moya y la de Bolaño. Como el personaje de Amalfitano en *2666*, Vega entiende su salida de El Salvador como una forma de rechazar el *destino* de haber nacido en ese país y la fatalidad de sufrir sus fracasos sociopolíticos. En la "Nota del autor" incluida al final de la reedición de *El asco* de 2007, Castellanos Moya recuerda cómo Roque Dalton fue asesinado por "sus propios camaradas izquierdistas", por lo que "más le valía largarse antes que jugar al mártir" (137). La interrupción de ese destino sólo acentúa la fijación de ambos Castellanos Moya y su personaje Vega por comprender críticamente el presente de El Salvador al grado de que ese deseo de intervención, y no su exilio en sí, es lo que realmente motiva su relato. En otras palabras, Castellanos Moya, al igual que Bolaño, problematiza la noción de exilio como una oportunidad política abierta y no como un proceso histórico clausurado.[6] En una entrevista, Castellanos Moya comenta la posición crítica del escritor de países periféricos en la tradición literaria occidental:

> Yo creo que el escritor imperial, muy confiado en su tradición y en su estabilidad, por lo menos en la lengua inglesa, escribe sobre el lugar al que llega. Un escritor como Joyce, en cambio, que es de la periferia y de la colonia, tenía una entidad política de origen que estaba en pleno estado de autodefinición. En ese sentido, yo vengo de un lugar que todavía está en convulsión, por eso sigo escribiendo de eso. Espero alguna vez poder dejar de escribir sobre eso. (Libertella)

Sin un proceso político pendiente, los escritores de países hegemónicos dentro de la tradición literaria exploran sus preocupaciones en viajes hacia latitudes ajenas a su lugar de origen. Para un latinoamericano, no obstante, la emergencia nacional lo fuerza al exilio y a la necesidad de reflexión inmediata e inaplazable, pues como dice uno de sus personajes, "el destierro es un oficio propio de tipos melancólicos" (*Con la congoja* 109). De esta forma, el escritor proveniente de países hegemónicos sólo puede hacer literatura de viaje, mientras que la escritura del exilio sólo es posible para el proveniente de países marginales que no tiene el privilegio occidental de viajar con "ojos imperiales", siguiendo la conocida definición de Mary Louise Pratt.

Menos como la adopción de un tema, escritores como Bolaño y Castellanos Moya asumen entonces la crisis sociopolítica como el único motivo inapeable de sus estrategias de representación. La ironía de su visión bien puede entenderse como lo que Beatriz Cortez llama la "estética del cinismo" en la ficción centroamericana de posguerra:

> Al trascender los límites marcados por los proyectos revolucionarios, estos textos de ficción exploran los deseos más oscuros del individuo, sus pasiones, su desencanto causado por la pérdida de los proyectos utópicos que antes dieron sentido a su vida y su interacción con un mundo de violencia y caos. ("Estética")

El análisis de Cortez explora con agudeza los problemáticos afectos de los personajes de la narrativa centroamericana en tanto individuos desorientados por una modernidad en crisis. Basta recordar los títulos de algunos de los cuentos de Castellanos Moya para comprobar esa condición: "Indolencia", "Hipertenso", "Tonto y feo", "El gran masturbador", "Percance", "Truene". Explayando sin tapujos su cinismo, el narrador de "Variaciones sobre el asesinato de Francisco Olmedo", por ejemplo, reconoce que "vivir tan lejos había sido quizás un pequeño gesto de sabiduría" (*Con la congoja* 84). En "Perfil de prófugo" se acusa el cinismo frecuente en los personajes de Castellanos Moya: "un escéptico, un hombre que duda, el hijo pródigo de medianos terratenientes refundidos en el país más bárbaro de Centroamérica" (21). Me parece, sin embargo, que el cinismo es sólo una de las facetas de los personajes de Castellanos Moya. Más allá de sus miedos y paranoias, su narrativa plantea preguntas puntuales sobre las demandas de lo político precisamente en una sociedad cuyo cinismo radical ha terminado por convertirse en una abierta despolitización.[7]

El personaje principal de *Insensatez* (2004), por ejemplo, aunque es tan cínico y paranoico como Eduardo Vega en *El asco*, es confrontado por las dinámicas de poder que permitieron los crímenes de lesa humanidad en la región. La crítica ha destacado con razón la distancia irónica que la novela impone ante el legado de la literatura testimonial.[8] El narrador de *Insensatez*, un sardónico ateo, ha sido contratado para hacer la revisión final del informe de más de mil páginas que recoge los crudos testimonios de víctimas del ejército en un país centroamericano. Sin nombrarse, la novela remite a Guatemala y al informe *Nunca más* del Proyecto Interdiocesano de Recuperación de la Memoria Histórica –conocido como el informe REMHI– que, como se sabe, costó la vida del obispo Juan José Gerardi, asesinado en 1998. El narrador copia y repite algunas inusuales frases provenientes de testimonios de las masacres buscando "la riqueza de lenguaje de sus mal llamados compatriotas aborígenes" (*Insensatez* 32). Hacia el final de la novela, sin embargo, el protagonista juega inesperadamente el papel del testigo. Su paranoia por el enrarecido clima de sospecha y criminalidad va en aumento hasta que durante una fiesta descubre, o cree descubrir, una cuestionable reunión entre un miembro del Arzobispado, un neoyorquino que trabajaba con los antropólogos forenses excavando los sitios de las masacres, y un hombre vestido de civil que según el narrador podría ser el general de alto rango Octavio Pérez Mena, una alusión directa a Otto Pérez Molina, el ex presidente de Guatemala, quien ha sido acusado, entre otros delitos, de ser el autor intelectual del asesinato del obispo Gerardi. Los tres "hablaban secretos, información confidencial, palabras prohibidas a los profanos" (127-28), aunque la paranoia extrema del protagonista descalifica la fiabilidad de su relato. Aterrado, el protagonista escapa de la fiesta y termina exiliado en Alemania. Es en la distancia que por fin articula un grito de denuncia, repitiendo una de las frases testimoniales: "¡Todos sabemos quiénes son los asesinos!" (155). La ironía es total cuando esa misma tarde recibe la noticia de que el obispo ha sido asesinado, mientras que él consigue sobrevivir en el inconsecuente anonimato del exilio.

Según Ignacio Sánchez Prado, la obra de Castellanos Moya se diferencia de las narrativas posdictatoriales del Cono Sur, entre otras razones, por su rechazo a identificarse con la figura "sesentera" del escritor políticamente comprometido. Así, "*Insensatez* es parte de una tendencia en la cual los escritores centroamericanos reclaman para sí el derecho a la escritura literaria como una forma de superar tanto el imperativo revolucionario como el imperativo testimonial" ("La ficción" 82). Contra esa opinión, leo *Insensatez* como parte de un complejo itinerario político de exilio que gradualmente va discerniendo el lugar del intelectual centroamericano en el despolitizado panorama de posguerra. La derrota de la izquierda salvadoreña, como mencioné antes, fue apenas el primer momento de ese itinerario reflejado en *La diáspora*, seguido de la ácida diatriba que condenaba la zozobra expansiva por todo el país en *El asco*. Pero con *Insensatez* ese itinerario articula una mirada más sofisticada al proceso histórico centroamericano, desbordando incluso el referente inmediato del contexto salvadoreño. Como explica Misha Kokotovic, el narrador de *Insensatez* atraviesa por una profunda transformación que va de considerar únicamente el interés literario de los testimonios hasta asumir como propio el gesto de denuncia política del informe. Ese gesto no es sino un paso adelante hacia la potenciación del legado de la escritura testimonial de las décadas de 1970 y 1980 y su crucial importancia en las coyunturas políticas del presente. Es cierto, como se ha señalado, que el exilio y la paranoia del protagonista vuelven intrascendente su de por sí endeble actitud política. Pero el contexto de publicación de la novela desborda la trama intratextual y nos obliga a considerar su relevancia simbólica en el campo literario centroamericano. Recordemos que el asesinato del obispo Gerardi ha sido atribuido a un grupo de militares encabezados por el general Otto Pérez Molina, quien fue electo congresista en 2003, un año antes de la publicación de *Insensatez*.[9] Y, pese a una primera derrota electoral en 2007, Pérez Molina ocupó la presidencia de Guatemala de 2012 a 2015. La novela de Castellanos Moya puede leerse entonces como una deliberada intervención intelectual desde la ficción literaria en el espacio de reflexión política de libros de investigación periodística como *The Art of Political Murder* (2007) de Francisco Goldman. Es en ese presente de inmediata corrupción y criminalidad en el que *también* se inscribe la novela y no solamente, como piensa Sánchez Prado, en el derrotado pasado político de la izquierda centroamericana y el ya clausurado debate académico sobre la literatura testimonial enarbolada por críticos como John Beverley y Marc Zimmerman.

Como en el trayecto que va de *Los detectives salvajes* a *2666* en la obra de Bolaño, la más reciente escritura de Castellanos Moya muestra una reorientación de sus formas de representación de lo político. Con *Donde no estén ustedes* (2003) inició la saga de la familia Aragón que será explorada a lo largo de décadas de historia salvadoreña en las siguientes cuatro novelas: *Desmoronamiento* (2006), *Tirana memoria* (2008), *La sirvienta y el luchador* (2011) y *El sueño del retorno* (2013).[10] Las distintas generaciones que van apareciendo en la historia van desde la década de 1940 hasta los 90, formando así cinco "capítulos de una gran novela de época" (Huezo, "Imaginación y barbarie"). La pentalogía de la saga de los Aragón puede pensarse en relación al diseño de *2666*, la ambiciosa novela póstuma de Bolaño dividida también en cinco partes que abarcan décadas de historia occidental desde la Segunda Guerra Mundial hasta el llamado feminicidio de Ciudad Juárez, con la región fronteriza en el centro de la trama. Como en la novela de Bolaño, México figura prominentemente en la larga historia de la familia Aragón, sobre todo en *El sueño del retorno*, cuyo tema central es la posibilidad de suspender el exilio con el regreso a El Salvador. Con el epígrafe inicial, un poema de Roque Dalton, esta novela hace evidente su decidido giro político:

> No puedes pasarte la vida volviendo, sobre todo a la porquería que tienes por país, al desastre en que te han convertido la casa de tus padres, sólo por el afán de saludar o traernos palabras de consuelo.
> Toda piedad aquí es cruel si no incendia algo.
> Todo signo de madurez debe probar su capacidad de destrucción.
> (*El sueño* 7)[11]

A través del protagonista, Erasmo Aragón, Castellanos Moya explora las implicaciones de acción política del regreso a El Salvador más allá de la ironía y la tragedia que ha marcado a la familia. La melancolía por el terruño en la novela no sólo es banal, sino políticamente reaccionaria. Lo que Castellanos Moya articula aquí, vía Dalton, es la posición más tradicionalmente política del intelectual en el exilio, cuya única opción es asumir el imperativo político de regresar para *incendiar* el país, o en el más básico lenguaje marxista de las décadas de 1960 y 1970, la revolución.

En más de un modo, *El sueño del retorno* funciona como una repetición de *Donde no estén ustedes*, la primera novela de la saga. En ésta, Albertico –hijo de Alberto Aragón, ex embajador de El Salvador en Nicaragua– es torturado y asesinado poco después de volver a su país. En *El sueño del retorno*, Erasmo Aragón, primo de Albertico, confronta la misma posibilidad de volver a El Salvador para trabajar en la fundación de una revista:

> ¿De dónde me había salido ese entusiasmo, ingenuo y hasta suicida, que me hizo abrigar el sueño del retorno no sólo como una aventura estimulante sino como un paso que me permitiría cambiar de vida? ¿Qué me hacía creer que los militares salvadoreños comprenderían que yo no era un militante guerrillero sino un periodista independiente, que olvidarían fácilmente el rimero de artículos contra el ejército que había escrito en mi exilio mexicano?
> (*El sueño* 128)

La historia literaria latinoamericana registra la misma encrucijada del exilio de Albertico y Erasmo Aragón y el imperativo político de su regreso a El Salvador. En ese arco histórico se encuentra la vuelta de José Martí a Cuba para pelear en la guerra de independencia, los múltiples entradas y salidas de México de José Vasconcelos y Alfonso Reyes durante la revolución, y desde luego con mayor pertinencia, el regreso final de Roque Dalton para unirse a la guerrilla en El Salvador.

Según Castellanos Moya, la suya es "la última generación que realmente creyó en la revolución socialista" (Christensen). Pero aunque considera que el colapso de toda utopía marca inevitablemente toda su obra, el presupuesto revolucionario de esa época no ha sido del todo agotado, en particular en *Donde no estén ustedes* y *El sueño del retorno*. Los protagonistas de ambas novelas tienen referentes reales directos: como explica Rubén Aguilar, el personaje del ex embajador Alberto Aragón está basado en Roberto Castellanos Figueroa, primo del autor, que corrió con la misma suerte. Por otra parte, es evidente el paralelo entre Erasmo Aragón y el propio Castellanos Moya. Autor y personaje se enfrentaron a la decisión de volver a El Salvador en 1991 para fundar un nuevo medio de comunicación cuando la guerra civil llegaba a su fin. La tragedia del hijo del ex embajador, Albertico Aragón, abre un círculo que se cierra con la repetición de la misma pregunta planteada prácticamente en los mismos términos a otro miembro de la misma familia. En otras palabras, Erasmo se replantea el imperativo político cuyo fracaso ineluctable ha sido ya constatado con la muerte de su primo Albertico, y mediante el epígrafe de la novela, por la vida y muerte de Roque Dalton. No es una coincidencia que en 2013 Castellanos Moya estuviera investigando el archivo epistolar de Dalton al mismo tiempo que terminaba la escritura de *El sueño del retorno*.

La noción de Evento propuesta por Alain Badiou resulta útil en este punto para comprender la ansiedad de Erasmo Aragón ante el imperativo político que probablemente lo conducirá a la muerte, como fue el caso de su primo Albertico y de Roque Dalton. La noción de Evento se entrecruza aquí con el concepto freudiano de la "pulsión de muerte". Como explica Badiou, el Evento es la articulación de una verdad universal que interrumpe una situación de dominación y que avanza hacia una reconfiguración de las condiciones históricas que sustentan esa situación misma. En los procesos históricos en los que puede observarse una posibilidad de Evento, sin embargo, Slavoj Žižek observa una "política izquierdista de la melancolía" (393) que paradójicamente atiende a los movimientos políticos del pasado para avanzar hacia el futuro. Esa doble fidelidad hacia el pasado y el futuro, conjetura Žižek, es el "futuro del pasado mismo" (394), haciendo eco aquí de las célebres tesis sobre la historia de Walter Benjamin. Mientras que para Badiou la repetición del pasado y la pulsión de muerte son impedimentos para la irrupción del Evento, Žižek las considera formas de hacer surgir el futuro más allá de la vida biológica del sujeto:

> La pulsión de muerte no reside en el deseo de morir de los héroes de Wagner para encontrar paz en la muerte: es, por el contrario, el anverso mismo de morir –un nombre para la vida eterna "no-muerta", para el horrible destino de estar atrapado en el incesante ciclo repetitivo de deambular alrededor de la culpa y el dolor–. (395)

Ni la repetición del destino de Albertico ni su pulsión de muerte impiden el viaje de Erasmo. Por el contrario, la repetición y la muerte son las condiciones necesarias para comprender la relevancia del imperativo político que asume Erasmo y que lo llevará, no pese a ello sino a causa de ello, de regreso a El Salvador.

En su estudio del exilio español en México, Sebastiaan Faber considera la idea de nación como un significante vacío y en disputa tanto por los republicanos como por los franquistas en la España de posguerra, ambos "dependiendo fuertemente de los principios del nacionalismo cultural" (40). En cambio, en los distintos exilios latinoamericanos la disputa política esencial versa de modo general sobre una definición del futuro en la que el pasado nacional regresa como una pregunta abierta, como un imperativo siempre por reconstruir. Entre finales de los años 60 y principios de los 70, como se sabe, la idea de exilio cobró una materialidad precisa con las distintas oleadas de intelectuales, artistas y políticos que tuvieron que abandonar sus respectivos países con el advenimiento de dictaduras militares como las de El Salvador, Chile y Argentina. No sin sus propias contradicciones, México y Cuba fueron destinos seguros para esos exilios. En México, los laberintos de contrainteligencia tensaron las problemáticas relaciones diplomáticas con Estados Unidos, mientras que Cuba, sobre todo después de la fracasada invasión de Playa Girón de 1961, fue el lugar natural desde donde formular movimientos clandestinos de resistencia. Es lógico que entre esos dos países se encuentre parte de la experiencia de vida clave para Bolaño y Castellanos Moya. Siguiendo el itinerario intelectual paralelo entre ambos, es posible advertir que ese imperativo político despierta algo más que una simple fascinación melancólica. Al reimaginar desde el presente la muerte de ese pasado histórico derrotado, el sueño mismo de lo político regresa al incendio de lo real.

Todos los retornos por venir

La literatura de las más recientes generaciones de escritores latinoamericanos ha sido profundamente afectada por la generación de narradores que, como Bolaño y Castellanos Moya, ha dramatizado la derrota política de las décadas de 1960 y 70.[12] Ignacio Echevarría considera de ese modo la obra de Bolaño como un ejemplo de literatura "extraterritorial", siguiendo aquí la noción propuesta por George Steiner que "subvierte la ya anticuada y más complaciente de cosmopolitismo" (188) en el contexto de lo que ahora se denomina con frecuencia "literatura mundial" o "literatura global", como en los trabajos de Pascale Casanova, Franco Moretti y David Damrosch.[13] Echevarría, sin embargo, no va más allá de reconsiderar cómo Bolaño "evocó con tintes elegíacos el sueño revolucionario de su juventud, compartido por buena parte de los miembros de su generación" (196).

Como he discutido hasta aquí, las implicaciones políticas de Bolaño rebasan esa melancolía elegíaca. Ulises Lima y Arturo Belano, los jóvenes poetas protagonistas de *Los detectives salvajes*, abandonan México en 1975, el significativo año en que fue asesinado Roque Dalton. Si bien es cierto que la novela se lee principalmente como la alargada fuga de los jóvenes poetas, la trama se interrumpe con las múltiples peripecias de ese desbordado exilio. En uno de los episodios más conocidos, Ulises Lima viaja con una delegación mexicana a un encuentro de escritores en Nicaragua. Ha sido invitado, dice el escritor organizador del contingente, porque "me habían dicho que Lima estaba muy mal y yo pensé que un viajecito a la Revolución le recompone los ánimos a cualquiera" (*Los detectives* 331). Poco después de aterrizar, Lima se pierde en las calles de Managua y no se sabe más de él. Como una forma de explicar su desaparición, uno de los escritores cita la

siguiente anécdota atribuida al prominente escritor guatemalteco Mario
Monteforte Toledo:

> Monteforte Toledo me puso sobre el regazo este enigma: un poeta se pierde
> en una ciudad al borde del colapso, el poeta no tiene dinero, ni amigos, ni
> nadie a quien acudir. Además, naturalmente, no tiene intención ni ganas
> de acudir a nadie. Durante varios días vaga por la ciudad o por el país, sin
> comer o comiendo desperdicios. Ya ni siquiera escribe. O escribe con la
> mente, es decir delira. Todo hace indicar que su muerte es inminente. Su
> desaparición, radical, la prefigura. Y sin embargo el susodicho poeta no
> muere. ¿Cómo se salva? (340)

Sin respuesta directa al enigma, un personaje simplemente afirma
que "el poeta no muere, se hunde, pero no muere" (340). Más allá
de la ironía con la que Bolaño contempla el periplo del exilio de sus
personajes, una respuesta similar se encuentra en la escritura literaria
en tanto espacio habitable para el exilio. Roque Dalton se preparó
para el retorno imaginando un nuevo exilio y una nueva patria. Esta
forma de asumir el imperativo político del regreso designa la literatura
como el preámbulo simbólico de una acción que está por venir *fuera*
del texto. He dedicado estas páginas a interpretar la espera del exilio
y la política del retorno o, siguiendo a Dalton, la doble invención del
exilio y de la patria. Al terminar la escritura literaria, como en la obra
de Castellanos Moya, el retorno necesariamente deja de ser un sueño
para abrir paso a su posibilidad real.

NOTAS

1   Para el itinerario de viaje de Bolaño, véase su breve "Autobiografía" póstuma publicada en la
    revista *Granta en español*.
2   Todas las traducciones son mías a menos que se indique otra fuente.
3   El ensayo de Bolaño fue incluido en la reedición que la editorial Tusquets hizo de *El asco* en
    2007.
4   Con la publicación de *El asco* en 1997, Castellanos Moya se vio forzado a no volver a
    El Salvador debido a varias amenazas de muerte, pues la novela se leyó más como una
    intervención política en su país que como una obra literaria de ficción. Para más detalles
    sobre su exilio, véase Evers y la "Nota del autor" que Castellanos Moya incluye en la edición
    de 2007 de *El asco*. Más recientemente, Beatriz Cortez critica el proyecto en general de
    Castellanos Moya al darse cuenta, según explica ella en un polémico artículo periodístico, que
    "no retrataba nuestro país sino que repetía el retrato oficial, colonialista, racista, globalizado,
    imperialista de Centroamérica" ("¡Adiós, Horacio!").
5   Bolaño mostró en varias entrevistas un marcado interés por la obra de Dalton. Durante su
    viaje de regreso de Chile después del golpe de Estado, Bolaño tuvo una breve estancia en

El Salvador, donde dijo haber conocido a Fermán Cienfuegos, el jefe inmediato de Dalton en la guerrilla cuyo nombre verdadero era Eduardo Sancho. Cierta crítica (véase Parra, por ejemplo) asumió que Bolaño había conocido a Dalton, aunque no hay ningún dato que confirme eso. El propio Sancho dijo no recordar haber conocido a Bolaño. Véase Huezo, "Imaginación y barbarie", 84-85.

[6] En una entrevista, Castellanos Moya se resiste a definir el exilio como el resultado de una escritura melancólica de la derrota política. La escritura del exilio le interesa entonces más por las circunstancias del destierro del escritor que por sus posibilidades de enunciación. Explica: "En lo personal, el concepto de literatura del exilio me parece una vaguedad, porque son demasiados los escritores en todas las lenguas y en todos los tiempos que han escrito su obra fuera de su país de origen, ya sea porque han sido obligados o porque prefieren vivir fuera de su país de origen" (Evers).

[7] Para una discusión más completa sobre el tema del cinismo en la obra de Castellanos Moya, véase el artículo de Alberto Moreiras en el presente volumen.

[8] Véanse en particular los importantes trabajos de Nanci Buiza, Misha Kokotovic e Ignacio Sánchez Prado sobre *Insensatez* recogidos en el presente volumen.

[9] Para un detallado recuento del asesinato de Gerardi y la probable responsabilidad de militares guatemaltecos, entre ellos, Otto Pérez Molina, véase Goldman.

[10] Para una lectura detallada sobre este proyecto de Castellanos Moya, véase el artículo "Un duelo por la historia: la saga de la familia Aragón" de Ricardo Roque Baldovinos, incluido en el presente volumen.

[11] El texto de Dalton es el segundo de los dos epígrafes del libro. El primero es la conocida sentencia bíblica de Pablo Tarso: "Porque lo que hago, no lo entiendo; ni lo que quiero, hago; antes lo que aborrezco, aquello hago". Como es frecuente en la obra de Castellanos Moya, este primer epígrafe supone un nivel de ironía y ambigüedad en relación al segundo epígrafe. Sin embargo, me parece, el contexto político del segundo epígrafe se sostiene claramente a lo largo de la novela.

[12] Para un análisis en particular sobre la influencia de Bolaño en las más recientes promociones de escritores latinoamericanos, véase Pollack, "After Bolaño: Rething the Politics of Latin American Literature and Translation", 660-67.

[13] El debate sobre la "literatura mundial" ha tenido importantes respuestas desde la crítica latinoamericana. Véase en particular el volumen colectivo *América Latina en la "literatura mundial"* (2006), editado por Ignacio Sánchez Prado.

Obras citadas

Aguilar, Rubén. "Donde no estén ustedes". *Animal Político* 12 abril 2013. <http://www.animalpolitico.com/bloueros-lo-que-quiso-decir/2013/04/12/donde-no-esten-ustedes/>. 20 agosto 2015.

Arendt, Hannah. *Essays in Understanding 1930-1954. Formation, Exile, and Totalitarianism.* Jerome Kohn, ed. Nueva York: Schocken Books. 1994.

Badiou, Alain y Slavoj Žižek. *Philosophy in the Present.* 2005. Cambridge, MA: Polity Press, 2009.

Bolaño, Roberto. *2666.* Barcelona: Anagrama, 2004.

_____ "Autobiografía". *Granta en español* 13 (Otoño 2012): 274-78.

_____ *Cuentos. Llamadas telefónicas, Putas asesinas, El gaucho insufrible.* Barcelona: Anagrama, 2010.

_____ *Entre paréntesis.* Barcelona: Anagrama, 2004.

_____ *Los detectives salvajes.* Barcelona: Anagrama, 1998.

Castellanos Moya. Horacio. *El asco.* San Salvador: Editorial Arcoiris, 1997.

_____ *Con la congoja de la pasada tormenta.* Barcelona: Tusquets, 2009.

_____ "Dalton: Correspondencia clandestina (1973-1975)". *Iowa Literaria,* 4 nov. 2013. <https://thestudio.uiowa.edu/iowa-literaria/?p=2119>. 20 agosto 2015.

_____ "El guía de los zapadores suicidas". *Roberto Bolaño: una literatura infinita.* Fernando Moreno, coord. Poitiers: Université de Poitiers/ CNRS, 2005. 19-21.

_____ "Nota del autor". *El asco. Thomas Bernhard en San Salvador.* Barcelona: Tusquets, 2007. 135-139.

_____ *El sueño del retorno.* Barcelona: Tusquets, 2013.

Christensen, Caitlyn. "The Writer's Block Transcripts: Horacio Castellanos Moya (Part II)." *Sampsonia Way* 3 junio 2015. <http://www.sampsoniaway.org/literary-voices/2015/06/03/the-writer%E2%80%99s-block-transcripts-horacio-castellanos-moya-part-ii/>. 20 agosto 2015.

Cortez, Beatriz. "¡Adiós, Horacio!" *Contrapunto* 24 oct. 2014. <http://www.contrapunto.com.sv/archivo2016/opinion/columnistas/adios-horacio>. 20 agosto 2015.

_____ "Estética del cinismo: la ficción centroamericana de posguerra". *Nación* 11 marzo 2001. <http://www.nacion.com/ancora/2001/marzo11/historia3.html>. 20 agosto 2015.

Dalton, Juan José. "La última vez que vi a mi padre". *Roque Dalton. Archivo Digital.* Mayo, 2008. <http://www.rdarchivo.net/la-ultima-vez-que-vi-a-mi-padre>. 20 agosto 2015.

Dalton, Roque. *Taberna y otros lugares.* San Salvador: UCA Editores, 1989.

Echevarría, Ignacio. "Bolaño internacional. Algunas reflexiones en torno al éxito internacional de Roberto Bolaño". *Estudios Públicos* 130 (Otoño 2013): 175-202.

Evers, Ute. "La 'tragedia humana' de la sociedad de América Latina". *Literaturas.com.* Dic. 2005. <http://www.literaturas.com/v010/sec0512/entrevistas/entrevistas-01.htm>. 20 agosto 2015.

Faber, Sebastiaan. *Exile and Cultural Hegemony: Spanish Intellectuals in Mexico, 1939-1975.* Nashville: Vanderbilt UP, 2002.

Goldman, Francisco. *The Art of Political Murder. Who Killed the Bishop?* Nueva York: Grove Press, 2007.

Huezo Mixco, Miguel. "Imaginación y barbarie". *Letras Libres*, junio 2011. 84-85.

_____ "Roberto Bolaño en El Salvador: Supremo jardín de la guerra florida". *Fronterad*, 24 marzo 2011. <http://www.fronterad.com/?q=roberto-bolano-en-salvador-supremo-jardin-guerra-florida>. 20 agosto 2015.

Kokotovic, Misha. "*Testimonio* Once Removed: Castellanos Moya's *Insensatez.*" *Revista de Estudios Hispánicos* 43/3 (Oct. 2009): 545-62.

Libertella, Mauro. "Horacio Castellanos Moya: 'En El Salvador no hay vida literaria'". *Revista Ñ*, 26 junio 2013. <https://www.clarin.com/ficcion/horacio-castellanos-moya_0_Sy-GPgvov7g.html>. 20 agosto 2015.

Magnet. Alberto. "Las patrias de Roberto Bolaño". *El Mostrador*, 21 enero 2005. <http://www.elmostrador.cl/noticias/opinion/2005/01/21/las-patrias-de-roberto-bolano/>. 20 agosto 2015.

Parra, Guillermo. "Poor Poets: Roque Dalton and Roberto Bolaño." *Venepoetics*, 22 marzo 2007. <http://venepoetics.blogspot.com.

ar/2007/03/poor-poets-roque-dalton-and-roberto.html> 20 agosto 2015.

Pollack, Sarah. "After Bolaño: Rethinking the Politics of Latin American Literature in Translation." *PMLA* 128/3 (Mayo 2013): 660-67.

Said, Edward. *Reflections on Exile and Other Essays*. Cambridge, MA: Harvard UP, 2000.

Sánchez Prado, Ignacio, ed. *América Latina en la "literatura mundial"*. Pittsburgh: Biblioteca de América, 2006.

_____ "La ficción y el momento de peligro: *Insensatez* de Horacio Castellanos Moya". *Cuaderno Internacional de Estudios Humanísticos y Literatura CIEHL* 14 (2010): 79-86.

Volpi, Jorge. "Bolaño, epidemia". *Bolaño salvaje*. Edmundo Paz Soldán y Gustavo Faverón Patriau, eds. Barcelona: Candaya, 2008. 191-207.

Zepeda, Eraclio. "Casi un prólogo". Roque Dalton, *Taberna y otros lugares*. San Salvador: UCA Editores, 1989. 5-16.

Žižek, Slavoj. *In Defense of Lost Causes*. Nueva York: Verso, 2008.

Breve historia con mi abuelo o de cuando me infectó la política

Horacio Castellanos Moya

1

Mi relación con la política ha sido dual, contradictoria, marcada por el interés obsesivo y también por la repugnancia. Jamás me propuse ni pasó por mi mente dedicarme a la política, pero ésta se ha filtrado en mis ficciones con completa naturalidad. Cuando he reflexionado sobre ello, he confirmado que el hombre es hijo de sus circunstancias; no hay escapatoria.

Fue en la mesa de la cocina, en casa de mis abuelos maternos, en Tegucigalpa, Honduras, donde contraje por ósmosis la curiosidad, la infección. Yo viví con ellos los primeros cuatro años de mi vida y luego, hasta entrada mi pubertad, pasaba en su casa las vacaciones de verano. Mi abuelo –de quien llevo el nombre– era un político profesional del conservador Partido Nacional, y como tal ocupó diferentes cargos (subió casi toda la escalera: juez, gobernador, fiscal general de la república, magistrado, presidente del Partido y designado a la Presidencia –equivalente a vicepresidente– durante uno de los gobiernos de un coronel López Arellano). Mi abuela fue periodista y poeta (frustrada, diría, porque nunca publicó libro sino poemas sueltos, y al final de sus días lo lamentaba), pero antes que nada una nacionalista furibunda: no veía ninguna diferencia entre liberales y comunistas, a quienes detestaba por sobre todos los seres, y en su lista de aversiones seguían, un poco más abajo, los salvadoreños. Publicó un libro cuyo título lo dice todo: *La jornada épica de Castillo Armas vista desde Honduras* (Imprenta La República, Tegucigalpa, 1955). Aún conservo, en el desorden de cajas que podrían denominarse mi archivo, un paquete de las cartas que ella intercambió con el sátrapa guatemalteco impuesto por la CIA. Su ídolo, sin embargo, no podía ser un guatemalteco, sino el dictador por antonomasia del siglo veinte en Honduras: el general Tiburcio Carías Andino, de quien mi abuelo fue fiscal general durante ocho años.

No es difícil imaginar lo que eran cada tiempo de comida y las sobremesas en casa de mis abuelos, con el permanente noticiero radial de HRN de fondo. Un tema era el que se imponía: las intrigas del día a día de la política. Mi abuela solía decir que cualquier persona en su sano juicio lo primero que debía hacer al despertar era encender el noticiero para saber si no se había producido un golpe de Estado –y ella actuaba en consonancia–. A finales de los años ochenta, en una conferencia de periodistas en México, conocí al hondureño Manuel Gamero, entonces director del liberal *Diario Tiempo* de San Pedro Sula. Me presenté. Sonrió. Me dijo que él había conocido a mi abuelo y que durante muchos años en Honduras si uno quería saber si los rumores de golpe de Estado eran ciertos, debía hablar con Moya Posas. Así era como se le conocía a mi abuelo, como "el abogado", o a secas "Moya Posas", y así también lo llamaba mi abuela. Era un hombre de baja estatura, rechoncho, barrigón, de tez blanca, pero en la nariz y en el cabello se le notaba cierta sangre negra. Cuando nací, él tenía 60 años. Yo lo llamaba "Pipo". Nunca en la vida lo vi salir a la calle sin su revólver 38 corto, en la sobaquera bajo el saco de lunes a sábado, y en la cartuchera ensartada en la cintura los días domingo, cuando vestía guayabera. Tampoco lo vi jamás salir sin sombrero.

Ya he escrito, tanto en ficción como en ensayo, sobre el bombazo que destruyó el frontispicio de la casa de mis abuelos cuando yo era un niño de brazos. Mi abuelo conspiraba como presidente del Partido Nacional para derrocar al gobierno liberal democráticamente electo de Ramón Villeda Morales, quien fue depuesto el 3 de octubre de 1963. Mi abuela me llevó, a lo que hoy sería el balcón VIP, para presenciar el desfile de los nacionalistas victoriosos. En otra ocasión, no tengo la fecha presente, un correligionario entró a la oficina de mi abuelo en la presidencia del Partido, donde yo había estado un rato antes, con la orden de asesinarlo. Mi abuelo quizá se lo esperaba y reaccionó con presteza: una bala lo hirió levemente, pero el atacante recibió una cucharada de su misma sopa y fue sometido. Desde esa tierna edad entendí que si uno tiene pistola es para usarla.

De cuando en vez me llevaban a sus campañas proselitistas al interior del país. Sólo ha quedado una imagen en mi memoria, de un pueblo llamado Ojojona, donde entre los desfiles y vítores de las masas casi terminé extraviado. Con más claridad recuerdo cuando, ya entrado en mi pubertad, desde el final de la tarde hasta a veces entrada la noche, me la pasaba en el palco del Congreso esperando, junto al chofer, a que terminaran esas sesiones, en las que mi abuelo participaba, y que me parecían aburridas e interminables, para regresar a casa. Mis abuelos vivían entonces en la cumbre de una montaña adyacente a Tegucigalpa, una zona llamada El Hatillo, cuyo título le di a mi primer poemario ahora perdido, y hacia la cual, después de las cinco de la tarde, no había transporte público.

2

El hecho de que mis padres me recuperaran y me trasladaran a vivir a San Salvador, cuando yo tenía cuatro años de edad, fue un golpe para mis abuelos, en especial para mi abuela, quien había asumido el papel de mi madre y consideraba a ésta completamente incapaz de educar a un hijo. Algo de esta situación se refleja en mi novela *Desmoronamiento*. A mi abuelo, más sagaz, le preocupaba que yo me formara en una realidad política muy diferente a la hondureña, tal como en verdad sucedió.

No se trataba de que mis padres tuvieran una participación política directa en San Salvador, que no la tenían, y sus ideas eran tan conservadoras como las de mis abuelos. Pero yo pertenecía a un sector social distinto que en Honduras, y mi principal escuela de vida comenzó a ser la calle, como la de cualquier chico de clase media de aquella época. Y la calle en San Salvador era un espacio público radicalizado.

Por si eso fuera poco, una rama de mi familia paterna, la del hermano mayor de mi padre, era comunista, de manera pública, con cárceles y exilios incluidos. Mi tío Jacinto había sido el representante del Partido Comunista Salvadoreño (PCS) en La Habana a principios de los años 60, luego del triunfo de la revolución de Fidel Castro, y en su casa se hospedó el poeta Roque Dalton la primera vez que se fue a vivir a Cuba, en 1962. Y mi primo hermano Raúl Castellanos Figueroa fue el fugaz secretario general del PCS desde finales de 1969 hasta el 29 de octubre de 1970, cuando murió de una amibiasis mientras estaba de visita en Moscú.

Mis abuelos maternos tenían razón, pues, en temer que mi vida en El Salvador torcería la visión política conservadora que deseaban inculcarme. Aunque yo no alcancé a conocer a mi primo Raúl, y a mi tío Jacinto lo vi en muy pocas ocasiones (se suicidó en 1973) en algunas visitas sabatinas a la casa de mi abuela paterna. Ambos pasaban la mayor parte del tiempo en el exilio o escondiéndose de la policía del régimen. Y en casa de mis padres no recuerdo que se les mencionara por su participación política. De sus vidas militantes supe mucho después, en los libros de historia.

3

Si intento ubicar el primer momento en que percibí que algo muy feo estaba sucediendo fuera de la pecera cotidiana que yo habitaba en San Salvador, me remito a los meses de julio y agosto de 1975. En esa época yo tenía 17 años de edad, estudiaba último año de bachillerato en el Liceo Salvadoreño, uno de los dos más exclusivos colegios privados católicos del país, regido por los conservadores hermanos maristas. Asistía a clases de una a seis de la tarde, uniformado de punta en blanco. La tarde del miércoles 30 de julio, una manifestación de estudiantes universitarios partió del campus hacia el centro de la ciudad en protesta por los atropellos del gobierno militar. A la altura del paso a desnivel, en la 25 Avenida Norte, frente al edificio del Seguro Social, los esperaba un contingente militar con tanquetas y las armas en ristre. La ventana sobre mi pupitre en el aula del Liceo estaba ubicada a unos 500 metros del paso a desnivel. A eso de las 4:30 de la tarde, cuando los militares comenzaron la masacre, estábamos a media clase, y todos nos abalanzamos a las ventanas. Escuchábamos las detonaciones, y luego las sirenas, pero no comprendimos en el acto lo que sucedía, pues estábamos completamente desentendidos del movimiento universitario y de la política en general. A la salida de clase, los profesores nos advirtieron que evitáramos la zona del Seguro Social, en especial la 25 Avenida Norte, que era por donde yo caminaba hacia casa. Me dirigí a la parada de autobuses frente al Hospital Rosales, donde tomaría la ruta 3 como hacía en los días de lluvia cuando prefería no caminar. Era la hora pico, pero el ambiente en las calles estaba enrarecido, olía a miedo. Cuando el autobús tomó la 25 Avenida Norte y fuimos a vuelta de rueda por el paso a desnivel, pude mirar claramente a los bomberos con grandes mangueras limpiando la sangre del pavimento. Era todo lo que quedaba. Unos cincuenta estudiantes fueron asesinados, muchos más resultaron heridos y diez dirigentes universitarios desaparecieron para siempre, según supe después. Pero en ese momento, con la mirada fija en las correntadas de agua mezclada con sangre que corría por las cunetas, algo se conmocionó dentro de mí. No es que no hubiera experimentado de cerca la violencia: la colonia en la que vivíamos estaba ubicada en la parte trasera del Cuartel San Carlos, la principal base militar en la ciudad, y fui testigo de los bombardeos durante la guerra con Honduras en 1969 y el golpe militar de 1972. Pero esto era otra cosa.

El segundo hecho que resquebrajó la pecera sucedió dos semanas después de la masacre. Una noche mi madre recibió una llamada telefónica que le causó gran agitación: exclamó que al parecer habían matado al hijo de Belisario y Angelita. Y enseguida se dedicó a hacer llamadas telefónicas para confirmar y difundir el hecho. Yo siempre traté de mantenerme alejado de las amistades de mi madre, un grupo (una red, diríamos ahora) de señoras chismosas y reaccionarias. Pero Angelita no formaba parte de ese grupo, sino que tenía lazos familiares con mi padre (quien había fallecido en 1971 a causa de una peritonitis). Tiempo atrás mi madre me había obligado a ir al casamiento religioso de una de las hijas de Angelita. Fui de mala gana a la iglesia de la Colonia Centroamericana –el hecho de estudiar con los maristas me hacía detestar todo lo que oliera a religión–, pero me llamó la atención que la música que tocaron durante la misa era de protesta, revolucionaria. A la mañana siguiente de que mi madre recibiera la llamada, los diarios traían en portada la información de que una célula guerrillera había sido descubierta en la colonia Santa Cristina, y que dos de sus integrantes, Felipe Peña Mendoza y su mujer, habían muerto en combate con las fuerzas policíacas; informaban, además, que Felipe Peña era integrante de la dirigencia del grupo subversivo Fuerzas Populares de Liberación (FPL). Ese era el hijo de Belisario y Angelita al que yo había visto en la iglesia unas bancas adelante. Tenía 27 años de edad, y yo 17, ya lo dije, pero nos separaba un abismo. Algo intenso y secreto transcurría en el mundo que me rodeaba sin que yo me percatara.

4

A finales de 1975 cumplí dieciocho años y me gradué de Bachiller. Mi abuela estaba empecinada en que me fuera a estudiar Derecho a Salamanca, que me convirtiera en abogado para heredar el bufete de mi abuelo —yo era el nieto mayor y mi madre, hija única. Esta, por su parte, pretendía que yo me matriculara en la Universidad Católica de San Salvador para estudiar ingeniería o alguna profesión lucrativa. Nada de eso sucedería.

Comencé a viajar con mayor frecuencia a Honduras, en ruta hacia Costa Rica, donde pretendía estudiar Música o Antropología. En Tegucigalpa, claro está, me quedaba en mi habitación en la casa de mis abuelos; bajaba cada mañana con mi abuelo y su chofer a la ciudad, y a mediodía comíamos en restaurantes, a veces en compañía de alguno de sus correligionarios. Y los domingos, todos y cada uno, salía a dar una caminata con mi abuelo: a eso de las nueve de la mañana bajábamos por el bosque de pinos, nos deteníamos en la granja, donde el mayordomo vivía con su familia y tenía la huerta y los animales (gallinas, cerdos y una vaca lechera), luego enfilábamos hacia la finca de café que estaba en una especie de bajío, y subíamos la pendiente hacia la lotificación que mi abuela comenzaba a vender en parcelas. Nos tomaba un par de horas recorrer la propiedad, entre los pinos y el aire puro, acompañados por los tres perros. Mi abuelo sabía, sin embargo, que yo ya no era el mismo, que lo que él temía había sucedido, que las ideas de la izquierda radical salvadoreña me estaban cooptando. Lo había visto en los libros que llevaba conmigo y en lo que opinaba. Lo extraño es que nunca trató directamente de hacerme cambiar de ideas, de rebatirme. Era un hombre de pocas palabras, ciertamente, pero mientras caminábamos conversando en esas mañanas de domingo a veces mencionaba que la tradición política de El Salvador era mucho más violenta que la de Honduras y otras generalidades, pero no queda en mi memoria ningún recuerdo de confrontación, de debate. Supo inculcarme un respeto mutuo. Si algo metió en mi cabeza fue de una forma tan sutil que no lo percibí. Al salir de la propiedad llegábamos a la carretera principal y tomábamos un descanso en la casa de un lugareño y correligionario del Partido Nacional que siempre nos invitaba a un par de cervezas –mi abuelo me permitió beber cerveza con él desde que tuve 14 años–. Luego regresábamos por la carretera a almorzar con mi abuela.

Lo paradójico es que de Tegucigalpa yo tomaba un bus hacia San José de Costa Rica, donde me hospedaba en la casa de Rosita Brañas, viuda de mi primo hermano Raúl, el que murió en Moscú. Rosita era toda una institución en la izquierda tica: hija de un republicano español, generosa, tenía una librería marxista y puntos de vista clarísimos sobre las cosas. Su casa estaba ubicada en el barrio Luján, y me permitía pernoctar en el ático de su hijo Robertico, quien para entonces estudiaba sociología en la Universidad Lumumba de Moscú. En una ocasión, Florencia, hija de Rosita, me invitó a una fiesta al local de la juventud del partido Vanguardia Popular. Yo no daba crédito que los comunistas costarricenses pudieran tener un local público sin que les pusieran bombas o los ametrallaran, como sucedía en San Salvador. Por aquello de las dudas, lo primero que hice fue buscar salidas alternativas de escape en la parte trasera del local.

Mis esfuerzos por estudiar en Costa Rica no fructificaron: el papeleo para lograr las equivalencias y otros impedimentos me resultaron insuperables. Regresé a San Salvador, y como para entonces ya había descubierto la poesía, decidí entrar a la Universidad Nacional a estudiar Letras, para consternación de mi familia.

A mediados de 1976, empero, la universidad estaba controlada por los militares y funcionaba casi como un campo de concentración: había guardias armados con radiotransmisores chequeando las credenciales de quienes entraban al campus –que, además, había sido cercado con alambradas entre las facultades–; esos mismos guardias se paseaban por los pasillos frente a las aulas haciendo alarde de sus escopetas. El centro de inteligencia lo tenían en el Departamento de Filosofía, a cuya cabeza habían puesto a un coronel.

Por si lo anterior no bastara para desanimarme, regresé al país cuando el período de matrícula ya había expirado. Mi madre no se arredró: dijo que hablaría con la esposa del rector, quien procedía de una familia de origen hondureño a la cual mi abuelo le había resuelto un problema de tierras cuando se desempeñaba como director del Instituto Nacional Agrario. Y pocos días más tarde me recibían en la rectoría. Aquello parecía la cueva de Ali Baba y los 40 ladrones: había hombres armados en las escaleras y hasta en la sala de espera. Cuando entré a la oficina del rector me encontré frente a una escena digna de la película *El padrino*: con las cortinas cerradas, una media docena de hombres conspiraban alrededor de una mesa, las corbatas desanudadas, los ceniceros repletos de colillas, y el aire enrarecido por el humo del tabaco. Guardaron silencio cuando me vieron entrar. El rector me preguntó quién era y qué quería, como si su secretaria no me hubiera anunciado. Le expliqué. Señaló a uno de sus adláteres y le indicó que tomara nota y me matriculara de inmediato; enseguida, con un gesto de cabeza me ordenó que me retirara. No estuve ni dos minutos en esa especie de caverna, y ni siquiera me acerqué mucho a la mesa. Pero la imagen ha quedado indeleblemente grabada en mi memoria. El rector era un hombre muy rico de apellidos Alfaro Castillo. Meses más tarde, un comando de las FPL lo ejecutó en una emboscada a la entrada de la universidad. Hubo una especie de insurrección en la universidad que volvió a manos de la izquierda.

5

Fue así como, de 1976 a 1978, comencé a vivir en dos mundos. En San Salvador, junto con mis amigos poetas, nos empapábamos de las ideas de la izquierda y estábamos envueltos en aquella vorágine de radicalización; en Tegucigalpa, cuando visitaba a mis abuelos, era descendiente de los "Moya Posas" y por lo tanto se me ubicaba como nacionalista, porque en la Honduras de aquella época el origen familiar era el que determinaba a qué partido se pertenecía. Pero mis abuelos no se engañaban. Siempre almorzaba con mi abuelo en los restaurantes de Tegucigalpa, y también dábamos el paseo de los domingos, pero evitábamos hablar sobre lo que acontecía en El Salvador. Parecía que ambos viejos se habían resignado, aunque mi abuela no dejaba pasar una oportunidad para vociferar contra los comunistas. Por eso, cuando a finales de 1978 mis amigos poetas salvadoreños comenzaron su militancia con la guerrilla, y yo decidí que eso no era lo mío y que lo más prudente era largarme del país, mis abuelos no dudaron un segundo en darme el apoyo económico para que me fuera a estudiar a Canadá.

6

Volví a encontrarme con mis abuelos el 4 de marzo de 1980, el mismo día que decretaron el Estado de Sitio en El Salvador y crucé la frontera El Amatillo hacia Honduras. Mucha agua había pasado entonces bajo el puente: estuve diez meses en Toronto, y luego de una visita fugaz a la Nicaragua sandinista y a Costa Rica, había recalado de nuevo en San Salvador a principios de enero de ese año. Mis amigos poetas estaban ya en la clandestinidad. Me llevaron a la multitudinaria manifestación de masas del 22 de enero, como ya he contado en otro texto. Me insuflaban su espíritu revolucionario, pero yo no tenía la convicción ni el valor. Y en los últimos días de febrero la policía secuestró a mi sobrino Robertico, el que había estudiado en Moscú, junto a su esposa. La situación se puso peluda, como se decía en aquellos tiempos: fue cuando decidí cruzar la frontera hacia Honduras.

Volví a mi habitación en la casa de mis abuelos en la montaña. Para ellos yo llegaba infectado de izquierdismo, pero me trataban con respeto, hasta consideración, diría yo, habida cuenta del carácter explosivo de mi abuela. Nunca sacaron temas que pudieran sembrar la discordia. Bajaba diariamente con mi abuelo y su chofer a la ciudad, pero no siempre almorzábamos juntos. Yo me dediqué a buscar trabajo, y pronto un grupo de amigos escritores hondureños me consiguieron un empleo en la Universidad Nacional, en el departamento de extensión universitaria. No recuerdo lo que yo hacía en esa oficina, si es que algo hacía, pero cultivé la amistad de los mejores escritores de Honduras de esa época. Los paseos dominicales con mi abuelo por la propiedad –entre los pinares y las nubes rasantes– continuaron con religiosidad; aunque él ya era un hombre de 82 años, su salud parecía impecable. Nos deteníamos un rato en el filo de la montaña, desde donde contemplábamos el valle de Olancho en lontananza. Me gustaría recordar en detalle lo que conversábamos, pero mi memoria me traiciona, quizá por la admiración que yo le profesaba y el respeto que él me demostraba; de esos paseos sólo me queda la nostalgia.

Permanecí cuatro meses en Honduras. A finales de junio, mis amigos poetas salvadoreños me contactaron desde Costa Rica, que necesitaban mi colaboración para hacer trabajo periodístico a favor de la revolución a nivel internacional, decían. Y entonces, sin previo aviso, sin dejar rastro, desaparecí.

7

La última vez que me encontré con mi abuelo fue en los primeros meses de 1982. No recuerdo la fecha exacta. Volé de la Ciudad de México a Tegucigalpa. Yo trabajaba para una agencia de prensa propiedad del movimiento revolucionario salvadoreño y tenía la misión de llevar un dinero al corresponsal encubierto que teníamos en esa ciudad. La situación política en Centroamérica para entonces estaba en su punto álgido: las guerras civiles en El Salvador y Guatemala, la guerra de la Contra en Nicaragua y la represión de la izquierda dentro de Honduras.

Cuando les dije que los visitaría, mis abuelos se emocionaron. Yo viajaba con miedo, pues mi trabajo para esa agencia de prensa me hacía blanco de los militares hondureños, dirigidos entonces por un general sicópata de apellidos Álvarez Martínez. Le pedí a mi abuelo que me fuera a recoger al aeropuerto. Y ahí estaba, en la pista, frente a la escalerilla del avión (como viejo líder político siempre tuvo los contactos para recogernos o llevarnos hasta la escalerilla), más deteriorado bajo su sombrero de fieltro. Tenía ya 84 años. Me alojé en mi habitación en la casa de la montaña y bajé diariamente con él a la ciudad; pese a la edad, nunca dejó de trabajar en su bufete. Comíamos juntos, conversábamos generalidades. No hubo paseo dominical; permanecí muy pocos días en la ciudad y él ya se miraba muy cansado. Un mediodía, en un restaurante de carnes en la calle del Telégrafo, un par de policías secretos se sentaron en la mesa a sus espaldas y me mostraron sus pistolas para intimidarme. No le comenté nada. Pero me las ingenié para entregar el dinero que tenía que entregar. Le pedí, eso sí, temeroso, que me llevara a las escalerillas del avión y esperara en la pista hasta que la nave despegara. En la escala en San Pedro Sula tuve pánico de que los esbirros de Álvarez Martínez entraran a sacarme. Pero nada sucedió. Años después supe que mi abuela llamaba directamente a la línea de ese psicópata para quejarse del ruido nocturno de los autos de la Contra nicaragüense que había establecido su radio en una propiedad colindante.

Mi abuelo murió de un ataque al corazón muy poco tiempo después de mi visita, el 17 de mayo. Lo supe días después, cuando ya lo habían enterrado. Me heredó su revólver 38 corto, pero uno de mis hermanos lo vendió en connivencia con el *office boy* del bufete de mi abuelo, según se lamentaba mi abuela.

Obras publicadas de Horacio Castellanos Moya

NOVELAS

La diáspora. (Premio Nacional de Novela 1988, de la Universidad Centroamericana José Simeón Cañas)
✦ San Salvador: UCA Editores, 1989.
✦ 2ª edición, revisada por el autor. San Salvador: Dirección de Publicaciones e Impresos, 2002.

Baile con serpientes. San Salvador: Dirección de Publicaciones, 1996.
✦ México: Tusquets, 2002.
✦ Barcelona: Tusquets, 2012.

TRADUCCIONES
Turco: *Yilanlarla Dans.* Istanbul: Jaguar Kitap, 2015.
Inglés: *Dance with Snakes.* Windsor, Canadá: Biblioasis, 2009.
Francés: *Le Bal de vipers.* París-Montreal: Les Allusifs, 2007.

El asco. Thomas Bernhard en San Salvador.
✦ San Salvador: Editorial Arcoiris, 1997.
✦ Barcelona: Casiopea, 2000. (Con el título: *El Asco: tres relatos violentos*).
✦ Barcelona: Tusquets, 2007. Segunda edición: 2014.

TRADUCCIONES
Inglés: *Revulsion. Thomas Bernhard in San Salvador*. Nueva York: New Directions, 2016.
Portugués: *Asco*. Rio de Janeiro: Editora Rocco, 2013.
Serbio: *Gadenje: Tomas Bernhard u San Salvadoru*. Belgrado: Puna Kuca, 2005.
Francés: *Le Dégout*. París-Montreal: Les Allusifs, 2003.

La diabla en el espejo. Ourense: Ediciones Linteo, 2000.

TRADUCCIONES
Turco: *Aynadaki Disi Seytan*. Istanbul: Sel Yayincilik, 2011.
Inglés: *The She-Devil in the Mirror*. Nueva York: New Directions, 2009.
Francés: *La Mort d'Olga Maria*. París-Montreal: Les Allusifs, 2004.
Alemán: *Die Spiegelbeichte*. Zurich: Rotpunktverlag, 2003.

El arma en el hombre.
✦ México, D. F.: Tusquets, 2001.
✦ Barcelona: Tusquets, 2001. Segunda edición: 2014.

TRADUCCIONES
Portugués: *Homem em Armas*. Lisboa: Editorial Teorema, 2011.
Italiano: *L'uomo arma*. Roma: La Nuova Frontiera, 2006.
Francés: *L'Homme en arme*. París-Montreal: Les Allusifs, 2005.
Alemán: *Der Waffengänger*. Zurich: Rotpunktverlag, 2003.

Donde no estén ustedes.
✦ México, D. F.: Tusquets, 2003.
✦ Barcelona : Tusquets, 2003.

TRADUCCIONES
Francés: *La Où vous ne serez pas*. París-Montreal: Les Allusifs, 2008.
Alemán: *Aragóns Abgang*. Zurich: Rotpunktverlag, 2005.

Insensatez
✦ México, D. F.: Tusquets, 2004.
✦ Barcelona: Tusquets, 2005. Segunda edición: 2013.

TRADUCCIONES
Serbio: *Bezumlje*. Belgrado: Laguna, 2013.
Japonés: *Mufunbetsu*. Tokyo: Hakusuisha, 2012.
Hebreo: *Ivelet*. Tel Aviv: Babel Publishing House, 2012.
Islandés: *Fásinna*. Reykjavik: Bajtur, 2011.
Noruego: *Vanvidd*. Oslo: Cappelen Damm, 2010.
Sueco: *Sansloshet*. Estocolmo: Leopard Forlag, 2009.
Inglés: *Senselessness*. Nueva York: New Directions, 2008.
Portugués: *Insensatez*. Lisboa: Teorema, 2007.
Francés: *Déraison*. París-Montreal: Les Allusifs, 2006.

Desmoronamiento. Barcelona: Tusquets, 2006.

TRADUCCIONES
Sueco: *Sönderfall*. Estocolmo: Leopard Forlag, 2011.
Francés: *Éffondrement*. París-Montreal: Les Allusifs, 2010.
Japonés: *Houkai*. Tokyo: Genda, 2009.

Tirana memoria. Barcelona: Tusquets, 2008.

TRADUCCIONES
Noruego: *Tirannminne*. Oslo: Cappelen Damm, 2013.
Inglés: *Tyrant Memory*. Nueva York: New Directions, 2011.
Alemán: *Der Szchwarze Palast*. Frankfurt: Fischer Verlag, 2010.

La sirvienta y el luchador. Barcelona: Tusquets, 2011.

TRADUCCIONES
Francés: *La Servante et le catcheur*. París: Metailié, 2013.

El sueño del retorno. Barcelona: Tusquets, 2013.

Traducciones
Inglés: *The Dream of my Return.* Nueva York: New Directions, 2015.
Francés: *Le Rêve du retour.* París: Métalié, 2015.
Alemán: *Der Traum von Rückkehr.* Frankfurt: Fisher Verlag, 2015.
Noruego: *Over grensen og hjim.* Olso: Cappelen Damm, 2017.

Moronga. Barcelona: Literatura Random House, 2018.

LIBROS DE CUENTOS

¿Qué signo es usted, niña Berta?
✦ Tegucigalpa, Honduras: Guaymuras, 1981.
✦ San Salvador, El Salvador: UCA Editores, 1988.

Perfil de prófugo.
✦ México, D. F.: Claves Latinoamericanas, 1987.
✦ San Salvador: UCA Editores, 1988.

El gran masturbador. San Salvador, El Salvador: Arcoiris, 1993.

Con la congoja de la pasada tormenta. San Salvador, El
Salvador: Tendencias, 1995.

Indolencia. Guatemala, Guatemala: Ediciones del Pensativo, 2004.

*Con la congoja de la pasada tormenta. Casi todos los
cuentos.* (Antología). Barcelona: Tusquets, 2009.

APUNTES AUTOBIOGRÁFICOS

Cuaderno de Tokio. Los cuervos de Sangenjaya. Santiago de
Chile: Editorial Hueders, 2015.

ENSAYO

Recuento de incertidumbres. Cultura y transición en El Salvador. San Salvador, El Salvador: Ediciones Tendencias, 1993.

La metamorfosis del sabueso. Ensayos personales y otros textos. Santiago de Chile: Ediciones Universidad Diego Portales, 2011.

ANTOLOGÍAS QUE INCLUYEN TEXTOS DE HORACIO CASTELLANOS MOYA

2013   *Disturbios en la tierra sin mal. Violencia, política y ficción en América Latina.* Daniel Nemrava, ed. Buenos Aires: Ejercitar la Memoria Editores.

2012   *Mil bosques en una bellota.* Valerie Miles, ed. Barcelona: Duomo Ediciones.

2009   *Con la sangre despierta. El primer arribo a esa ciudad narrado por once escritores latinoamericanos.* Juan Manuel Villalobos, comp. México, D.F.: Sexto Piso Editores.

2008   *Voci Migranti. Storie di esili e di esiliati.* Marco Ottaiano, ed. Naples: Marotta & Cafiero Editori.

2007   *Words without Borders. The World through the Eyes of Writers: An Anthology.* Alane Salierno Mason, Dedi Felman y Samantha Schnee, ed. Nueva York: Anchor Books.

2007   *Cuentos eróticos de San Valentín.* Ana Estevan, ed. Barcelona: Tusquets Editores.

1997   *Antología del cuento latinoamericano del siglo XXI: las horas y las hordas.* Julio Ortega, ed. México: Siglo XXI Editores.

1988   *And We Sold the Rain. Contemporary Fiction from Central America.* Rosario Santos, ed. Nueva York: Four Walls Eight Windows [1996, Seven Stories Press].

Colaboradores

Tatiana Argüello es profesora asistente en Texas Christian University. Realizó una maestría doble en estudios latinoamericanos y español en la Universidad de Ohio (2010) y un doctorado en literatura hispánica en la Universidad de Pittsburgh (2015). Su área de especialización es la literatura centroamericana y de la diáspora; poesía modernista y vanguardista; filosofía política y teorías de lo no-humano. Es co-editora del número especial de la revista *Istmo* (enero-junio 2017) titulado "Acercamientos posthumanos y no humanos a la cultura y literatura centroamericanas". Se encuentra actualmente trabajando en un proyecto de libro sobre la reconceptualización de figuras literarias, políticas y filosóficas de la región centroamericana que brindan nuevas maneras de pensar cambios políticos y sociales relativos a raza, género y ecología.

Nanci Buiza es profesora asistente de literatura latinoamericana en Swarthmore College. Obtuvo su doctorado en Emory University. Su investigación se enfoca en los estudios culturales mexicanos y centroamericanos, con énfasis en la literatura contemporánea y en temas de inmigración, violencia, trauma, estética, ética y afecto. Sus artículos han sido publicados en *Journal of Latin American Cultural Studies*, *Revista de Estudios Hispánicos*, *A Contracorriente* e *Istmo: Revista virtual de estudios literarios y culturales centroamericanos*. También tiene artículos que saldrán en *Hispanic Research Journal* e *Iberoamericana*. Actualmente está trabajando en su primer libro sobre la literatura de la posguerra centroamericana.

SOPHIE ESCH es profesora asistente en Colorado State University. Obtuvo su doctorado en Tulane University y su maestría en la Freie Universität Berlin. Sus áreas de investigación son la violencia política, la tecnología de guerra y el medio ambiente. Su investigación se centra en la literatura y música de Centroamérica y México (siglos XX y XXI). Su libro *Modernity at Gunpoint: Firearms, Politics, and Culture in Mexico and Central America* (University of Pittsburg, 2018) trata de los usos políticos y simbólicos de armas de fuego en la producción cultural de diferentes conflictos armados de la región: la Revolución Mexicana, la Revolución Sandinista, el periodo de posguerra en Centroamérica y la guerra del narco en México.

ADRIANA SARA JASTRZĘBSKA es Doctora en Humanidades (2007) por la Universidad Jaguelónica de Cracovia. Desde 2008 es profesora adjunta en la Cátedra de Filología Hispánica de la Universidad de Bielsko-Biała (Polonia). Sus artículos publicados versan sobre la narrativa actual hispanoamericana, novela negra, imágenes literarias de la violencia en América Latina, narrativa de las drogas y la metanovela. Es autora de un estudio monográfico sobre la nueva novela histórica en la literatura hispanoamericana, *Jak przyszłość ukształtowała przeszłość: metapowieść historiograficzna w Ameryce Łacińskiej* (2013, *De cómo el futuro ha configurado el pasado: metanovela historiográfica en América Latina*). En 2018 se publicará su libro monográfico sobre la convención y poética narco en la literatura colombiana.

MISHA KOKOTOVIC es profesor asociado de Literatura Latinoamericana en el Departamento de Literatura de la Universidad de California, San Diego. Se especializa en las literaturas andinas y centroamericanas. Sobre la literatura andina ha publicado *La modernidad andina en la narrativa peruana: conflicto social y transculturación* (Latinoamericana Editores, 2006) y varios artículos sobre las obras de José María Arguedas y Mario Vargas Llosa. Más recientemente, ha publicado varios artículos sobre autores centroamericanos de la posguerra tales como Horacio Castellanos Moya, Jacinta Escudos, Franz Galich, Claudia Hernández y Rodrigo Rey Rosa.

CELINA MANZONI es profesora titular consulta de Literatura Latinoamericana (UBA), Secretaria Académica del Instituto de Literatura Hispanoamericana, Co-Directora de la revista *Zama* y Directora del Grupo de Estudios Caribeños. Becaria de DAAD en el Instituto Iberoamericano de Berlín. Becaria de la UBA en la Universidad de Princeton. Profesora invitada para el dictado de cursos y conferencias en universidades de América Latina, Estados Unidos y Europa. Ha publicado más de cien capítulos en libros y revistas académicas nacionales e internacionales, algunos traducidos al inglés, al portugués y al húngaro. Desde 1998 dirige proyectos de investigación acreditados por la Universidad de Buenos Aires y el Conicet. Su libro *Un dilema cubano. Nacionalismo y vanguardia* obtuvo el Premio Ensayo 2000 de Casa de las Américas (La Habana). Otros libros: *Roberto Bolaño. La escritura como tauromaquia* (2002). *El mordisco imaginario. Crítica de la crítica de Pablo Palacio*; *José Martí. El presidio político en Cuba. Último diario y otros textos*; *Margo Glantz y la crítica*. Compiló *Vanguardistas en su tinta. Documentos de la vanguardia en América Latina* (2007). Organizó y dirigió el volumen 7 (*Rupturas*) de la *Historia crítica de la literatura argentina* (2009). Editó *La fugitiva contemporaneidad. Narrativa latinoamericana: 1990-2000*; *Violencia y silencio*; *Errancia y escritura en la literatura latinoamericana contemporánea*.

ALBERTO MOREIRAS es catedrático de Estudios Hispánicos en la Texas A&M University desde 2010. Antes de ello fue Sixth Century Chair de Pensamiento Moderno y Estudios Hispánicos en la Universidad de Aberdeen, en Escocia (2006-2010), Anne T. and Robert M. Bass Professor de Estudios Románicos y Literatura en la Duke University (1992-2006), y profesor asistente de Español en la Universidad de Wisconsin-Madison (1987-92). Ha sido profesor visitante en las universidades de Giessen (Alemania), Emory, Johns Hopkins, Minas Gerais (Brasil), Chile, y Buffalo. Ha publicado más de 140 ensayos. Sus libros incluyen *Interpretación y diferencia* (1992), *Tercer espacio: Duelo y literatura en América Latina* (1999), *The Exhaustion of Difference: The Politics of Latin American Cultural Studies* (2001), *Pensar en post/dictadura* (2001, coeditado con Nelly Richard), *Línea de sombra: El no sujeto de lo político* (2007) y *Marranismo e inscripción, o el abandono de la conciencia desdichada* (2016). Tres libros por aparecer son *Piel de lobo 1: Ensayos de posthegemonía* (2018), *Piel de lobo 2: Ensayos de infrapolítica* (2019), y *Approsimazione all'infrapolitica* (2018). También ha coordinado once colecciones monográficas en revistas o volúmenes especiales. Es editor asociado de la "Encyclopedia of Postcolonial Studies" de Blackwell (2016). Ha dirigido varios centros de investigación en Duke y ha sido jefe de departmento en Texas A&M. Ha fundado y coeditado diversas revistas, entre ellas el *Journal of Spanish Cultural Studies* y *Política común*, y codirige una serie de libros para University of Texas Press titulada "Border Hispanisms." Coordina varios grupos de investigación en redes sociales.

CÉSAR A. PAREDES P. (Colombia, 1980) es periodista egresado de la Universidad de Antioquia. Durante siete años se desempeñó como redactor de la sección política de la Revista Semana, medio dedicado al análisis de la coyuntura colombiana. Fue profesor de Redacción Periodística en el Politécnico Grancolombiano y de Medios de Comunicación y Conflicto en la Maestría en Derechos Humanos y Cultura de Paz en la Universidad Javeriana de Cali. Dirigió investigaciones sobre los movimientos sociales colombianos para la ONG Paz y Reconciliación, que hace seguimiento al conflicto armado y a los diálogos de paz. Hizo estudios de máster en Literatura Española e Hispanoamericana de la Universidad de Salamanca (España). Actualmente lleva a cabo estudios de doctorado en Literatura en la USAL y la Pontificia Universidad Católica de Chile, con una tesis sobre la representación de la *nación* de países latinoamericanos a finales del siglo XX. Es becario Conicyt.

MAGDALENA PERKOWSKA es Profesora de literatura latinoamericana en Hunter College y el Graduate Center de la City University of New York. Es autora de dos libros: *Historias híbridas: la nueva novela histórica latinoamericana (1985-2000) ante las teorías posmodernas de la historia* (Iberoamericana/Vervuert 2008) y *Pliegues visuales: narrativa y fotografía en la novela latinoamericana contemporánea* (Iberoamericana/ Vervuert 2013). Desde 2008 investiga también la más reciente narrativa centroamericana, explorando los temas de memoria e historia, duelo, violencia y afectos. En el marco de los estudios centroamericanos, editó el número especial de la revista *Istmo* (Julio-Diciembre 2013/

Enero-Junio 2014) titulado "¿Narrativas agotadas o recuperables? Relecturas contemporáneas de las ficciones de los sesenta y setenta". Publicó también más de cuarenta artículos académicos que aparecieron en revistas y antologías de crítica literaria y cultural (*A Twice-Told Tale:Reinventing the Encounter in Iberian/Iberian American Literature and Film; Murales, figuras, fronteras. Narrativa e historia en el Caribe y Centroamérica; Photography and Writing in Latin America: Double Exposures; Alianzas entre historia y ficción; Ciudad y escritura. Imaginario de la ciudad latinoamericana a las puertas del siglo XXI; Asaltos a la historia. Reimaginando la ficción histórica hispanoamericana; El canon en la narrativa contemporánea del Caribe y del Cono Sur*).

Tania Pleitez Vela es doctora en Filología Hispánica por la Universidad de Barcelona y en la actualidad es profesora asociada en la Universidad Autónoma de Barcelona. Miembro del equipo de investigación que editó los cuatro volúmenes de la antología *La vida escrita por las mujeres* (Barcelona, Lumen, 2004). Autora de numerosos artículos y ensayos literarios, así como de la biografía *Alfonsina Storni. Mi casa es el mar* (Madrid, Espasa-Calpe, 2003), *"Debajo estoy yo". Formas de la autorrepresentación femenina en la poesía hispanoamericana (1894-1954)* (Tesis doctorales en red, Universitat de Barcelona, 2009) y del estudio *Literatura. Análisis de situación de la expresión artística en El Salvador* (San Salvador, AccesArte, 2012). Recientemente editó la antología bilingüe *Kalina: "Teatro bajo mi piel / "Theater Under My Skin"* (San Salvador: Editorial Kalina, 2014), la cual reúne a poetas contemporáneos salvadoreños residentes en las dos "orillas", El Salvador y los Estados Unidos. Es colaboradora de la Academia Norteamericana de la Lengua Española (ANLE) y miembro de la Red Europea de Investigaciones sobre Centroamérica (RedISCA).

Ricardo Roque Baldovinos es Profesor del Departamento Filosofía de la Universidad Centroamericana (UCA) en El Salvador. Obtuvo el doctorado en Lenguas y Literaturas Hispánicas por la Universidad de Minnesota en 1996. Es autor de los libros *Arte y parte, ensayos de literatura* (San Salvador, 2001), *Como niños de un planeta extraño* (San Salvador, 2012) y *El cielo de lo ideal: literatura y modernización en El Salvador* (1860-1920) (2016), como de numerosos artículos académicos sobre literatura y estudios culturales centroamericanos. Es el editor junto a Valeria Grinberg-Pla de *Tensiones de la modernidad: Del modernismo al realismo* (Guatemala, 2012), segundo volumen de la colección *Hacia una historia de las literaturas centroamericanas*. Es editor de la *Narrativa completa* de Salarrué (San Salvador, 1999) y fue director de la revista *Cultura*, del Consejo Nacional para la Cultura y el Arte de El Salvador.

IGNACIO M. SÁNCHEZ PRADO (Ph.D. University of Pittsburgh) es profesor asociado de literatura mexicana y estudios latinoamericanos en Washington University en Saint Louis. Es autor de *El canon y sus formas. La reinvención de Harold Bloom y sus lecturas hispanoamericanas* (2002); *Naciones intelectuales. Las fundaciones de la modernidad literaria mexicana (1917-1959)* (2009; el premio LASA México 2010 a Mejor Libro en Humanidades); *Intermitencias americanistas. Ensayos académicos y literarios (2004-2010)* (2012); y *Screening Neoliberalism: Transforming Mexican Cinema 1988-2012* (2014), un estudio crítico sobre el impacto de las ideologías y reformas neoliberales en las estéticas e industrias cinematográficas en México. Ha editado y co-editado nueve colecciones críticas, las más recientes de las cuales son *The Cambridge History of Mexican Literature* (con Anna Nogar y José Ramón Ruisánchez, 2016) y *Democracia, otredad y melancolía. Roger Bartra ante la crítica* (con Mabel Moraña, 2015). Ha publicado más de cuarenta artículos académicos sobre cuestiones de literatura, cultura y cine mexicanos, así como de teoría cultural latinoamericana.

CHRISTINA SOTO VAN DER PLAS es Assistant Professor en la Universidad de California en Riverside. PhD Cornell University. Licenciada en Literatura Latinoamericana por la Universidad Iberoamericana Ciudad de México. Ha publicado diversos artículos en revistas y libros en América Latina, Estados Unidos y Europa. Co-editó el libro *Imágenes y realismos en América Latina*. Ha traducido dos libros de la filósofa eslovena Alenka Zupančič al español. Su próximo libro, *Nobody, Nothing, Never: A Poetics of Transliterature* se centra en el trabajo de autores latinoamericanos como José Emilio Pacheco, Macedonio Fernández y Eduardo Lalo, entre otros, para proponer que la literatura es una forma de pensamiento capaz de atravesar geografías, géneros, identidades y categorías estéticas al negar tres componentes de la narrativa moderna: trama, personaje y tiempo como causa y efecto. En su proyecto actual, se centra en indagar el soporte material de la escritura en relación a formas literarias, las nuevas crónicas de indias y la definición y proyecto de una "antifilosofía latinoamericana".

OSWALDO ZAVALA es Profesor de literatura latinoamericana en el College of Staten Island y el Graduate Center, City University of New York (CUNY). Es autor de *La Modernidad insufrible: Roberto Bolaño en los límites de la literatura latinoamericana contemporánea* (UNC Press, 2015), *Volver a la modernidad: genealogías de la literatura mexicana de fin de siglo* (Albatros, 2017) y *Los cárteles no existen. Narcotráfico y cultura en México* (Malpaso, 2018). También es coeditor, con José Ramón Ruisánchez, de *Materias dispuestas: Juan Villoro ante la crítica* (Barcelona: Candaya, 2011), y con Viviane Mahieux, de *Tierras de nadie: el norte en la narrativa mexicana contemporánea* (México: Tierra Adentro, 2012). Ha publicado más de 30 artículos académicos sobre narrativa mexicana contemporánea, la construcción de imaginarios nacionalistas, el agotamiento de los discursos sobre la modernidad literaria latinoamericana y la representación y conceptualización de la frontera entre México y Estados Unidos. Su artículo "Imagining the US-Mexico Drug War: The Critical Limits of Narconarratives", publicado en la revista académica *Comparative Literature*, obtuvo el Premio LASA-México 2016 para Ensayo en las Humanidades.